呂寶霖跨世紀力作

台灣人最大的驕傲　首次出版的服裝書

訂做西服技術書

ORDERED TAILOR ARTS BOOK

BY PAOLIN-LU

呂寶霖編著

麗新男女服裝補習班監製
麗新男女高級時裝社
文史哲出版社印行

自 序

雖然我從事本業較晚（1950.6.25起，時已19歲另3個多月），但，也是從西服學徒開始學習起，不過我的學徒生活，前後共一年半而已，而且經過二位師傅，我不是走師（落跑）。因為我很幸運，遇到第一位的師傅是家兄，我在家兄處學習半年，就做過二件西服，當然也學過其他，如褲子、背心、馬褲、青年裝、襯衫等西服以外的服裝（甚至內衫褲類）。昔時的學徒，如果不經過二年半或三年左右後，是沒有機會學習到做西服。半年後，家兄又介紹我至另外一間西服店學習深造一年，出師後又繼續研究女裝、旗袍等，當過男裝、女裝、旗袍等縫製師（師傅）、訂做店裁剪師，也當過補習班、台糖公司、婦女會、職訓中心、職業工會等老師，也當過全國各地公（工）會主辦而聘請日本、韓國等服裝專家來台專題演講的翻譯講師，並在全國各地公（工）會及到韓國、日本擔任專題講師，並開過店鋪、補習班，也曾在高級職校任教，並曾在成衣廠當過常務董事、廠務經理等，迄今已超過半世紀的實務經驗與苦心研究，雖不敢自誇是業界的佼佼者，但在我國到目前為止要找一位實際能做能裁男裝、女裝、旗袍，甚至成衣等的人才是很不容易的。

我的技術，絕不是我個人一生所創造出來的，成為其母胎，乃是從許多前輩如汗血般苦心的結晶。輪迴的約束，就如同技術的世界就是那樣適用（恰當）。

我從前輩所繼承的技術，再傳授給今後欲研究的年輕的有志者，是我當然的義務。只是我，從前輩所傳授的是為了配合時代的潮流，修改成我個人的想法與經驗。大概傳授給我技術的前輩也是這樣吧。這樣才有進步、發展的空間。

我為了盡義務把我的技術傳授給後繼者，使用過各種各樣的方法，如開服裝店收學徒、開服裝補習班招收學生，或在學校教授學生、或在各公（工）會服務或被聘到韓國、日本等舉辦講習會專題演講，並自創服裝雜誌社在雜誌上發表。然而這次為業者，對技能養成事業有一點幫助，將系列出版「訂做西服技術書」。只要能把我的技術提供給業界的技術專家做參考，無論何時都很願意公開，也是我終生的願望。

技術的世界是無遠弗屆的。雖然沒有資格與能力探討其他行業的技術，但，以我們的服裝技術來說，對於所謂縫製服裝唯一的目的，方法不止為一項，還有各種各樣的方法，換言之，對於一項問題，答案卻不一定僅限於一項，會因人的想法而異。雖然作法不同，而其不同的方法，如果分別能帶來好的結果，當然絕對沒有異議。這可以說是手工業的特徵。整排的西服店，各自發揮個性與特色，便能證明其事實。

又，即使自己本身的工作，也不一定是永遠重複做同樣的事，隨著時光流逝的同時，累積經驗，使個人的技術進步、改變、躍進，如果不是這樣，當然技術不能得到進步。保持現狀，就是落伍。

又，技術技能的世界，道理與實際應當一致才能成立。按照道理如行不通時，道理或實際應認為其中一方是不合理。不合理的工作應避免，在工作上不能實現的道理需要警戒。

所謂技術，不是學、而是術，不僅止於知識，能或不能才是著重點，也是不斷鍛鍊自己之方法。

雖然年輕的一代不中止追求理論，但是，如果不小心把理論脫離實質就成為空談。可能有一點過火也未可知，可以說先有工作而理由是後來才黏上的。本書的內容也是不離開我的經驗之範圍，可以說均為從工作中往回推論的話。於宏大深遠的技術之世界，雖然得知我個人的經驗，但是，如先前所說，對於一項的問題，有好幾種的答案之中，能容許一項的存在就滿足了。

　　訂做西服業界，如果有百人的業者，關於西服縫製技術，據說就有百種方法與流派的業界。在這裡公開了一向被認為是不能外傳的各派系的裁剪秘傳，加以檢討之後，取其優點，並加上多年苦心創思而獨創的裁剪法，確立了現代的裁剪法。目前在國內難找到這樣精細且深入探討成冊的「訂做西服技術書」。因此，本書將成為業界的指南而設定統一基準為目標，並致力制定成為基本的原型。

　　而且，製圖需要的是將繪圖時的位置、記號、各線、數字等統一，儘可能的範圍內將其表現。這個在目前，尚不用說，以提高將來的訂做西服縫製與裁剪技術水準為前提，才是最重要的事。又，技能檢定等作為業界內基準定位為目的，而進行作業。

　　關於眾多的理論與技術，在這裡完成基本原型，實在是劃時代的事。本書是邁進二十一世紀的訂做西服縫製、裁剪、設計之大成。

　　在世界的現狀，西服裁剪法還沒有絕對的科學方程式，願我們的業者諸位應繼續研究更進步，且使全體通用的公式而努力，能早日產生而期待。現在的裁剪法是西服製作上之手段，不過是愈好的適合性與愈多的科學性而已。其意義是希望更進一層的研究是盼。

　　編者自己的學養畢竟有限，未能充分表達諸先進所需要的資料，殊感不安，這本書在1985年8月自中華民國服裝研究學會理事長退休後就籌備草稿編輯迄今，遲遲未敢付梓，後來經多位好友的鼓勵說：你有時間研讀國立空中大學的課，不如先著作自己業界所需的技術書，對社會與業界較有貢獻與成就感，始提出勇氣，決定出版本書。相信內容疏漏和錯誤在所難免，敬祈賢達前輩多多賜教和專家們雅正為禱。

　　又，今年出版這本書，對我來說有很多重的意義。第一，今年是我（1931.3.1）滿77歲的喜壽之年；第二，我從事本業（1950.6.25）超過半世紀的58週年之紀念日；第三，我跟太太（陳秀月）結婚（1958.4.16）滿50週年的金婚之紀念日，在此謹致上最深的謝意與祝福。

編者：呂寶霖　　　謹識於台北市麗新
2008.6.25（從事本業滿58週年紀念）

藝術長存，生命短暫。
Art is long, life is short.
芸術は長く、人生は短し。

活到老，學到老。
Never too old to learn.
学ぶに年はない。

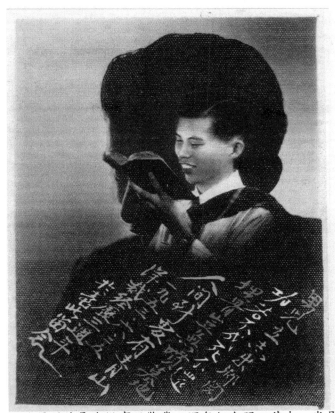

這張照片是我從事服裝業三週年紀念照，其中一半是
我學徒生涯，一半是帶著剪刀、鯨尺、鑽子跑天下的日子。

這張照片是今年（2008.4.16）我倆夫妻結婚50週年紀念日當天所拍的全家福照。

目　　錄

本書作者呂寶霖先生收藏最珍貴且充
滿回憶的照片，收錄在下列頁面：
自序─P5、P10。內文─P1、P53、P85、
P129、P151、P207、P245、P268、P269、
P302、P304、P305、P361、P383、P384

心訓　　　呂寶霖　編譯

一、世の中で一番楽しく立派な事は　一生涯を貫く仕事を持つ事です
世上最快樂而高尚的事，就是擁有貫徹一生的工作（憑此訓，日本人的專業精神建立了）

一、世の中で一番みじめな事は人間として教養のない事です
世上最悲慘的事，就是作為一個人而沒有教養。

一、世の中で一番さびしい事は　する仕事のない事です
世上最寂寞的事，就是沒有可做的工作。

一、世の中で一番みにくい事は他人の生活をうらやむ事です
世上最醜陋的事，就是羨慕別人的生活。

一、世の中で一番尊い事は人の為に奉仕し一決して恩にきせない事です
世上最尊貴的事，就是服務別人而不求回報。

一、世の中で一番美しい事はすべてのものに愛情をもつ事です
世上最美麗的事，就是對萬物持有愛心。

一、世の中で一番悲しい事はうそをつく事です
世上最遺憾的事，就是說謊欺騙。

福沢諭吉

很難得的歷史鏡頭—服裝界領導者三巨頭在一起會談的機會
攝於1984年（3.12～13）春季中韓服裝技術研究會會場
右起主辦單位：中華民國服裝研究學會呂寶霖理事長（本書作者）
協辦單位：台北市西服商業同業公會吳阿燦理事長
台北縣西服商業同業公會湯勇吉理事長

知 識 篇

1982.11.1　本書作者呂寶霖先生光榮膺選中華民國服裝研究學會理事長後親自主持理監事會議之情形

裁剪的基本常識

在裁剪的場合裡，雖有各種必須的條件，但如針對重要的課題時，則不外乎是；

A、設計的構成，創思型態美觀的服裝。

B、應裁剪合身且縫製穿著舒適的服裝。

C、不給縫製者帶來多餘的負擔（容易縫製）而裁剪服裝。

等三點。關於這些問題，敘述我個人的想法如下。

關於設計

日本東京都目黑區的T洋服店的作品每個月都被採用為時裝雜誌的封面照片為最佳服裝。這是從T先生那兒聽來的故事。某日，有一位手拿印著設計師頭銜名片的時裝雜誌的年輕記者前來大吹大擂說：「現在時裝已經不是藝藝云云的時代了，設計要比技術重要的多呢」。T先生說：「很對不起，您會縫製（實技）工作嗎？」他說：「不，我不是工人，故不懂縫製的事。我是專搞設計的」。T先生反駁說：「那就怪了。既然不懂得縫製工作而發表意見不是太過份了嗎？」。

這是有趣的故事。也就是說，能獨當一面工作的人才能談論設計的重要性，這是一種有意義的教訓。

設計（Design）實在之結構，最近與其被稱為洋服店（Tailor），或裁剪師（Cutter），還不如被稱為設計師（Designer）來得恰當。新聞記者或大眾傳播界談到它時，洋服店的老闆將全部變成設計師。社會上將男裝技術團體改稱為設計師協會而自鳴得意時，我總認為服裝師不可以全稱為設計師啊……。

不過，既然要製造東西（造形），設計

感覺當然是必要的自不待多言。洋服的縫製工作設計當然是很重要的要素之一。如果失掉對美的感覺的話，那是無法縫製一套良好的服裝的。但如忽視縫製技術的話，服裝的設計也將無法存在。設計的好壞全視是否具備技術手腕。因為那不是畫餅就能充飢的。

雖然不能把工作與設計加以分開來談論，但在縫製洋服的階段尋求設計師的立場的話，大概將是站在第一線的接待顧客的各位推銷員吧。決定型態、選擇布料，並進行採寸，這些就是設計的範圍。

如此一來，推銷員不就變成設計師了嗎？推銷員的責任是很重要的。有好的開始將是成功的一半（壞的開始，事情就全完了）。因此，站在聽取顧客的要求的立場者就不得不真正對服裝在行才行。經過裁剪與縫製，能夠完全了解洋服的整個過程的人，才可以斷定去當推銷員是最能適任的。

我曾經一直在「提倡裁剪方式」。要縫製好一件合身而穿著舒適的服裝，不但要成為推銷員，同時也應該是裁剪師才行。能由自己聽取顧客的要求（加以設計），並願自動手裁剪的人，去接待顧客時，才算是夠資格的設計師。最近，日本洋服專門學校裁剪科的學生，有三分之一是學企管業（推銷）相關科系的人這深深令我興奮。

穿著是否合身舒適

不僅是服裝，對鞋子的情形也一樣，無論是如何流行的新型的鞋子，不合腳就糟了。合腳而舒適才是重要的。而且應該有妥切的設計。以服裝來說也是一樣，首先應該縫製穿著

合身舒適的才行，所謂穿著合身舒適的服裝，就是指合身的服裝而言。把握身體的特徵，縫製穿著舒適的服裝，並作活用的設計。並不是說，只要穿著舒適，設計與其餘的就可不必多加考慮了。顧客不能說，穿著是否舒適可以不去管它，穿起來太緊也可以忍受，只要縫製穿起來感到帥氣就行了（雖然我還沒碰過這種顧客）。這個時候您該怎麼辦呢。

穿著不舒服的服裝款式也是難看的。這是我的論調。因為不配他穿著才會不舒適，因此，不適切的服裝款式也是不好的。如果不合身，就會到處出現缺陷，所以變得非常難看。穿著舒服與款式是兩立的。而且不能兩立則與各服裝師的信譽有關。這個問題應始終站在穿著者本身為中心來加以考慮才行。

新的流行也應該隨地採用才對。不過，如果採用今年新流行的一到明年就變得老舊不堪的流行是不值得加以考慮的。好的服裝款式無論經過多少歲月也是百看不厭的。在流行的根底中，最好是有著一貫的線條才行。但話說回來，要製作一件百看不厭，穿著起來既舒適而又合身的服裝，是一件非常困難的事呢。

與裁縫的關連

在裁縫之前必定有裁剪。不裁剪就不能縫製。因此在工作與時間上，裁剪是佔優先的地位。但是，在學習的階段裡，應先學習裁縫再去學習裁剪，是自古以來就存在的道理。因為裁剪與設計互為關連，是需要運用腦筋的工作，故在任何工作場所，都是由前輩所擔任的。

在此，我想說的是，裁剪者應該考慮到裁縫的立場再去裁剪才對，給裁縫者帶來多餘的負擔，浪費時間的裁剪是萬萬不可的。為此應該由了解裁縫的內容與方法的人從事裁剪工作是必要的，與其由不懂如何縫製者進行裁剪，

不如由懂得如何去縫製的人去進行裁剪才是安全的自不必贅言。

無論如何善於裁縫之道的人都是喜歡容易縫製的裁剪，較厭惡難於縫製的人而裁剪的。

如何才能做到容易縫製的裁剪呢？那就是不去進行有困難的裁剪。所用的布料中有容易縫製與不容易縫製的，有可以伸縮的或不容易伸縮的布料、硬料、軟料、秋冬料與春夏料等各種各樣的布料。對這些不同性質的布料，裁剪起來就必須有技巧、變化、輕重之分了。為此，雖然不用親自動手縫製，還是需要判斷裁縫的工程內容是否難於辦到。無論如何裁剪確是一項很重要的工作。以上並不是以裁剪來彌補不熟悉的裁縫的意思。

顧客的希求

無論任何人到訂做店或成衣販賣部時，最主要有三項的目的：第一，看到櫥窗裡所展示的服裝，第一眼就先看哪一件服裝漂亮最合自己之意的款式，如果不合意時，當然不會去碰到任何一件服裝。第二，看到自己所喜愛的服裝時，自然會要求拿下來試試看合不合身，如果不合身，無稱這件服裝的款式很合自己所喜愛的款式，也不會留戀這件服裝的款式漂亮不漂亮。第三，這件服裝大小很合身的話，會再試試看這件服裝的機能性，如果這件服裝的款式很合意，又合身的話，如果穿著不舒服，活動不自由、不自然而不好穿，一定對這件服裝抱著可惜又感到很失望，當然不會問這件服裝的價錢，也不會想買它了。如果這件服裝的款式很合意，又合身，又好穿，除非價錢不合理，否則，當然很樂意買這件服裝回去。

所以，我們要完成一件服裝時，要考慮款式是否大眾化，讓顧客喜愛，大小是否會合顧客的要求，對機能性有沒有問題，這些問題的責任都是裁剪師應具備的條件。

裁剪的立場

現在，我們對於紳士服裁剪的立場（觀點）加以思考看看。訂做西服（Tailor）的技術，是由設計（Design）與裁剪（Cutting），還有裁縫（Sewing）所構成。其中，最花費時間與勞力的就是裁縫部門。一般稱為裁剪是頭、裁縫是手，而成為出發點（前提）的裁剪掌握著主導權，因此，是負很大責任的工作。

裁剪的重要感覺（判斷力）

所謂紳士服的設計師（Designer）似乎是會畫素描（Style——樣式、款式、形態、姿勢）的人，可是對大致的形態都已經定形的紳士服界來說，目前可以說接待顧客的人與裁剪師（Cutter）成為現成的設計師，因為設計與裁剪被認為是同樣而處理的狀況，所以裁剪的感覺（Sense——意識）上大有問題的存在。

將設計好後，也就是裁剪好之後，雖然是在裁縫的部門組合縫製，可是再好的款式設計，若組合的技術不好，就成為白費。所以裁縫的技術，照理應有很高的評價。

本欄雖然以裁剪為中心而講述，可是撇開裁縫就沒有裁剪的存在，所以應該認為裁剪是裁縫的準備工作。好的裁剪與好的裁縫相結合，當然才能做好洋服，這是一定的道理。

那麼，好的裁剪，一流（高明）的裁剪到底是什麼？其中第一條件，我認為需要絕不費力（沒有缺點）的裁剪始可。如果裁剪太費力時，將會反映在工作上，而減低成品的效果。所謂不費力的裁剪，就是對於縫製的人不會有過份的負擔，亦即太難縫製的裁剪，無論如何高明的裁縫者，也討厭不易縫製的、拙劣的裁剪吧！雖然不是名人高手，但，就算是普通的熟手，也應該裁剪得讓他們能輕鬆的縫製才好。

應熟知裁縫工程

那麼，如何才能做到那樣沒有缺點而不費力的裁剪呢？這應該充分學習會做裁縫的工程是必要的。雖然不必自己縫製，也得好好的學會縫製的要領是很重要。若對縫製一無所知，很可能會裁出不易縫製的裁剪。還有，另一件很重要的事是關於處理材料（毛料、化纖等）的知識。若不懂得材料的性能，恐怕會有太費力的裁剪。

在設計好款式之後，把裁剪製圖（紙型）做平面展開，之後經由裁縫加以立體化而推測之下裁剪，因此，首先要培養設計感覺。把製圖系統（System）掌握成為自己的裁剪技術。對於從事裁縫的人，應該站在指導的立場，以這麼想的話，也許會覺得裁剪師難為，不免驚嘆，但也因此才會有工作成就感。

常常提起的話，亦即所謂工作，只是知道、記住，那是多麼無意義的事，會或不會才是問題的關鍵。而且，對於做得不好，那就等於缺乏利用價值。這件事對於各方面比賽決勝負的事，都可以比喻。如同各種運動、圍棋、象棋等，可以說是技術的巧拙能決定其成敗。僅知道規則（Rule）或手法是毫無用處的。唯有刻苦勤練，研究改進，始有上承的成果。

學習裁剪，也絕不例外。畫線的方法，或只知道比例計算，若不能做到很熟練，可自由運筆，高明的線、巧妙的線，絕對是做不好裁剪的工作。

曲線應以自由手筆而描繪

如眾所周知，西服和我國的古裝或日本的和服不同，裁成曲線（Curve）的部位甚多。使用直尺並求角度而設定直線，可以說很像拉窗（日本式房屋的木框糊紙的窗）的木條之構造線（Contruction line）。利用這個構造線做為引導線而畫出富有美感的曲線。由於曲線是感覺性的線條，因此，依各人的喜好而使用曲線尺（Curved rule）等，均有差異是不得已的事，可是曲線的地方，應該練習自由手筆（Freehand——技巧）而畫出來。常見有人使用袖圈（Armhole——袖襱、袖空、袖孔、袖洞、臂口）或領圈（Neck hole）的規尺（Rule）是不很贊成的。曲線是依體型或設計而變化的線條，因此，成為千篇一律是不高明的。如果能自由（Free）自在而一筆，按照袖子的頂峰（Crown——王冠，即袖山之意）製圖就夠得上是標準的行家了。

一件服裝的好穿與不好穿，或款式好看不好看，均以曲線的彎曲度來決定。同樣的款式，同樣的尺寸，經過不同的裁剪師製圖並縫製完成後，若將服裝的尺寸，加以測量長短與寬窄均為相同時，但，穿起來的感覺不一定會一樣，可能一為款式美觀又好穿，另一的款式稍差也並不好穿。雖然縫製後符合原來所規定的長短與寬窄的尺寸，為甚麼穿起來的效果會不一樣？其原因在哪裡？這不用說，就是曲線的彎曲度之關係。因為彎曲度是沒有尺寸，且沒有一定的標準，均憑個人的嗜好與感覺來決定，所以會產生這樣的結果。由此可見，任何完善的服裝，款式美觀不美觀、合身不合身、舒適不舒適，都不要忽視彎曲度的重要性。

任何事都一樣，死板（Mannerism——有禮貌的、謙恭的、守舊、個人慣用的格調）是不會有進步的。為了不死板，應該要動手，同時要動腦筋去工作。為何這麼做，有沒有更好

的方法，對於自己的工作，應有隨時加以反省與檢討的必要。

訂做服裝的使命，應該是詳細觀察顧客的體型，並縫製穿著舒適的服裝。不用說形態要做得很好，但是，注意形態而忽視穿著舒適是不行的。形態要好，穿著也要舒適，這是訂做西服的目標，但是分開來思考的話，不認為應該是穿著舒適為第一，其次是調整形態的順序才是正確的嗎？

符合體型的服裝是穿著舒適，而且形態也好，很自然的完全表現出那一個人的形態來，希望有自然感覺的服裝。服裝與體型毫不配襯、不調和是最大的缺點。

裁剪技能的好壞和縫製勞力之關係

下表是直接表現裁剪與縫製的關係，二等邊三角形之頂點A至上面的B點是表示裁剪之成績（技能程度），從A點至右邊的C點是表示縫製之勞力（精神負擔），底邊B~C之斜線是表示工作之效果（成品好壞），每段都以100分為滿分。

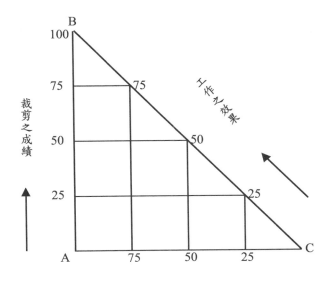

如果只有25分的裁剪技能，這表示縫製服裝時需花75分的勞力，而工作效果僅能達到25

分而已。如果裁剪的技能有50分，縫製的勞力要用50分，工作效果也是50分。再者裁剪的技能有75分之成績的話，縫製的勞力僅需25分，而且工作效果能昇到75分。如果假定有100分裁剪的技能，當然縫製服裝時沒有任何缺點且很輕鬆順利，效果也昇高到100分之滿分。但要達到這樣的目標是很不容易的，需長時間的磨練及努力學習研究。由此可見裁剪技能是何等的重要！

　　裁剪的程度不僅影響衣服款式的好壞和工作效率，關係前途和事業甚鉅，如果您曾參加過坊間裁剪打版補習班（學苑），卻無信心或感到裁剪技能不如人而無法勝任工作，或想再研究更美好的裁剪法，欲在短期間內通曉服裝專業知識與技術，請駕臨台北市重慶北路2段

235之1號3樓「麗新男女服裝補習班」，相信這是您最好的選擇，因為在國內您再也找不到比這裡更好的服飾裁剪成衣打版的補習班。現在順便來談談「麗新補習班的寶秀式」高級裁剪法的特點。

A、量身正確、精細、穿起來合身舒適。

B、從內衣到外套、大衣都可以不用原型，直接變化各種款式裁剪。

C、富高度適體性能，因量身的部位正確，且胸度式配合短寸式的量身法和裁剪法，除特殊體型外，都不必試穿與補正。

D、如女裝有剪接（剪開）的款式，均可以不用原型或紙型就能畫於布上直接裁剪，能發揮事半功倍之效果。

量身的基本常識

　　西裝和我國唐裝不同，要配合每一位穿著者的身材體型，所以應該仔細量取其必要的各部位之尺寸。而且，人的身體不是固定的物體，又集合所有曲面的線條，所以量身需要有相當程度的修練技術。又，依服裝之性格與設計、穿著者的嗜好與流行，而斟酌加減尺寸的部位多，有些地方是要按照體型實際量取的尺寸使用的，有些地方的尺寸要稍加修整，還有完全不量的尺寸，而依據其當時流行參考尺寸等，做為參考設計而決定的。

　　服裝是穿用為第一條件。雖然外觀美麗，但是，如果不好穿時就失去其價值，無論如何，第一條件是要好穿、要合身。量身時，不要量得太小或太大，服裝是需要讓人一看就喜愛始可。所以應該考慮到高矮與肥瘦（長度與寬度）。上衣與長褲之整個調和等的關係。同

時也要考慮到其當時的流行，再做感覺性的決定做為最後的尺寸。

關於量身

　　量身需要技術。要做衣服，等於已經踏進了量身技術的範圍。說得詳細一點，那就是裁剪（Cutting）是裁縫（Sewing）的準備工作，而量身（Measurement）又可以說是裁剪……製圖的準備工作。若能認為是裁剪的準備，而與裁剪不可分的工作，則自然就會弄清量身的立場。所以就必須要經過整套的訓練。若在突然間做出奇怪的尺寸，對於裁剪將會發生極為頭痛的難題。因此，僅以量身來說，就已經是屬於技術的範圍了。這是需要靠熟練與經驗的累積之重要工作。

量身這個名詞，可以說是服裝師（Tailor）獨特的用語，也可以稱之為測寸或測量。為縫製西服所進行的量身，跟一般所謂測量東西不同。例如要測量椅子的高度或一邊的長度，或桌子的面積，或靜物的大小等，不必經過訓練或特別的技巧，無論任何人來測量，差不多能得到同樣的尺寸。但是，我們要測量人體時，不一定會得到同樣的尺寸與同樣的結果。試試同一模特兒（Model）的尺寸，經過數人的測量後，雖然沒有很大的差異，但是，顯示每個人所量的尺寸不同的也不少。這並非是量身技術的巧拙問題，經過每天接觸客人的專家（Professional）之手，也是需要再三的經驗。又，把同一模特兒給同一個人測量時，若量身的時間不同而再測量的話，也會有不同的尺寸出現。因為被量身的對象是活著的人類，人體是會動的，為縫製服裝給會動著的人體穿著，就必須多留些活動的鬆份才行，這是很重要的事，有些地方不是以獲知大小就可以的。

不僅要知道「何處的尺寸……從這裡到那裡有幾公分（英吋）」而已，必須「應該要縫製幾公分（英吋）」等，經常把這種觀念放在心上來進行的一項作業。所以我們不能否定其中還要包含量身者的判斷（手頭）。而且，測量的部位還是依目視而定，故每一個人的目視位置當然亦有些許的差別，這亦為不得已的。量身之為技術，其語意亦於此，所以要量身量得好，就得磨練一番。

如照上面所說，也許您會誤解尺寸可以不正確，而懷疑尺寸的確實性。可是事實上並非尺寸可以不正確，我的意見就是不需要像描繪機械圖或建築設計圖那麼的正確且精密。

而且，所使用的服裝材料，其纖維若富有彈性（Elastic）與塑性（Plastic）之兩性兼備的布料，即使我們的量身是死板的，可是與細工的測量設計相比，自然就容得了相異尺寸之存在。可是亦非隨便那一種尺寸均可的意思。

做衣服要適當的尺寸是不必贅言。

不用說，為縫製西服必須有適當的尺寸，量身不僅為測量，還要附加構思為重要的事件。因此，我們所說的尺寸，雖然簡單說是尺寸，但應該含有

A、測量而知的尺寸。

B、一邊測量一邊決定的尺寸

C、不測量而以比例計算推論的尺寸

由結論來說，尺寸是為縫製服裝的一種參考，與其說是按照尺寸來縫製服裝，還不如說是縫製具備該尺寸的主人穿著的服裝來得正確。

量身時，靠近顧客的態度，動作要小心謹慎，且必須要輕快。第一要注意的事項，不要太接觸顧客的身體，或使顧客的身體團團轉，費工夫及張惶失措等均為切忌的事項。正如前面所說，量身絕非單純的測量身體，活用自己的經驗與判斷，善加運用。若量身的手腳不靈，亦會影響尺寸與信用。

由於量身就是裁剪的準備工作，說實在的，要裁剪的人測量尺寸是最好不過，可是，經營規模較大的就不能這樣。因此，雖然不必親自動手裁剪，有必要由會裁剪的人，或最少懂得裁剪的人來量尺寸。若由不懂裁剪為何物的生疏者（或學徒）及招攬員（Salesman）來量身，實在是很危險的事。如出現不能裁剪的尺寸，或不容易裁剪的尺寸，常見聞使服裝裁剪師（Cutter）傷腦筋的也不少。但願應具備認為是本身，要進行裁剪的幹勁與責任感的人來量身。

隨著成本（Ready made——現成服裝）的發達，訂做服裝師（Custom tailor）備受威脅，使訂做服裝的將來令人極為憂慮，可是以一個一個客人為對手，而且，所謂需要為顧客表現個性的訂做服裝，是一件很費事的工作，所以大量生產時，就需要有很多的人手。這一點就是與成衣截然不同的工作。顧客的個性與製作人的個性有很好的調和，才能做好訂做服

裝。所以接受訂做的人（為至最後一直擔任交貨的人），至少應由懂得裁剪的人、推銷員，以及裁剪師等擁有這種條件的人始可。

量身的知識

　　縫製西服的基礎，首要在正確的量身與製圖（比例計算法），這個說法可以說絕對不會錯。即使如何出色的裁剪師（Cutter），如果量身有錯誤，也不能做出良好的西服。相反的，即使量身怎麼好，如果製圖時（比例計算法）有錯誤，當然在假縫試穿時，會在補正工作上遇到相當多的難關，而這種補正當然會非常麻煩，因此，須抱著不得已才進行補正的準備。然而量身與製圖（比例計算法）不能沒有一致，例如假縫試穿的時候，出現補正的情形，不能不注意的事情是要思考這是量身的錯誤或者是製圖的錯誤，如果沒有詳細證實後再進行補正，是不能達到縫製立體化的西服。

　　裁剪的根本理念是由正確的量身，以及依據周密的觀察，而把握完全的體型為根據的設計、裁剪，而假縫試穿後，盡可能不必補正，或將這維持於最少限度最為理想。因此，縫製西服不能不思考的事，就是要做良好的樣式，或者是具有機能性，二者擇其一，雖然最理想的就是能好好活用且兩者兼顧，可是，還是要根據設計、使用目的等，其比例要六對四，或四對六的情況也有，所以要充分了解製圖、設計是如何的重要。

　　過去從歐美引進的製圖法，只有根據我們有限的知識範圍，受教極為潦草，方法僅十餘種。但在不知不覺中被淘汰後，實際上，現在我們西服業界，雖然對於量身與製圖，過去使用各種方法，目前一般普及而代表性的，大致區分為胸寸式與短寸式兩種，也最受多數的人使用。

　　那麼是哪一種較為出色？因各有優劣，

一時難以下定論。但是，無論如何，從其他的方式被自然淘汰後，這兩種製圖法仍在坊間廣泛普及，從這一點看來，仍然被認為各具有較多出色的要素。只是，為了無限地提高技術水準，不可冒險固執於一種方式（流派），要以靈活的頭腦，不斷地吸收各種方式的長處，將這個完全掌握（Master）才是最重要的事。

　　基於這種理由，我的量身法與製圖法也是將這兩種方式的長處加以活用，加以混合（Mix），更進一步加上我的研究，採用獨具創意的側面量身方式，任何體型都可以利用的量身之製圖，以達到把握正確的人體為目標。

　　所謂側面量身，過去的前後尺寸加上從側面的量身。立體化的量身與立體化的製圖，根據一個一個的結合點與線，能做出按照體型的製圖（製作西服）。又，有關側面量身在後面會詳細說明。

　　如何在量身、製圖、縫製等快速確實，而且，簡單地進行才是我們的目的，但是關於製圖，首先必須了解基本四線。

　　所謂基本四線，是指①縱線、②橫線、③斜線、④彎線等。縱線與橫線是製圖的基本線，斜線是依據縱線與橫線所求出來的線條，彎線是依據縱線與橫線及斜線所描畫出來的線條，製圖是根據這基本四線所形成的，必須放在心上。

　　原則上，量身是從襯衫上進行。量身之前，好好地把握體型，量身之後，依據體型，要考慮到在製圖前尺寸上的補正（增減尺寸）也是一種的方法。

正確量身法

　　選好布料，決定款式，就開始量身。正如裁剪要懂「裁縫的內容」，量身也該知道「裁剪的常識」。雖然不是硬性規定不會裁剪就不能量身，可是正如裁剪是裁縫的準備，量身就是裁剪的前提，所以這種工作應與裁剪相聯，

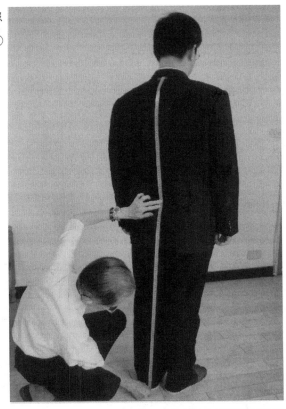

照片①

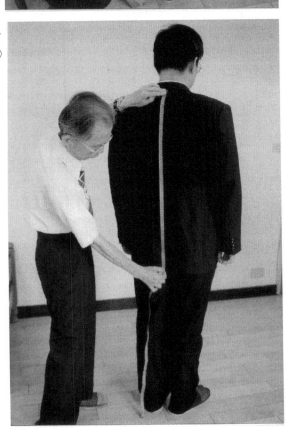

照片②

把裁剪放在觀念中，始能有其意義之存在。

　　量身時，待客的態度、動作要有禮貌，且輕快。同時要注意不可太接觸客人的身體，以不妨礙動作的程度，保持一些距離加以量身。

　　目前，客人所穿的西服、褲子等，可以當成您量身時的最佳參考。除非沒穿上衣，否則衣長、肩寬、袖長等，以身上所穿的上衣來量最方便。有時候用同一尺寸，有時候做為參考，再加以些許的修正。照片說明與量身部位測量方法如下。

總長（Full Length）FL

　　總長（照片①）是在脖子根（Neck）的後面第七頸椎或襯衫後領中心點的縫合處為基點，垂直地按照光腳量到地面上，如果穿著鞋子時，就必須減去鞋跟的厚度（高度），或量到腳後跟（腳底）的尺寸為總長，布尺要按照手拿一根棒子似的鬆緊並抵著測量的方式來測量，但無法一次測量時，在中途之腰處可停住後再往下量，切記不要放鬆布尺。上衣長、大衣長、禮服長等均以總長為基本尺寸，所以無論如何一定要有測量總長的必要。

　　A、西服上衣長（Length）（照片②）是總長的$\frac{1}{2}$為基準，但需要依據當時的流行、設計、身高、嗜好而增減。

　　男人所穿服裝長度大抵由總長來決定的。愛穿長些的，或愛穿短些的，可隨意增減決定。但西裝的長度應以能遮住臀部的圓澤處的程度縫製，這是應有的常識。身上如有穿著的服裝是最好的參考，故從服裝上的測量時是沒有什麼問題的。

　　現在來看由總長算出的方法吧！

　　如係保持平衡的中等身高的人（稱為中寸）時，西裝的衣長與褲子的股下大致上是同寸的。可由總長一分為二（各佔一半）。

　　總長×$\frac{1}{2}$＝西裝長＝褲子股下。如果總長有147cm（58吋）時，西裝長與股下將各為

73.5cm（29吋）。不過，有人說這個尺寸是不能適用於高個子或矮個子的身上。因高個子的腳要長於胴體，矮個子是腿短而胴體較長。換句話說，身高的高矮對胴體是沒有多大出入的。站立時身高的不同就較為明顯，但坐著時（坐高）臉的高度將是大致相同的。此時，西裝長與股下就不能各佔一半了。

第二階段的對策是：總長－褲子股下＝西裝長。如此一來高個子時股下就較長，西裝長也變短。矮個子的股下較短而西裝長較長（詳情請參閱「西裝之基本」之西裝的長度）。

B、大衣長是冬季大衣長或風衣長，以總長的75%（即總長的$\frac{3}{4}$）為基準。

C、晨禮服（Morning coat）、午禮服（Frock coat）、燕尾服（Dress coat）與膝蓋的位置是總長的70%（即將總長的$\frac{7}{10}$）為基準。

在這裡記述的尺寸，一般為基準尺寸，須依據流行、設計、嗜好等增減。

肩寬
（Shoulder Width）SW

肩寬（照片③）的測量時，不要貼緊肩線，肩線延長線與胳膊（臂根）外側線的延長交點為肩寬尺寸。從其交點到交點，以直線測量，肩寬應在兩縱線的中間。垂肩（撫肩、墜肩、斜肩）、聳肩（怒肩、挺肩、平肩）是肩的斜度份量，跟肩寬沒有什麼關係。

裝袖的縫合線應該位置在哪裡是設計上重要的尺寸。雖因流行而變得或大或小，但肩寬如果太寬，則肩部的負擔將較重，反之將變得侷促不堪。肩寬較狹窄時腕部的

照片③
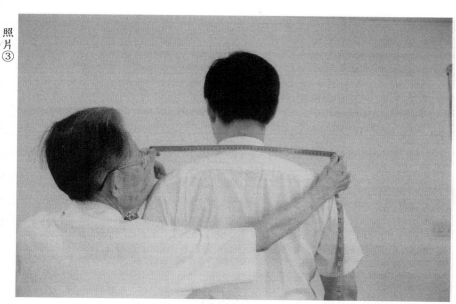

照片④
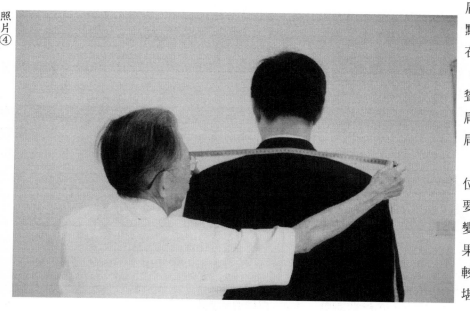

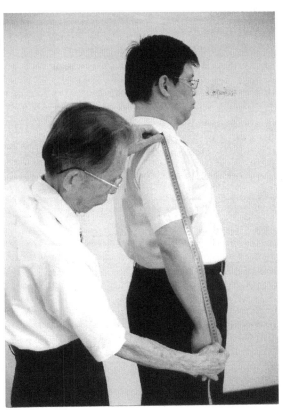

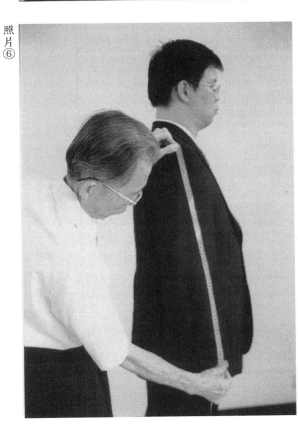

活動較靈活，但將使肩膀附近顯得貧弱，對臉部較寬的東方人將變成不自然的形態。這個可由服裝上（照片④）加以測量做為參考。

袖長（Sleeve Length）SL

袖長（照片⑤）的測量，手的食指與中指之間夾住布尺（Measure），並認定墊肩的厚度，將手掌似貼合於肩線，從肩線與胳膊外側線之延長交點為基點，測量至手腕的外側中心關節處為袖長尺寸。

如果從西裝上測量就很簡單（照片⑥），但如由襯衫上測量時，用量過肩寬的布尺直接按住肩端量至袖口。如果襯衫的袖長適當而完成的話，可量滿，則西裝完成後襯衫的袖子將稍微露出袖口一些。能看到一點袖口較好。西裝的袖長因肩台（墊肩）的棉包之關係而約短1cm（⅜吋）就是完成時的尺寸。袖長大致上以納入手掌頭關節處即可，但可依照個人愛好而決定長短。

背寬（Back Width）BW

是除了正常體型以外，背部有圓背的人，或反身體，屈身體（背寬或胸寬的寬窄時）等，務必知道的尺寸之一。又看起來很像端正的姿勢，還有扁平體型、圓筒體型等，也有不與胸圍比例尺寸符合的。因此有必要測量背寬與胸寬的尺寸。

雖然各部分的量身均需要正確，但在我的製圖技法（手法），視背寬、胸寬尺寸來認定正體（標準型），或是反身體（挺胸型）、屈身體（彎背型）等，以及機能性與美觀上等重要因素考量，所以需要更正確的量取背寬與胸寬的尺寸。

A、背寬是以肩胛骨上為基準，量取背部的兩端，亦即量取左右臂根的距離，但是這個位置難以一眼就看出目標，因此，先將襯衫的前面兩邊稍向前拉使其貼身，就比較容易看準

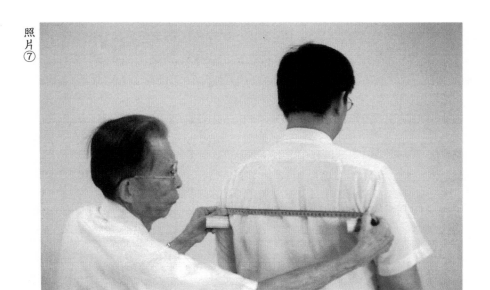

照片⑦

背部的兩端。或如照片⑦在背部兩脇，即在臂根（脇下）最高處兩端各先放進（夾住）一支直尺，以自然型態測量。

　　B、其次在雙方胳膊降下狀態如照片⑧把脊背弄圓，測量背寬必要的尺寸（鬆份），減掉A的尺寸後，將剩餘尺寸的½加在背寬為鬆份尺寸。

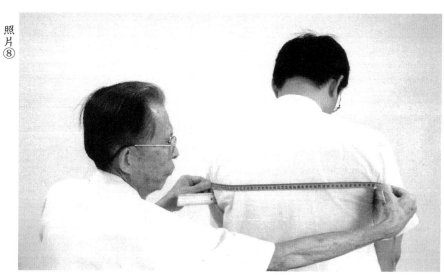

照片⑧

一百英里的旅途，總是從一步開始的
The journey of 100 miles begins sith one step
百里の旅行も一步より始まる

胸寬（Front Width）FW

胸寬（照片⑨）也是以量背寬時同樣的要領，將襯衫向後抵緊或先在左右兩脇，即在臂根（脇下）最高處，兩端各先放進（夾住）一支直尺，而正確地測量。背寬與胸寬跟胸圍同樣，設定頸側點（NP）有很大的影響，因此，非正確地測量不可。

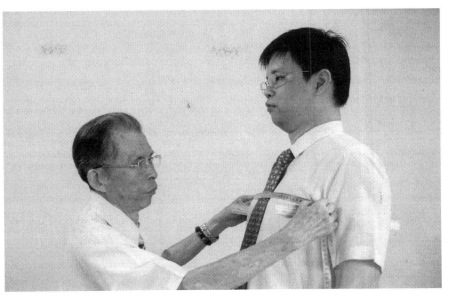

胸圍（Breast）B

胸圍（照片⑩）有人叫做上胴或上圍，因為複雜且麻煩，在此簡稱為B。胸圍是從襯衫上面，以兩脇下為基準，前後兩脇均以水平位置，以自然形狀而測量。不必放入多些鬆份而測量。有人怕胴體周圍變得太小，而用一隻手放進去測量，或在量好的尺寸再加若干尺寸，這樣是不太好的。胸圍是計算胸寸式裁剪的基準（基度）尺寸，而且為求取頸側點（Neck point）而使用胸圍尺寸，因此，應正確地測量，切不可另加多餘的若干尺寸。假如想穿著寬鬆的西裝時，可在B線（胸圍線）多增加些尺寸即可。如果到處都變得太大就不得了啦。

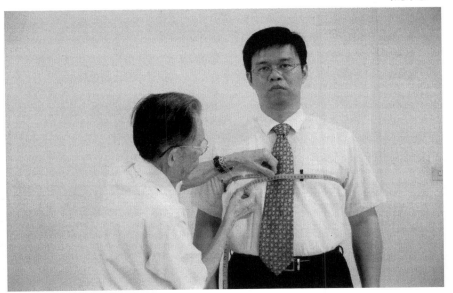

腰圍（Waist）W

腰圍也有人稱為中胴或中圍，簡稱為W。腰圍是要量取上衣與背心上所需要的尺寸，及褲子的尺寸之二種。

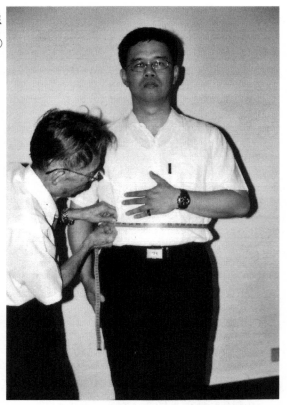

照片⑪

A、上衣與背心的腰圍（照片⑪）是在脇下及臀圍的中央附近，把手腕輕輕彎起的肘部關節地方，最細小的位置以水平測量。

B、褲子的腰圍（照片⑫）是繫結褲子的皮帶之位置，不必加上鬆份，在腰骨之上面最細小的部位，以水平測量。

腰圍量身位置不一定是在西裝或背心的W線（因有高腰或低腰的情形之故）。

臀圍（Hip）H

臀圍（照片⑬）也有人稱為下胴或下圍，簡稱為H。測量臀圍之前，必須先將後面口袋裡的東西拿出來後，測量屁股最隆起的地方，以水平而不緩不緊之自然狀態的測量。這是裁剪褲子製圖的基度（比例計算的基準）之重要尺寸。

胸圍、腰圍、臀圍等測量尺寸時，均不必加上鬆份，鬆份是在製圖時加上的。

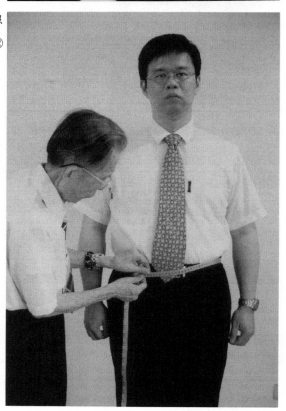

照片⑫

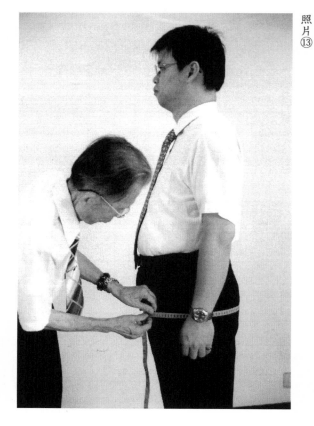

照片⑬

背心長（Vest Length）VL

決定背心長從來是由背部的後頸根中心點，通過脖子根往前落下而量至下襬處（劍尖）的，這樣有加上領徑的尺寸而不安定，我是在背部量取背心長的方法，但因在褲子的股

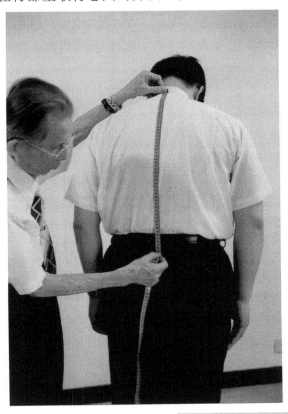

照片⑭

上（褲襠）變淺的現在，背後可能露出腰帶或露出襯衫而顯得難看，故應從後面將身體稍微向前傾倒而量至腰帶下面（照片⑭）。然後從後面決定長度，並適當地加上前低份就不難。雖然背心長過長是不贊成，但是，不將褲子的腰帶絆（褲耳）隱藏起來的程度，反而不好看，不過正如前所述，個子無論高矮與胴體的長度是沒有很大出入的，因此可以大致的決定尺寸，除了特別尺寸者外，通常背心長的後長約為52.5cm（20⅜吋）左右（背長加上背長的$\frac{1}{4}$為準），或FL的$\frac{5}{14}$。

頸圍（Neck）N

頸圍（照片⑮）的尺寸，如穿襯衫打領帶時，需將領帶放鬆取下，布尺放在襯衫領子裡面，繞量頸根（即脖子最低而最粗大的地方）一圈的尺寸。通常男子服裝很少用到這個尺寸，但如要做襯衫或中山裝等繞頸圍的領子時，才有測量這個尺寸的必要。

褲長（Trouser Length）TL

褲長（照片⑯）首先在腰骨上暫定基點，關於股上尺寸須聽取顧客的喜好。如果喜歡較深的股上，便要在腰帶上幾公分（吋），

照片⑮

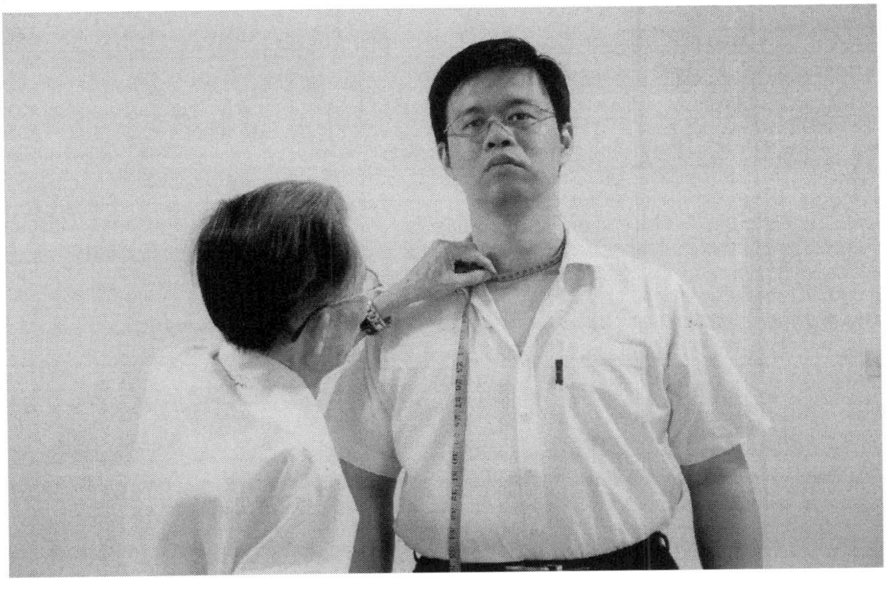

而從這個位置量取褲長。這時需將腰帶扣環（Loop——褲耳）的下降（位置）度，明記在尺寸簿裡的必要，腰帶扣環的位置，認為是自上端起1cm（⅜吋）下面為適當。但因股上的深度而有所不同。

股上較深的西褲，腰帶的位置也是一定的，如果弄錯了，穿起來就不舒服，如果褲帶扣環比正確的位置過高，腰帶便會滑下到腰骨的位置。股上較深的褲子，最好能採用吊帶（Suspender）為佳。

照片⑯

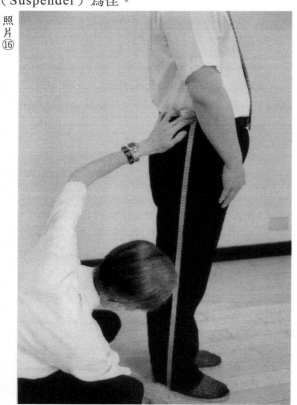

下襬應注意的事情，在下襬的寬度依褲長的變化而有不同，如果下襬窄時要短，相反的，寬則要長。這是配合從腳脖子到腳尖傾斜的關係，下襬的前端剛好落定在鞋面（斜面）的位置是最適當的褲長。

褲長是從腰骨上，加上腰帶上與扣環縫止點之上的地方為基點，原則上按照光腳量到地面上，如果穿著鞋子時，就必須減去鞋根的厚度後，再減去2cm（¾吋）就是褲長。

股下（Inside Length）IL

股下又稱內股。從胯根（腿部最粗處）也是按照光腳量到地面上，穿著鞋子時也是減去鞋跟的厚度後，再減去2cm（¾吋）就是股下尺寸。為了不好意思而不大願意把手指放進股下，或用直尺緊靠（貼）在股下又覺得難為情，所以我是從後面的臀部之下面與大腿根最粗大的地方之交接溝（照片⑰），即從後面的凹入處量起，凹入處的位置，一般脫光衣服即可明白，但由褲子表面以手觸摸亦可知道，而量到褲口，即量到地面上（鞋跟除外）就是股下尺寸。從凹入處量到地面上（鞋底），並直接使用這個尺寸時，即可獲得適當的股下尺寸。因為腿根高於凹入處3cm（1⅛吋）左右，因此，褲口（下襬）穿著時，可容納於適當的長度。由褲長減去股下尺寸即可求得股上的尺寸。

照片⑰

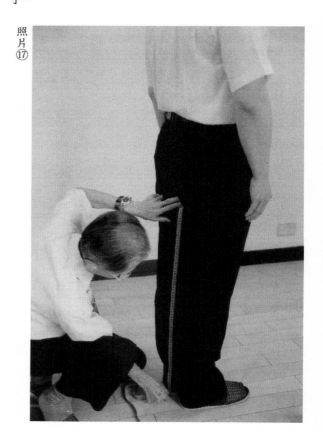

以上所量的尺寸視為一般的尺寸，但可依
個人的嗜好之長短而增減，或依褲口的寬度多
少而加以增減，如褲口寬大（如喇叭褲）時可
以長一點，褲口如細窄時就不能太長，最長只
能長至腳面亦即量到外跟點。又穿鞋子時會比
赤腳時的股下為長，故在假縫時應留意試穿。

前股上（Front rise）FR
後股上（Back rise）BR
腰入（Waist content）WC

股上的尺寸，對高大的人或矮小的人沒有
多大的差異，所謂高大的人，因為大體上腳部
較長，坐高（胴體的長度）不會差太多。依人
的習慣穿入度有深淺的嗜好，所以有必要在量
身時弄清楚繫帶子的位置，穿入度較深的最好
使用吊帶（Suspendrs）。

股上的尺寸，一直以褲長減去股下尺寸
後，所剩下的尺寸就是股上的尺寸。但因依體
型而跟實際測量的尺寸，會有非常大的差異出
現。褲子的股上之深度，會影響到褲子的合身
與舒適。如變體的情形，就器重於前股上（照
片⑱）與後股上（照片⑲）的尺寸。因此，有
這兩個尺寸，對變體的製圖有非常大的幫助與
益處。褲子前後腰不同高低時，亦可如照片⑳
使用塑膠管（連通管、U型水管）測量前後腰
的高低，詳情請參閱「裁剪的預備知識」之褲
子前後腰高低修整法。

如測量後股上時，同時可以順便測量腰入
（照片㉑）的尺寸，臀部的扁平或突出，可用
這個尺寸而容易處理褲子後片的臀圈縫合線之
傾倒與豎起的問題。

襠圈（Eeat hole）EH

襠圈（照片㉒與㉓）的尺寸是從前股上
（前腰中心點）為基點通過股下，量到後股上
（後腰中心點）的基點之尺寸就是襠圈。依此

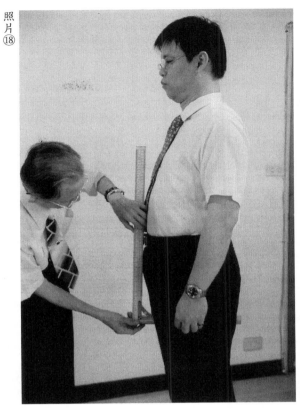

照片⑱

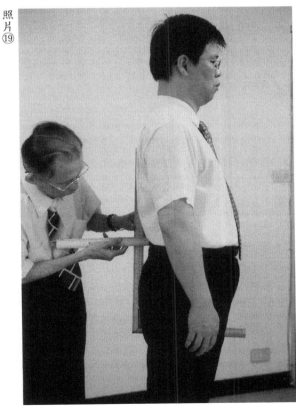

照片⑲

照片
⑳

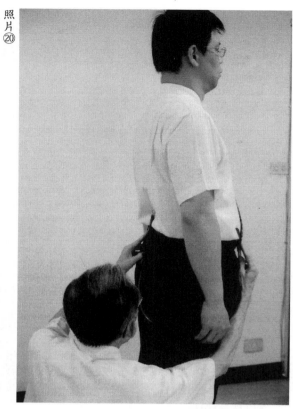

照片
㉒

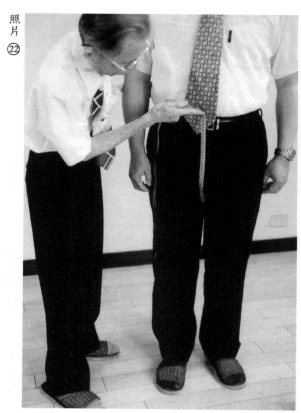

照片
㉑

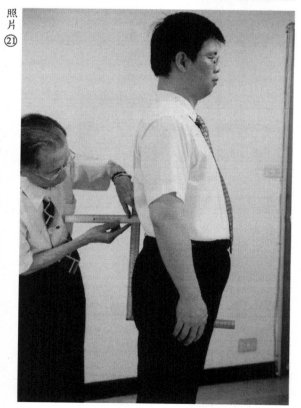

照片
㉓

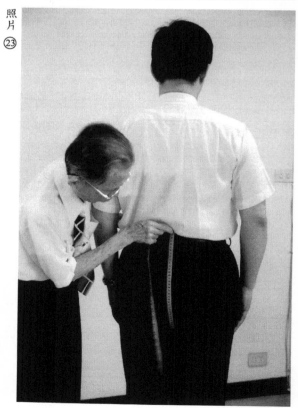

測量所得到的尺寸，能知道脇邊、前面、後面等之股上，這個尺寸對合身舒適且美觀的褲襠是最重要的尺寸。

腿圍（Thigh size）TS

腿圍（照片㉔）在大腿根最粗大的地方，水平地繞一圈的尺寸。這個尺寸對於大腿圍粗大的人，或要做合身（緊身）的褲子時一定要測量。

褲口（Slacks bottom）SB

褲口（照片㉕）是隨著流行變寬或變窄，以顧客的嗜好為優先，依照年齡的考慮而給予建議（Advice），如直接測量顧客的褲口做為參考時，將褲口拉直繞褲口一圈的尺寸。

雖然需要褲口的尺寸，但並非是由測量來做決定的尺寸，需考慮臀圍的大小，以及股下的長短，即肥瘦與高矮的配合之比率，褲口的標準，大約可以從（臀圍十股下）÷8＋24cm（9½吋）為基準（指數）。

側面量身法

臀厚尺寸、腰入尺寸、頸入尺寸、臀入尺寸與臀出尺寸、肩的斜度、腹寬尺寸、後長尺寸、前長尺寸等皆稱為側面尺寸。向來製圖之標準尺寸，雖然使用部位很多，但是，將這些尺寸部位（側面尺寸）在製圖上，加予立體化時，能製作出按照體型的製圖。

臀厚尺寸（Hip thick）HT

臀厚尺寸又稱跨幅尺寸（照片㉖）是在臀圍的隆起部分，如照片以二支角尺稍微擠緊一點而取水平測量，此內側尺寸稱為臀厚尺寸。我對褲子前身小股尺寸與後身臀圈尺寸，從來的製圖是從臀圍尺寸（圓周率）所計算出的抱著擬問。因此依測量臀厚尺寸，能求出前身小

照片㉔

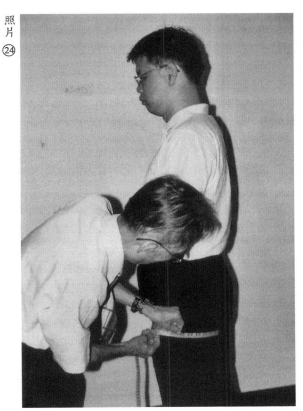

照片㉕

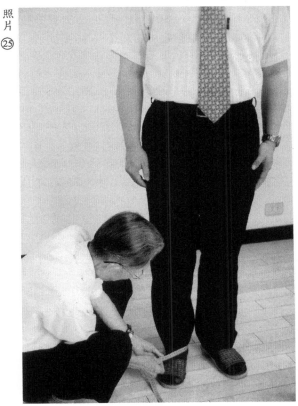

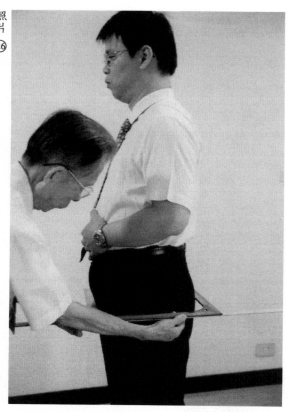

照片㉖

股尺寸與後身跨幅尺寸的同時，褲子的前身折紋線與後身折紋線是根據體型（臀厚尺寸的寬度與窄度）使用所移動的比例計算法。

腰入尺寸（Waist content）WC

腰入尺寸（照片㉑）是要設定褲子的後身中央的縫合線重要的尺寸。要縫製機能性的或者縫製立體化的，均要以腰入尺寸才來決定，所以非小心謹慎測量不可。

臀圍的兩隆起點稍微緊湊壓住，後中央的直上與腰帶位置之水平點就是腰入尺寸。在一般褲子的裁剪對後身的傾倒、豎起作問題，要做機能性時，將腰入尺寸多一點，要做良好形狀時，將腰入尺寸少一點。如此一來，臀圍的下面沒有剩餘皺紋，成為良好形狀的褲子，因此，腰入尺寸也是有必要測量。

頸入尺寸（Neck content）NC

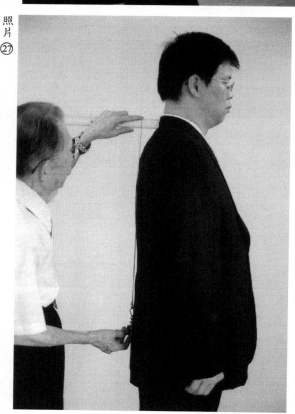

照片㉗

頸入尺寸（照片㉗）是要設定背縫線（背長）與頸側點的高低在決定上測量重要的部位。求定肩胛骨最突出位置的背骨線為基點，把角尺（Scale）或直尺，拿成垂直而輕輕靠近肩胛骨最突出之基點，然後以水平量取角尺或直尺與第七頸椎或襯衫領後中心縫合點之間的距離，即肩胛骨浮出的份量就是頸入尺寸。詳情請參閱「裁剪的預備知識」的頸入尺寸與臀入、臀出尺寸求法。

臀入尺寸（Hip content）HC
臀出尺寸（Hip degree）HD

A、測量頸入尺寸的同時，將角尺或用秤陀或用釣魚用的鉛墜綁上繩子使其垂直至臀部最突出部位順便測量臀入尺寸，所謂臀入尺寸為零，即如照片㉘，臀圍隆起部分跟背骨線成為垂直點的時候，H點既不是反身體，也不是屈身體，以普通體型製圖即可。詳情請參閱「裁剪的預備知識」的頸入尺寸與臀入、臀出

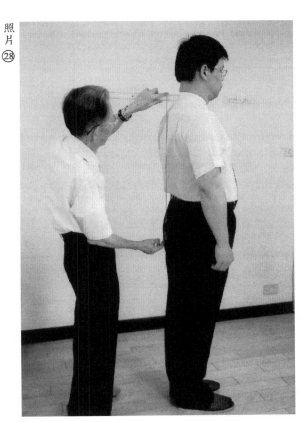

照片㉘

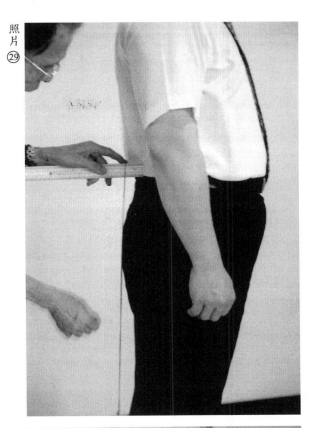

照片㉙

尺寸求法。

　　B、臀入尺寸是首先測量頸入尺寸的當時，背骨線與肩胛骨的同一位置為基點，而將角尺或直尺拿成垂直，為求臀部的隆起部分，從垂直點進入（離開）幾公分（吋）就是臀入尺寸。

　　C、臀出尺寸（照片㉙）是跟臀入尺寸相反，是要測量臀部的隆起部分，從背骨線直下點突出時的體型。這種體型的背中心開叉（Centervent）會敞開，從W線至H線位置是反身體，因此，有測量臀出尺寸的必要。臀出體型在臀圍位置為反身體已說明過，臀入體型即為相反的屈身體，在這裡順便補充。

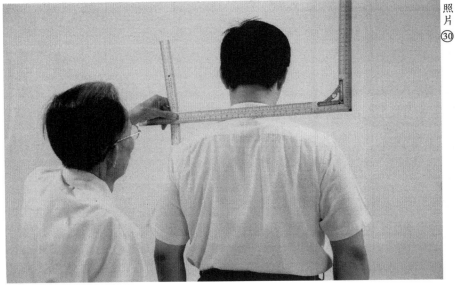

照片㉚

肩的斜度 (Shoulder slope——肩垂量) SS

　　肩垂量（照片㉚）是把角尺或直尺，抱持水平線輕輕放在第七頸椎，或襯衫領後中心縫合點，然後量取肩線延長線與胳膊外側延長

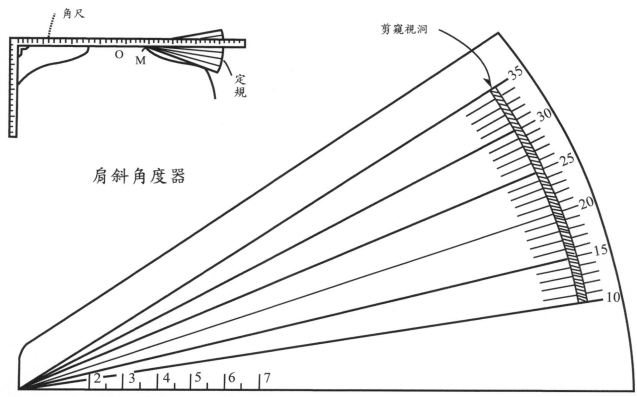

角尺

O M

定規

肩斜角度器

剪窺視洞

35
30
25
20
15
10

2 | 3 | 4 | 5 | 6 | 7

照片㉛

交點的直上線（正上面）為肩垂量尺寸。或如照片㉛使用肩斜角度器，首先在領座與肩線縫接點的M點之位置，把角尺或直尺水平靠上，測定肩斜的角度。這種肩斜角度器很方便且自己可以動手製作，是以厚紙板如圖描畫分度器的度數而已。製圖時將度數減掉肩墊的厚度（即把肩點提高，如製圖中的9~8與J~10及19~20的尺寸）而直接製圖即可。或如照片㉜使用肩規（Shoulder gauge）測定肩斜的度數，這種肩規的測定面按照度數內有水泡詳細指出肩斜度數。因為肩垂量是設定鎌深（腋深）尺寸的重要標點（Point），因此，非測量不可。我的製圖，肩端S點如果未決定之前，不能決定鎌深尺寸。詳情請參閱「裁剪的預備知識」的肩垂下與鎌深尺寸的求法。

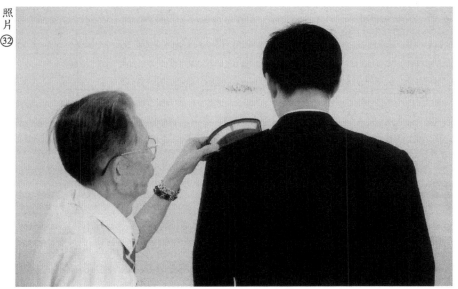

照片 ㉜

做垂直線而求，以角尺拿放垂直，或用秤砣或釣魚用的鉛墜綁上繩子使其垂重（垂直）如照片㉝，在腹部最突出（腹長的位置）的左右以別針做記號後，從右邊的別針量到左邊的別針之距離就是腹寬（照片㉞），但是，這時的腹長尺寸要測量的正確，否則在製圖時，前打合線的上端會發生毛病。以往的製圖法之腹寬是決定一定的標準尺寸，使用

腹長尺寸（Belly length）BL
腹寬尺寸
（Corpulent degree——肥度）CD

計算腹圍差寸，而求肥滿度的方法，或者根據圓周率而求的方法，不一定能一致。我認為即使不是肥滿體的人，或是普通體型的人，有時候需要腹寬尺寸。普通體型也有逆S字型體型的場合，認為胸寬加上鬆份，如果腹寬尺寸較

腹長是從NP至腹部最突出的地方之長度。要測量腹寬的基點是從左右前脇（D點）

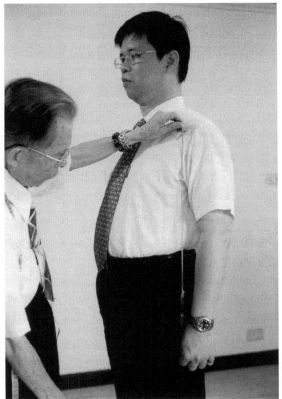

照片 ㉝

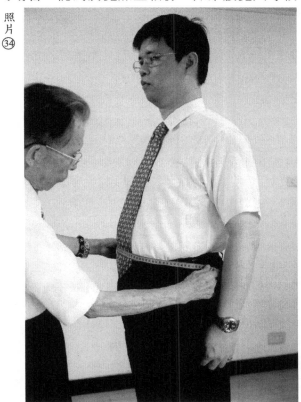

照片 ㉞

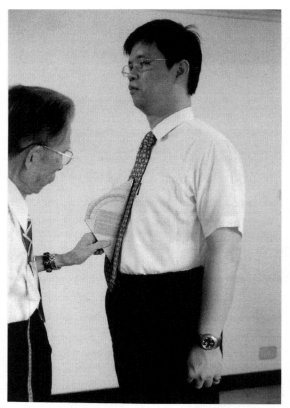

照片㉟

寬時，對胸寬沒關係，應將腹寬尺寸為相疊線（前中心線）而製圖才行。或如照片㉟從側面看，在胸膛的高處與肚子最突出的位置，用傾斜器測量傾斜角度亦可。

後長尺寸（Back length）BL
前長尺寸（Front length）FL

前後平衡（Balance——均衡、平均）的測量法。首先要決定頸側點（NP），NP位於頸根外側和肩膀的交點，而前後厚度之正中央相接點，NP就是等於製圖中的M與N點。從這NP經過肩胛量至地板上為後長，或使用91,5cm（36吋）的碼尺之一端放在地板上，一端靠在背部，然後從NP量至靠在背部的另一端碼尺上之尺寸為後長（照片㊱與㊲）。又，從NP通過前面量至地板上為前長，或使用碼尺之一端放在地板上，一端靠在胸前，然後從NP通

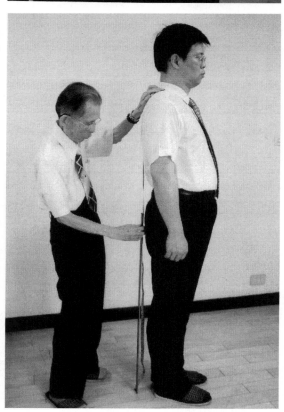

照片㊱

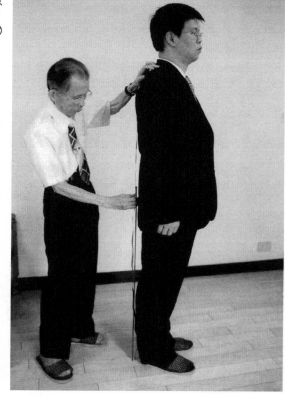

照片㊲

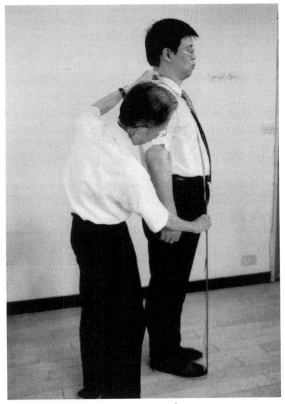

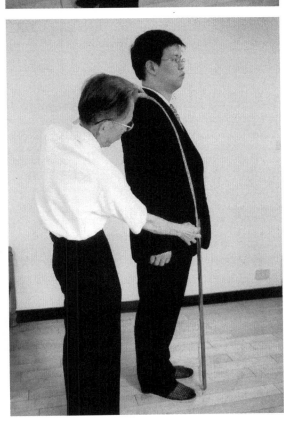

過前面量至碼尺上之尺寸為前長（照片㊳與㊴）。普通，正體的時候，後長比前長多1.5cm（⅝吋）。如果後長比前長多1.5cm（⅝吋）以上時就是屈身體，前長比後長少1.5cm（⅝吋）以內的尺寸，甚至前長比後長較長就是反身體。

因除了特殊體型之外，大部分的體型，後長的尺寸多於背長2cm（¾吋）的居多，所以難於決定NP的位置時，可以先量取背長後再加上2cm（¾吋）就是NP的位置。

後長與前長的尺寸跟背寬與胸寬的尺寸有密切的關係。駝背的人（屈身體）大多數後長會較長於前長，而背寬會比胸寬較寬。相反的，挺胸的人（反身體）大多數前長會較長於後長，而胸寬會比背寬較寬。每件服裝要好看、好穿，裁剪後試穿時，補正的問題會較少，甚至不用試穿，或不必補正，這都是依賴這四項尺寸的應用。因此，這四項尺寸一定要仔細的測量。

特殊量身法

據說「西裝是以肩膀穿著」，我認為肩膀的周圍之調合（Fit——適合、配合）狀態是決定西裝的價值之第一條件。

上衣的情形，從胸圍（製圖中的B線）的上面之部分，如果具備體型與機能而製作的話，從B線的下面之各線是以款式（Style——樣式、姿勢）來思考製圖即可。

結合脖子位置與手腕位置，跟肩膀之傾斜的關連，被認為是與體型複雜有關，因此，可以說肩膀的位置是加進款式、機能而不用補正的製圖是重要的重點。

那麼，現在施行的量身方法說明於後：

①量身的時候，分使用器具求取肩膀斜度之角度的人，以尺寸求取的人，以指數求取的人（以脖子根為基準測量肩端的傾斜，用器具

測量等。）

②量身的時候，利用布尺測量肩膀周邊（短寸式、在胸圍固定帶子，並於帶子為基準而實際測量各部位）。

③量身的時候，以地板為基準而測定（從地板上測定骨骼各點）。

雖然如上述方法實施量尺寸，但是肩垂的量尺寸方法與製圖上肩線的位置之設置方法，還是有留下問題，現在舉出採用情形的注意事項為參考：

①的情形，測量左右的位置是否正確，左右不同的時候，以何處為基準，在製圖上適用方法（例如：依體型，程度是垂肩，胸部厚的人，肥滿體，包肩的人把肩線降下而堵塞會影響機能性而不甚好）立體的厚度與傾斜的關連。

②的情形，左右不同的時候，基準的決定法，立體採寸的平面製圖之適用方法（體型是照原樣的長度出現在平面而掩蓋體型，必須拿取平衡而修整，巧妙處理（Manipulation——巧妙操作）的活用為重要）。

③的時候，原有採寸方法是從上面向地板採寸，但是這個時候，縱向長度的測定是從地板向上垂直而測定全部。下面說明測定部分。

器具是附上秤砣的布尺、角尺、直尺，如照片⑩在柱子從地板附上布尺。以地板為基準而測定全部縱向長度。從地板至頭上（身高）、從地板至第七頸椎點（總長）、從地板至臂根下位置（左右臂根下長）、從地板至肩端（左右肩膀高度）。以附上秤砣的布尺測定肩胛骨上接點、頸入、腕入、背入、腰入、臀入（其他省略），從地板測定是在柱子靠上角尺，以直角狀態決定位置而正確測定。頸入等是用布尺附上稍有重量的秤砣，向上懸起，在垂直的位置而測定。

測定尺寸從各部分的尺寸減掉，能明確各

部分間的尺寸。

參照A圖：總長減掉肩下長就是肩斜尺寸，能知道左右不同的鎌深或袖圈的高度對比與肩斜的狀態。

總長減掉臂根下長，因這個時候是垂直的尺寸，可以比較沿著體型採寸的鎌深（實測），其差寸在數字出現，應能詳細瞭解體型。

肩下長減掉臂根下長就是臂根的高度。左右袖圈的高度在數字知道，可以正確而適用製圖。

肩入是測定跟肩的高度同一的背部把直尺靠上至肩端之間（肩端是後肩骨先端）。

腕入是測定袖圈的中間點之位置的腕根與背部靠上直尺之間而知道手腕位置。

以上還有其他測定30個的部位，但是其中的$\frac{2}{3}$之部位分是為求取體型之數值所必要的部位。活用這些數值，將其人的體型能在方眼紙

照片
⑩

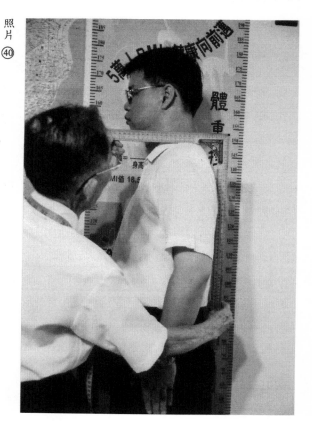

特殊量身法

布尺

第七頸椎
頸入
肩斜
肩入
頸側點
肩端點
腕入
臂根
鎌深
袖山
腋深鬆份
腋深鬆份
臍點
臂根寬
第五腰椎點
腰入
恥骨接合點
臀點
臀入
臀溝點

肩下長
臂根下長
鎌深下長
褲長
脇長
股下
身高
總長

地板
秤砣

以側面全身圖與前面全身圖表示。

由①、②、③而說明過量身方法，對於千差萬別的體型，要設計為不用補正的製圖，須有正確且合理的方法。

人體各部位的形狀，據說是由橢圓圓柱與圓錐的組合。以這些思考為根源，在西裝也是有這樣的想法才對。

量身的要領與把握體型的重點

我在講習會時，平常都會說「裁剪的基本在於量身」。原因是無論你如何把製圖繪得很好，如果量身不正確的話，無論怎樣很優秀，都會覺得其服裝價值等於零。因此，我會把握體型，留心注意將尺寸正確的測量為優先，將這做為基礎而整理（Arrange——調整、修正）製圖，可以說是專家的（Professional——職業的、專家的、行家的）應有的工作。

量身的方法，每個服裝師都有不同的方法，而且使用器具來量身的也有，一條布尺與目測，而且依賴直覺或理解力，不如推薦使用器具並活用經驗（Career——經歷）而量身。

把握體型，首先，測定反身體或屈身體，或聳肩與垂肩，最重要應注意的事，就是第一次來的顧客，測量其現在所穿的西裝，而知其嗜好與喜愛為優先考量。

在製圖所必要的就是橫的尺寸與縱的尺寸。

首先，製圖的構造（結構、組織）覺得八分法能除得開是最好的方法。胸圍加上鬆份後為製圖的基度。

胸寬加上背寬再加上脇寬，不含脇寬的褶子與前後兩脇邊的縫份時，前後左右片共有基度的尺寸就是可以的。因此，橫的尺寸要正確的測量。A圖是普通西裝的鬆份與縫份之分配尺寸。

其次是縱的尺寸，我是NP的高低與肩垂

的高低，很留心注意為正確而測量。

　　理論很簡單，從側面看的B圖是反身體，胸部的厚度之½製作B線直上之二等邊三角形，從襯衫的後面取定1.5cm（⅝吋），剩餘4cm（1½吋）是NP的高度。這種量身是從側面看時，當做平板的照片而測定。

　　C圖是屈身體，只有那些多出頸入（NC）的尺寸。NP的高度1cm（⅜吋），同樣的胸部厚度，有脖子俯前與仰後的NP高度，在這裡就有差別。

　　最近的體格很好且身高也變高，當然NP的高度位置也會提高。

　　從B線的下方，有格子時，格子能正確對齊的裁剪就是好的。

　　NP高度測定為3cm（1⅛吋）時，如D圖從O橫線提高3cm（1⅛吋）製圖即可。

　　在縱的尺寸，還有一項，有肩垂。如E圖從背面在眼睛的高度水平看齊，從襯衫領子的下面，水平線與手腕的外側線上，在肩的傾斜線之交點所產生的尺寸為肩垂尺寸，5cm（2吋）為標準。而將這尺寸5cm（2吋）照樣在製圖上可以適用。

　　NP與肩斜尺寸測定後，接著知道袖圈的大小時，從肩端能正確繪袖圈。袖圈的大小之求法，胸圍尺寸的½加上2cm（¾吋）定為標準尺寸。喜歡好穿的西裝之人與垂肩的西裝，將

袖圈設定大即可。

　　雖然胸圍較大而手腕纖細的人，或喜歡好的形狀的人，把袖圈縮小，例如設定為胸圍的½。

　　其次是製圖，我是不會將鎌深以固定尺寸而製圖。B橫線是以聳肩與垂肩而上下。詳情請參閱「裁剪的預備知識」欄裡，肩垂下與鎌深尺寸的求法。

　　其次是F圖的胸部之巧妙紙型操作。NP的高度在

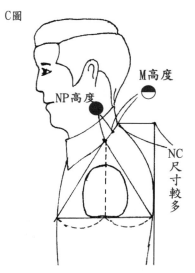

B圖

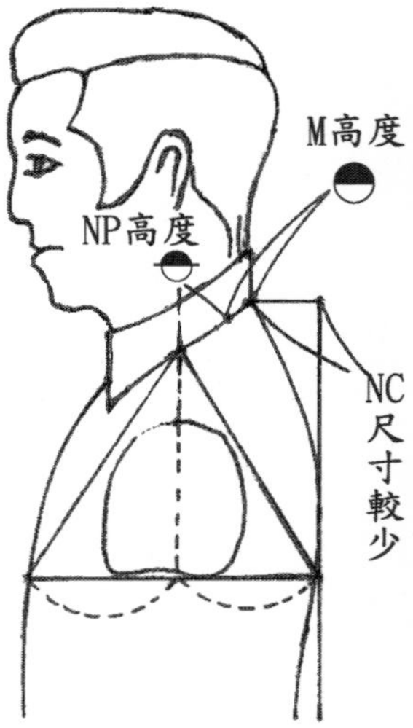

M高度

NP高度

NC尺寸較少

C圖

M高度

NP高度

NC尺寸較多

4cm（1½吋）以上的反身體時，胸部會堵塞在

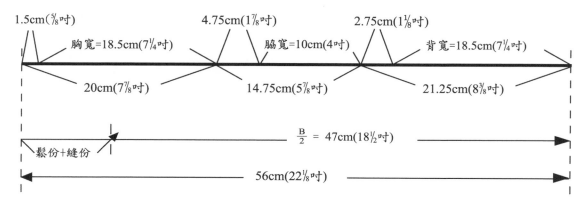

A圖

1.5cm(⅝吋)　　　　4.75cm(1⅞吋)　　　　2.75cm(1⅛吋)

胸寬=18.5cm(7¼吋)　　脇寬=10cm(4吋)　　　背寬=18.5cm(7¼吋)

20cm(7⅞吋)　　　14.75cm(5⅞吋)　　　21.25cm(8⅜吋)

鬆份+縫份　　　　　　$\frac{B}{2}$ = 47cm(18½吋)

56cm(22⅛吋)

前身片的領折線會浮起而不平順。切開胸部，在領圈凹剞（Gorge cut）放入褶子，使掩蓋胸部的堵塞。

雖然是反身體，但是胸部扁平的體型，就不用放入領圈凹剞的褶子。詳細觀察體型，調整其體型的基本是最重要。

在全國的講習會中注意到，所接觸的朋友中，看到NP的高度不足而出現八字斜皺紋，或背部出現堵住橫皺紋，或背部中心的開叉脫開等，又，袖子過份靠前的狀態很明顯。最放心不下的是，前身U點堵塞，懸垂柔褶

（Drape——自然寬份、垂褶）不漂亮。又，前身的重疊份屈曲也放心不下。

雖然自吹自擂（自誇），我自己考慮（創思）的規模（Scale）所利用來量身時，NP的高度或肩垂接觸一次就可以很正確的量身。有機會很想說明。詳情請參閱「特殊體型篇」的反身體的操作。

又，縫製方面完全沒有問題，在領圈的褶子處理時，請勿將胸部的膨脹處失掉。

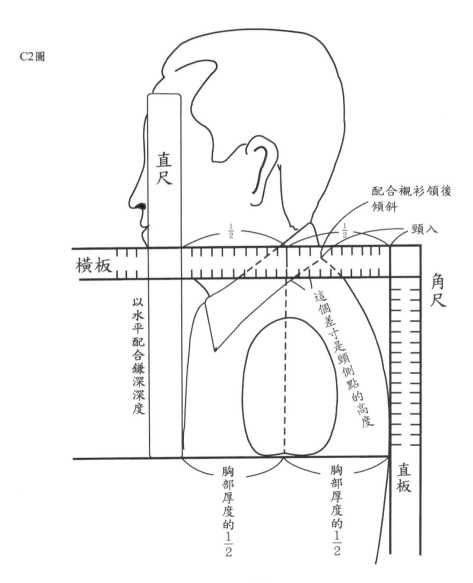

C2圖

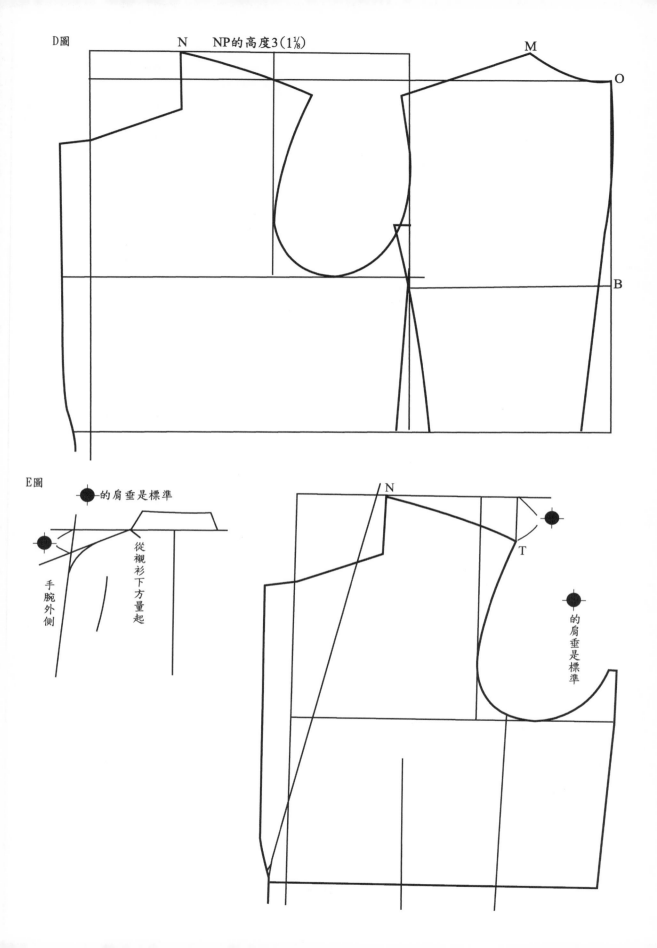

D圖　　　N　　NP的高度3(1⅛)　　M　　O

B

E圖　　的肩垂是標準　　從襯衫下方量起　　手腕外側

N　　T　　的肩垂是標準

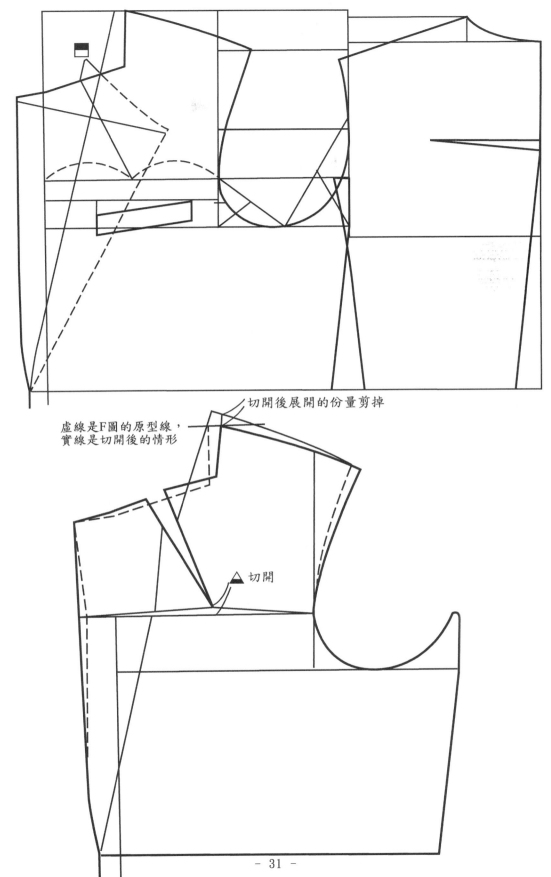

F圖

切開後展開的份量剪掉

虛線是F圖的原型線，
實線是切開後的情形

切開

製圖必備的常識

製圖是指製作機械、器具、建築等所需要的事情，把器具以立體圖學方法在圖面描畫。一般使用繪圖與製圖為同義較多。在洋裁方面，製作原型，以原型為基本而應用圖案（Design——設計圖、圖樣）所製作的紙型叫做製圖或繪圖。

基度

雖然為進行縫製西裝所必須的人體量身，卻不是對人體進行全面的量身。服裝的裁剪有根據實測及計算的結果加以決定的兩種方式。做為計算基準的尺寸叫做基度。基度為英文Scale的譯語，字典上的解釋是「大小的比例或比率，或以比率來……畫圖，即比例尺」。

甚麼叫做基度？答案正如前述的解釋，近來在各地的職業訓練所或技術交流研究會盛大舉行，所以大多數的人可能都曉得它的涵義吧。現在來簡單地說明一下服裝師的技術用語「基度」。

所謂基度就是在繪製裁剪製圖時做為創出的基準之尺度，例如在上衣類的製圖時，胸圍（B）的尺寸就成為基度，在褲子的製圖時，即以臀圍（H）的尺寸成為計算的基準等等。以基度來計算重要部分的分割區分，如更進一步深入研討時，基度的作用不僅是如此而已，基度更變成尺寸的母體用來調整整套服裝的重要角色。

根據採寸來進行裁剪，但在採寸以外的地方之線（Line）或點（Point）的規定方法，或與整體部分的關聯，比例（Proportion）的調和、設計的容納、鬆份的加法等，都有待基度的作用。到底那一個部分應使用基度，則因製圖方式（System）而有所不同。

以胸圍（B）做為基度的裁剪法叫做胸寸式（Breast measure system）裁剪法。基度是不限於胸圍的。以前用長寸式（Long measure system）、短寸式（Short measure system）等有變化的方法，但是，目前，無論男裝界或女裝界，都採用胸寸式計算法的全盛時期。我是以胸寸式的基度與短寸式合併使用，當留在後述再談它。

角尺的用途

我們是用角尺（Sguare）來製圖。角尺的用途係在計算基度的速對表與尋求正確的直線與直角。即角尺具備計量與定規的兩種用途。

角尺的使用法

角尺的兩面都有刻度，一面（反面）為分數刻度，另一面（正面）為公分（或英吋）的實寸。實寸的一面沒有甚麼問題，但分數刻度對初學者而言，是有必要預先加以說明的。不過只要懂得分數者，在實際使用後即可明瞭。

半數的角尺

半數的角尺是指一般所慣用的角尺而言。無論是長的一邊或短的一邊之分數刻度，均刻有30（12）~30（12）的數字。長的一邊有$\frac{2}{3}$、$\frac{1}{3}$、$\frac{1}{6}$、$\frac{1}{12}$、$\frac{1}{24}$等以3的倍數分母區分表示，又在短的一邊即為$\frac{1}{2}$、$\frac{1}{4}$、$\frac{1}{8}$、$\frac{1}{16}$、$\frac{1}{32}$等而以2的倍數分母來劃分（領域）。

在30（12）~30（12）的各個區分所表示

的數字，從角尺的角端（尖）來計測就是相當於各個基度的分割量。在½處的30（12）就是30cm（12吋）的½，翻過另一面即是實寸的10cm（4吋）。在½處末端的30（12）是以½開始的，裏側即為實寸的20cm（8吋）。換句話說，就是可以計算由基度30cm（12吋）至60cm（24吋）的計算，基本上無論是胸圍（B）或臀圍（H）都是使用全寸（全數）的一半，故開始的30（12吋）其全寸是60cm（24吋），末了的30（12吋）即表示全寸120cm（48吋）的一半為基度之意。

以基度45cm（18吋）為例來說，½的區畫內的45（18）即正好在中間，以角端來計測就是45cm（18吋）的½，以½×45cm（18吋）來思考亦可，因此，裏側的刻度為表示實寸的15cm（6吋），⅙的領域內的45（18）之處為其一半的7.5cm（3吋），1/12的領域內的45（18）之處相當於再其一半的3.75cm（1½吋），42（16½）的⅓為14cm（5½吋），48（19½）的⅓為16cm（6½吋），可以除開的數字可以用心算，故不用去看表面刻度，但基度如43cm（17吋）或47cm（19吋）是不能用3除開的，故要看表面的刻度。

因為角尺的始祖是使用英吋制的，在改為公分制後刻度變得更小，以各隔0.5cm（3/16吋）計算，故不要弄錯，因為3與8、2與7是很容易看錯的，需要特別注意。

角尺較短的一邊用2的倍數，分母的區分看法也是同樣的情形，但這一邊較容易計算，所以建議使用實寸較為迅速，不過45（18）的½時，仍然需要靠表面刻度，為了小心起見……½的區畫開始時為30（12）的一半15cm（6吋），¼為其一半的7.5cm（3吋），⅛又為其一半的3.75cm（1½吋）。

我們所使用的尺寸範圍大致上是30（12）~30（12）為止，即相當於60（24）的刻度即夠，但如尺寸特大，例如需要70cm（28吋）的½時可將分割（分數）轉移大而使用⅓的35（14）即70（28）的一半之處。又，需要過小的尺寸時，例如需要25cm（10吋）的½時，可轉移小的分割（分數）而用25（10）的倍數，即50（20）的½的刻度即可。本方法如能應用於除不開的部分予以3等分時則很方便。

例如將10（4）予以3等分時為20（8）的6等分，因其沒有分母，故用40（16）的12等分。2的分母部分則較簡單，可用實寸。

全數的角尺

記得在1950年當學徒的過程中，不曾聽過半數的角尺，或全數的角尺這個名詞。過去都使用前述的半數之角尺，當時僅稱為角尺。全數的角尺一詞始於1962年9月，我在南部故鄉台南縣新營市文化街創辦「麗新縫紉車繡補習班」後，逐漸有此名詞。因如前述半數的角尺之使用法，必須先將基度的尺寸計算為一半才能夠使用，要計算公分比較容易，但國內同業先進至今還有很多人使用英吋，因英吋有分數，所以在計算時較費時且又容易算錯。其分割區劃（領域）範圍也較小，僅能使用30cm（12吋）至60cm（24吋）的數目而已。如30cm（12吋）以內的小數目，或60cm（24吋）以上的大數目需借重別的分割區劃，對初學者更加迷糊難懂，因此，設立補習班後，為了在教學上的方便，即設計現在所要談的「全數的角尺」，使學生容易認識角尺的使用法。最初僅限於班內的學生使用，後來使用的人數（學生）愈來愈多，並且一致稱讚這種角尺的好處，而建議如能在服裝界全面推廣使用，將使業界稱便不少。因此，特將「全數的角尺」又稱「萬能的角尺」之特點介紹如下：

全數角尺之特徵，在於其上之分數值刻度係採專線式，亦即每樣分數皆各設有一條專線。而由各該專線上之刻度，來分別表示各該

分數所屬之各分數值。且其刻度上所標示之數字，乃係被除數（基度）未除以該分數分母前之全數，而非如歷來慣用之半數角尺所標示者，乃該被除數之半數或倍數。而由於此等特徵，使平素以角尺為計算長度之工具者，從此趨於便利快速且正確，永免受半數運算而誤算或升降級（分割區分——領域）查索之麻煩。

全數角尺的每條專線上之刻度數字，自最小的1cm（⅜吋）至140cm（56吋）以內，任何尺寸都能很輕易地在全數角尺上求取所需的比例尺寸。

在繪圖製作時，任何尺碼計算，無論是「公分角尺」或「英吋角尺」等，均在各個百分比的對照尺碼，省卻您費時計算，使您在翻呼之間，即可得到所需要的百分比之尺寸。

又，全數角尺的長、短部分各有四條全線，最外側的第一條數字印藍色字，第二條為紅色字，第三條又印藍色字，最內側的第四條又印紅色字來分別，這樣以紅藍顏色的字來分別每一條的數字，比較容易快速而正確地查到所需要的比例分割部分。

短的部分：從角尺的角端（A點）為起點，至B點的最外側之第一條專線領域內之藍色數字為1/16（即百分比裁剪法為6.25%）。A點至C點的最外側第二條專線領域內之紅色數字為1/8（即百分比裁剪法為12.5%）。A點至D點的第三條專線領域內之藍色數字為1/4（即百分比裁剪法為25%）。A點至D點的最內側之第四條專線領域內之紅色數字為1/2（即百分比裁剪法為50%）。

長的部分：從角尺的角端（A點）為起點，至E點的最外側之第一條專線領域內之藍色數字為1/24。A點至F點的最外側第二條專線領域內之紅色數字為1/12。A點至G點的第三條專線領域內之藍色數字為1/6。A點至H點的最內側之第四條專線領域內之紅色數字為1/3。

從角尺的長的部分之末端（J點）為起點，至K點的最外側之第一條專線領域內之藍色數字為1/20（即百分比裁剪法為5%）。從J點至L點的最外側第二條專線領域內之紅色數字為1/10（即百分比裁剪法為10%）。從J點至H點的第三條專線領域內之藍色數字為1/5（即百分比裁剪法為20%）。從J點至H點的最內側之第四條專線領域內之紅色數字為實寸。

凡洋裁所有各部分的比例分數，不用計算就可以很簡單的將尺上看出來。例如當您需要胸圍（B）92cm（36吋）的1/4（即百分比裁剪法的25%）的尺寸時，以「全數角尺」短的部分，在A點至D點的第三條專線領域內之藍色數字，所指92（36）的地方，就可以得到您所需要的尺寸23cm（9吋）。又，如求胸圍92cm（36吋）的1/10（即百分比裁剪法的10%）的尺寸時，以「全數角尺」長的部分，在末端J點至L點的最外側第二條專線領域內之紅色數字，所指92（36）的地方，就可以得到您所需要的尺吋9.2cm（3⅝吋）。

如果使用百分比的裁剪法之業者，在市面上可能買不到角尺，因為市面上出售的沒有百分比的角尺。因此使用百分比的裁剪法之業者，大部分都是使用公分來計算所需的百分比，如果，使用英吋就不容易計算百分比。但是可以使用全數的角尺。因為全數的角尺如上述裏面有5%、6.25%、10%、12.5%、20%、25%、50%等之比例分割，所以全數的角尺非常方便。不過，上述的全數角尺，在市面上是買不到的，因為這種全數的角尺，是作者在1962年9月創辦「麗新縫紉車繡補習班」後，為了教學的方便，是作者自己設計繪圖後，委託製造廠商另外製版後製造而自家出售的產品，在市面上也是買不到的。現在又不再生產，致使這種全數的角尺，現在已經是絕版無貨。可能僅剩曾在「麗新」學習過的學生手中有這種全數的角尺而已。

本書所發表的，都以使用「全數角尺」之方法而說明，您將會發現使用「全數角尺」是多麼的簡單，正確、省時又方便。

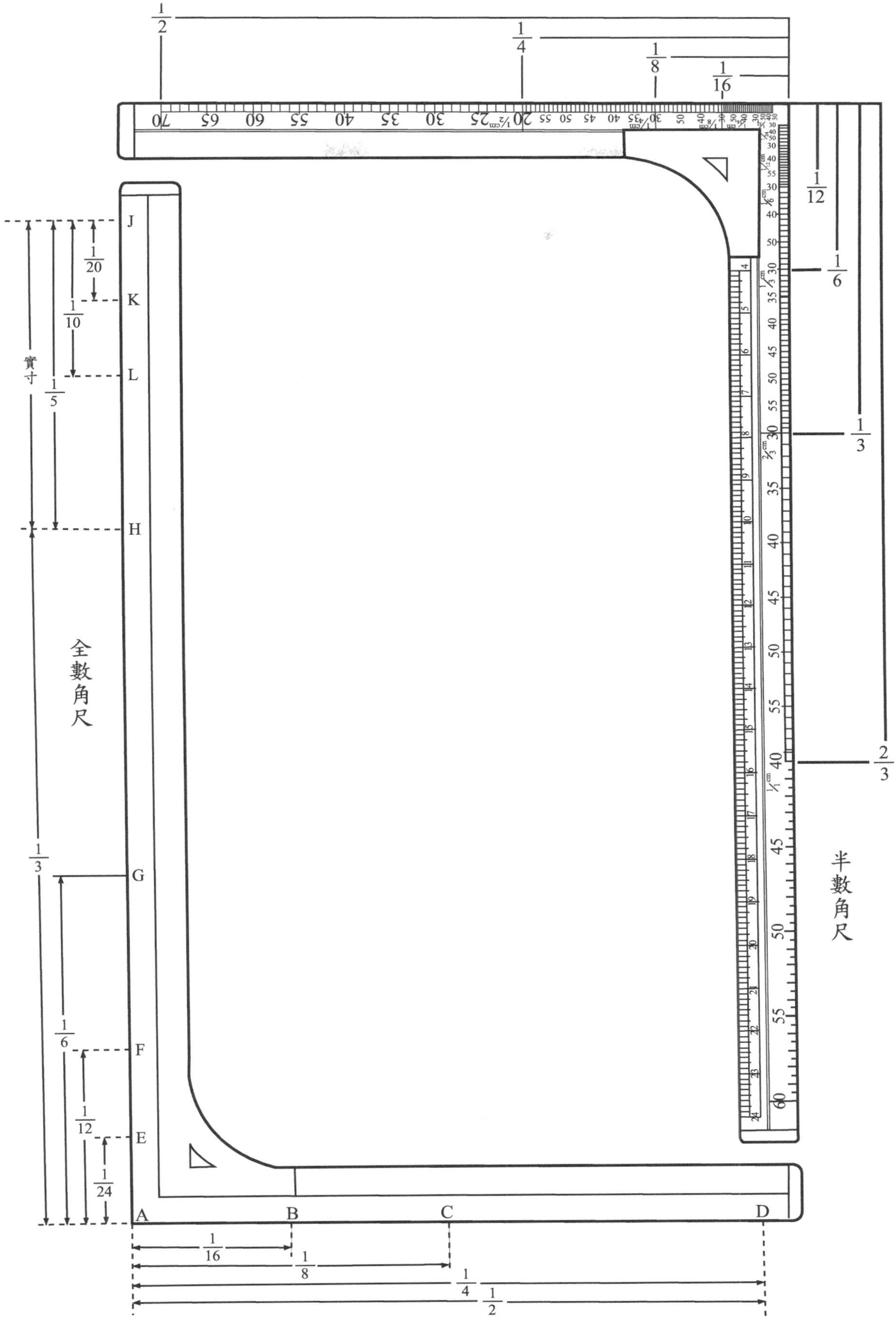

全數角尺

半數角尺

實寸

$\frac{1}{2}$

$\frac{1}{4}$

$\frac{1}{8}$

$\frac{1}{16}$

$\frac{1}{12}$

$\frac{1}{6}$

$\frac{1}{3}$

$\frac{2}{3}$

$\frac{1}{20}$

$\frac{1}{10}$

$\frac{1}{5}$

$\frac{1}{3}$

$\frac{1}{6}$

$\frac{1}{12}$

$\frac{1}{24}$

$\frac{1}{16}$

$\frac{1}{8}$

$\frac{1}{4}$

$\frac{1}{2}$

「各式各樣的統一」與「實用就是美」

為初學者所準備的
——裁剪以前的各種問題

年輕人的魅力——將以行動性來表達。初生之犢不畏虎的精神雖然很可貴，但若缺乏證明其行動的理性或智慧將難免造成盲目冒進而受毀謗。以適用我們裁縫師（Tailor）的工作來說，從裡面補充裁剪或裁縫的製作活動，加添豐盈的品性之感覺上視野的寬度，亦即，在「裁剪以前」各位初學者應該學習的問題，現在就來做個簡單的說明。

斜線的用法左右西服的價值

各位在製作西服時，總是很快的採取某種行動，但事先應該考慮的事，實在太多了。現在來談談裁剪以前的一些問題吧。

首先，在量身時，該如何去觀察人的體形呢？又，對某種體型，在裁剪時應該採用那一種方式（System——方法、系統）呢……。有人說：因自己這樣用慣了的方法，就一直採用那種方式。雖然這是一種理由，但，眾所周知裁剪的方式大約有三種，該採用其中的那一種方式才是最適當的，也是應該加以注意的。

而且，這個人應穿上哪一種服裝才是最適合的。就以這個（適合）的問題來說也是很複雜的。

例如，在此畫一條線，這條線到底是垂直的線，還是水平的線或者是斜線呢？僅僅是一條線也是有著各種特性的。就以人來說，有性情溫和的人，非常熱情的人，或很冷靜理智的人等等，不一而是。

垂直線與水平線的差異

首先，從關於這個線的問題來思考看看。所謂垂直而正直的線，是具有非常冷靜、高尚、權威、莊重、傲慢、嚴峻、耿直、頑迷、端正、正義與高度的感覺。時常可以看到美術館或古老的教堂建築物前有圓屋頂（Dome）的圓柱或甚麼的，如以那著名的羅馬的聖彼得鐐銬教堂（S. Pietro in vincoli）的圓柱來說，就具備了非常嚴肅而高貴的感覺。因此，在西服中多採用垂直線時，以人來說，將有保持立正姿勢的感覺。

以水平線來看，例如坐在郊外的火車上吧，從車窗望出去，可以看到一望無際的翠綠水田整齊的排列在那裡，具有非常柔和、永久、和平、安全、寂靜、休息、平穩、疲勞、呆板、而沈著穩定的感覺。

水平線對於垂直線是具有寬廣而非常安定或寧靜的感覺。因此，如使用很多水平線於西服時，就會令人感到許多安定感。但是，在實際的西服，有水平或垂直線條的卻非常少。最多也只是背部中心線而已，最多的是斜方向的線條。斜線具有活動、生動、活潑、過敏不確實等的感覺。

例如以本人的西服來說，無論是領子的線條、或胸部口袋，或腰線也都是斜線。就以胸口的褶子（Darts）也是如此。還有前身的削減掉部分（Cut），也是斜向而下再用直線連結而成。

現在在採取胸褶時，把它筆直的加上。或把胸口口袋製成筆直線。如此一來動態感就會消失。也就是說，雖然能保持安定，卻非常缺乏動態。因此，西服的線條如要賦予動態，則

多用斜線即可造成動態。

對一條線也應多費點心

不過，利用太多的斜線，而產生太多的動態會顯得非常不安定。如此將會變成毫無品格的西服。訂做西服的好處就在看起來瀟灑，而且有品格。當然耐穿也是很重要的，不過，細心的累積才能有個人的品格。

因此，各位可以瞭解斜線是多麼重要了。如極端地說，各位是要縫製活的西服或死的西服，就取決於是否能巧妙地運用這些斜線了。

把前身削減掉的斜線往下降時，年輕人看起來就會覺得很帥。也就是說，會產生動感。前身削減掉愈強就愈有動感。而且，前身削減掉的曲線愈大也就愈安定，但卻相對的沒有動感，相反的愈小即愈有動感。

因線條的各種組合，而成為西服的線條，每一線條都不能稍有疏忽，必須仔細地考慮到該線條的性質，把它活用到製圖與裁剪方面是非常重要的事。

時常提到調和或對比這種名詞——這個對比就是把一種調和的東西與其他東西加以比較的狀態，而有這種說法。例如布料顏色的調和是很重要的，此時並不是指色彩方面，而是以線條方面的調和來考慮。

假定各位擁有西服店，掛起招牌營業吧。通常在招牌上，有○○服裝店的店名，宣傳句子，以及住址、電話號碼等排列在一起。這種排列。字樣的分配方法，是各自保持調和的。請看看圖中A、B吧。A的招牌字樣的排列保持了很好的平衡（Balance——對比、均衡、平均），但B的招牌卻顯得缺乏沈著感。為什麼呢？在A、B上畫上對角線就可以明白了。A是在對角線上，排列了保持調和的字樣。B的招牌卻是亂七八糟。

調和的差別就是重要的關鍵

西服的場合中也是同樣的情形。以一個胸口口袋來說，西服是有一種流程的。有領子、有胸口口袋、有腰部口袋、有褶子。這種東西應該在使人感到美觀的地方排列著才行。

從肩線至胸口口袋，從胸口口袋至腰部口袋，再從腰部口袋至上衣的下襬線等，在間隔、尺寸方面都保持著自然的平衡。

總之各種姿態的東西，領子（Collar）、鈕釦洞（Buttonhole）、下片領（Lapel——拉佩爾、翻領）的裁剪，前身重疊的釦子或胸口口袋、褶子，是水平的或者是斜向的，或形狀各有不同的，這些東西被排列在前身之中，保持一種調和，將是非常重要的。

如此眾多的各色各樣的形態，被排列在前身中，保持著漂亮的狀態，這就是所謂的「各式各樣的統一」。

看看裡襯，既有裡口袋或繡著姓名，也是保持著各有位置。

如果這種排列稍有變動就非常難看了。那並非費不費事的問題，而是大家的感覺問題。因此，在裁剪時就必須加以注意了。

由整體的平衡來造形

在服裝競賽（Concurrere）中掛著成百套西服於一處。請看遍每一件西服的胸口口袋吧，必定有或大或小或寬或窄，或多或少的傾斜，實在變化極多，相同的可以說絕無僅有。

時常可以聽到「胸口口袋的位置太低了吧」，不過這可不是僅僅在於或高或低的問

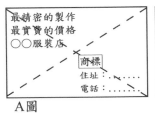

A圖

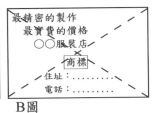

B圖

題，而是對著肩部或高或低的想法才行。不是尺寸問題，而是由全盤來看的形態才是重要的。上衣的衣長如果不同，則口袋的位置也將不同這是理所當然的事。以下片領的翻折的程度來看，領子是長或是短，或雙釦、三釦、或第一個釦子的位置在何處，相對的口袋的位置、高度、傾斜也當然有所不同。

對腰部口袋具有最密切關係的是胸口口袋與領子的傾斜，應慎重考慮好這些因素，以絕對的信心決定而找出再也無法予以移動的位置。為此應記住整體的均衡問題。

穿著舒適還要加上流行的美觀

從前，有個名叫千之利久的茶人懸掛了掛軸。那家店舖的主人開了玩笑，而把位置稍為移動。過了幾天當利久又來到之後，說那個掛軸的位置不妥，命主人改變位置時，卻毫釐不差地掛到原來的位置。由這個故事可以了解利久是如何地具備著銳敏的感覺，與觀察入微的眠光了。

不過，西服這種服裝，卻不是繪畫或書道之類的藝術品，而是以生活為基礎的藝術性產品。因此，其根本條件應該是穿著舒適，富於機能，穿著愉快等。

以一個鈕釦的位置而論，我認為應該是在肚臍眼上才是最好的位置。雖然是流行也不能隨便地提高位置，也不能隨意地降低。因此，好像放在肚臍眼的位置之感覺，以一個鈕釦而論，也應由穿著時的舒適感覺來加以決定。必須本身實際穿著時的舒適感覺，再以流行的趨勢以資配對才行。

雖然是生活物品，如果受到必要性的束縛，就會變成沒有效果的有禮貌的（Mannerly）西服。因此除了必要性還要加上調和上的美觀才對。

也就是說實用就是美，實際上有用，而且

要耐於鑑賞美觀才行。那麼應該如何去掌握這種必須性與美觀的尺寸呢？

仔細地看準斷面

現在來談談尺寸的採取方法吧。實用就是美的用是從哪裡來的呢，就是體型、尺寸所創造出來的。

那麼應如何去觀察體型呢。這不僅是由正面去看人體，而是從後面及側面來觀察亦很重要的。這些相信大家都知道。而且，應再從斜面方向來看，以便看出背部的曲線與腰部凹入的情形。

再者，應特別注意的是，應看準斷面（截面）。這是量身以前的問題，不是把斷面予以採寸而是加以測定，應該說是測寸才對。

仔細地觀察斷面。西服的問題點是在於領圈不妥或領子稍微脫開，肩部的完成不大對，又，遮蓋過來等。以褲子來說前後股圈縫合不好或不對了，走樣了等等，這都是斷面所造成的。

袖圈（Armhol——袖襱、袖空、袖孔、袖洞、臂口、肩口）亦如此，有肩縫線，脇縫線，這些縫合後，才能完成上衣。這個袖圈，成哪種斷面？以東洋人最多的包肩為例，恰好成鬼面具的形狀。

這僅把尺寸測定就和普通體同樣，需考慮突出部分，不然就會怪怪的（請參照C圖）。

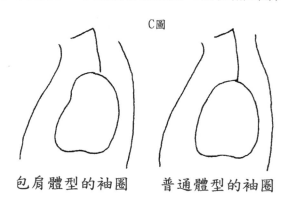

C圖

包肩體型的袖圈　　普通體型的袖圈

必須把肩膀提高再仰起頸側點（Neck point）後，以燙拔方式處理才成。

以心眼來測寸

因此，斷面在測寸時，應用心眼妥為觀察才行，會產生八字斜皺紋、領徑完成不妥等等，全都是由於沒有測寸斷面所致。從側面看脖子是靠在那一個角度，或袖圈是否在靠後的位置，或向前傾斜了等應用目測看準斷面，否則得不到好結果。失敗時是必定由於斷面不妥而引起的。

此外，都是動感的問題，可以簡單地加以解決，但是，領圈（Neckhole）、袖圈，其斷面是必須特別仔細地注意在測寸時看準才行。雖然不能把脖子砍掉，但應從斷面來加以判斷，而從角度或形狀等做好斷面觀察才行。

此外，人體並不是筆直的，實際上有如積木細工，是呈鋸齒型而彎曲的。

因此，駝背時，肚子是凸出的，肚子一直挺出是會往後倒下去的，所以，屁股會往後挺起等，重心是呈各種變化的。

可是到底如何變化的，亦即仔細觀察重心的移動，並抓住其變化才是最要緊的事。裁剪肥滿體的人時，肚子與胸圍都是在一起的，因此腰圍也同樣的情形，不能在背縫線放出。大部分的肥滿體之背骨並非突出的，是挺起肚皮的，所以背部才會彎曲的狀態。W線的凹入量增多的狀態。如此一來，肥滿體的腰圍也應該比普通體凹入較多的狀態出現。不過，如果受到尺寸的控制就不好，應經常注意重心的移動才好。

看準重心的移動是最重要的

人體有反身或屈身、前後彎曲之外，往往有縱橫均呈傾斜的。只有肩部斜斜地向前傾斜或腰邊起就傾斜的狀態等，如果不詳細觀察時，依然將招致很大的失敗。普通有右肩向下傾斜0.5cm（³⁄₁₆吋）等，只要把袖圈移動即可解決，至0.5cm（³⁄₁₆吋）雖然還可以，但到了0.75cm（⁵⁄₁₆吋）以上時，腰部附近就彎曲的，如果從這裡沒有紙型操作而巧妙處理（Manipulation），即在脇下縮成一團。時常有這樣的人。這都是因重心的移動所致，應該詳細看準才好。

胸寸式與短寸式的特色

那麼，最初就說採寸有多種，但最好用的，如今天廣泛地通用的是由胸圍比例計算的胸寸式，以及特殊的體型則以短寸式為佳。

胸寸式最重要的是依胸圍的尺寸，而求出各部位的尺寸關係，胸圍線做如何分配就是決定胸寸式價值的問題。

這種比例計算分配如何才能做得最圓滿呢？現在用D圖來加以說明。假定胸圍相差8cm（3吋）時，胸寬、脇寬、背寬各部分應該加上多少尺寸呢。從B線所看出的各個比例，胸寬為全長的$\frac{6}{16}$、脇寬部分為$\frac{2}{16}$、背寬部分是$\frac{8}{16}$時，前後左右合計為$\frac{16}{16}$，即1。依照各部分的比例而加上8cm（3吋）即可。或者胸寬為$\frac{3}{8}$、脇寬部分為$\frac{1}{8}$、背寬部分是$\frac{4}{8}$的比例，此時，前後左右合計起來亦達$\frac{8}{8}$，即1。或者胸寬為$\frac{4}{10}$、脇寬部分為$\frac{1}{10}$、背寬部分是$\frac{5}{10}$的比例，這樣，前後左右合計起來也是$\frac{10}{10}$，即1。因此，依照這個比例來加以分配。

雖然有人在胸寬使用$\frac{3}{8}$，而加上幾公分或幾英吋，脇寬使用$\frac{1}{8}$，而加上幾公分或幾英吋，背寬即用$\frac{4}{8}$等使用這種方法的場合。但是，這種胸圍線的分配法，是無法顯示出胸寸式的優點，或不成正確的比例。因此使用胸寸式時，就會產生非常大的誤差。而且該方式對某一尺寸雖不錯，但另一尺寸卻不行等等。

胸寸式的特色將針對胸圍線的分配是否妥當而決定。不信各位可以檢算一下即可明白。如果答案不是 $\frac{16}{16}$ 或 $\frac{6}{6}$、$\frac{10}{10}$、$\frac{8}{8}$ 時，該方式就有問題了。也可以說是牽強附會。

如以我個人所使用的方法是，胸寬為 $\frac{1}{8}$，脇寬部分為 $\frac{2}{8}$，背寬部分是 $\frac{1}{8}$ 的比例，此時，前後左右合計起來亦達 $\frac{8}{8}$，即1。我為何以8為分母作為比例計算呢？其優點與特徵在哪裡？詳情留在製圖編再來討論研究吧！

以另一採寸方法的短寸式來說，大家都知道，主要是測量肩部周圍的尺寸，用實測的尺寸來形成服裝上半部的部分的一種方法。如依尺寸來把握體型的特徵為出發點而製圖這種採寸法，在製圖上的確可以非常正確地製圖，但到底是否能縫製符合那個人尺寸的服裝與否，卻是不能斷言的。

不過，無論採用胸寸法或短寸法，兩者都需要進行試穿補正，這個問題始終是會發生的也是事實。只以採寸來說也不是一件易事，還有裁剪、裁縫等等一大堆的問題，但在此是僅對裁剪以前的問題，尤其是以「各式各樣的統一」與「實用就是美」來加以說明而已。

D圖

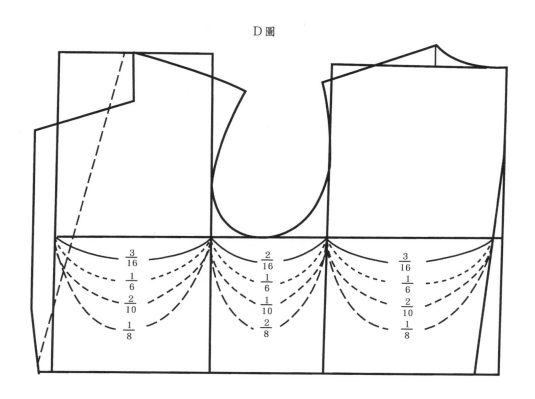

樹的方向，由風決定，人的方向，自己決定。

- 40 -

紳士服概論

褲子概論

　　褲子是指構成服裝分成上下而附在下半衣的名稱。穿在外面的下衣，主要是男性使用的，但是近年來男女已經沒有分別。褲子的言詞是由法國的Jupon（襯裙、內裙——Petticoat之意）轉變的外來語之一種，18世紀中葉稱為洋袴，但，現在從腰部開始，腰圍與二條腿部所穿著的總稱。褲子依長度而稱呼不同，由腰至腳部為長褲，至膝蓋處稱為半褲。Trousers是指西裝或禮服的褲子，Slacks是屬於運動用替換褲子，Pants是俗語，或者對於特定使用而有的區別。此外，腳衣的褲子，包含綁腿（Leggings——護腿）與工作服（Orerall——工作褲、連衣褲）。

　　褲子此外包含短褲（Shorts）、運動用的短褲（Trunks）、馬褲（Breeches）、燈籠褲（Knicker bockers），視使用型式分為二種，其一是必須與西裝、禮服等的上衣組合的下衣之不完全衣服，另一種是僅以褲子獨立存在的替換褲子用的Slacks或Pants或半褲類的完全衣服。

錐狀褲（Tapered）

　　愈往褲口愈細小的輪廓（Silhouette），是一種基本型的褲子。

直管褲（Piped stem）

　　愛比褲（Ivy slacks）的俗稱。像煙筒般由上到下，有相同粗細而直型之輪廓的褲型。

梯形褲（Trapeze）

　　又稱鐘底型褲（Bell bottom），褲口有展寬的輪廓，是典型的英國情調。此型在我國一般稱為喇叭褲（Pantalon）。

翻折口邊（Tvrnup）

　　1920年代開始流行，在褲口翻折口邊，或稱雙層折口（Double cuffs）、防水折口（Mackin）等。那時全用單（Singls）褲口製作為變通的起源是怕走在雨中時弄濕褲腳而將之褶回的型態。

背心概論

　　背心，英語為Vest，美語為Waist coat。華語為短衣、胴衣。背心是穿在上衣與襯衫之間。

　　前面以單排（SB）、或雙排（DB），無領或有領（翻領）。普通背心是兩胸及兩腰共四個盒型口袋，變型的背心只有兩腰（有蓋子），或製作為三個較多。

　　前下襬，單排通常以三角尖型，稍用小圓，亦有角型的。

　　套裝的場合，背心與上衣、褲子使用同質類同顏色之布料，但是，禮服及運動用的均使用不同布料的變型背心。

背心的種類

禮服背心（Dress Vest）

　　晚宴會用的背心。胸前的領襟開得深深的V字型或U字型，或者中間型的背心，雙排是兩個鈕子，單排多為三個或四個。領子主要有角領、絲瓜領、劍領等。燕尾服的下面作為

圖1

圖2

圖3

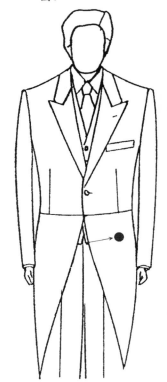

圖4

圖5

圖6

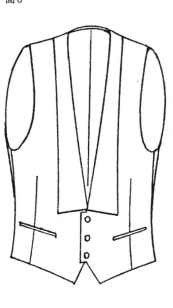

晚宴會用的時候以白色為限，使用絲光處理的 Mereerization，或凹凸織物（Pique——凸紋布。）

晚宴小禮服用背心（Tuxedo vest）

晚宴用的黑背心。跟上衣同質料或拜絹（黑色緞）同質料。但是，最近使用肚兜帶（Cummer bund——圍腰腰帶）或卡馬背心（Cummer Vest）等，而使用圍腹帶背心的較多。

肚兜帶（Cummer bund）

晚宴用而打襞褶的圍腹帶，腹飾帶。主要在印度穿寬幅男性用的腰帶，但是，最近使用替換晚宴小禮服（塔克西都）的背心。

卡馬背心（Cummer Vest）

肚兜帶的前面作成背心型，而以釦子扣住的腰帶。

變化背心（Fancy Vest）

變化背心，使用跟上衣不相同的質料，例如格子花、直條紋，淺色等而製作的，樣式是按照一般背心，有單排、雙排、附領子等種類。最具代表性的有晨間禮服（Morning coat）用的淺灰色（Ocean Grey）、淡灰黃色（Beige）的雙排背心或騎馬用的格子背心等。

背心跟上衣釦子的關係

西裝單排二釦

普通，背心的第二個釦子能看到一半才是常識（圖1）。

西裝單排三釦

只有背心的V領襟或第1個釦子稍能看到的程度（圖2）。

晨禮服

能看到背心的第2個釦子的程度，普通下襬是出現晨禮服的前襬的線約1cm（⅜吋）左右（圖3）。

假若背心是雙排釦的場合，釦子是看不到，但是，從前排交差處出現背心的下襬約3cm（1⅛吋）左右（圖4）。

燕尾服

背心的下襬藏入1cm（⅜吋）的程度（圖5）。圖6是禮服背心。

西裝概論

西裝上衣（Sack coat——主要是只有美國使用的言語）。作為日常穿的服裝，一般能穿的服裝。大致區分為單排與雙排，依釦子的數量區分為一釦、二釦、三釦、四釦等。普通二釦、三釦的單排較多，釦子少的時，領襟開得大，同時下片領（Lapel——下翻領）亦較長。

單排的前襬有如晨禮服的前襬之設計，或前面為直線而角型的二種。領子有翻領與劍領二種，成為單排西裝均為流行。

作為日常穿的服裝，一般穿用的場合，常製成三件式的套裝為原則，禮服用的場合，上衣為黑質素面，有條紋的粗呢（Tweed——粗花呢），背心是變化背心較佳。

西服袖口釦子數有幾個才是正確？

現在縫上西裝袖口釦子數是依設計或顧客之喜好而定。如像一般正式服裝（Fomal Wear）也有這種趨勢的感覺。如燕尾服（Evening Dress Coat）、晨禮服（Morning Coat）、塔克西都（Tuxedo）、簡式禮服、套裝、夾克等西裝型（Tailored）的上衣之袖口釦子數均有一般性的規定。

首先，前口（Front Button——前身釦子）和卡夫釦（Cuff Button——袖口釦子）的數目第一個原則是兩者合起來為五或六。例

如，前身鈕子二個袖口鈕子就是三個或四個的意思。

為何有五個或六個的區別？差別在於五個是美國型，六個為英國型之型態。又，六個鈕子的型式，古典的風味較強。

現在除了特殊情況外，均以五個式為主流，可見是以美國型之流行為中心。還有，雙排鈕（Double Breasted）時，只算前身單排鈕子數合計即可。

第二個原則，前身鈕子數愈少，整體型態愈華麗、高雅，相反的愈多則表示愈輕便。當然，袖口鈕子愈多愈華麗、高雅。

又，袖口的鈕子必須跟前身鈕子使用相同的材質，且較小為原則。同時，袖口鈕子愈多則鈕子愈小。

以上這樣做全部是以對均衡感較佳而長期間為紳士服的傳統所設定的。

現在袖口鈕子數以三個為標準，但不一定遵守這個原則，這是最近的流行狀況。但是如果迷惑不懂時，可以以這個原則去想，必定甚麼都能解決。

那麼，正式服裝的鈕子數幾個才是正確的，通常禮服袖口的鈕子數目較多較有華麗、高雅的感覺。其次舉出較為一般所使用的袖口鈕子數如下：

● 燕尾服——四個為中心。為使較華麗、高雅就用五個，現代化的也有三個。

● 晨禮服——這個前身鈕子僅一個就行。本來是縫上四~五個，現在以三個為中心。比起燕尾服較為簡式而少一個也未嘗不可。

● 塔克西都（簡便晚禮服）——單排型是三個為中心，有時候也有四個型的。又塔克西都的前身鈕子一個（雙排型為二個鈕子）是較正式的。

● 簡便禮服——單排與雙排均為三個才是標準。但單排的前身以二個鈕子較多，這是最均衡的，雙排六個鈕子型以縫上三個袖口

鈕子是在西裝圈裏最正式的款式，而較易以顯出高格調的程度來處理的。又，變型（新型）簡便禮服（新正式禮服）也常見四個袖口鈕子的。

袖口鈕子的緣由起因是拿破崙（Napoleon）在寒冷的天氣下看到士兵用軍服的袖口擦鼻涕，為使士兵停止這種動作，以金屬製的鈕子縫於袖口的周圍。它曾經是實用化的設計。不過現在的袖口鈕子完全以裝飾為主。

肚兜帶的起源與其作用

穿晚宴夾克（Dinner Jacket——簡便晚禮服）時，代用背心的腹帶而纏繞在腹部的肚兜帶（Cummer Bund——禮服腹帶），產生在19世紀末之事。地點在印度。眾所周知當時的印度是英國領土（殖民地）駐在著很多英國人，他們的生活型態與本國同樣的傳統與格式有極深刻的影響。

跟穿正式禮服時同樣，無論穿著燕尾服、晚宴夾克（英國名稱之塔克西都——簡便禮服）時，以整齊姿態把背心穿在身上，雖然忍耐著印度的暑熱，穿晚宴夾克能不能省略背心，或者有甚麼可以代替背心？因此，經西裝店想出的就是以肚兜帶為替代品。

成為啟發性的印度人之男性，常用的肚兜帶Kamar Band是寬幅的腹帶，這語源來自信奉印度教的印度語，一語道破就是腹帶之意。這拼音成為英語腔調的Cummer Bund。

說更正確，有那樣的創思是在1893年的8月，於House ob Commons的地方所舉行的派對時，根據文獻的記載是一位叫做奧斯汀·張伯倫（Austin Chamberlain）的人第一次看到的。當時的肚兜帶是以黃色和紅色的條紋大膽地搭配著，並且在脇邊裝飾鈕鈕。

又，那年的後半，附上同樣的布製成的調節扣具，於1894年被採用裝入鬆緊帶的扣具。

雖然肚兜帶的誕生與語源如上述，附帶說

明所謂腹帶（Sash）一語本來是由阿拉伯語的Shash為起源，據說是摩斯林（Muslin——細軟的薄毛巾）之意。就是說，這種腹帶是由中東、印度直到東南亞被廣泛使用之民族衣裳之一。

那麼，肚兜帶雖然是禮服背心（Dress Vest）的簡略方式之原因，現在並不是那樣的替代品，簡便禮服是不能缺少的重要裝飾品而發揮其功能。因此肚兜帶在今天的任務，可以說有下列幾項：

①隱藏襯衫與褲子的交界線

在正式服裝的場合，特別不露出裸體化才是紳士的禮儀，這樣能更為高尚。襯衫與褲子之交界線，從外面能看到，的確像露出裸體而惹人注目。因此，在這個地方，盛行以肚兜帶或肚兜背心（Kamar Vest）或禮服背心（Dress Vest）遮蓋著。又，據聞使用肚兜帶，這也關係著裸體化而不露出吊褲帶。

②提高正式感

肚兜帶是蝴蝶帶、領子的綢緞領布（Haiken——拜絹）、褲子的側章（Braid——絲織飾邊）和同樣布料製成，大多使用黑緞子，這樣做能產生正式裝獨特的盛裝感。這些如分散，的確令人想像變成稀奇古怪的款式。但是變型簡便禮服（Fancy Tuxedo）就另當別論而不在此限。

拉佩爾寬度

拉佩爾（Lapel——下片領）的寬度，較窄的大概是美國方式（Americanism——美國方、美國派），在英國的新式服裝樣本（Style book）裡仍然較寬。拉佩爾的寬度變窄也不會變短，因此，會成為細長的拉佩爾。

被認為「領子是人的面孔」以映現人臉，可以這樣想而來思考縫製拉佩爾的必要。

「我的臉型較長，因此，不要將拉佩爾做得太短」，會讓這樣說的客人佩服。

又，圓臉的人，也不適合細長的拉佩爾。

三個釦子的比二個釦子的拉佩爾較小是正常的常識，但是，做得很好的三個釦子之西裝，給客人穿看看時，拉佩爾如果會有過於貧乏之感，是因為此人的臉型較大所致。

我對長度比例計算法

O	為基點
L~O	總長（FL），即147cm（57$\frac{7}{8}$吋）
1~O	FL的$\frac{1}{7}$，即21cm（8$\frac{1}{4}$吋）
2~1	O~1的$\frac{1}{7}$或FL的$\frac{1}{49}$，即3cm（1$\frac{3}{16}$吋），O~2是FL的$\frac{1}{7}$加上FL的$\frac{1}{49}$，或FL的$\frac{8}{49}$，即24cm（9$\frac{7}{16}$吋）為頭長。2~L是FL加上FL的$\frac{8}{49}$，或FL的$\frac{57}{49}$，即171cm（67$\frac{7}{16}$吋）為身高
3~O	FL的$\frac{1}{7}$，即21cm（8$\frac{1}{4}$吋）
W~3	FL的$\frac{1}{7}$，即21cm（8$\frac{1}{4}$吋），W~O是FL的$\frac{2}{7}$，即42cm（16$\frac{1}{2}$吋）為背長
H~W	FL的$\frac{1}{7}$，即21cm（8$\frac{1}{4}$吋），H~O是FL的$\frac{3}{7}$，即63cm（24$\frac{3}{4}$吋）為臀長與夾克長
4~H	FL的$\frac{1}{7}$，即21cm（8$\frac{1}{4}$吋），4~O是FL的$\frac{4}{7}$，即84cm（33吋）為水兵短外套長
5~4	FL的$\frac{1}{7}$，即21cm（8$\frac{1}{4}$吋），5~O是FL的$\frac{5}{7}$，即105cm（41$\frac{1}{4}$吋）為一般大衣長

6~5　FL的$\frac{1}{7}$，即21cm（$8\frac{1}{4}$吋），6~O是FL的$\frac{6}{7}$，即126cm（$49\frac{1}{2}$吋）

7~O　O~3的$\frac{3}{10}$，或FL的$\frac{3}{70}$，即6.3cm（$2\frac{1}{2}$吋）為肩斜。7~3是O~3的$\frac{7}{10}$，或FL的$\frac{1}{10}$，即14.7cm（$5\frac{3}{4}$吋）為臂根位置。

B~3　O~3或3~W的$\frac{1}{8}$，或FL的$\frac{1}{56}$，即2.625cm（$1\frac{1}{32}$吋），B~O是FL的$\frac{1}{7}$加上FL的$\frac{1}{56}$，或FL的$\frac{63}{392}$，即23.625cm（$9\frac{9}{32}$吋）為鎌深。7~B是FL的$\frac{1}{10}$加上FL的$\frac{1}{56}$，或FL的$\frac{33}{280}$，即17.325cm（$6\frac{25}{32}$吋）為袖山

8~B　O~3或3~W的$\frac{1}{8}$，或FL的$\frac{1}{56}$，即2.625cm（$1\frac{1}{32}$吋）。8～O是FL的$\frac{1}{7}$加上FL的$\frac{1}{28}$，或FL的$\frac{35}{196}$，即26.25cm（$10\frac{5}{16}$吋）為背心腋深

9　W~H的中點，9~O是FL的$\frac{5}{14}$，即52.5cm（$20\frac{5}{8}$吋）為背心的後長

10~W　O~3或W~H的$\frac{1}{5}$，或FL的$\frac{1}{35}$，即4.2cm（$1\frac{5}{8}$吋）為褲頭的腰帶寬

11　W~10的中點，11~W是O~3或W~H的$\frac{1}{10}$，或FL的$\frac{1}{70}$，即2.1cm（$\frac{13}{16}$吋）。11~O是FL的$\frac{2}{7}$加上FL的$\frac{1}{70}$，或FL的$\frac{21}{70}$，即44.1cm（$17\frac{5}{16}$吋）為劍長

C　H~4的中點，C~O是FL的$\frac{1}{2}$，即73.5cm（$28\frac{15}{16}$吋）為西裝長

R~C　O~3或H~4的$\frac{1}{10}$，或FL的$\frac{1}{70}$，即2.1cm（$\frac{13}{16}$吋）。R~W是FL的$\frac{1}{7}$加上FL的$\frac{2}{35}$，或FL的$\frac{1}{5}$，即29.4cm（$11\frac{9}{16}$吋）為股上。R~O是FL的$\frac{3}{7}$加上FL的$\frac{2}{35}$，或FL的$\frac{17}{35}$，即71.4cm（$28\frac{1}{16}$吋）為胴體長

12　10~H的中點，即10~12=12~H=H~R=FL的$\frac{2}{35}$，即8.4cm（$3\frac{5}{16}$吋）為褲子脇長的股上分三等分之尺寸

13~H　O~3或W~H的$\frac{1}{5}$，或FL的$\frac{1}{35}$，即4.2cm（$1\frac{5}{8}$吋），13的位置是大衣最下面釦子之位置

14　13~H的中點，14~H是FL的$\frac{1}{10}$，即2.1cm（$\frac{13}{16}$吋）。14~9是FL的$\frac{2}{35}$，即8.4cm（$3\frac{5}{16}$吋）為背心的前垂份。8~O是FL的$\frac{2}{7}$加上FL的$\frac{9}{70}$，或FL的$\frac{29}{70}$，即60.9cm（$23\frac{15}{16}$吋）為背心的前長

15~H　O~3或H~4的$\frac{1}{5}$，即4.2cm（$1\frac{5}{8}$吋）。15~7是FL的$\frac{2}{7}$加上FL的$\frac{1}{14}$再加上FL的$\frac{2}{35}$，或FL的$\frac{203}{490}$，即60.9cm（$23\frac{15}{16}$吋）為袖長

16~5　O~3或5~6的$\frac{1}{4}$，或FL的$\frac{1}{28}$，即5.25cm（$2\frac{1}{16}$吋）。16~O是FL的$\frac{3}{4}$，即110.25cm（$43\frac{5}{16}$吋）為冬季大衣長與風衣長

17~L　O~3或6~L的$\frac{1}{10}$，或FL的$\frac{1}{70}$，即2.1cm（$\frac{13}{16}$吋）。17~W是FL的$\frac{5}{7}$減掉FL的$\frac{1}{70}$，或FL的$\frac{49}{70}$，即102.9cm（$40\frac{7}{16}$吋）為褲長。17~10是FL的$\frac{5}{7}$減掉FL的$\frac{3}{70}$，或FL的$\frac{47}{70}$，即98.7cm（$38\frac{13}{16}$吋）為褲子的脇長。17~R是FL的$\frac{1}{2}$，即73.5cm（$28\frac{15}{16}$吋）為股下

18~17　O~3或6~L的$\frac{1}{2}$，或FL的$\frac{1}{14}$，即10.5cm（$4\frac{1}{8}$吋）

19　R~18的中點，19~5是O~3或4~5的$\frac{1}{10}$，即2.1cm（$\frac{13}{16}$吋）。19~R是FL的$\frac{1}{7}$加上FL的$\frac{1}{14}$，或FL的$\frac{3}{14}$，即31.5cm（$12\frac{3}{8}$吋），19為膝蓋的位置。19~17是FL的$\frac{2}{7}$，即42cm（$16\frac{1}{2}$吋）為膝下長。19~O是FL的$\frac{7}{70}$，即102.9cm（$40\frac{7}{16}$吋）為禮服長

20　5~16的中點，20~5是O~3或5~6的$\frac{1}{8}$，或FL的$\frac{1}{56}$，即2.625cm（$1\frac{1}{32}$吋）。20~19是FL的$\frac{1}{56}$加上FL的$\frac{1}{70}$，或O~3的$\frac{9}{40}$，即4.725cm（$1\frac{27}{32}$吋），20為膝下圍位置

21　18~17的中點，21~17是O~3或6~L的$\frac{1}{4}$，或FL的$\frac{1}{28}$，即5.25cm（$2\frac{1}{16}$吋）。

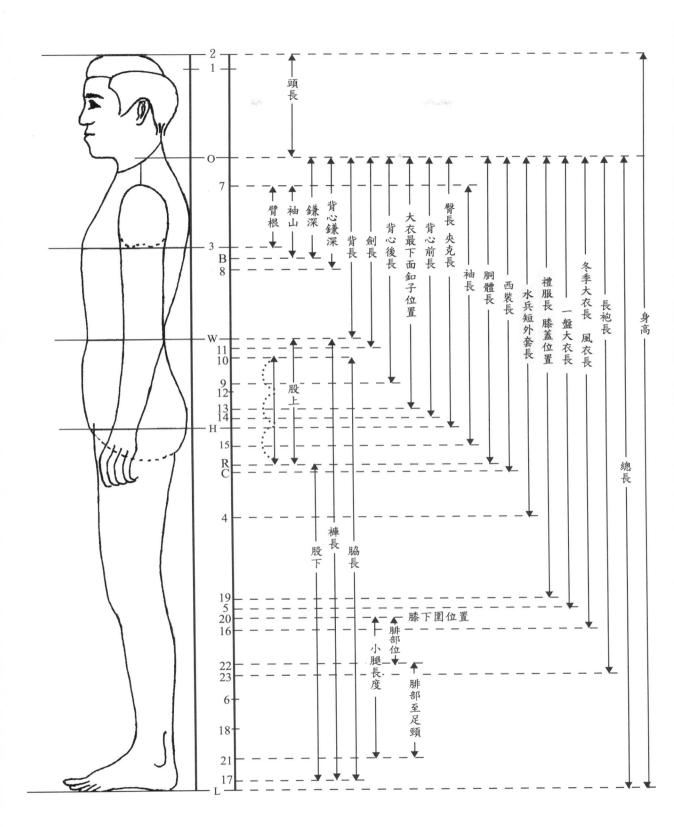

頭長

臂根 袖山 鎌深 背心鎌深 背長 劍長 背心後長 大衣最下面釦子位置 背心前長 臀長 夾克長 袖長 胴體長 西裝長 水兵短外套長 禮服長 膝蓋位置 一盤大衣長 冬季大衣長 風衣長 長袍長 身高 總長

股上

褲長 股下 脇長

膝下圍位置 腓部位 小腿長度 腓部至足頸

2
1
O
7
3
B
8
W
11
10
9
12
13
14
H
15
RC
4
19
5
20
16
22
23
6
18
21
17
L

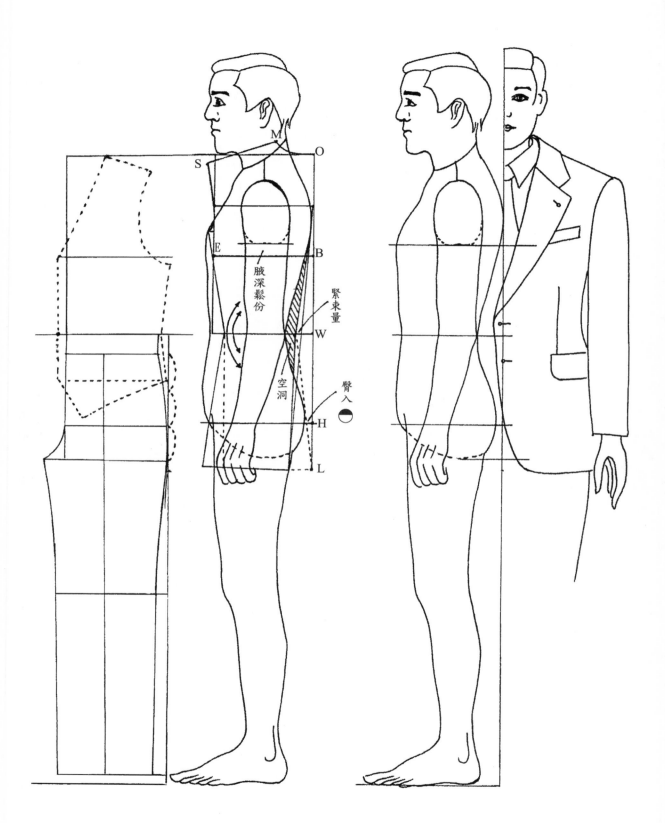

M
O
S
E
B
腋深鬆份
緊束量
W
空洞
臀入 ◗
H
L

21~20是FL的$\frac{2}{7}$減掉FL的$\frac{1}{28}$再減掉FL的$\frac{9}{280}$，或FL的$\frac{61}{280}$，即32.025cm（12$\frac{9}{16}$吋）為騎馬褲小腿長度，21為足頸部位置

22~20　O~3或5~6的$\frac{1}{2}$，或FL的$\frac{1}{14}$，即10.5cm（4$\frac{1}{8}$吋），22為腓部位置，22~21是O~3的$\frac{3}{8}$加上O~3的$\frac{2}{5}$再加上O~3的$\frac{1}{4}$，或FL的$\frac{41}{280}$，即21.525cm（8$\frac{7}{16}$吋）為腓部至足頸長度

23~5　O~3或5~6的$\frac{3}{4}$，或FL的$\frac{3}{28}$，即15.75cm（6$\frac{3}{16}$吋）。23~O是FL的$\frac{23}{28}$，即

120.75cm（47$\frac{9}{16}$吋）為長袍長度

如上，我發現以比例計算能算出，標準體的上衣之臂根、袖山、鎌深、背心腋深、背長、劍長、背心後長、背心前長、臀長、夾克長、袖長、胴體長、上衣長、水兵短外套長、禮服長、一般大衣長、冬季大衣長、風衣長、長袍長、股上、股下、褲長、脇長、騎馬褲小腿長、膝蓋位置、大衣最下面釦子位置等。當然肥滿體的胴體較長，因此，鎌深、股上也會較深，不過，嗜好或流行就當別論……。

男子體型標準比例

成年男子各部位之標準比例，一般在服裝學的人體比例中，為了均衡大都分為八等分，即頭長占身高的$\frac{1}{8}$，或是占總長的$\frac{1}{7}$。但是，在我的經驗中，實際的頭長占身高的$\frac{1}{8}$強，或比總長的$\frac{1}{7}$多一點。依過去多次的實務經驗，頭長是占身高的14.03%，即身高×0.1403。假定身高有171cm（67$\frac{5}{16}$吋）的人，即171cm（67$\frac{5}{16}$吋）×0.1403＝23.9913cm（9$\frac{7}{16}$吋）。或占總長的16.32%。假定總長有147cm（57$\frac{7}{8}$吋）的人，即147cm（57$\frac{7}{8}$吋）×0.1632＝23.9904cm（9$\frac{7}{16}$吋）

把這樣標準比例的身體，大體上是沒有毛病（缺點）的體型為目標。又，參考尺寸也是以這個原則來決定。又，這種標準比例計算也成為原型的基本。

種類別	標準比例
假定身高	171cm（67$\frac{5}{16}$吋）
頭長	身高×0.1403，即23.9913cm（9$\frac{7}{16}$吋）。或$\frac{FL}{7}+\frac{FL}{49}$，或$\frac{FL\times8}{49}$，或FL×0.1632，即23.9904cm（9$\frac{7}{16}$吋）
總長（FL）	身高×0.8597，即147.0087cm（57$\frac{7}{8}$吋）
背長（WL）	$\frac{FL\times2}{497}$，或FL×0.2857，即41.9979cm（16$\frac{1}{2}$吋），或西裝長×0.571，即41.9685cm（16$\frac{1}{2}$吋）
劍長	$\frac{FL\times2}{7}+\frac{FL}{70}$，或FL×0.3，即44.1cm（17$\frac{5}{16}$吋）
背心後長	$\frac{FL\times2.5}{7}$，$\frac{FL\times5}{14}$，或FL×0.3571，即52.5cm（20$\frac{5}{8}$吋）
背心前長	$\frac{FL\times5}{14}+\frac{FL\times2}{35}$，或$\frac{FL\times29}{70}$，FL×0.4143，即60.9cm（23$\frac{15}{16}$吋）
袖長	$\frac{FL\times3}{7}+\frac{FL}{35}-\frac{FL\times7}{70}$，或$\frac{FL\times203}{490}$，或FL×0.4143，即60.9cm（23$\frac{15}{16}$吋）
臂長與夾克長	$\frac{FL\times3}{7}$，或FL×0.4286，即63.0042cm（24$\frac{3}{4}$吋），或西裝長×0.857，即62.9895cm（24$\frac{3}{4}$吋）
胴體長	$\frac{FL}{2}-\frac{FL}{70}$，或$\frac{FL\times17}{35}$，或FL×0.4857，即71.4cm（28$\frac{1}{16}$吋）
西裝長	$\frac{FL}{2}$，或FL×0.5，即73.5cm（28$\frac{15}{16}$吋）
水兵短短外套	$\frac{FL\times4}{7}$，或FL×0.5714，即83.9958cm（33吋）

禮服長	$\frac{FL\times7}{10}$，或$\frac{FL\times5}{7}-\frac{FL}{70}$，或 FL×0.7，即 102.9cm（40$\frac{7}{16}$吋）
一般大衣長	$\frac{FL\times5}{7}$，或 FL×0.7143，即105.0021cm（41$\frac{1}{4}$吋）
冬季大衣與風衣長	$\frac{FL\times3}{4}$，或 FL×0.75，即110.25cm（43$\frac{5}{16}$吋）
長袍長	$\frac{FL\times23}{28}$，或 FL×0.8214，即120.7458cm（47$\frac{9}{16}$吋）
股上	$\frac{FL\times3}{14}-\frac{FL}{70}$，或$\frac{FL}{7}+\frac{FL\times2}{35}$，或$\frac{FL}{5}$，或 FL×0.2，即29.4cm（11$\frac{9}{16}$吋）
股下	$\frac{FL}{2}$，或 FL×0.5，即73.5cm（28$\frac{15}{16}$吋）
褲長	股上＋股下，或$\frac{FL\times5}{7}-\frac{FL}{70}$，或$\frac{FL\times49}{70}$，或 FL×0.7，即102.9cm（40$\frac{7}{16}$吋）
脇長	股上＋股下－腰帶寬，或$\frac{FL\times5}{7}-\frac{FL}{70}-\frac{FL}{35}$，或$\frac{FL\times47}{70}$，或 FL×0.6714，即98.6958cm（38$\frac{13}{16}$吋）
膝下長	$\frac{FL\times2}{7}$，或 FL×0.2857，即41.9979cm（16$\frac{1}{2}$吋）
騎馬褲之小腿長	$\frac{FL\times2}{7}-\frac{FL\times9}{280}-\frac{FL}{28}$，或$\frac{FL\times61}{280}$，或 FL×0.2179，即32.0313cm（12$\frac{9}{16}$吋）
肩斜	$\frac{FL\times3}{70}$，或 FL×0.0428，即6.2916cm（2$\frac{7}{16}$吋）
臂根深	$\frac{FL}{7}-\frac{FL\times3}{70}$，或$\frac{FL}{10}$，或 FL×0.1，即14.7cm（5$\frac{13}{16}$吋）
鎌深	$\frac{FL\times3}{70}$（肩斜）＋$\frac{FL}{10}$（臂根深）＋$\frac{FL}{56}$（寬鬆份），或$\frac{FL}{7}+\frac{FL}{56}$，或$\frac{FL\times63}{392}$，或 FL×0.1607，即23.6229cm（9$\frac{9}{32}$吋）
袖山	鎌深－肩斜，或$\frac{FL}{7}+\frac{FL}{56}-\frac{FL\times3}{70}$，或$\frac{FL\times33}{280}$，或 FL×0.1179，即17.3313cm（6$\frac{27}{32}$吋）
胸圍（B）	$\frac{FL}{2}+\frac{FL}{8}+\frac{FL}{70}$，或$\frac{FL\times179}{280}$，或 FL×0.6395，即94.0065cm（37吋）
腰圍（W）	B－$\frac{B}{8}$，或 B×0.875，即82.2557cm（32$\frac{1}{2}$吋）
臀圍（H）	B＋$\frac{B}{40}$，或 B×1.025，即96.3567cm（38吋）
胸寬	B×0.3937，即37.01cm（14$\frac{9}{16}$吋）
背寬	B×0.3937，即37.01cm（14$\frac{9}{16}$吋）
肩寬	B×0.4734，即44.5cm（17$\frac{1}{2}$吋）
頸根圍	B×0.415，即39.0127cm（15$\frac{3}{8}$吋）
臀寬（HW）	H×0.336，即32.3759cm（12$\frac{3}{4}$吋）
臀厚（HT）	H×0.22，即21.1985cm（8$\frac{3}{8}$吋）
下片領寬指數	B÷16＋3cm（1$\frac{1}{8}$吋）＝8.8754cm（3$\frac{1}{2}$吋），或 B×0.095，即8.93cm（3$\frac{1}{2}$吋）
褲口指數	（H＋IL）÷8＋24cm（9$\frac{1}{2}$吋），即45.232cm（17$\frac{13}{16}$吋），（肥滿體者再加上$\frac{CD}{8}$）
喇叭褲口指數	（H＋IL）÷8＋44.5cm（17$\frac{1}{2}$吋），即65.732cm（25$\frac{7}{8}$吋）

固定記號尺寸

為使圖面上之公分與英吋不致佔空間之關係，把尺寸用固定記號代表其為公分或英吋之尺寸，因此需熟記每個符號中所代表的尺寸，才能瞭解製圖中本身的尺寸與公式。

無論圓圈或方圈，外面多一個圈圈就是多一個10cm（4吋），如24cm（9½吋）來說，內面的記號是4cm（1½吋），外面有二個圈圈，即4cm（1½吋）加上20cm（8吋）。

固定尺寸記號

記號	cm	吋	記號	cm	吋	記號	cm	吋	記號	cm	吋	記號	cm	吋	記號	cm	吋
△	0.25	1/8	■	2	3/4	▭	4.5	1 3/4	●	7	2 3/4	⊖	9.5	3 3/4	◔	11.75	4 1/16
◬	0.3	1/8	◱	2.25	7/8	◰	4.75	1 7/8	⊖	7.25	2 7/8	⊜	9.75	3 7/8	◳	12	4 3/4
▲	0.5	3/16	▣	2.5	1	●	5	2	⊖	7.5	3	■	10	4	◱	12.25	4 7/8
▲	0.65	1/4	◰	2.75	1 1/16	◓	5.25	2 1/16	⊟	7.75	3 1/16	⊞	10.25	4 1/16	▭	12.5	5
▲	0.75	3/16	●	3	1 1/8	◔	5.5	2 1/8	▯	8	3 1/8	▬	10.5	4 1/8	◰	12.75	5 1/16
▲	0.9	3/8	◔	3.25	1 1/4	◒	5.75	2 1/4	▭	8.25	3 1/4	■	10.75	4 1/4	◉	19	5 1/8
●	1	3/8	◑	3.5	1 3/8	■	6	2 3/8	▬	8.5	3 3/8	◉	11	4 3/8	◎	21	8 3/8
◔	1.25	1/2	◕	3.75	1 7/16	⊞	6.25	2 7/16	▭	8.75	3 7/16	◔	11.25	4 1/2	▣	22	8 3/4
◑	1.5	5/8	■	4	1 1/2	▢	6.5	2 1/2	⊕	9	3 1/2	◯	11.5	4 1/2	◉	23	9 1/8
◕	1.75	11/16	◳	4.25	1 5/8	⊟	6.75	2 5/8	⊕	9.25	3 5/8	◉	11.5	4 5/8	⊡	24	9 1/2

只有鑽石可以切割鑽石

只有最強可以滿足最強

Only the diamond can cut the diamond.

Only the best can satisfy the best.

英吋與公分換算表

公分 \ 吋		$1/16$	$1/8$	$3/16$	$1/4$	$5/16$	$3/8$	$7/16$	$1/2$	$9/16$	$5/8$	$11/16$	$3/4$	$13/16$	$7/8$	$15/16$
		0.16	0.32	0.48	0.64	0.79	0.95	1.11	1.27	1.43	1.59	1.75	1.91	2.06	2.22	2.38
1	2.54	2.70	2.86	3.02	3.18	3.33	3.49	3.65	3.81	3.97	4.13	4.29	4.45	4.60	4.76	4.92
2	5.08	5.24	5.40	5.56	5.72	5.87	6.03	6.19	6.35	6.51	6.67	6.83	6.99	7.14	7.30	7.46
3	7.62	7.78	7.94	8.10	8.26	8.41	8.57	8.73	8.89	9.05	9.21	9.37	9.53	9.68	9.84	10.00
4	10.16	10.32	10.48	10.64	10.80	10.95	11.11	11.27	11.43	11.59	11.75	11.91	12.07	12.22	12.38	12.54
5	12.70	12.86	13.02	13.18	13.34	13.49	13.65	13.81	13.97	14.13	14.29	14.45	14.61	14.76	14.92	15.08
6	15.24	15.40	15.56	15.72	15.88	16.03	16.19	16.35	16.51	16.67	16.83	16.99	17.15	17.30	17.46	17.62
7	17.78	17.94	18.10	18.26	18.42	18.57	18.73	18.89	19.05	19.21	19.37	19.53	19.69	19.84	20.00	20.16
8	20.32	20.48	20.64	20.80	20.96	21.11	21.27	21.43	21.59	21.75	21.91	22.07	22.23	22.38	22.54	22.70
9	22.86	23.02	23.18	23.34	23.50	23.65	23.81	23.97	24.13	24.29	24.45	24.61	24.77	24.92	25.08	25.24
10	25.40	25.56	25.72	25.88	26.04	26.19	26.35	26.51	26.67	26.83	26.99	27.15	27.31	27.46	27.62	27.78
11	27.94	28.10	28.26	28.42	28.58	28.73	28.89	29.05	29.21	29.37	29.53	29.69	29.85	30.00	30.16	30.32
12	30.48	30.64	30.80	30.96	31.12	31.27	31.43	31.59	31.75	31.91	32.07	32.23	32.39	32.54	32.70	32.86
13	33.02	33.18	33.34	33.50	33.66	33.81	33.97	34.13	34.29	34.45	34.61	34.79	34.93	35.08	35.24	35.40
14	35.56	35.72	35.88	36.04	36.20	36.35	36.51	36.67	36.83	36.99	37.15	37.31	37.47	37.62	37.78	37.94
15	38.10	38.26	38.42	38.58	38.74	38.89	39.05	39.21	39.37	39.53	39.69	39.85	40.01	40.16	40.32	40.48
16	40.64	40.80	40.96	41.12	41.28	41.43	41.59	41.75	41.91	42.07	42.23	42.39	42.55	42.70	42.86	43.02
17	43.18	43.34	43.50	43.66	43.82	43.97	44.13	44.29	44.45	44.61	44.77	44.93	45.09	45.24	45.40	45.56
18	45.72	45.88	46.04	46.20	46.36	46.51	46.67	46.83	46.99	47.15	47.31	47.47	47.63	47.78	47.94	48.10
19	48.26	48.42	48.58	48.74	48.90	49.05	49.21	49.37	49.53	49.69	49.85	50.01	50.17	50.32	50.48	50.64
20	50.80	50.96	51.12	51.28	51.44	51.59	51.75	51.91	52.07	52.23	52.39	52.55	52.71	52.86	53.02	53.18
21	53.34	53.50	53.66	53.82	53.98	54.13	54.29	54.45	54.61	54.77	54.93	55.09	55.25	55.40	55.56	55.72
22	55.88	56.04	56.20	56.36	56.52	56.67	56.83	56.99	57.15	57.31	57.47	57.63	57.79	67.94	58.10	58.26
23	58.42	58.58	58.74	58.90	59.06	59.21	59.37	59.53	59.69	59.85	60.01	60.17	60.33	60.48	60.64	60.80
24	60.96	61.12	61.28	61.44	61.60	61.75	61.91	62.07	62.23	62.39	62.55	62.71	62.87	63.02	63.18	63.34
25	63.50	63.66	63.82	63.98	64.14	64.29	64.45	64.61	64.77	64.93	65.09	65.25	65.41	65.56	65.72	65.88
26	66.04	66.20	66.36	66.52	66.68	66.83	66.99	67.15	67.31	67.47	37.63	67.79	67.95	68.10	68.26	68.42
27	68.58	68.74	68.90	69.06	69.22	69.37	69.53	69.69	69.85	70.01	70.17	70.33	70.49	70.64	70.80	70.96
28	71.12	71.28	71.44	71.60	71.76	71.91	72.07	72.23	72.39	72.55	72.71	72.87	73.03	73.18	73.34	73.50
29	73.66	73.82	73.98	74.14	74.30	74.45	74.61	74.77	74.93	75.09	75.25	75.41	75.57	75.72	75.88	76.04
30	76.20	76.36	76.52	76.68	76.84	76.99	77.15	77.31	77.47	77.63	77.79	77.95	78.11	78.26	78.42	78.58
31	78.74	78.90	79.06	79.22	79.38	79.53	79.69	79.85	80.01	80.17	80.33	80.49	80.65	80.80	80.96	81.12
32	81.28	81.44	81.60	81.76	81.92	82.07	82.23	82.39	82.55	82.71	82.87	83.03	83.19	83.34	83.50	83.66
33	83.82	83.98	84.14	84.30	84.46	84.61	84.77	84.93	85.09	85.25	85.41	85.57	85.73	85.88	86.04	86.20
34	86.36	86.52	86.68	86.84	87.00	87.15	87.31	87.47	87.63	87.79	87.95	88.11	88.27	88.42	88.58	88.74
35	88.90	89.06	89.22	89.38	89.54	89.69	89.85	90.01	90.17	90.33	90.49	90.65	90.81	90.96	91.12	91.28
36	91.44	91.60	91.76	91.92	92.08	92.23	92.39	92.55	92.71	92.87	93.03	93.19	93.35	93.50	93.66	93.82
37	93.98	94.14	94.30	94.46	94.62	94.77	94.93	95.09	95.25	95.41	95.57	95.73	95.89	96.04	96.20	96.36
38	96.52	96.68	96.84	97.00	97.16	97.31	97.47	97.63	97.79	97.95	98.11	98.27	98.43	98.58	98.74	98.90
39	99.06	99.22	99.38	99.54	99.70	99.85	100.01	100.17	100.33	100.49	100.65	100.81	100.97	101.12	101.28	101.44
40	101.60	101.76	101.92	102.08	102.24	102.39	102.55	102.71	102.87	103.03	103.19	103.35	103.51	103.66	103.82	103.98
41	104.14	104.30	104.46	104.62	104.78	104.93	105.09	105.25	105.41	105.57	105.73	105.89	106.05	106.20	106.36	106.52
42	106.68	106.84	107.00	107.16	107.32	107.47	107.63	107.79	107.95	108.11	108.27	108.43	108.59	108.74	108.90	109.06
43	109.22	109.38	109.54	109.70	109.86	110.01	110.17	110.33	110.49	110.65	110.81	110.97	111.13	111.28	111.44	111.60
44	111.76	111.92	112.08	112.24	112.40	112.55	112.71	112.87	113.03	113.19	113.35	113.51	113.67	113.82	113.98	114.14
45	114.30	114.46	114.62	114.78	114.94	115.09	115.25	115.41	115.57	115.73	115.89	116.05	116.21	116.36	116.52	116.68
46	116.84	117.00	117.16	117.32	117.48	117.63	117.79	117.95	118.11	118.27	118.43	118.59	118.75	118.90	119.06	119.22
47	119.38	119.54	119.70	119.86	120.02	120.17	120.33	120.49	120.65	120.81	120.97	121.13	121.29	121.44	121.60	121.76
48	121.92	122.08	122.24	122.40	122.56	122.71	122.87	123.03	123.19	123.35	123.51	123.67	123.83	123.98	124.14	124.30
49	124.46	124.62	124.78	124.94	125.10	125.25	125.41	125.57	125.73	125.89	126.05	126.21	126.37	126.52	126.68	126.84
50	127.00	127.16	127.32	127.48	127.64	127.79	127.95	128.11	128.27	128.43	128.59	128.75	128.91	129.06	129.22	129.38
51	129.54	129.70	129.86	130.02	130.18	130.33	130.49	130.65	130.81	130.97	131.13	131.29	131.45	131.60	131.76	131.92
52	132.08	132.24	132.40	132.56	132.72	132.87	133.03	133.19	133.35	133.51	133.67	133.83	133.99	134.14	134.30	134.46
53	134.62	134.78	134.94	135.10	135.26	135.41	135.57	135.73	135.89	136.05	136.21	136.37	136.53	136.68	136.84	137.00
54	137.16	137.32	137.48	137.64	137.80	137.95	138.11	138.27	138.43	138.59	138.75	138.91	139.07	139.22	139.38	139.54
55	139.70	139.86	140.02	140.18	140.34	140.49	140.65	140.81	140.97	141.13	141.29	141.45	141.61	141.76	141.92	142.08
56	142.24	142.40	142.56	142.72	142.88	143.03	143.19	143.35	143.51	143.67	143.83	143.99	144.15	144.30	144.46	144.62
57	144.78	144.94	145.10	145.26	145.42	145.57	145.73	145.89	146.05	146.21	146.37	146.53	146.69	146.84	147.00	147.16
58	147.32	147.48	147.64	147.80	147.96	148.11	148.27	148.43	148.59	148.75	148.91	149.07	149.23	149.38	149.54	149.70
59	149.86	150.02	150.18	150.34	150.50	150.65	150.81	150.97	151.13	151.29	151.45	151.61	151.77	151.92	152.08	152.24
60	152.40	152.56	152.72	152.88	153.04	153.19	153.35	153.51	153.67	153.83	153.99	154.15	154.31	154.46	154.62	154.78

製圖篇

1975.11.1 本書作者呂寶霖先生應聘到韓國擔任「韓中服裝技術交流講座」
專題主講之情形，右旁為大韓服裝學院徐商國院長擔任翻譯。

裁剪的預備知識

畫圖的約束

1、本書製圖法所使用的公式,是我經過多年教學與實務經驗,為謀求緩和各種基度尺寸的增減率之辦法,並且能融合成衣業打版法,即訂做裁剪師與成衣打版師均能通用的公式。

2、例如畫褲子所用的基度尺寸之腰圍或臀圍,在公式中(比例分割)所用的尺寸,均為縫製完成後所需要的尺寸。腰圍不再提醒,但是,臀圍就要注意,因為有些人在臀圍部位喜歡穿寬鬆一點時,需在臀圍上加上些適當(需要)的鬆份後,為臀圍基度而製圖。

3、在上衣方面的基度尺寸是胸圍,胸圍也是加上適當(需要)的鬆份後,再分割比例公式。

4、為了分別沒有鬆份與有加上鬆份的尺寸,以代號分別之。例如胸圍沒有加上鬆份時用B,有加上鬆份的用Ⓑ,當然鬆份的寬度(尺寸)是視流行與喜愛而定。所以要注意 $\frac{B}{4}$ 或 $\frac{Ⓑ}{4}$ 是不同尺寸的公式。

5、所以訂做業要製圖時,需要加上鬆份的部位,就是要先加上鬆份後,再依公式分別製圖,成衣業就是按照訂單的尺寸,依公式分別製圖而不用再加上鬆份。所以我著作這本書的優點之一,是不僅訂做業者可以看、可以研究,成衣業者更加可以看、可以研究,可以作為重要的參考資料。敬請多多雅正。

6、還有一項要特別注意的是本書製圖法,是以訂做業(專業)的製圖為基礎,即訂做業有些部位是剪線(已含縫份在內),有些部位是完成線(縫份需另外放出),所以成衣業要研究的話,要注意那些部位有縫份在內,而縫份有含多少?有哪些部位的縫份需另外放出,並且要注意剪線的縫份之尺寸,褲子的剪線已有1cm($\frac{3}{8}$吋)的縫份在內,其他衣類的剪線是0.75cm($\frac{5}{16}$吋)的縫份在內,因這是專家習慣性的縫份寬度,如果要多留縫份的話,需另外再增加。

7、又,內文的公式,會出現 $\frac{1}{2}$ 與 $\frac{1}{2}$ 或 $\frac{1}{4}$ 與 $\frac{1}{4}$ ……的分數,前者為正式分數,後者為代表英吋的尺寸。

8、在上衣製圖中,R~N的尺寸,一般的製圖法是用2~3cm($\frac{3}{4}$~$1\frac{1}{8}$吋),但是本書均用1cm($\frac{3}{8}$吋)而G點降下一點,並離開領折線(R線)視服裝與領型而跟領座同尺寸,即2~3cm($\frac{3}{4}$~$1\frac{1}{8}$吋),因為要縫合領子時,NP(頸側點)要傾倒如下頁圖所示,使前肩與前袖圈有空間與鬆份,這樣穿起來較為輕鬆好穿,使手臂的活動能自如。又,G點一般都是用圓型,本書全部用方型,這樣縫合領子較容易且能平順。

9、本書第305頁至第360頁的製圖法,即「其他服裝類篇」,因為配合成品的質料不同,縫製法與縫份寬窄會有不同,或者可以任意設計有剪接的型態之服裝,因此,全部為完成線,即全部的縫份須另外放出。

脇邊線與內股線的畫法

一般褲子前後身片的脇邊線與內股線的畫法,沒有一定的規定或目標的畫法,是任意畫得能順就好,這樣的畫法,假定同一個尺寸而要畫兩次以上的話,所畫的彎曲線都不會一樣,有鑑於此,我個人另外創思設定一種三點式的方法,只要把彎尺上下移動,對齊三點即

縫合領子後，N點移轉至N'點，T點移轉至T'點，使前袖圈如波浪大大浮起，會產生空間而好穿

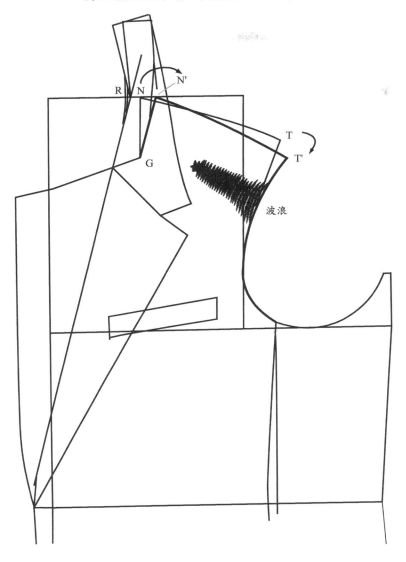

我於1955年（時24歲）任台北市延平北路建美服裝公司首席裁剪師時，改良後的彎尺，如果運用自如會很適合各種體型與各種服裝種類（無論男裝、女裝、旗袍等）的樣式之彎曲度。這支彎尺，本來是我個人在使用而已，自1962年開創麗新男女服裝補習班後，全國的學生一定要回來向本人購買這種彎尺，後來使用的人數漸漸增多，當時沒有向中央標準局申請專利，生意人就模仿而大量生產出售，現在在市面上到處都可以買得到這種彎尺。

第1圖：前身片的脇邊線，以彎尺的大彎部分向上，小彎向下，把彎尺上下移動對齊23~2~13（23~21 的距離比較多時，即臀圍與腰圍的標準差寸負數時，用23~2~14）之三點後畫彎曲線，然後把彎尺反過來（即凹入）以小彎部分修整13或14的地方之柔順彎曲線。

前身片的脇邊線畫好後，再畫內股線（內柱），即18~10的彎曲線，這時須注意12點出去的彎曲線之距離，盡量要跟13點出去的脇邊線距離同寬。

第2圖：後身片的脇邊線，也是以彎尺的大彎部分向上，小彎向下，把彎尺上下移動對齊26~28~2之三點後畫彎曲線，然後，把彎尺反過來（即凹入）以小彎部分修整29的地方之柔順彎曲線，這時要注意29~12的距離要跟11~27同尺寸。

可以畫得平順又相同的彎曲線。在這裡要提醒一項規定，因為褲子是人體下半身的服裝，人體下半身的脇邊線，在腰部下面較為突出而彎曲，所以使用彎尺畫彎曲線時，要記得畫褲子的彎曲線，彎尺的大彎部分都是向上，小彎部分向下，然後把彎尺上下移動對齊三處的號碼即可。又，注意選擇彎尺的彎度，昔日在學徒時代與出師後所使用的古早之彎尺是不夠彎。

第1圖

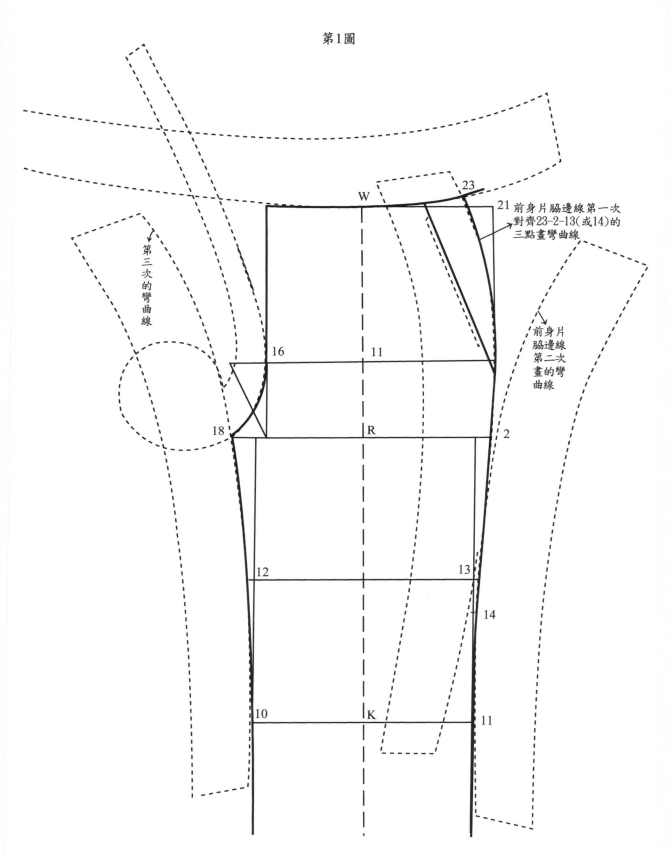

W

23

21 前身片脇邊線第一次
對齊23-2-13(或14)的
三點畫彎曲線

第三次的彎曲線

前身片脇邊線第二次畫的彎曲線

16　　　11

18　　　R　　　2

12　　　13

14

10　　K　　11

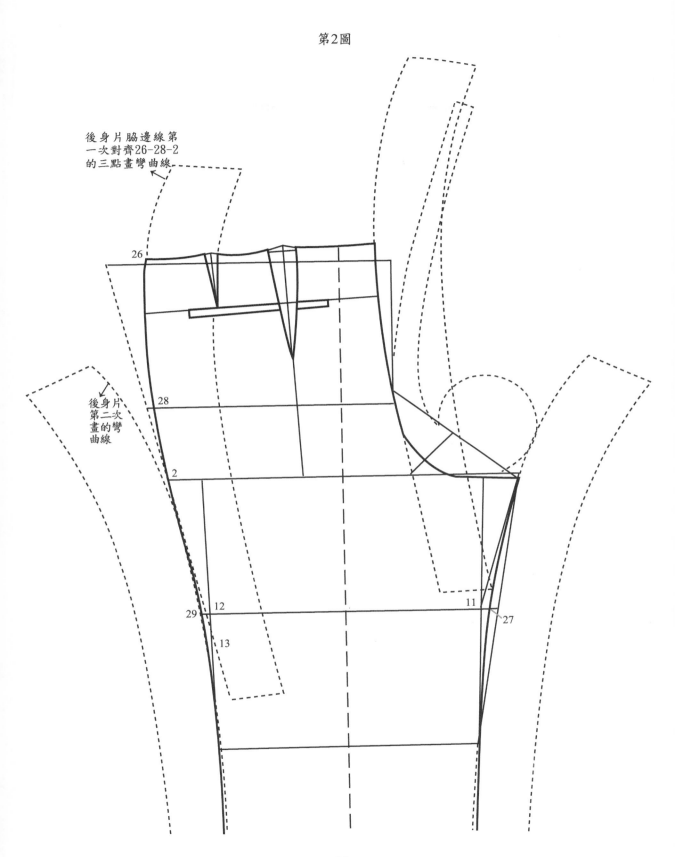

後身片脇邊線第
一次對齊26-28-2
的三點畫彎曲線

後身片
第二次
畫的彎
曲線

26

28

2

29 12

13

11

27

褲子前後腰高低修整法

　　很多顧客的下半身之前後腰高低不同，有些人是前腰較高而後腰較低，有些人是相反的體型，前腰低後腰高，尤其肥滿體的人更顯明。有些業者多認為肥滿體的人前腰較高，製圖時一般都是以計算肥度而把前腰提高，肥滿體的人，雖然前腰較高，但是，大部分的肥滿體穿褲子時，皮帶都束在腰下，致使前腰下小股部分發生一大堆多餘的皺紋。因此，我要量褲子時都會順便量取前後腰的高低。在製圖後，以前後腰高低差寸再調整前後腰的高低，這樣穿起來的褲子毛病近乎於零。

　　前後腰高低量法如下：先把如A圖的水平管（塑膠管、連通管——如U型水管）之甲

端如B圖靠近前腰中心點，乙端靠近後腰中心點，上下移動乙端管內之水處貼到後腰圍線中心點，然後量取前腰圍線中心點至甲端管內之水處距離，如果管內之水在前腰圍線中心點之下面，就是前腰較高，管內之水在前腰圍線中心點之上面，就是前腰較低之體型。然後將差寸如第1圖與第2圖方式，調整前後腰的高低（如點線）。如果前腰較高時，如第1圖在前

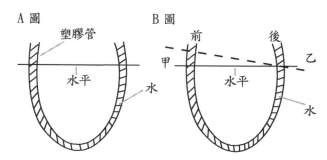

A 圖　　　　　　　　　　　B 圖

第1圖
前腰較高時

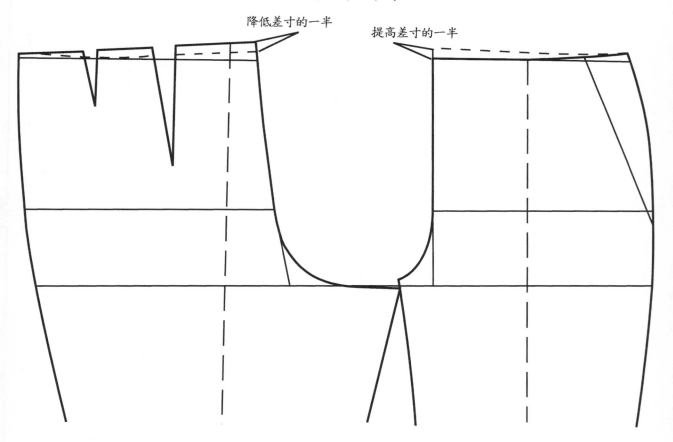

降低差寸的一半　　　提高差寸的一半

前腰較低時

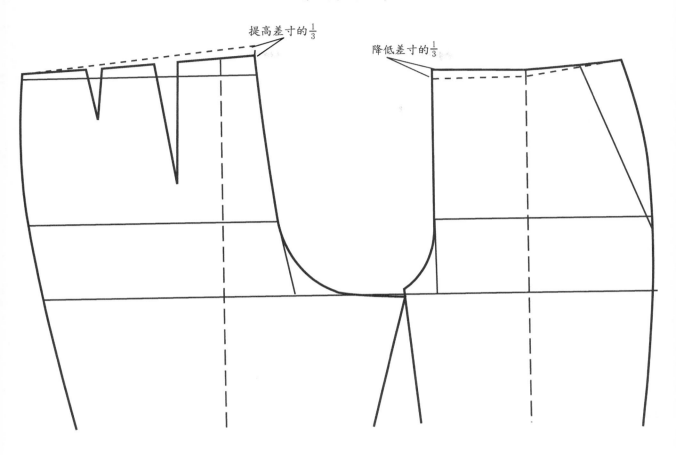

提高差寸的 $\frac{1}{3}$

降低差寸的 $\frac{1}{3}$

腰提高差寸的一半，在後腰降低差寸的一半，前後的脇邊高低按照原來的不動即可。如果前腰較低時，相反的調整法，不過前腰較低時，前後腰各調整差寸之 $\frac{1}{3}$ 即可。因前腰較低的人，如果前後各調整 $\frac{1}{2}$ 的時候，覺得前腰太低並且前股上較為緊迫，所以僅調整 $\frac{1}{3}$ 即可。

「整形修剪」原來之目的與處理方法

如問「為甚麼要做褲子整形修剪（Dresecut又稱Dress side或kinguse）」必定會想「如今還要……？」而被嘲笑。但是，沒有隨機應變的回答之例也是事實。又，被人詢問「要納入哪一邊？」時，「呀！」而歪著脖子的人，發呆並不能決定。或假縫試穿時，如問「您是靠入哪一邊？」時，傾向脖子而不能即刻回答的顧客意外地很多。其中「靠入哪一邊，您別管」吼叫的也有，又「分開穿」而逗人笑的也有。我們男裝裁縫師（Tailor）的周邊，應該懂而不懂的情形，實在不勝枚舉。整形修剪就是其中的一例。

整形修剪有二種目的。其一是垂（吊）在股間（胯間）的男性象徵（Symbol），放置的地方要在左右的哪一邊，普通的常識是要藏置於有門襟（前立、前襟）的上前側，即左片而穿上的較多。因此，右邊與左邊小股（胯股、

前胯、前股、前襠）的容量（Capacity——包容力、收容力、容積之意）就有所差別。雖然褲子的臀圍（H）或腿圍（TS），跨幅多加鬆份而裁剪的話，整形修剪不那麼顯眼，如果臀圍與腿圍、跨幅裁剪較為貼身時，左右的容量的差異較為顯著是不得已的現象。因此，如果沒有整形修剪，下前身片即右片的小股會出現難看的剩餘的皺紋。要調整這個問題就是整形修剪的目的。雖然有剪掉下前身片（右片）或加出上前身片（左片）這種方法，但在我國通常不用加出，而用剪掉下前身片的方法較多，任何人都會這樣回答，而將另一種的目的較容易忽略過去。

褲子是深入至右股腿根處而穿（以吊掛而穿的例外）時，如這樣因男性的象徵就靠入左側，無論如何，前面的疊合（重疊、對疊、對合、相疊）線會偏袒右側，偏袒的地方會剩餘，右前身片的折紋線會向外側脫開（張開），下襬（褲口）也會向外，這是很難看的現象。也可以解釋為褲子整體就會向右側移動。因此，小股附近須剪掉，使脫開的折紋線拉回中央，這就是整形修剪的最大之目的。

整形修剪有四種處理方法。A是不用剪掉而把上前身片加出，放置紙型而加在外側。雖是事前的處理，但這個方法在我國可能沒有人這麼做。

B是從小股端上下剪掉，這個方法似乎最多人使用。放在一起時，剪掉的此片會變長，必須在上面除掉。把下前側大約短縮0.5cm（³⁄₁₆吋），較容易使前面平順。

C是至股上之上端平行剪掉。若從移動相疊份的觀點看，這種做法是合理的。但是，腰圍、臀圍尺寸會減少而不合原來的尺寸，須在後身片的中心線再補出，這樣會影響整個褲型的異動。

D是一點點削掉就解決的情形，這種情形也不少。假縫試穿後，如折紋線會離開（張開），以別針攝著拉回，僅剪掉攝取份而已。

整型修剪的目的，不僅根據左右容量的差異而已，不，比這更重要的事，為矯正依疊合線的移動所產生褲子的偏向。如果為了移動疊合線為目的，削除1cm（³⁄₈吋）或1.5cm（⁵⁄₈吋）就能達到這個目的。

那麼處理整形修剪後的處理，關於縫製操作還有意見，這是其次的問題。

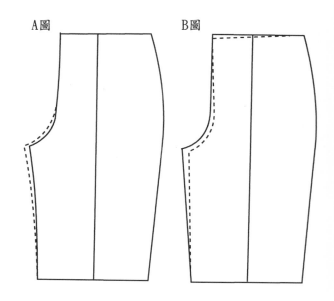

A圖　　　　　　　B圖

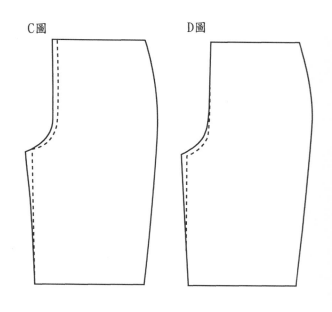

C圖　　　　　　　D圖

E圖

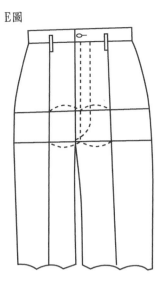

E圖之製圖法

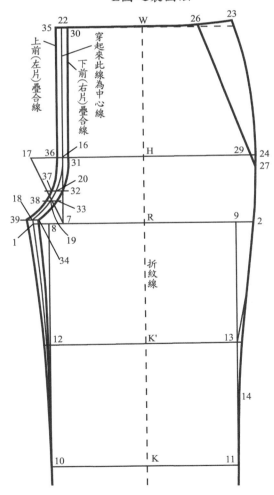

E圖是表示疊合線傾向右側的情形。為了達成E圖的目的，以及不影響褲子本身整個尺寸的變化，以下是我個人所使用的整形修剪的方法，供給大家參考並不吝指教。

圖上1~29各點請參閱「基本型無褶褲」欄裡的前身片製圖說明。

30~22　入0.5cm（³⁄₁₆吋），30在22橫線上
31~16　入0.5cm（³⁄₁₆吋），31在16橫線上
32~20　入0.5cm（³⁄₁₆吋），32在20橫線上
33~19　入0.5cm（³⁄₁₆吋），33在19橫線上
34～18　入0.5cm（³⁄₁₆吋），34在18橫線上，30、31、32、33、34、10等如圖連結畫曲線為右身片（下前片）疊合線與右身片內股線
35~22　出0.5cm（³⁄₁₆吋），35在22橫線上
36~16　出0.5cm（³⁄₁₆吋），36在16橫線上
37~20　出0.5cm（³⁄₁₆吋），37在20橫線上
38~19　出0.5cm（³⁄₁₆吋），38在19橫線上
39~18　出0.5cm（³⁄₁₆吋），39在18橫線上，35、36、37、38、39、10等如圖連結畫曲線為左身片（上前片）疊合線與左身片內股線

這樣的製圖裁剪法，縫製完成後，右身片的腰圍、臀圍、腿圍等各減少0.5cm（³⁄₁₆吋），左身片的腰圍、臀圍、腿圍等各多出0.5cm（³⁄₁₆吋）。這樣整個腰圍與臀圍的尺寸沒有受到影響，且因左身片的腿圍較右身片的腿圍多出1cm（³⁄₈吋）的容量，能發揮整形修剪的效果與目的，穿起來能如E圖前身片的左右折紋線，不會歪斜，脫開（張開）之情形，右身片的小股也不會出現難看的剩餘之皺紋，皮帶頭也會端正在前中央，一切平順美觀，又舒適好穿。當然，要記得縫合後中心線時，左右身片的腰圍尺寸不同，左身片的腰圍是 $\frac{W}{2}$ 加上0.5cm（³⁄₁₆吋），右身片的腰圍是 $\frac{W}{2}$ 減掉0.5cm（³⁄₁₆吋），雖然前身片的左右片不同寬，但是後身片的左右片是同寬，即左右身片

的腰圍要錯開1cm（⅜吋）。敬請各位讀者，不妨試試看，一定會令您滿意，含著肯定而稱讚不已。

頸入尺寸與臀入（出）的求法

關於背縫線移動量（轉入量），首先要思考的是「西裝是以肩膀穿」。然後，認為「裁剪的好壞是由胸圍（B）線的上面來決定」之說也不算誇張。人體是千差萬別，在測量尺寸時應好好觀察體型才是最重要的。

背縫線的製圖時，有使用標準尺寸是從下襬線移動幾公分（幾吋）的方法，但是，訂做服裝時，每個人都要測量尺寸，在言詞上說是標準的，但是，在製圖上盡量不要使用比較好。

我製作西裝時，特別注意上述而採寸並製圖。

第1圖是如前述，採寸時要如何測量。求取背縫線的移動量，要測量頸入（NC）尺寸O～頸椎與H線上的臀入（HC）尺寸（或臀出尺寸）的兩個部位。以角尺靠近背骨線，而垂直的頸入尺寸假定有5cm（2吋）。其次，要測量從背骨線垂直下的H線之臀入尺寸。這時如果是0～0.5cm（0～³⁄₁₆吋），這種體型可以說是最沒有缺點（毛病）。

第2圖是改變體型來說明。採寸的方法跟第1圖一樣。頸入尺寸假定同尺寸（但是，頸入尺寸也是各人不同）。臀入尺寸假定在H線有2cm（¾吋），這種體型是屬於平臀體型（屈身體）。

第3圖也是改變體型來說明。採寸的方法與頸入尺寸是跟第1圖一樣，以為臀出體型而相反假定臀出尺寸為2cm（¾吋）。這時，如果把角尺靠近背骨線直下，會堵塞而難於測量，先使用臀出尺寸直上，以背骨線上量取頸入尺寸而減掉實際的頸入尺寸，剩餘的就是臀

出尺寸。這種體型屬翹臀型（反身體），外國人比較多。

第4圖是從W線上面的一部分之製圖。O點為基點，可以知道0～C～6的尺寸比0～C～3的尺寸長，即移動背縫線愈多，背長就愈長就是屈身體，移動量愈少背長就愈短即為反身體。製圖上，頸入尺寸愈多的人就是屈身體，愈少的人就是反身體。

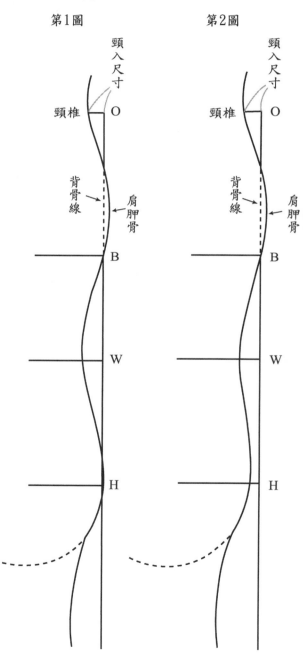

第1圖　　　　　第2圖

第5圖（參照第1圖），這個體型是肩胛骨位置的背縫線為基點，將角尺垂直，H線的隆起點0~0.5cm（0~³⁄₁₆吋）時，屬於普通型（標準型）。製圖說明如下：

O 為基點並畫直角線

L~O 衣長尺寸

B~0 鎌深尺寸，請參閱「肩垂下與鎌深尺寸的求法」欄

W~O 背長尺寸，即FL的$\frac{2}{7}$

H~O 臀長尺寸，即FL的$\frac{3}{7}$

C O~B的中點

1~C O~C同尺寸

2~C 頸入（NC）的$\frac{1}{4}$

3 1~2直角之背縫線，跟W橫線之交點

A 2~3直線跟B橫線之交點，O~C~2~A

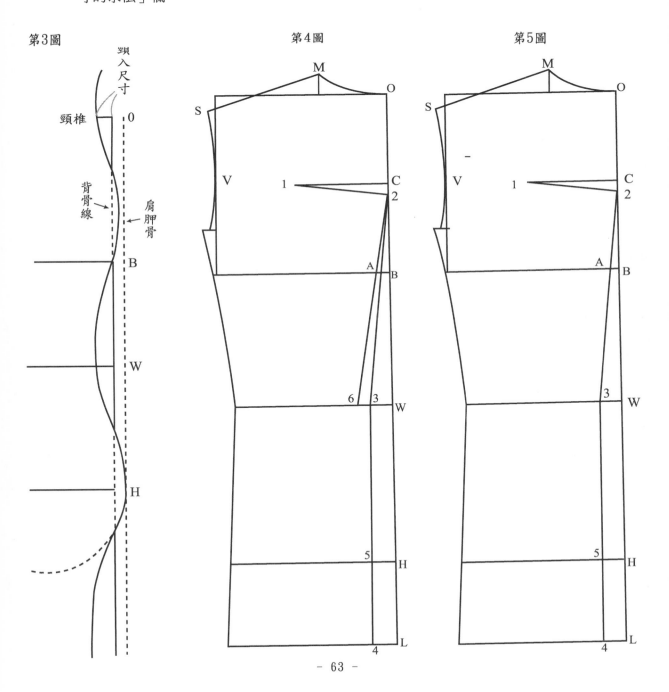

第3圖　　　　　　　第4圖　　　　　　　第5圖

- 63 -

畫柔順外曲線

4　3直下跟L橫線之交點，有些人把4~L的尺寸另外加上0.5~1cm（³⁄₁₆~³⁄₈吋）為背縫線下襬部分轉入，我認為不需要這種方法，詳情請參閱下欄說明的「移動背縫線經過對齊直布紋後也是一樣」

5　3直下跟H橫線之交點

我是這樣以頸入尺寸的$\frac{1}{4}$，而決定背縫線的位置（移動量）。

第6圖（參照第2圖）是為臀入尺寸較多的體型，這時假定臀入實寸2cm（$\frac{3}{4}$吋），0~5的各點跟第5圖一樣，在這裡省略其說明，僅將不同之處說明於後：

6~3　在量身時，臀入尺寸假定從背骨垂直進入2cm（$\frac{3}{4}$吋）的話，應視為屈身體。因此，將臀入尺寸的$\frac{1}{2}$，在2~3~4（實際在H線上）如粗線非將背縫線修整而製圖不可。又，臀入尺寸有3cm

（1$\frac{1}{8}$吋）以上時，因在體型上不甚雅觀，因此，修整尺寸以3cm（1$\frac{1}{8}$吋）為限

7~4　6~3同尺寸

第7圖（參照第3圖），所謂臀入相反的臀出尺寸，假定臀出實寸2cm（$\frac{3}{4}$吋），0~5的各點跟第5圖一樣，在這裡省略其說明，僅將不同之處說明於後：

第6圖　　　　　　　第7圖

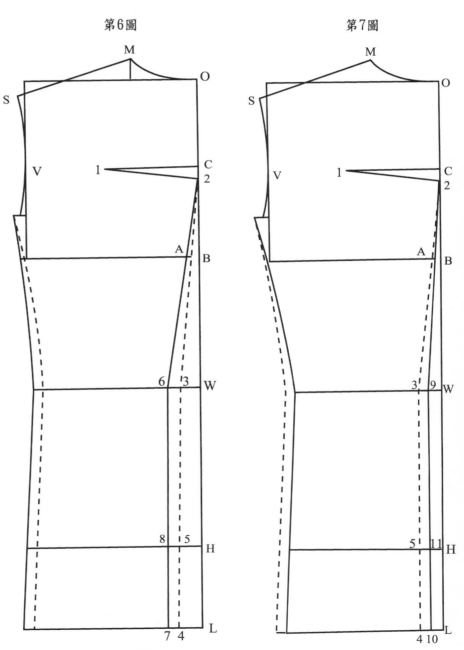

9~3 　與第6圖相反，將臀出尺寸的$\frac{1}{2}$，在
　　　2~9~10如粗線放出背縫線修整而製
　　　圖。但是，臀出尺寸的體型，即使臀
　　　出尺寸有5cm（2吋），跟頸入尺寸
　　　沒有關係，也將其$\frac{1}{2}$非放出而求背縫
　　　線不可。

　　　第5、6、7圖的點線為基本圖，粗線為調
整後的實線。

移動背縫線經過對齊直布紋後也是一樣

　　　製作紙型時，大部分的人，將背縫線移動
（轉入）而製圖，關於這一點我認為有疑問，
首先，在布料上描畫紙型時，從W至L的部分
應該要對齊直布紋才對，將W至L線對齊直布
紋，這樣如同不將背縫線移動而製圖一樣，第
1圖的E點為基準點來思考，O點會變成O′點，
M點會變成M′，結果腋深（鎌深）變深一點，

第1圖　　　　　　　　　第2圖　　　　　　　　　第3圖

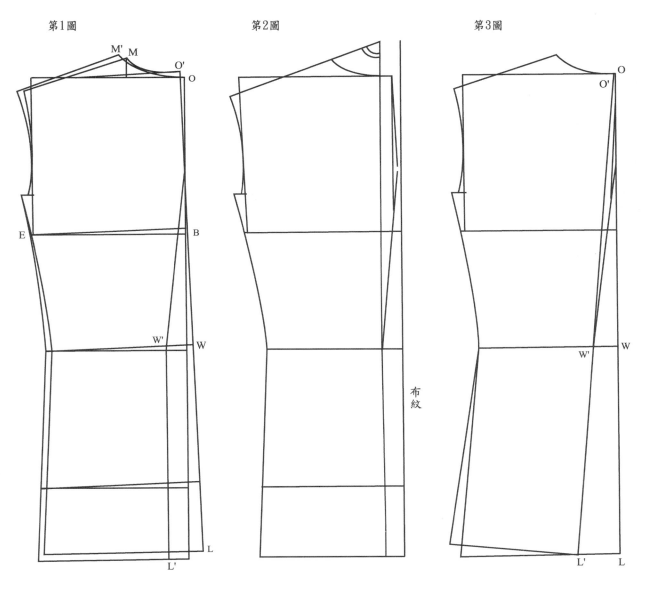

且稍成斜肩（撫肩、墜肩、垂肩），M點的高度從O′點畫直角時，比原來的高度稍低0.2cm（$^{1}/_{6}$吋）之差。

如第2圖，將肩斜度用分度器表示時，假定肩斜度設定20°而製時，試以直布紋取平行來測量，必定會下降為22°左右（此由W與W′、L與L′的移動尺寸而變化）。

背縫線流行移動的製圖原因是，肩寬式男西裝（Bold look）流行時，製成比肉體寬的肩寬，致使肩端有多餘的後脇（Daki）為原因，為防止背部下襬（Hem）的躍起（翹翹）之缺點而補正之故，將背部下襬削掉或後脇的多餘部分打別針放置於紙型上，變成如同移動背縫線一樣，而開始移動背縫線。如果是這樣的話，如以前合適於身體之肩寬或製成較窄小的肩寬之現在，將背縫線移動而製圖的事，是不是一點意義都沒有？

假定上衣長60cm（24吋）與80cm（31$^{1}/_{2}$吋）有很大的差別時，W~W′、L~L′之間的移動量要設定幾公分（幾吋）才算恰當而發生疑問時，又，參照第3圖假定W~W′用3cm（1$^{1}/_{8}$吋），L與L′用5cm（2吋），對齊W′~L′的線延長至上面時，O與O′之間隔幾乎變成零，這樣會變成服裝扭歪（彎彎扭扭），且認為縫製時亦更困難。總而言之，製作紙型時，B線（橫線）為基準而裁剪時，把基準要調整重疊（前中心的相疊、對疊、疊合、對合）、背梁（縱）的布紋。將完成的紙型放在小方格紙上面更明瞭。成為定做（Order made）的服裝是一套一套試穿並補正是可以，但，成衣（Ready made）的話是不能這樣的，單號的紙版（pattern）要縫製幾百幾千套的成衣時，包含如前述在製作全部紙版需要更細心的注意。

移動背縫線的製圖，有這樣的理由，偶爾有熟人對設定移動量而苦惱的人，而提出我個人的見解，即移動背縫線，如對齊直布紋的結果也是一樣。

後身片肩端S點的求法

一般的製圖，S點的求法是從背寬線向左畫出肩端橫線，再從O點量取肩寬的$\frac{1}{2}$加上一個縫份0.75cm（$^{5}/_{16}$吋），不管S點跟背寬線有多少距離而求取S點。但是，對這種方法，如果碰到肩寬較寬大而背寬較窄小時，S點跟背寬線的距離一定很多，我認為S點跟背寬線的距離過多時，對袖圈的形狀與機能性會有很大的影響。且袖子較難附著，穿起來又不好穿。我的方法是依體型而定，即藉著胸寬與背寬（寬、窄）尺寸而決定S點。S點跟背寬線的距離尺寸之計算法是以肩寬的$\frac{1}{2}$加上一個縫份0.75cm（$^{5}/_{16}$吋）及一點縮縫量0.25cm（$^{1}/_{16}$吋）後，假定胸寬與背寬同尺寸時，S點跟背寬線的距離尺寸是固定為1cm（$^{3}/_{8}$吋），這是標準的尺寸。假定胸寬較背寬多2cm（$^{3}/_{4}$吋）的話，S′點跟背寬線的距離尺寸，另外再加上其差寸的$\frac{1}{6}$，即標準尺寸的1cm（$^{3}/_{8}$吋）再加上0.33cm（$^{1}/_{8}$吋），這樣S′點跟背寬線的距離是1.33cm（$^{1}/_{2}$吋），餘類推，但，胸寬較背寬多4cm（1$^{1}/_{2}$吋）以上時，S′點跟背寬線的距離最多以1.75cm（$^{5}/_{8}$吋）為限。換言之，S′點跟背寬線的距離不要超過1.75cm（$^{5}/_{8}$吋）以上。相反的如果背寬較胸寬多2cm（$^{3}/_{4}$吋）時，在標準尺寸1cm（$^{3}/_{8}$吋）另外減掉其差寸的$\frac{1}{6}$，即標準尺寸的1cm（$^{3}/_{8}$吋）要減掉0.33cm（$^{1}/_{8}$吋），這樣S″點跟背寬線的距離是0.67cm（$^{1}/_{4}$吋），餘類推。但，背寬較胸寬多4cm（1$^{1}/_{2}$吋）以上時，S″點跟背寬線的距離最少以0.3cm（$^{1}/_{8}$吋）為限。換言之，S″點跟背寬線的距離不要少於0.3cm（$^{1}/_{8}$吋）以內。

製圖說明：

O	為基點並畫直角線
7~O	肩寬的$\frac{1}{2}$加上1cm（$^{3}/_{8}$吋）
S~7	2cm（$^{3}/_{4}$吋），求取S~7的尺寸，詳情

請參閱「裁剪的預備知識」的肩垂下與鎌深尺寸的求法

8~S　背寬與胸寬同尺寸時，固定為1cm（$\frac{3}{8}$吋）

8~S′　背寬與胸寬同尺寸的1cm（$\frac{3}{4}$吋）加上胸寬較背寬寬大的差寸之$\frac{1}{6}$，8~S′的尺寸最多以1.75cm（$\frac{5}{8}$寸）為限

8~S″　背寬與胸寬同尺寸的1cm（$\frac{3}{8}$吋）減掉背寬較胸寬寬大的差寸之$\frac{1}{6}$，8~S″的尺寸最少以0.3cm（$\frac{1}{8}$吋）為限

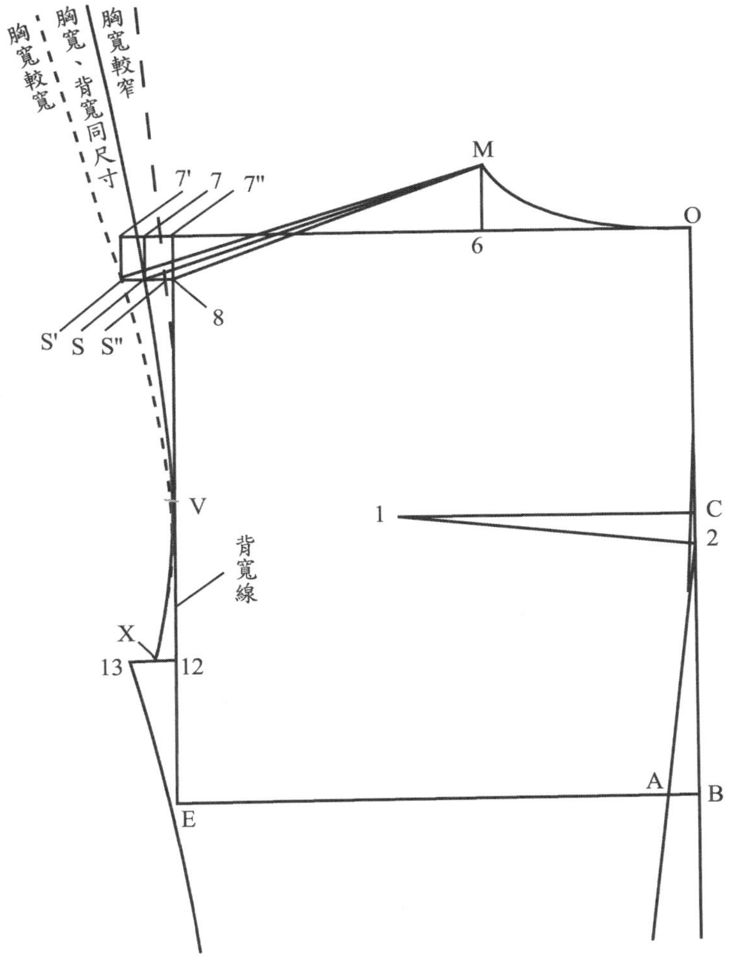

背寬無用論

——從營業的實際立場提倡——

肩寬48cm（19吋）、背寬37cm（14$\frac{1}{2}$吋）之類的尺寸是外務員常常量回來的尺寸，這個時候，裁剪師究竟要以哪一個尺寸為重點來裁剪………？

量身是一項困難的作業。假如是鞋櫃或書櫃的外角到外角，或內角到內角，任何人來量都可能量出差不多相同的尺寸。

但是，對象既是人的身體，就沒那麼容易了。人體的肩寬與手臂的界限，背寬與手臂的界限、胸寬與手臂的界限，是沒有任何記號的。就因為這個理由，量取人體的尺寸是有不同於鞋櫃、書櫃的困難。

由技術知識不多的外務員去量這麼難的人體尺寸，難怪會量回來像一開始所提示的那種不平衡的尺寸。

業界有一種叫做短寸式的方法，這是非常好的方法，是裁剪師應該好好研究的方法。

然而，在實際問題上，這個方法由提倡的講師示範時，果然非常順利，但是，一旦輪到學員自己動手做，總是不容易像講師那麼得心應手了。

「短寸式是種變把戲」。我寧願這麼說。由熟練的講師來做就乾淨俐落，但是，由在一旁看的學員來做則不容易成功，與變把戲同樣難學的就是短寸式量身法。

何況，對技術知識不多的外務員，怎麼也說不出「利用短寸法去量身」的話來，因為後果太可怕了。

所以我認為從營業的實際立場來說，應該「視部位尺寸的輕重之

別而取捨，來防止量身的錯誤」而製圖才是善策。

　　這就是提倡「背寬無用論」的理由。當然這種論說，不是說完全不要測量背寬尺寸，只是在製圖上要如何把握圖形的構造，取捨重點而變化，如前項「後身片肩端S點的求法」中（第66頁），S點跟背寬線的距離尺寸盡量保

持1cm（⅜吋）左右，即先決定S點後才決定背寬線，然後再決定E~A間的尺寸，意思是寧願廢止在E~A間，即在背寬尺寸的一半，再加上多少鬆份與縫份……之類的方法。

　　S點跟背寬線的距離是依背寬與胸寬的差寸而決定。如果，顧客的脊背呈圓弧狀時，E~A間如外側虛線多加一些凸份就可以了。相反的，對脊背平坦的顧客如在內側虛線將凸份減少就行了。

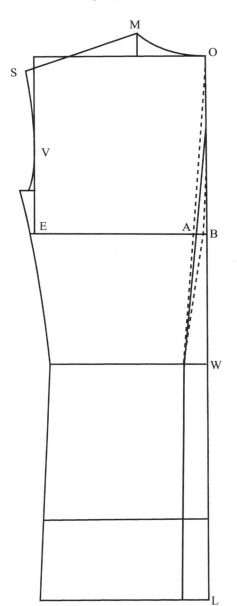

背寬無用論

前身片肩端T點的求法

　　從來的製圖是先決定頸側點（N點）後，再決定肩端T點的方法，但是，我對這種方法有疑問。N點藉著胸寬與背寬的寬、窄之尺寸，認為非移動前後不可，如果先決定N點時，肩端T點會後退，在胸寬、背寬沒有關係，致使成為不安定的製圖。我的一貫主張是要按照體型製圖，將肩端T點依胸寬與背寬的差寸來求取後，再求取N點的位置，這樣我認為是最理想、最好的方法。

製圖說明

J　　　　J橫線是前身片的基本線。也是N點的高度之橫線

19　　　　D直上跟J橫線之交點，19~J橫線為前身片的基本線

20~19　　跟後身片的9~8與J~10同尺寸，即為前肩垂量尺寸

T~20　　 胸寬與背寬同尺寸時，以Ⓑ÷28，或$\frac{Ⓑ}{16}$－3cm（1$\frac{3}{16}$吋），或從後身片的11~V之$\frac{1}{2}$減掉0.5cm（$\frac{3}{16}$吋），如果，依這樣計算而嫌麻煩時，也可以簡單地用固定尺寸3.8cm（1$\frac{1}{2}$吋）。這樣先決定T點後，再求取N點的位置。

T'~20　　胸寬比背寬較寬時，先計算T~20的

尺寸後，再減掉胸寬與背寬的差吋之$\frac{1}{6}$（胸寬較寬的體型），假定胸寬38cm（15吋），背寬36cm（14¼吋）的尺寸，其差寸的$\frac{1}{6}$為0.33cm（⅛吋），即先計算好的T~20的尺寸，再減掉0.33cm（⅛吋）而決定T′點，然後將背部S~M的尺寸由T′點求取N′點。這樣N′~20直下的胸寬尺寸，被製圖變為更寬一些

T″~20　背寬比胸寬較寬時，即跟T′相反的胸寬較窄之體型，先計算T~20的尺寸後，再加上背寬與胸寬的差寸之$\frac{1}{6}$，而求取T″~20的尺寸。因此，N″~20直下的尺寸變窄，背部的背寬線變寬，這樣才能按照體型製圖。

這樣先求T點或T′點、T″點是要縫製好形態的袖子，且穿著覺得舒適的袖子，袖子與袖圈非互相調和不可。成為裝袖的前提，無論怎樣說，都是衣身片的袖圈，因此，要確保自己所喜歡的袖圈形態之故。

頸側點（N點）前後位置
——肩端T點先在論之依據——

許多人都說，頸口（N點）的重點在胸寬的正中，可是事實不然，頸口的前後是依背寬的寬窄而定。

也就是說，依背部的S~M間之長度而定。S~M間的長短與背寬的寬窄，其意思相同。

T~20間之前肩端之突出份量，雖因裁剪師個人之裁剪多少有些差別，不過大致是一定的。

2.5cm（1吋）或許太仰起（太少），但5cm（2吋）則為太伏倒（太多）。因此，假定3.8cm（1½吋），頸口點的N，則由T點按背部之S~M間之尺寸而向前進。

所以背寬狹窄體型的頸口點應該向後退，而背寬較寬體型的頸口點應該向前進。

圖則盡量試著將背寬畫大，而將胸寬繪小一些。

N點向前進，而前身之F′~N間，比起背部的M~O間狹窄了。運動選手或勞動工人，有許多都是這種體型。

這就是我為了頸口前後論之依據，主張肩端先在論的理由。

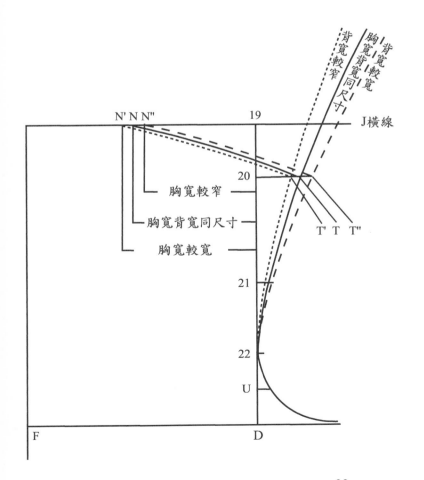

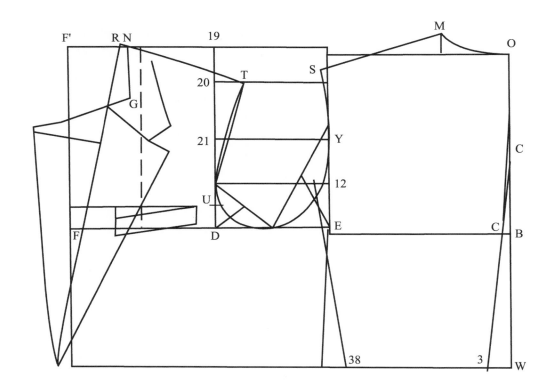

頸側點（NP）的高低之求法

J~7的尺寸就是N點，即頸側點（NP）的高度。是跟頸入（NC）尺寸有密切的關係，因此，NC的量身，一定要小心謹慎測量。總而言之，反身體型的NC尺寸較少，J~7的尺寸就長，即N點就高。屈身體型即成為其相反，NC尺寸愈多，J~7的尺寸就愈短，甚至在7線之下，即N點就愈低。

要計算J~7的尺寸，即N點的高度尺寸之計算法，首先量身時一定要測量NC尺寸，然後，從固定尺寸的4cm（1½吋）減掉NC的尺寸之一半後，所得的尺寸如果正數時，N點就在7~O的橫線之上面，如果是負數的話，N點就在7~O橫線之下面。假定NC的尺寸是2cm（¾吋）時，從固定尺寸的4cm（1½吋）減掉NC的2cm（¾吋）之一半後，所得尺寸是3cm（1⅛吋）的尺寸，即N點在7~O的橫線上面之3cm（1⅛吋）為J橫線。如果NC的尺寸是5cm（2

吋）時，從固定尺寸的4cm（1½吋）減掉NC的5cm（2吋）之一半後，所得尺寸是1.5cm（⅝吋）的尺寸，即N點在7~O的橫線上面之1.5cm（⅝吋）為J橫線。如果NC的尺寸是9cm（3½吋）時，從固定尺寸的4cm（1½吋）減掉NC的9cm（3½吋）之一半後，所得尺寸是負數0.5cm（¼吋）的尺寸，即N點在7~O的橫線下面之0.5cm（¼吋）為J橫線。

製圖說明：

7~O　　肩寬尺寸的½加上1cm（⅜吋）

S~7　　先把肩垂量的尺寸之½，再減掉製圖上的墊肩厚度與鬆份之尺寸1cm（⅜吋），就是S~7的尺寸。S~7的尺寸是依肩垂量之不同而有不同的尺寸。即S點的高低是依據斜肩與平肩而變化

J~7　　從固定尺寸4cm（1½吋）減掉NC尺寸的½，就是J~7的尺寸。J~7的尺寸是依據NC尺寸之不同而有不同的尺

寸，即J點（橫線）就是N點的高度。

即N點的高低是依屈身體與反身體而變化

從S~7直上計算J~7的尺寸，即N點的高度與頸入尺寸的相對尺寸如下表：

頸入的尺寸	J~7的尺寸
2cm（¾吋）	3cm（1⅛吋）
3cm（1⅛吋）	2.5cm（¹⁵⁄₁₆吋）
4cm（1½吋）	2cm（¾吋）
5cm（2吋）	1.5cm（½吋）
6cm（2¼吋）	1cm（⅜吋）
7cm（2¾吋）	0.5cm（⅛吋）
8cm（3¼吋）	0cm（0吋）
9cm（3½吋）	-0.5cm（-¼吋）

以上，雖然是計算N點高低之方法，是用NC所計算出來的，這是僅作為參考而已。但是，直接量取前後身片的M點與N點的高低是最好的方法，而且較為正確，其辦法請參閱「特殊體型篇」的「反身體，屈身體的頸側點（NP）之高低」之量身法。

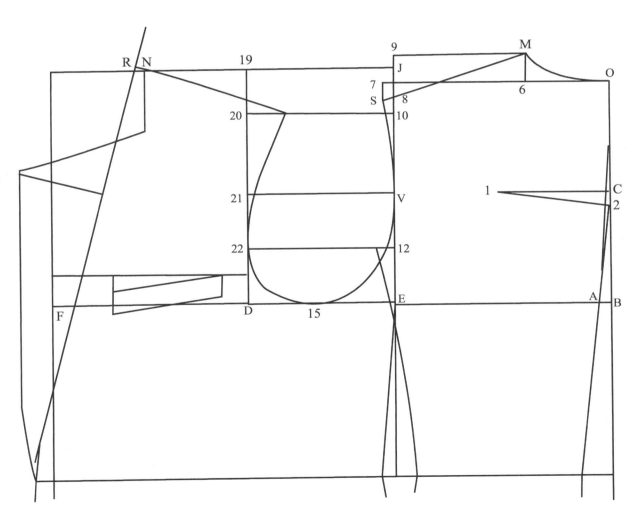

肩垂下與鎌深尺寸的求法

肩垂量與鎌深尺寸的關係是，肩端S點與T點未決定前，不能求出實際的鎌深尺寸。從來的製圖，認為B線就是鎌深尺寸，但是，B線無論如何只是案內線（引導線）而已。欲求到B線，首先，不將肩端S點與T點先決定不可。如果是聳肩（平肩、挺肩、怒肩）的體型，脇下位置（鎌深）也要升高，或者垂肩（斜肩、墜肩、撫肩）的體型，脇下位置也要降低。即袖圈（Armhole—袖籠、袖空、袖孔、袖洞、肩口）的底邊是，聳肩時會往上升高，垂肩時即會往下降低。因此，肩垂尺寸當然需要。

以下的公式是先求後身片O橫線下的後肩垂下的尺寸，即S點高低的位置。然後計算J點（就是N點）的高低後，再計算前身片的T點之高低，最後才計算前後肩（T、S）高低的平均值，將這平均值往下量取肩高尺寸，就是正式的鎌深之尺寸。

肩垂尺寸	比例計算方法	求出後身片O橫線下的尺寸
2cm（$\frac{3}{4}$吋）	肩垂尺寸$\frac{1}{2}$減掉墊肩厚度與鬆份之尺寸1cm（$\frac{3}{8}$吋）	0cm（0吋）
3cm（$1\frac{1}{8}$吋）		0.5cm（$\frac{3}{16}$吋）
4cm（$1\frac{1}{2}$吋）		1cm（$\frac{3}{8}$吋）
5cm（2吋）		1.5cm（$\frac{5}{8}$吋）
6cm（$2\frac{1}{4}$吋）		2cm（$\frac{3}{4}$吋）
7cm（2.$\frac{3}{4}$吋）		2.5cm（1吋）
8cm（3吋）		3cm（$1\frac{1}{8}$吋）

為了讓業者瞭解我的裁剪法跟別人不一樣的地方，同樣的頸入（NC）而肩斜（SS）不同，變化就不同，或NC與SS改變尺寸後，又是另外一種的變化。因為NC是影響J線，即N的高低之尺寸，SS是影響前肩T點與後肩S點的高低，進而影響E點的位置，即影響袖圈谷底的位置，詳情請參閱前項的「頸側點（NP）的高低之求法」與「其他服裝類篇」之「青年裝的基本」欄就會知道，並敬請詳細觀察與研究及比較，第1圖與第2圖的肩斜、肩高、鎌深，或T與S、E與E′以及N與M的高矮之變化。雖然前後身有些不同，但是，袖子的畫法不變，因為胸圍尺寸相同。雖然第1圖與第2圖的袖圈（AH）之前後不同，即20~D與8~E的尺寸不同，但是肩高都是相同的尺寸，而且前後身片的袖圈總數是一樣，袖子的袖山與大小也是一樣，僅第2圖的袖子之T點（對合肩端記號）會向前移動而已。無論任何服裝，當然如上述之外，最好還要配合前長與後長的尺寸而變化（調整）。

第1圖製圖說明

第1圖的頸入（NC）尺寸是5cm（2吋），肩垂（SS）尺寸是6cm（$2\frac{1}{4}$吋）時，成為$\frac{1}{2}$×6cm（$2\frac{1}{4}$吋）－1cm（$\frac{3}{8}$吋）＝2cm（$\frac{3}{4}$吋），即製圖中的S~7之尺寸

O　　為基點並畫直角

B~O　　$\frac{\text{Ⓑ}}{8}$加上10.25cm（4吋），即為鎌深案內線（引導線）

C　　O~B的中點，即O~C=C~B

6~O　　後領徑寬尺寸，即$\frac{\text{Ⓑ}}{16}$加上2cm（$\frac{3}{4}$吋）

M~6　　後領徑高尺寸，即6~O的$\frac{1}{3}$

7~O　　肩寬尺寸的$\frac{1}{2}$加上1cm（$\frac{3}{8}$吋）

S~7　　2cm（$\frac{3}{4}$吋），即後身片O橫線下的後肩垂量。求取S~7的尺寸時，先把肩垂量（SS）的尺寸6cm（$2\frac{1}{4}$吋）分成一半後，再減掉製圖上的墊肩厚度與鬆份之尺寸1cm（$\frac{3}{8}$吋），詳情請參閱本欄「肩垂下與鎌深尺寸的求法」之計算表

8~S　　背寬與胸寬同尺寸時，用固定尺寸1cm（$\frac{3}{8}$吋），背寬與胸寬不同尺寸時，8~S的尺寸會有變化。詳請請參閱本篇「後身片肩端S點的求法」。8

肩垂下與鎌深

第1圖

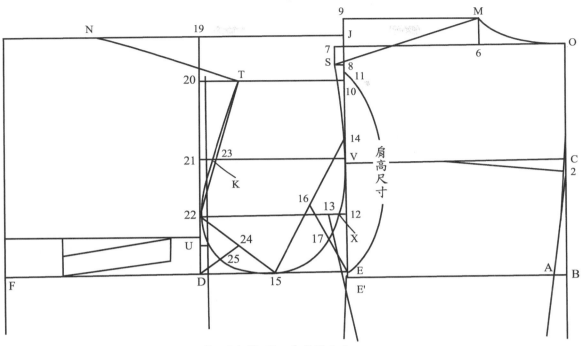

第1圖與第2圖之肩高同尺寸，
但是，頸入與肩斜不同，J與E就不同

第2圖

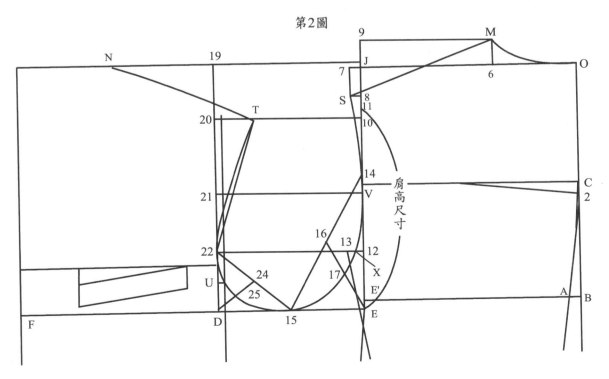

上下畫垂直線為背寬的縱向基本線

E′	8直下跟B橫線之交點
9	8直上跟M橫線之交點，9~8為製圖上的後肩垂量尺寸
J~7	從固定尺寸4cm（1½吋）減掉頸入（NC）尺寸的½，所得尺寸就是J~7的尺寸，即J橫線就是前身片N點的高度，也是前身片的橫向基本線。N點的高低尺寸之求法，是依頸入（NC）尺寸而定，因NC尺寸的不同之故，J點不一定在O或M橫線之交點。詳情請參閱本篇「頸側點（NP）的高低之求法」，或參閱「特殊體型篇」之反身體、屈身體的頸側點（NP）之高低
10~J	9~8同尺寸，10橫線是前身片肩端T點的位置，即製圖上前後身片的肩斜一樣
11	8~10的中點，11是前後肩T與S的平均高度之位置
E~11	肩高尺寸，即⑧⁄₈加上7cm（2¾吋）。E橫線是決定袖圈底邊尺寸，即實際鐮深位置。因9~8或J~10尺寸的不同之故，E不一定在B橫線之交點，即E點不一定跟E′同點
V~E	O~B的一半，即跟O~C與C~B同尺寸，因9~8或J~10與頸入尺寸的不同之故，V點不一定跟C橫線之交點
12	V~E的中點

第二圖製圖說明

第2圖的頸入（NC）尺寸是7cm（2¾吋），肩垂（SS）尺寸是8cm（3吋）時，成為½×8cm（3吋）–1cm（⅜吋）=3cm（1⅛吋），即製圖中的S~7之尺寸。

製圖順序與尺寸跟第1圖一樣，而且第1圖與第2圖之肩高尺寸也是一樣。請注意詳細觀察兩圖的變化地方。僅NC尺寸不同而影響J橫線之高低，又SS尺寸不同而影響S，T與E、D的高低，雖然第2圖的S~E（即8~E）比第1圖的S~E（即8~E）較長，第2圖的T~D（即10~E）比第1圖的T~D（即10~E）較短，但是，兩圖的肩高都是同尺寸，因此，前後身片的袖圈總數一樣尺寸，袖子的大小也是一樣，僅第2圖的袖子之T點（對合肩端記號）會向前移動而已。詳情請參閱本篇「袖子製圖與前後身片的關係」。

有關肩垂

所謂人類的肩膀之傾斜與製圖的肩垂是不同的。雖然製圖是平面，但是，人類的肩膀有厚度，因此，不要被厚度壓到面而估價其份量，雖然注視時肩膀較斜，但是，不能不注意（不留神）就將肩頭降低。照在拉窗（如日本式木屋）的人影是不能縫製西服的

那麼，說到人類的肩垂與服裝的肩垂有多少的差異較好，在平面的圖，我認為普通有人類的肩垂之⅔為傾斜。如果從J至S有7.5cm（3吋）的話，其⅔的5cm（2吋）是成為圖面之J~S′。這是表示最普通的標準。但是，不用說，體型或胖瘦程度依個人是有差別的。

有這麼說：紳士服的難度在從B線上邊，因為從B線上邊僅有肩部一條縫合線而已，就在哪裡有集中難度。從穿著的感覺至樣式，肩

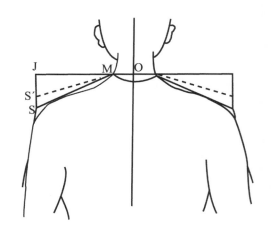

部造得好是制止服裝死命也不言過。如果肩部造得不好，第一，領子與袖子就不能縫合得好。

　　昔時的裁剪是前片肩端的T比後片肩端的S相當的高。近來的裁剪好像將S提高而降低T的型態較多。我的原則，首先，使S與T的高矮一致，按照情況而自由移動肩部的縫合線。大部分是前後片的高矮一致，如果提高S而降低T時，只有那些部分將肩部的縫合線向前移轉。把肩端向前靠近與放置後面，那一邊較好的問題，將在西服、背心、大衣、禮服等附加在各別的變化。半拉克蘭袖的肩部縫合線配合上袖的中央縫合線須前進是如眾所周知的事。

研討鎌深尺寸

　　在製圖上的O~B尺寸，一般裁縫師的專用名詞則稱為鎌深。這是把英文的Scyedepth直譯過來的，只用於男裝界的用詞，女裝界則不使用。到底是何人在何時開始稱起的就不得而知了。不過，我是從創設服裝補習班至今，均稱為腋深。

　　當從事套裝類的製圖時，O~B是第一個須設定的重要位置。在短寸式裁剪法中是由個別量身來決定的。但是，在比例計算中，正如各位所知道的，大部分都是根據胸圍的尺寸來做適當的比例計算。但是，O~B並不是剛好在腋下的尺寸，應視為適當地推降的尺寸。有關推降量可自由決定，不過，太深就會妨害與舉手的動作之袖子縫合，太淺則會堵塞腋下而感覺不舒暢，故應特別注意。一般認為從緊貼腋下的位置降下2~3cm（$\frac{3}{4}$~$1\frac{1}{8}$寸）左右最為適當。

　　就一般西裝的常識說，以前胸圍寬度較為緊身的時代，O~B約在胸圍的$\frac{1}{4}$左右。亦即若胸圍是92cm（36吋）時，O~B的尺寸23cm（9吋）。然而能適用於胸圍$\frac{1}{4}$範圍內的只限於胸圍94cm（37吋）左右的中等身材。胸圍的尺寸特大或特小都不能適用。例如胸圍的尺寸大到120cm（48吋）時，便有胸圍120cm（48吋）×$\frac{1}{4}$＝O~B就是30cm（12吋）。這種過深的O~B恐怕會構成舉不起手的衣服。又，胸圍的尺寸小至60cm（24吋）時，則有胸圍60cm（24吋）×$\frac{1}{4}$＝O~B就是15cm（6吋），這樣鎌深會過淺而會有束縛感的缺陷。因此，有經驗的業者，碰到瘠瘦、或肥胖的人，都會用將公式計算好後，另外再加減多少的尺寸。因此，後來的前輩想出來的方法是，胸圍的$\frac{1}{6}$加上固定尺寸7.5cm（3吋）的方法。根據這個方法計算時，胸圍120cm（48吋）×$\frac{1}{6}$＋7.5cm（3吋）＝27.5cm（11吋），胸圍60cm（24吋）×$\frac{1}{6}$＋7.5cm（3吋）＝17.5cm（7吋）。能緩和對胸圍的尺寸之O~B過大或過小，而得到適當的O~B。可是近來胸圍的寬度（鬆份）有加大的傾向，故鎌深也跟著需加深一些，有些人將以前的公式計算後的鎌深尺寸，又另外再加上0.75cm（$\frac{1}{4}$吋）的較多。這樣我認為不實際，又不合理，又麻煩。

　　所以我經過多年的研究與實務經驗。以及謀求緩和胸圍尺寸與鬆份的增減率之辦法，並且能融合成衣打版法，即訂做裁剪師與成衣打版師均能通用的方式。其辦法是先將胸圍尺寸加上需要的鬆份後除八（比例尺寸），然後再加上固定指數10.25cm（4吋）的二種組合之公式，而求取鎌深的深度。這樣不管時代如何變化鬆份的多少，而影響其時代之鎌深尺寸。如果鬆份愈多，衣服的寬度愈寬，鎌深也會跟著愈深，並且不影響瘠瘦與肥胖的人之問題，而且胸寬、腋寬、背寬或隨之增加，因鬆份是依流行或顧客的喜愛而變化。這種公式對瘠瘦的人之鎌深不會不夠深，對肥胖的人之鎌深又不會太深，當然普通體型的人之鎌深又是標準的深度，從學童或瘠瘦體至肥胖的人均能適用。換言之，使用這種公式，因為有合理化的鎌深尺寸，所以對任何體型都能適合。

以下是各種公式計算後，所得的結果之比較表（左邊是公分、右邊是英吋）。

胸圍尺寸		$\frac{B}{4}+0.75(\frac{1}{4})$		$\frac{B}{5}+4.75(1\frac{3}{4})$		$\frac{B}{6}+8.25(3\frac{1}{4})$		$\frac{B+15(6)}{8}+10.25(4)$	
80	$31\frac{1}{2}$	20.75	$8\frac{1}{8}$	20.75	8	21.58	$8\frac{1}{2}$	22.125	$8\frac{11}{16}$
84	33	21.75	$8\frac{1}{2}$	21.55	$8\frac{3}{8}$	22.25	$8\frac{3}{4}$	22.625	$8\frac{7}{8}$
88	$34\frac{1}{2}$	22.75	$8\frac{7}{8}$	22.35	$8\frac{3}{4}$	22.91	9	23.125	$9\frac{1}{16}$
92	36	23.75	$9\frac{1}{4}$	23.15	9	23.58	$9\frac{1}{4}$	23.625	$9\frac{1}{4}$
96	$37\frac{1}{2}$	24.75	$9\frac{5}{8}$	23.95	$9\frac{1}{4}$	24.25	$9\frac{1}{2}$	24.125	$9\frac{7}{16}$
100	39	25.75	10	24.75	$9\frac{1}{2}$	24.91	$9\frac{3}{4}$	24.625	$9\frac{5}{8}$
104	$40\frac{1}{2}$	26.75	$10\frac{3}{8}$	25.55	$9\frac{7}{8}$	25.58	10	25.125	$9\frac{13}{16}$
108	42	27.75	$10\frac{3}{4}$	26.35	$10\frac{1}{8}$	26.25	$10\frac{1}{4}$	25.625	10
112	$43\frac{1}{2}$	28.75	$11\frac{1}{8}$	27.15	$10\frac{1}{2}$	26.91	$10\frac{1}{2}$	26.125	$10\frac{3}{16}$
116	45	29.75	$11\frac{1}{2}$	27.95	$10\frac{3}{4}$	27.58	$10\frac{3}{4}$	26.625	$10\frac{3}{8}$

關於胸圍B線的分配

——背寬、腋寬、胸寬——

完成背縫線後，接著進入B線分配的背寬、腋寬、胸寬。這是在構圖中最重要的地方，這個分配如果不恰當（不適當），不但型態不好看，且影響穿著舒適的感覺（機能性）。近年來還在緩和穿著寬身（Loose fit）的時代，胸圍的鬆份也是比往昔多。因此，對量身尺寸（或指定尺寸），會發生在製圖面要增加多少鬆份才是適當之問題。

B尺寸的鬆份是用定寸的好，或者以比例的比較好是成為問題，但是，即便使用定寸或使用比例尺寸，只要不是分外的尺寸，是沒有很大的差異。我的方法是，在 B尺寸先加上需要的鬆份（依流行或視顧客的喜愛而定）後（即以Ⓑ為代號），由背寬E~A，其次腋寬D~E，最後胸寬F~D的順序，從背部漸漸堆積起來的方法，結果好像是定寸，也好像是比例尺寸，背寬、腋寬、胸寬一起加好後，內含縫份與褶份均能對準需要的尺寸。

首先，背寬、腋寬、胸寬等，以基度Ⓑ尺寸的比例分配基本分割來說明：

背寬E~A　Ⓑ÷8＋7.75cm（3吋）

腋寬D~E　Ⓑ÷4－11.25cm（$4\frac{1}{4}$吋）

胸寬F~D　Ⓑ÷8＋6.5cm（$2\frac{1}{2}$吋）

一般的分配法，大部分的人都是以胸圍B尺寸$\frac{1}{6}$後，再加上若干尺寸為背寬、胸寬的尺寸，而腋寬也有人用胸圍B尺寸$\frac{1}{6}$，也有人用$\frac{1}{8}$再加上若干尺寸的方法。這樣的計算法前後加起來的總數，因為胸圍大小不同時，有時候不會統一，不信大家試試自己過去所使用的方法，加加看看就知道。

我的製圖的基度B尺寸都是先加上需要的鬆份（以Ⓑ代號）後，除8或除16（即2的倍數，很少用到3的倍數）的方法。加上鬆份後再比例分配是訂做業與成衣業均能通用之故。而且不管時代的變化，加上的鬆份或多或少，都不影響各部位的比例分配。因此，不管尺寸的大小，B尺寸的鬆份暫且都是一樣，假定胴體是圓的物體，固定鬆份是沒有關係，不關胴體的大小，能做胴體與衣服之間有一定的空間。背寬加上胸寬有時會變更分配法，但是，背寬或胸寬的尺寸含糊或不明確的時候，比例分配的方法能起作用。所謂衣服是奇妙的事物，身體愈小的人，比較需要多些鬆份也有，童裝就是很好的例証。

假定B尺寸同樣而體型不同，背寬、胸寬或肩寬等會出現個人差，於B線的鬆份也是沒有固定，定寸會不能處理。即依體型加鬆份是有所變化，始終堅持B尺寸的分配（分割）而工作是很危險的事。

我個人的製圖法與眾不同，最明顯的是比例分配時，很少使用到3的倍數（如$\frac{1}{3}$、$\frac{1}{6}$、$\frac{1}{12}$、$\frac{1}{24}$等），大部分都是使用2的倍數（如$\frac{1}{2}$、$\frac{1}{4}$、$\frac{1}{8}$、$\frac{1}{16}$、$\frac{1}{32}$等），為甚麼有這樣的偏見？因為在我的實務經驗與研究的結果，發現人類的體型有肥瘦之別，假定男性的胸圍91.5cm（36吋）為標準體型來說，現在我們來探討一下如下之問題。以上衣的胸圍B線的分配而言，

用$\frac{B}{6}$加上若干尺寸來決定背寬、腋寬、胸寬的話，假定胸圍99cm（39吋）或106.5cm（42吋）來說，在背寬、腋寬、胸寬都是各增加其尺寸的$\frac{1}{6}$，這樣來思考，瘠瘦的人還可以接受，但是，肥胖的人，背寬、胸寬與腋寬部位所增加的分量好像不符合其體型，因為大部分的肥胖的人之手臂比較粗大，所以我認為在腋寬的增加率要比背寬、胸寬多一點才合理。所以我在背寬、胸寬使用$\frac{B}{8}$加上若干尺寸，腋寬使用$\frac{B}{4}$減掉若干尺寸，這樣背寬、胸寬各增加$\frac{1}{8}$，而腋寬增加$\frac{1}{4}$（即$\frac{2}{8}$）。

其次以實際量身的尺寸來說明。

第1圖：首先來瞭解背寬、腋寬、胸寬的關係。現在假定胸圍94cm（37吋），背寬與胸寬各37cm（14½吋），從這個尺寸我們可以先將胸圍尺寸減掉背寬與胸寬的尺寸後，剩餘的尺寸除二，就是左右腋寬的尺寸。然在背寬、腋寬、胸寬的部分各加上鬆份與縫份及褶份，

就是B線分配工作，假定縫製完成後鬆份要加上15cm（6吋），前後左右四條的縫份3cm（1¼吋）、左右片腋寬的褶份也是3cm（1¼吋）總共B尺寸另外要加上21cm（8½吋）。

第2圖：到底要將21cm（8½吋）的尺寸如何分配在各部位。加上鬆份的目的，不僅使衣服增加寬度而已，還要顧慮到活動性（機能性）的問題，即一件衣服的好看又好穿且舒服，是依賴這個鬆份的分配。有些人是以平均分配，這樣事情就很單純。但是實際上，要視活動量的多寡而定，在B線的BW、DW、FW均跟手臂有很密切的關係。在這三部位的中間，最沒有影響活動的是FW，其次是BW與DW，所以BW的鬆份要比FW多。

本圖是本書中如前述採用基本製圖，不是完全的比例尺寸，加在BW、DW、FW的實寸，能按照需要自由增減而實用且方便的方式。

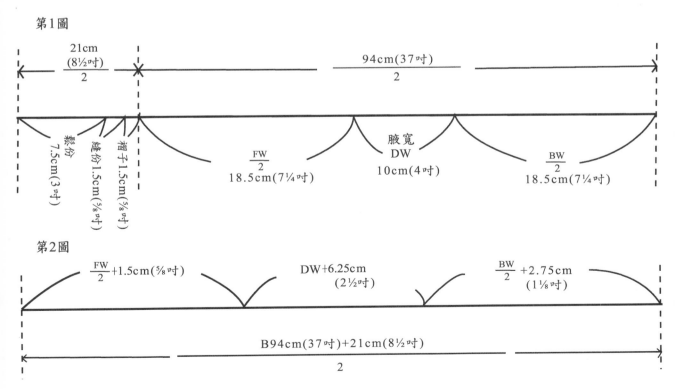

第1圖

第2圖

第3圖：是在胸圍尺寸加鬆份後，依完全
比率將BW、DW、FW分配的常例，這是國人
正常體型的B之分配為知道標準比率的方法。

第3圖

$$\frac{B94cm(37吋)+21cm(8\frac{1}{2}吋)=115cm(45\frac{1}{2}吋)}{2}$$

$\frac{B}{8}+6.5cm(2\frac{1}{2}吋)$　　$\frac{B}{4}-11.25cm(4\frac{1}{4}吋)$　　$\frac{B}{8}+7.75cm(3吋)$

$B+15cm(6吋)=109cm(43吋)$······製圖基度

標準體型與特殊體型之

——胸寬、腋寬、背寬分配法——

我們在量身時，有時候會感覺所量的胸寬
或背寬的尺寸，好像太大或太小的時候，要如
何分配胸圍B線的比例。製圖時任何體型盡量
保持均衡腋寬（DW）之尺寸，即$\frac{B}{4}-11.25cm$
（$4\frac{1}{4}$吋），其他就是BW、FW之尺寸。

1. 標準體之BW、FW分配法

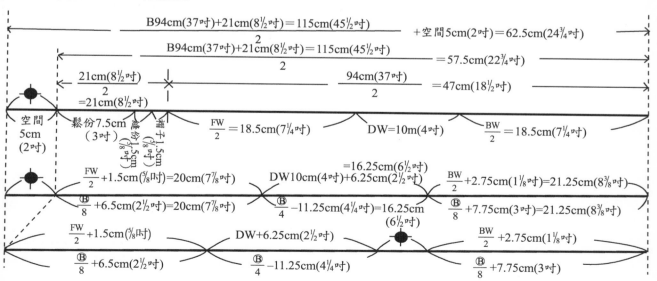

2. 標準體之BW、FW尺寸量過小之修整法

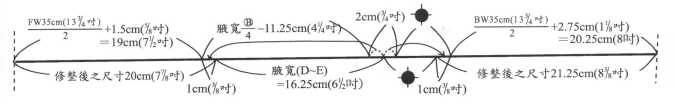

$$\frac{FW35cm(13\frac{3}{4}吋)}{2}+1.5cm(\frac{5}{8}吋)$$
$$=19cm(7\frac{1}{2}吋)$$

腋寬$\frac{Ⓑ}{4}$-11.25cm($4\frac{1}{4}$吋)

2cm($\frac{3}{4}$吋)

$$\frac{BW35cm(13\frac{3}{4}吋)}{2}+2.75cm(1\frac{1}{8}吋)$$
$$=20.25cm(8吋)$$

修整後之尺寸20cm($7\frac{7}{8}$吋)

1cm($\frac{3}{8}$吋)

腋寬(D~E)
=16.25cm($6\frac{1}{2}$吋)

1cm($\frac{3}{8}$吋)

修整後之尺寸21.25cm($8\frac{3}{8}$吋)

3. 標準體之BW、FW尺寸量過大之修整法

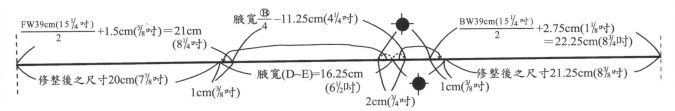

$$\frac{FW39cm(15\frac{1}{4}吋)}{2}+1.5cm(\frac{5}{8}吋)=21cm$$
$$(8\frac{1}{4}吋)$$

腋寬$\frac{Ⓑ}{4}$-11.25cm($4\frac{1}{4}$吋)

$$\frac{BW39cm(15\frac{1}{4}吋)}{2}+2.75cm(1\frac{1}{8}吋)$$
$$=22.25cm(8\frac{3}{4}吋)$$

修整後之尺寸20cm($7\frac{7}{8}$吋)

1cm($\frac{3}{8}$吋)

腋寬(D~E)=16.25cm
($6\frac{1}{2}$吋)

2cm($\frac{3}{4}$吋)

1cm($\frac{3}{8}$吋)

修整後之尺寸21.25cm($8\frac{3}{8}$吋)

4. 屈身體之BW、FW尺寸量過小之修整法

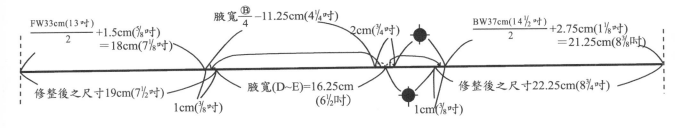

$$\frac{FW33cm(13吋)}{2}+1.5cm(\frac{5}{8}吋)$$
$$=18cm(7\frac{1}{8}吋)$$

腋寬$\frac{Ⓑ}{4}$-11.25cm($4\frac{1}{4}$吋)

2cm($\frac{3}{4}$吋)

$$\frac{BW37cm(14\frac{1}{2}吋)}{2}+2.75cm(1\frac{1}{8}吋)$$
$$=21.25cm(8\frac{3}{8}吋)$$

修整後之尺寸19cm($7\frac{1}{2}$吋)

1cm($\frac{3}{8}$吋)

腋寬(D~E)=16.25cm
($6\frac{1}{2}$吋)

1cm($\frac{3}{8}$吋)

修整後之尺寸22.25cm($8\frac{3}{4}$吋)

5. 反身體之BW、FW尺寸量過大之修整法

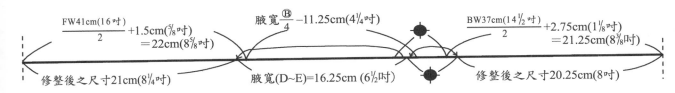

$$\frac{FW41cm(16吋)}{2}+1.5cm(\frac{5}{8}吋)$$
$$=22cm(8\frac{5}{8}吋)$$

腋寬$\frac{Ⓑ}{4}$-11.25cm($4\frac{1}{4}$吋)

$$\frac{BW37cm(14\frac{1}{2}吋)}{2}+2.75cm(1\frac{1}{8}吋)$$
$$=21.25cm(8\frac{3}{8}吋)$$

修整後之尺寸21cm($8\frac{1}{4}$吋)

腋寬(D~E)=16.25cm ($6\frac{1}{2}$吋)

修整後之尺寸20.25cm(8吋)

富機能性，且又美觀的袖子
長度由縱尺寸、寬度由橫尺寸

在任何裁剪製圖上，計算直向的長度是由縱的尺寸，橫向的寬度是由橫的尺寸而求。要畫袖子也是不例外，計算袖山深度是由縱的尺寸，袖寬是由橫的尺寸而求，並以座姿（Suwari）穩定而設定前縫合線是我的信念。

理想的製圖，第一要合理，第二為簡單，不僅是我的願望，相信也是所有業者的願望。

袖圈（Armhole——袖襱、袖空、袖孔、袖洞、臂口）的寬度與長度（深度），平常如有均衡（Balance——平衡、平均）是沒有問題，但是，瘦身而胸部薄薄的人，袖圈長度（高度）較長而寬度較窄。肥胖而胸部厚厚的人，比較起來，袖圈長度較短而寬度較寬，是當然且必定的。因此，長度是由縱的尺寸，寬度是由橫的尺寸而求是最理想且最合理。

袖子的製圖是測量前後身片的袖圈而製圖是一般的方法。但是，袖圈同尺寸時，鎌深（O~B）與腋寬（D~E）不一定同尺寸，所以，這樣的製圖法，我認為不合理。因此，我的袖子製圖，袖山的深度配合鎌深的深度或肩高的尺寸，袖寬的寬度配合腋寬的寬度。假定二件衣服的袖圈同尺寸，而鎌深比較深，腋寬比較窄時，袖山跟著深，袖寬自然比較窄。相反的鎌深比較淺，腋寬比較寬時，袖山會比較淺，而袖寬比較寬。袖山與袖寬是根據鎌深與腋寬的比例計算方法。

這種袖子製圖跟平肩（聳肩、挺肩、怒肩）、斜肩（垂肩、墜肩、撫肩）、反身體（挺胸型）、屈身體（駝背型）、肥滿體（肥胖型）、瘠瘦體（瘦身型）等毫無關係，因為平肩、斜肩、反身體、屈身體、肥滿體、瘠瘦體等是衣身片的問題。但是還要注意布料的厚薄而調整上下袖的寬度，布料的厚薄，影響到

縮縫量的多寡問題，這是基本常識。

袖圈與袖山

難縫的地方，也是裁剪很費事的地方，能使縫製者不用多費事的裁剪，才是良好的裁剪，因此良好的裁剪就是易於縫製的裁剪。套裝（上衣）類最難的地方就是縫合衣袖。雖然領子也很重要的地方，不過領子不是活動的地方，因此，可用縫製時的手法（技巧）加以處理。但是，縫合衣袖卻非裁縫的技巧來處理就可以的。縫合衣袖的好壞，其大部分的責任係在裁剪。套裝活動的地方，就是縫合衣袖的地方，要縫製成對於活動穿著舒服，而又美觀的縫合衣袖，不是一件容易辦得到的事。

不用說，袖圈就是袖山的前提。最好的服裝在於「對此袖圈，配以此袖山」是唯一的條件。袖圈的條件如有變化，則應有配合的袖山條件也將有所改變。裁縫師傅正在日夜汲汲與苦心研討那些條件。

要畫製袖圈吻合袖山的捷徑並不需要另外畫袖子圖，而直接地加在袖圈來畫製。另外畫雖然可以，但是，要完全將袖圈所具備的各種條件轉移到圖上是非常麻煩的事，所以我是全部直接畫在衣身片中，但是為了詳細說明，讓大家更瞭解袖子的構造，而把衣身片與袖子分開來說明，今後如有機會請直接畫在衣身片中較為方便。

在這裡要進入袖子製圖之前，想要研究衣身片的袖圈所具備的各種條件如下所述。

第一：袖圈的大小，從後身片的肩端S點至前身片的肩端T點的全周尺寸，與袖子部分的袖山之大小相符。這如前述，無論任何人都在施行的事，縮縫量又當別論，袖圈與袖山大小如不相符，第一袖子是縫接不上的。只有依賴袖圈的大小而製作袖子是不能算是完善的。

第二：腋寬（袖圈的寬度）D~E與袖子寬度（1~V間），即袖子大小的關係。袖圈是依

體型或設計而變化。假定從S點至T點的全周尺寸是相同，其中如第1圖有窄而深的，又，如第2圖寬而淺的。這樣以同樣大小的袖子，縫製是不合道理。對D~E的腋寬，在1~V的袖子大小，自然而然，大體能看出有比率。那麼，要多少的比率才是適當？前後肩端ST的高度，以及袖山的縮縫量之關連也要決定，在標準製圖的西裝之場合，上袖的寬度（1~V）差不多是D~E間（不含褶份）的一倍半左右。從袖子的U斜向測量U~V剛好相當（接近）於鎌深的尺寸。不但如此，大部分標準體型的前衣身T~U的尺寸加上後衣身S~V的尺寸後，再減掉二個縫份1.5cm（$\frac{5}{8}$吋）後的尺寸，也會接近袖子的U~V尺寸。

第三：袖圈的深度，從前後身肩端ST至底邊的D~E線跟袖山的高度之關係。這些自然能推測有比率與界限。對袖圈的深度，袖山過深或過淺，是不能那麼好順利是應該的，但是，在這裡還要計算墊肩的厚度、袖山的縮縫量之增減等亦要考慮。依縮縫的方法、縮縫的地方，能改變了袖山的形式，也是要預先將這些計算在內。

關於袖圈的深度與袖山的高度之基本形在平面圖，如第3圖袖圈的後身片8~E間與前身片20~D間的高度之平均值為戊（即後身片的11）。把戊~甲間（即肩高尺寸，也是11~E的尺寸）分為四等份為丁~甲間是袖山完成的高度。因此，把袖山的縫份與墊肩的厚量約為1.5cm（$\frac{5}{8}$吋）加在$\frac{3}{4}$（丁~甲間）的高度，即丁~甲間加上1.5cm（$\frac{5}{8}$吋），或11~E的$\frac{4}{5}$加上0.5cm（$\frac{3}{16}$吋），或袖子的O～1是後身片的11~V間的$\frac{1}{2}$加上0.75cm（$\frac{5}{16}$吋）就是所設計的袖山高度。從袖圈的全周來看約為$\frac{1}{3}$，這是以袖圈為圓周，其$\frac{1}{3}$的直徑相當接近於袖山的高度，這是前輩者的智慧。從後衣身片的V至肩端S橫線8間的尺寸，加上前衣身片21至肩端T橫線20間的尺寸，也是相當（接近）於袖山的深度尺寸。

第四：袖圈的形狀與袖山的形狀之調和是很重要的。更進一步說明，即從肩端T至前面的U之袖圈傾斜（彎曲度），跟袖山的起伏（彎曲度）之調和。依肩端T的位置之活動，袖圈的傾斜會變化，因此，按照其變化袖山的彎曲度也是要變化。在這裡，也是要考慮從肩部的燙拔法，縫製中袖圈的變化、裝入肩墊法等而畫製袖山。很微妙的地方，但是，忽視這些的變化，而畫袖山是不能得到好結果。在縫製時袖子的縮縫之變化不是什麼大變化，但是，衣身片的袖圈能看到相當的變化，因此，裁剪與縫製有密切的關係，需放在心上而處理是很重要。

T位置的基本型，即前衣身片20~T的寬度為準，而袖山的1~3是跟衣身片的20~T要同尺寸。以上是袖圈與袖山的關係，還有一件很重要的事是：

第五：袖子的座姿（Suwari）狀態，袖子垂下的狀態，即袖子的安定。煞費苦心，使袖圈與袖山有調合，但是，縫合衣袖後，其袖子座姿不好，袖端（袖口）過於前進或後退就糟蹋（弄壞）。袖子迴轉過多（袖口較前進些），穿起來在後面（下袖的上端）會積存討厭的皺紋，袖子脫開時（袖口較退後些），穿起來在前面會出現討厭的皺紋。袖子的座姿不好，不但不好看，穿著也不舒服。人類的手腕之垂下狀態是比較垂直有些前進一點。因此，把袖端D的直下稍為前進些。袖子的21~L是座姿的份量，視各人的狀態而定，一般差不多是1cm（$\frac{3}{8}$吋）左右。

袖子的座姿不好時，將對合記號的U點或V點移動，是在裁剪後容易解決的計策，是不能輕易使用的。要對合格子的橫布紋，或分片袖（Split sleeve）的連肩袖，或者改變晨禮服等縫合衣袖之刻痕（Notch—缺口、凹口、入孔）是可笑的事。

按照對合記號而縫合衣袖是不能脫開,這樣不在乎而說的人也有,如果知道這樣,不用說應於事前處理才對。

　　以上,舉出有關縫合衣袖的五種條件簡單歸納如下:

1、衣身片袖圈的大小S~T跟袖山大小之一致。
2、衣身片袖圈的寬度(腋寬)跟袖寬大小之關係。
3、衣身片袖圈的深度跟袖山高度之比率。
4、衣身片袖圈的形狀跟袖山形狀之調和。
5、袖子的安定、座姿之調整。

　　如何將這些充足要求的問題,是從現在開始的工作。

袖子製圖說明:

U	直接在上衣袖圈畫袖子時,在前身片的26上下畫垂直線為袖子縱向基本線。袖子的U點,即跟前身片的26同點
D	跟前身片的28同點
1~D	跟前身片的21~D間同尺寸
2	1~D的中點,2的位置在前身片的27同點
O~D	後身片的8~E間加上前身片的20~D間之尺寸除二為肩高(即後身片的11~E)尺寸,即前後肩高的高度之平均值,也是前述的第3圖戊~甲間的尺寸。然後將這肩高尺寸除四後乘三,再加上一個縫份及肩墊的厚度約共1.5cm($\frac{5}{8}$吋),即肩高的$\frac{3}{4}$加上1.5cm($\frac{5}{8}$吋),或肩高的$\frac{4}{5}$加上0.5cm($\frac{3}{16}$吋),或O~1是後身片的11~V間之$\frac{1}{2}$加上0.75cm($\frac{5}{16}$吋),就是袖山O~D的尺寸
3~1	跟前身片的20~T間同尺寸
4	U~3直線的延長線跟0橫線之交點
K~3	0.25cm(1/8吋)

V~K	前後身片的K~V間(D~E間不含褶份時的尺寸)加上4.5cm(1$\frac{7}{8}$吋),縫合衣袖時,K~V間會多二個縫份1.5cm($\frac{5}{8}$吋)的寬度,又袖子的K~V間相反會減少二個縫份1.5cm($\frac{5}{8}$吋)的寬度,4.5cm(1$\frac{7}{8}$吋)是以上四個縫份即袖山K~V間的最少之鬆份量1.5cm($\frac{5}{8}$吋)
5~U	跟前身片的T~26同尺寸
6~V	跟後身片的S~V同尺寸
T	5~6的中點,T點是袖子對合記號
7~6	以3~T直線向4畫直角而求
8~7	4~7的$\frac{2}{5}$及4~7的$\frac{1}{2}$之中點,即較$\frac{2}{5}$強,較$\frac{1}{2}$弱
9	T~V的中點
10	以9為基點,從T~V畫直角線跟O橫線之交點
11~9	10~9的$\frac{2}{5}$
12~D	2.5cm(1吋)
13~12	3.5cm(1$\frac{3}{8}$吋)
14~13	二個縫份,即1.5cm($\frac{5}{8}$吋),14跟前身片的41同點
15~D	跟前身片的28~15同尺寸,15跟前身片的15同點。
16~14	14直上跟前身片的42~41同尺寸
X~2	前後身片的27~X(D~E間不含褶份時的尺寸)間同尺寸
17~X	前身片的V~12間加上縮縫份1.5cm($\frac{5}{8}$吋)
Y	2~U的中點之橫線跟17~X的延長線之交點。在15處提高0.5cm($\frac{3}{16}$吋)後,從16連結畫下袖的谷底彎曲線。下袖的谷底亦可以修整如圖點線畫製,先將16~Y連結畫直線後,在16與Y處畫柔順的彎曲線。這樣的袖子極富機能性,手腕上下前後移動很自如,不妨大家試試看。但是,點線的

部分（16~X），縫合時要拉長，即
拉伸至接近衣身片之42~15~17~X同
尺寸。

18~17　　二個縫份，即1.5cm（⅝吋），大部分
　　　　18~V間的尺寸很接近3.8cm（1½吋）
19~12　　跟16~14同尺寸

第1圖

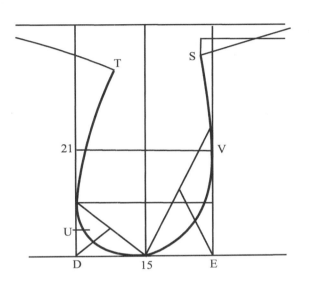

第3圖

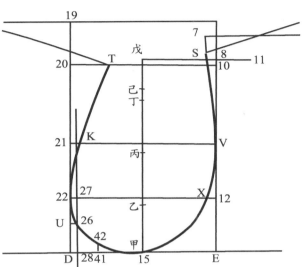

第2圖

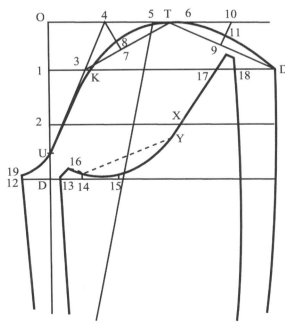

第4圖

- 83 -

鬼十訓

一、仕事は 自から創るべきもので 人から与えられるべきものでは無い

一、仕事とは 先手先手と働きかけて行く事で 受身でやるものでは無い

一、大きな仕事に取り組め 小さな仕事は 己を小さくする

一、難しい仕事を狙え そしてそれを成し遂げる処に 進歩がある

一、取り組んだら離すな 殺されても離すな 目的完遂までは

一、周囲を引きづり廻せ 引きづるのと引きづられるのとでは 永い間に 天地の開きが出来る

一、計画を持て 長期の計画を持っていれば忍耐と工夫と そして正しい努力と 希望が生まれる

一、自信を持て 自信が無いから君の仕事には 迫力も 粘りもそして厚味すら無い

一、頭は常に全回転 八方に気を配って 一分の隙もあってはならぬ サービスとはその様なものだ

一、摩擦を恐れるな 摩擦は進歩の母 積極の肥料だ でないと 君は卑屈未練となる

魔鬼十訓

呂寶霖 編譯

一、工作應該自己找，不是等待別人給與工作。

二、工作應該力求搶先，不是被動做應付式的工作。

三、投入大的工作吧，小的工作將會更縮小自己。

四、專攻困難的工作，而且完成它才會有進步。

五、投入就不要放鬆，被殺也勿放，直到完成目的。

六、帶動周圍，帶動與被帶動，隔些時日會有天壤之別。

七、要有計畫，只要有長期計畫，將會產生忍耐、思考，而且正確的努力與希望。

八、要有自信，由於沒有自信，您的工作將無魄力與堅忍，更沒有底子。

九、頭要時常全迴轉，注意環視八方，不得有一些空檔，服務就是這樣的。

十、不要怕摩擦，摩擦是進步之母，是積極的肥料，否則您將會沒出息、不熟練。

褲 子 篇

本書作者呂寶霖先生榮獲韓國大韓服裝學院徐商國院長頒贈
韓中服裝技術交流專題主講卓越成果感謝狀，並聘請為榮譽講師。

褲子的基本

經常被人問到男裝今春的流行款式如何？台北服裝界的景氣又如何呢？這些都是服裝界的關心事，理所當然而該問的，不過這是很難作答的問題。服裝界的景氣該去問問布商才是捷徑。要是布料暢銷貨款的回收率很高的話，將是景氣不錯的證明。至於流行的問題，事實是今年的流行趨勢也不能即刻作答的。

尤其是新設計西服店（Bespoke tailor——訂做洋服專門店）的場合，因為是依照顧客的訂做要求而動手縫製的，應該滿足年齡、職業、環境不同的顧客之要求。因此，無法強迫推銷式的說是「這就是最近的流行款式」。過時的款式雖不好，但是，太新了而無法符合顧客的要求也就無法成交。我一貫地回答說「訂做的西服沒有流行的」。我是希望說不要如影隨形似的一味追趕時髦的流行，應去創造自己所創設的款式。服裝師是應該有這種自尊心。

把背心，還有褲子均稱為中、下衣，西裝或禮服、大衣類等就稱為上衣。學習訂做西服差不多先由下衣開始為順序，因此，學習裁剪也應由褲子開始。這不是說褲子比西裝容易的意思，因為有一部分的程序一開始比較簡單之故。在縫製前應該先裁剪才行，雖然以裁剪為先，但以先學會縫製法後再去學習裁剪法為服裝業的慣例（老規矩）。因裁剪是裁縫的準備，所以責任很重大的工作，因此，會裁縫的人，可以說，懂得與裁縫的關聯之人去從事裁剪才是安全、才是確實的立場。

依想法（看法），愈單純的工作，可以說愈困難。無論裁剪或裁縫，認為褲子比西裝簡單就是大錯誤。把褲子疏忽的想法，而交給未熟練的人之傾向需要改進。偶爾以褲子為主，而舉辦比賽會（Contest）不是很好嗎？

至於說，褲子有褲子獨自的形態，但是，一方面做為套裝（三件式或二件式）的半身（Better half），跟上衣（Coat）的調和是很重要的。

由前面凝視，從背面、側面看時沒有缺點的褲子，而且，要縫製穿著舒服的褲子是一件不容易的事。

第二次世界大戰後，曾經流行過很粗大的褲子。後來，又逐漸變細，終有非常細褲管的褲子流行過，但又有逐漸變粗的傾向。褲口很寬的喇叭褲又是另外一回事。結果將變成不粗不細的中庸褲吧！當然因年齡的大小而嗜好也不同，應依顧客的愛好而努力縫製穿著舒適、形態優美的褲子是盼。

最近的褲子，在前面差不多有襞褶（Plait——活褶、疊褶、褶襇），分為單褶、雙褶、參褶等，首先從無褶的褲子開始來研究吧！

眾所周知，褲子的圖樣的計算是以臀圍（H）的尺寸作為基度。訂做業者是以臀圍半數的尺寸為基度較多，因為配合學校、職業訓練中心或補習教學之便，以及初學者比較容易瞭解，所以本書所發表的製圖公式均以使用「全數——實際量身的尺寸」為基度。又，本製圖法臀圍尺寸是完成後的尺寸，即製圖中後身片的28~20加上前身片16~24的尺寸，內含三個縫份，即加上3cm（1⅛吋）就是完成後的臀圍尺寸。如果臀圍尺寸需要加一些鬆份或需要做寬鬆時，要在臀圍加上適當的鬆份後為臀圍基度而製圖，即鬆份不僅加在前身片或後身片而已，依比例而加在前後身片的臀圍及跨幅（臀厚），這是跟一般的製圖法不一樣的地方。W尺寸與H尺寸的出入差寸是H－W＝

16cm（6吋）為標準。

　　製圖時雖按英文字母（Alphabet——羅馬字母）與數字來編號，但這是為了便於說明，不過是製圖的順序，與指標而已。本欄是製圖的開頭，故予以精細入微的編號，因此，不必受到編號的拘束，自己認為從那裡開始著手都不要緊，須養成無論從何處都能自由自在把製圖的技巧熟練運作才是重要的。

　　褲子的圖樣通常是先畫前身片部分，再予重疊畫製後身片的部分，但在此卻不如此而把前身片和後身片予以分開並列畫製。這樣前端小股（胯股、前胯、前股、前襠）至後身片的臀圍之曲線，前後身片的內股線（內柱）、脇邊線（外柱）的縫合線之要領，或製圖中的前後身片之跨幅（Fork）15～17～16的大小等均能一目瞭然。以後如有需要時擬予重疊畫圖。圖為縱列印刷，但在實際畫圖時應該橫過來畫。

　　近來褲子的縫製法，均有考克車縫（Overlock machine）布邊多多少少都會被剪掉，因此，褲子的製圖之一個縫份，均為1cm（⅜吋），二個縫份是2cm（¾吋），餘類推。

褲子的構成

　　第1圖：在製圖褲子之前，要知道褲子是如何被形成的，這是對今後說明的裁剪製圖或裁縫時比較容易瞭解。褲子是從腰部的位置以下，以一片布料環繞時，需要成為基準的最粗大位置（臀圍）之尺寸。因腰圍尺寸比臀圍尺寸小，致使在腰圍的部位會多出剩餘量（從臀圍減掉腰圍後所剩餘的尺寸），用褶子及曲線來處理，從基準（臀圍）的下面直到腿部附近，如果為整理形狀的必要量以外的剪掉時，可以形成適合體型的形狀。

　　按照以上那樣，為了褲子看起來美觀，比較不會出現皺紋而能穿，把縫合線與褶子放在

適當地點造形。這就成為褲子的製圖之原因。

　　即使圓筒形的人體，依地方有粗細凸凹，當然為了將一片布料，符合人體的變化，而按照需要適當的曲線。如果平面上或者曲線，穿著時看起來好像筆直，因為在人體有變化（曲線）之故。有彈性的（Elastic）或佳績（Jersey——針織物總稱）等會有伸縮的，不需要怎麼變化，但是，硬質布料的毛織物時，需要變化（曲線）或多加熨斗的操作。

　　像裙子用一片布料製作時，以臀圍尺寸為基準，加上適度的鬆份或長度就可以處理，但是，因褲子有二條腿與一條胴體，因此會產生複雜的原因。

　　尺寸，有按照量身適用的，跟考慮構思而加些鬆份的尺寸。

　　決定的尺寸：褲長、股下尺寸、褲口寬

　　需要變化的尺寸：腰圍、臀圍

　　例如：雖然受顧客的要求要做大一點時，在股下尺寸加上5cm（2吋）的鬆份是不行的。又，量身時，不僅測量尺寸而已，要觀察其體型並懂得特徵是重要的。雖然是同樣的尺寸，但是，體型有差異時，會有相反的製圖。

　　需要知道大概的體型是：①翹臀或平臀，即臀部的部位是否突出，或成為扁平？②腿部是否有彎曲？③腹部是否特別大等。

　　第2圖：二片的展開圖縫合後，一邊的腳部與軀幹的完成情形。

第1圖

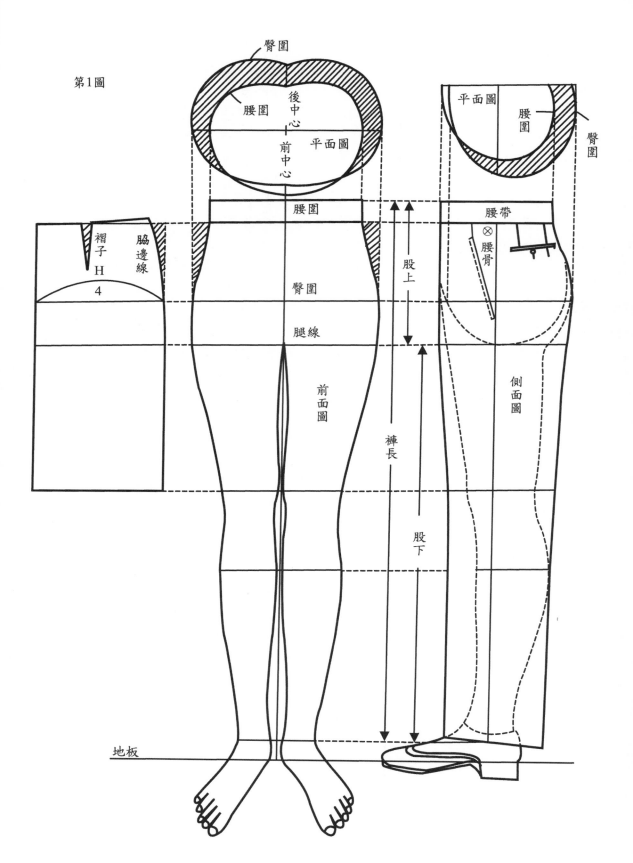

臀圍

腰圍

後中心

平面圖

前中心

平面圖

腰圍

臀圍

腰圍

腰帶

⊗

腰骨

褶子
H
4

脇邊線

腰圍

臀圍

腿線

股上

前面圖

側面圖

褲長

股下

地板

第2圖

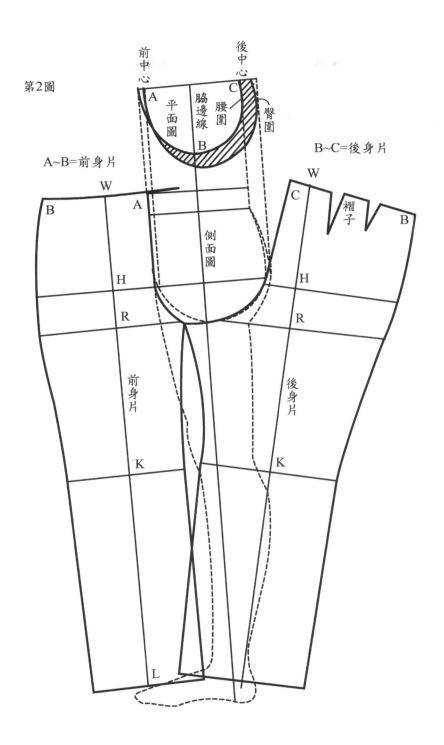

前中心　　後中心

A　C

平面圖

脇邊線　腰圍　臀圍

B

A~B=前身片　　　　　　　　　　B~C=後身片

W　　A　　　　　　　　　　　　W

B　　　　　　　　　　　C　　褶子　　B

側面圖

H　　　　　　　　　　　H

R　　　　　　　　　　　R

前身片　　　　　　　　後身片

K　　　　　　　　　　　K

L

各部名稱與線的區別

第3圖

裁剪線……內含縫份的寬度在內的線。過去沒有包縫機（Overlock machine——考克車）的時代，訂做西裝店均留0.75cm（⁵⁄₁₆吋）的縫份在內，現在跟成衣廠同樣都留1cm（³⁄₈吋）的縫份。褲子的裁剪線的部位有：前中心線（前立線、門襟線、前襟線）、脇邊線（外柱）、內股線（內柱）等。

完成線……縫製完成的線。裁剪時需另外留出縫份的線。褲子的完成線部位有：腰圍線、褲口線、後中心線（臀圍線、襠圍線）、口袋、褶子、剪接線等。

第3圖

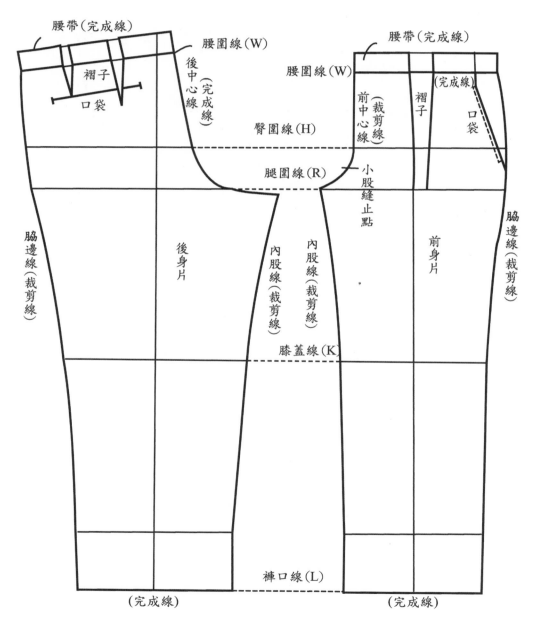

紙型的排列之注意點

第4圖：

①詳細查看布料有沒有織傷、污髒等。

②充分注意布紋是否歪曲不正。

③布料是由於絨毛的光澤而會變化，須以同樣方向裁剪的也不少。

④紙型的排列後，應證實本布附屬部分，如褲腰、前立、天狗、袋口布、向布、褲腰帶絆（褲耳）等，能否排入後，始能動手裁剪。附屬的絨毛、布紋也要注意。

⑤用布料需盡量動腦筋，使多餘布留在雙幅部分。

⑥假縫試穿時，能為補正而多留些縫份。

第4圖

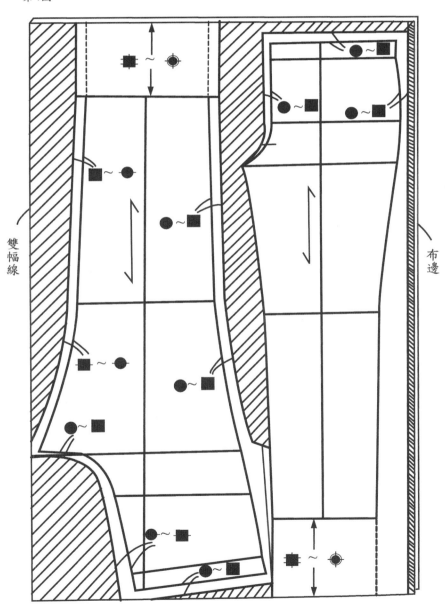

雙幅線

布邊

基本型無褶褲
No tuck trousers

無褶褲是學習褲子最基本的途徑，因此，在過程中會詳細說明一切重點，請不要厭煩而耐心地研讀為盼！

適用尺寸 Measurements

腰圍（W）80cm（32吋）
臀圍（H）96cm（38吋）
褲口（SB）45.5cm（18吋）
股上（BR）29.5cm（11⅝吋）
股下（IL）73.5cm（29吋）
褲長（TL）103cm（40⅝吋）
腰入（WC）2cm（¾吋）
腰差（WD）＝W＋16cm（6吋）－H
　　　　　＝0時為標準體
瘦度（TD）＝W＋16cm（6吋）－H
　　　　　＝負數（－）時為瘦腰體
肥度（CD）＝W＋16cm（6吋）－H
　　　　　＝正數（＋）時為肥滿體

前身片（Top side）製圖說明

O　　以O為基點，在O點向下畫垂直線為縱向基本線，也是前身片的中心線，即為前身片的折紋線

W~O　4cm（1½吋），即腰帶寬，W橫線是腰圍線（W線），也是腰圍基本線

R~O　股上尺寸，R橫線是股上線（R線），也是腿圍基本線

H~R　W~R的⅓，H橫線是臀圍線（H線），也是臀圍基本線

L~R　股下尺寸，L橫線是股下線（L線），也是褲口基本線，即O~L為褲長

L'~L　固定尺寸，即10cm（4吋）

K~R　R~L'的½或股下尺寸的½，再減掉5cm（2吋），K橫線是膝蓋線（K線），也是膝蓋基本線

K'~R　R~K的½，W、H、R、K'、K、L'、L等各點向左右畫直角平行橫線

1~2　$\frac{H}{4}$加上無褶褲前身片小股寬度固定尺寸4cm（1½吋）後，以R為中心左右各分一半，即1~R＝R~2

3~L　褲口尺寸的¼

4~L　褲口尺寸的¼，即跟3~L同尺寸

5~L'　跟3~L同尺寸

6~L'　跟L~4同尺寸

7~1　無褶褲的小股寬度固定4cm（1½吋），有褶時依褶數而增加。單褶褲固定4.5cm（1¾吋）、雙褶褲固定5cm（2吋）、參褶褲固定5.5cm（2¼吋）。雖然多褶褲的小股比無褶褲的小股多0.5~1.5cm（¼~¾吋），但是，只有那些尺寸使內股線倒退（往後移動）而已。因此，對於褲子的座姿（Suwari）穩定狀態沒有任何影響。又，前身片的小股無論肥瘦都使用固定尺寸，有人會疑問，如果遇到比較肥胖的人，或比較瘦身的人之跨幅是否適當？我的方法是在後身片的跨幅增減，因為，為了要保持任何肥瘦的前身片的折紋線在標準的位置之故，因此，前身片的小股寬度依褶數不得不使用不同固定尺寸，詳情請參閱本欄最後一段男褲製圖之優點。

7~2　為$\frac{H}{4}$

8　　1~7的中點，為了決定膝圍標準的寬

度，而針對腿圍（1~2）與褲口（3~4與5~6）的寬度而求取膝圍（K橫線）的寬度。1~8的尺寸影響膝蓋的寬度，應視流行或顧客的嗜好，或依褲型而增減，通常依小股寬度的一半為標準。8~5連結畫直線。

9~2	跟1~8同尺寸、同理。9~6連結畫直線
10	8~5的直線跟K橫線之交點
11	9~6的直線跟K橫線之交點
12	8~5的直線跟K'橫線之交點
13	9~6的直線跟K'橫線之交點
14~13	13~11的$\frac{1}{2}$，14在9~6之直線上
15	7的直線跟W橫線之交點
16	15~7的直線跟H橫線之交點
17~16	跟1~7同尺寸
18~1	提高量0.5cm（$\frac{3}{16}$吋），以前縫合線的縫份留小的時代，影響不大，但自從考克車出現後，現在的褲子縫製法，均經過考克車的布邊多多少少會被剪掉一些，因此，褲子的縫合線之縫份，均留1cm（$\frac{3}{8}$吋）。所以，前中心線（前立線、門襟線、前襟線）與前身片內股線（內柱），也是有1cm（$\frac{3}{8}$吋）的縫份在內，如果沒有這0.5cm（$\frac{3}{16}$吋）的提高量，縫製完成後，股上尺寸會如第1圖變長一點，因此需要如第2圖提高0.5cm（$\frac{3}{16}$吋）後再畫小股的彎曲線，這樣股上的完成線才能在R橫線上。一般業者都忽略這個問題，而沒有提高這個小小的0.5cm（$\frac{3}{16}$吋）的尺寸，這是不合理的畫法
19~7	17~7的$\frac{1}{3}$，16~19~18連結畫小股的彎曲線
20	16~7的中點，20在16~19~18的曲線上為小股縫止點，即拉鍊的開口處
21~W	跟R~2同尺寸
22~W	$\frac{W}{8}$，臀圍與腰圍的標準差寸16cm（6吋）時，22的位置會與15同點，即22在7的直上，如遇到腰圍比較細小（瘦腰身）時，即臀圍與腰圍的差寸比標準尺寸多時，如第3圖22的位置會在15之內側，即會靠近W點，亦即22~W會小於7~R與16~H。相反的如遇到腰圍比較粗大（肥滿體）時，即臀圍與腰圍的差寸比標準尺寸少時，如第4圖22的位置會在15之外側，即22~W會大於7~R與16~H。詳情請參閱腰圍比較細小（以大腿圍尺寸為基度而設計的緊身褲）與比較粗大（肥滿體的褲子）的製圖法
23~22	$\frac{W}{4}$加上一個縫份，即$\frac{W}{4}$加上1cm（$\frac{3}{8}$吋），23從W橫線上約提高23~21間的$\frac{1}{2}$，通常提高0.5cm（$\frac{3}{16}$吋）。23~21的尺寸盡可能（最大限度）不要超過3.8cm（1$\frac{1}{2}$吋），因23~21如果離開得太多時，脇邊縫合線的曲線太強，而呈現難於縫合的狀態。假如腰圍尺寸太小而23~21離開得太多時，視布料厚薄而加些縮縫量，或在中央（W點）應打一個褶子（如圖點線所示）來加以調節
24	23~2~13（或14）的弧線上跟H橫線之交點，以彎尺的大彎部分向上，小彎向下，把彎尺上下移動對齊23~2~13（23~21的距離比較多時，即臀圍與腰圍的標準差寸負數時，用23~2~14）之三點後畫彎曲線，然後把彎尺反過來（即凹入）以小彎部分修整13（或14）部分之柔順彎曲線。詳情請參閱「裁剪的預備知識」的前後脇邊線與內股線的畫法
25~23	一個縫份，即1cm（$\frac{3}{8}$吋）
26~25	W~25的$\frac{1}{3}$

第1圖

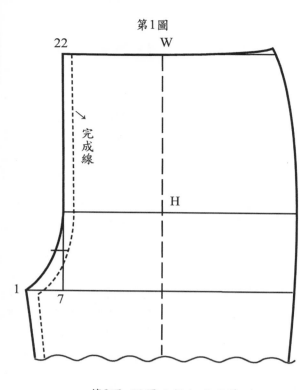

第2圖

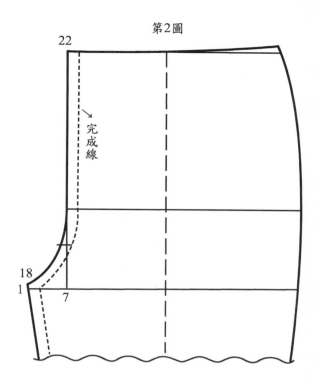

第3圖 腰圍比較細小的情形

→22從15進入負數的 $\frac{TD}{8}$

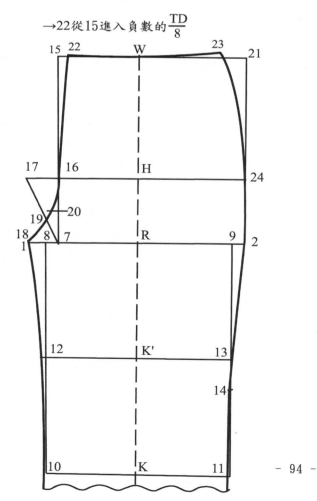

第4圖 腰圍比較粗大的情形

←22從15出去正數的 $\frac{CD×3}{32}$

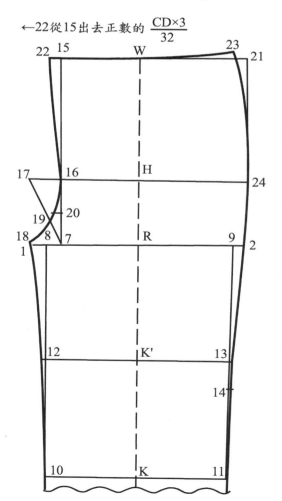

27~26	20cm（8吋）
28~26	2cm（¾吋）
29~28	口袋寬尺寸，即15cm（6吋），29與脅邊線（23~24~2）的距離最少有一個縫份寬度以上

以上前身片的製圖即告完成。當時請注意前身片的腿圍1~2、K'橫線12~13、K橫線10~11、褲口5~6與3~4均在中央的折紋線向左右平均分開的情形，這是把褲子的折紋線穿過（對齊）中央（直布紋），能使褲子平順穩定之故。

後身片（Under side）製圖說明

褲子的前身片完成後，一般的順序是疊在上面畫後身片，但前後的關係、曲線的要領，或跨幅的大小、連結的情形等應一目瞭然，而故意地如同把魚由背部切開成兩半似的，把前身片和後身片予以分開並列而畫製，那麼，要進入後身片的圖樣，請跟前身片的圖樣對照而比較看看。

後身片中心線的各點（O、W、H、R、K'、K、L'、L等）跟前身片中心線的各點同尺寸，因此，在這裡不必再提。

1~2	$\frac{H}{4}$加上$\frac{H}{16}$再加上四個縫份的4cm（1½吋）後，以R為中心左右各分一半，即2~R＝R~1
3~L	褲口尺寸的$\frac{1}{4}$加上二個縫份，即前身片的3~L加上2cm（¾吋），因為內股線（內柱）與脅邊線（外柱）都是裁剪線，雙方有四個縫份均加在後身片，因此，後身片的褲管（褲口）完成時，將比前身片的褲管大四個縫份
4~L	褲口尺寸的$\frac{1}{4}$加上二個縫份，即跟L~3同尺寸、同理
5~L'	跟L~3同尺寸
6~L'	跟4~L同尺寸
7~1	4cm（1½吋），或R~1的$\frac{1}{5}$，這個尺

寸影響膝蓋尺寸的寬度，應視流行或顧客嗜好而增減，7~5連結畫直線

8~2	跟7~1同尺寸、同理，8~6連結畫直線
9	7~5的直線跟K橫線之交點
10	8~6的直線跟K橫線之交點
11	7~5的直線跟K'橫線之交點
12	8~6的直線跟K'橫線之交點
13~12	12~10的$\frac{1}{4}$，13在8~6之直線上
14	13~2的延長線跟W橫線之交點
15~H	$\frac{H}{16}$
16	15的直上跟W橫線之交點
17~16	腰入尺寸或$\frac{H-W}{8}$，以彎尺的大彎部分向上，小彎向下，把中彎部分靠近17的地方，跟15連結畫凹入的小彎曲線
18~17	腰入尺寸或$\frac{H-W}{8}$，即跟17~16同尺寸，18在17~15的延長線上
19	18~17~15的延長線跟R橫線之交點
20~15	腰入尺寸或$\frac{H-W}{8}$，即跟17~16與18~17同尺寸
21~1	1直下0.5cm（$\frac{3}{16}$吋），21~19與20~21和21~11及21~9連結畫直線
22	20~21直線的中點
23~19	22~19的$\frac{1}{3}$，15~23~21連結畫柔順的曲線為後臀圍線（後襠圍線）
24~15	1cm（$\frac{3}{8}$吋），因18~15配合臀型而畫有些凹入的曲線，因此，以18~24為基準而向左畫直角線為後腰圍線。如果18~15畫直線時，即以18~15為基準而向左畫直角線為後腰圍線
25~18	$\frac{W}{4}$加上二個縫份，即$\frac{W}{4}$加上2cm（¾吋）
26	14~25的中點，26~25為後身片的褶子份量，但26~25最多以4.5cm（1¾吋）為限。我是這樣分別地計算脅邊的26與後山高的18及褶子的寬度。一般是不用腰入尺寸而計算決定18，然後再從18依腰圍尺寸加上固定若干尺

寸（縫份與褶份）而求得26，或者先求26後，腰圍$\frac{1}{4}$加上縫份與固定若干褶份而求18，但是，我是如上述分別計算出18與26的位置後，再視26~25的大小為褶子份量，如果26~25的尺寸少（窄）時打一個褶子，多（寬）時就打兩個褶子，要打兩個褶子時，把26~25的$\frac{1}{3}$為後脇褶，$\frac{2}{3}$為後中褶。又，26要從W橫線上提高與前身片23同高，即後身片的26~2跟前身片的23~2同尺寸

27　11與21~9直線之中點，21~27~9連結畫柔順的後身片之內股線

28~20　$\frac{H}{4}$加上三個縫份，即$\frac{H}{4}$加上3cm（$1\frac{1}{8}$吋）後，以彎尺的大彎部分向上，小彎向下，把彎尺上下移動對齊26~28~2之三點後畫彎曲線。詳情請參閱「裁剪的預備知識」的前後脇邊線與內股線的畫法

29~12　跟11~27同尺寸，2~29~10連結畫凹入柔順小彎線為後身片之脇邊線

30~18　W~R的$\frac{1}{4}$

31　31~30線跟18的直角腰圍線平行，31在26~28~2的弧線之交點，31~26不一定跟18~30同尺寸，因為26~18的腰圍線不是完全直線

32~18　$\frac{W}{8}$

33~32　W~R的$\frac{1}{2}$，33~32線跟31~30線成直角十字線

34~35　26~25的$\frac{2}{3}$，以32為中心左右各分一半為後中褶，34~33與35~33要畫少許凸出來的中彎線，又，34、32、35各點要如圖提高一點，或把34~35的褶份折疊後，將腰圍線修整平順，這樣縫合褶子後腰圍線才會平順，而且穿起來後腰圍的後山高處才不會發生頂住的橫皺紋（擠皺）

36~26　一個縫份，即1cm（$\frac{3}{8}$吋）

37　36~34的中點，將26~25的$\frac{1}{3}$，以37為中心左右各分一半為後脇褶，37線跟32~33線平行，37的褶子之左右線畫直線即可。又，37的褶子亦要折疊後，修整平順的腰線

38~31　一個縫份，即1cm（$\frac{3}{8}$吋）

39~30　後口袋寬度尺寸，即14cm（$5\frac{1}{2}$吋）

40~38　38~39的$\frac{1}{3}$，一般31~40以固定尺寸而決定後口袋位置。我是以後身片的寬度用比率來決定後口袋的位置

41~40　後口袋寬尺寸加上42~43的尺寸

以上後身片的製圖即告完成。此時又注意後身片的腿圍2~1、K′橫線29~27、K橫線10~9及褲口6~5與4~3也是跟前身片一樣，均在中央的折紋線向左右平均分開的情形。一般的製圖，前身片的折紋線不完全在中心而左右分開，因為實際上前身片的1~R比R~2大一點，最少多0.25cm（$\frac{1}{8}$吋）左右，尤其後身片的中心R點不平均分開，常見2~R與R~1的間隔不明確，後身片的R~1最少比2~R多出1.5 cm（$\frac{5}{8}$吋）以上，結果，其縫製完成後的褲子之折紋線不穿過直布紋。

把前後身片的褲口之5~3與6~4以直角提高10 cm（4吋），這是因為使褲口的折邊容易折疊，且能保持良好的形態。從5通過3（6~4亦同樣）至下襬筆直縫下至折邊（不能展開）。這樣單折或雙折的褲口，都能把褲口自然平順折疊。

上端前後褲腰線、前後褲口線、後身片臀圍線、口袋剪接線及褲身如有剪接線等均為縫製完成線，因此，裁剪時縫份與折邊須另外留出。其他前後脇邊線、前後內股線、前立線等均為裁剪線，即均有1cm（$\frac{3}{8}$吋）的縫份在內。

上述的製圖，首次公開發表我歷經半世紀所苦心創思的寶秀式（又稱麗新式）立體化處

理的男褲製圖法，其優點簡述如下：

1、不用燙拔、整形，且省時省工，效率極佳，又形態美觀、輕鬆舒適好穿。

2、前後身片的脇邊線（外柱）與內股線（內柱），均能對格縫製。

3、縫製完成後，後身片的折紋線跟前身片一樣，均能正確地順著直布紋，能使褲子坐姿（SUWARI）穩定狀態，而呈筆直狀。

4、同一個人的褲子，如果做單褶、雙褶、參褶時，前身片的左右折紋線之距離不變，即製圖中的22～W及16～H的尺寸都會相同，即穿起來前身片的折紋線之位置不變，且折紋線在標準的位置上，不易脫開。又，襞褶不易張開而平順。

5、無論前身片做無褶或單褶、雙褶、參褶，後身片的寬度都是一樣不變。

6、同一個人的褲子，如果做無褶、單褶、雙褶、參褶時，前後跨幅（臀厚）自然會由無褶而至多褶的比例而增加。因此，襞褶不易張開而平順。

7、雖然腰圍尺寸不同，但腰入尺寸與臀圍尺寸相同時，跨幅都會相同。

8、也可以用大腿圍尺寸為製圖的基度，而設計的緊身褲子而製圖的方法。請參照下欄「以大腿圍尺寸為基度而設計的緊身褲子」之製圖法。

9、特殊體型（如瘠瘦體、肥滿體）均能適體的製圖法。

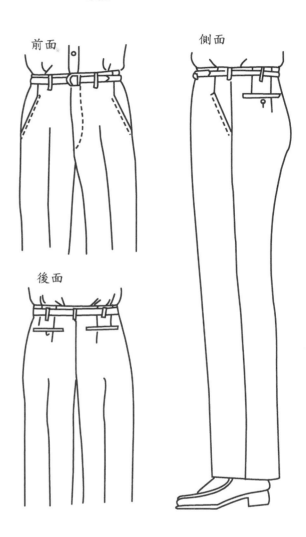

前面　　側面　　後面

研究學問　要從第一手資料

習練武藝　要從第一流師傅

學習洋裁　要從第一家名師

基本型無褶褲

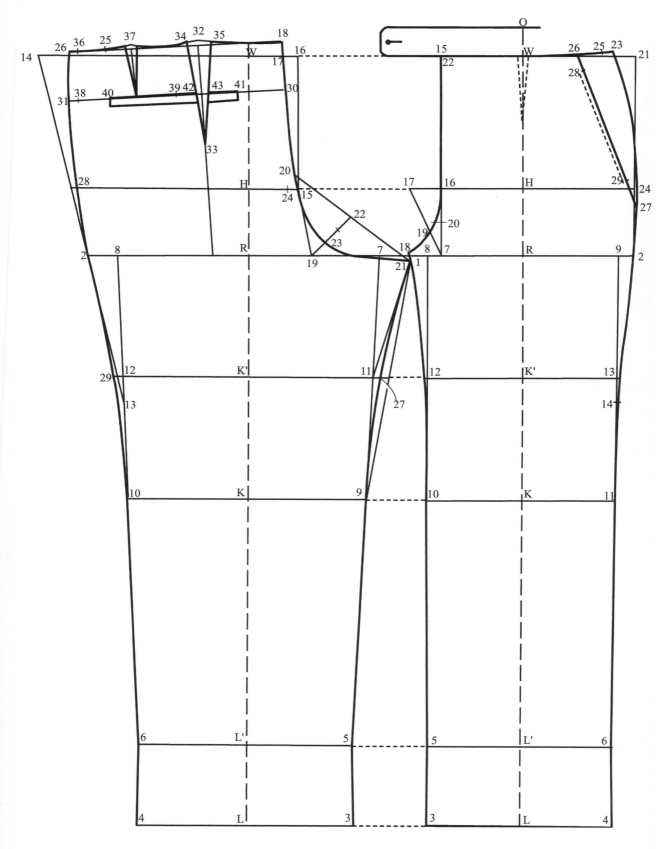

以大腿圍尺寸為基度而設計的緊身褲子

談到褲管的變粗（寬）或變細（窄），從前有縫製腰圍（W）、臀圍（H）等均為又肥又大的褲子，而使用皮帶扣（Buckle）勒緊，或以吊帶（Suspenders——背帶、吊襪帶）吊住而避免褲子掉下的習慣，但在不知不覺中變成用腰帶（Band——皮帶、布帶）加以勒緊（固定），而不用皮帶扣，同時股上變淺直到今天。雖然中年以上的人都厭惡股上淺的褲子，但對這種顧客可以推薦吊帶。股上淺的褲子是上下成套的褲子，穿上背心時較為不佳。使用吊帶據說會引起肩部痠疼，不過並不是真正會如此，而是一種習慣。

由W至H，大腿圍等鬆份少的緊身褲子，仍然不斷地在流行，但也有由膝蓋以下，或從大腿部中間至下襬突然擴大的褲子受到年輕男女的喜愛。這種褲子叫做喇叭褲（Pantaron），就是法語所說的長褲。以前被稱為拖拉蔽褲（Trapeze——梯形褲），正是流行會周而復始呢！

雖然稱為緊身褲（Tight trousers），但仍需有最低限度的鬆份才行，因腳部是活動量很大的部位，但要加多少鬆份才適度呢？我認為在臀圍不加鬆份是可以（當然要加一點也不反對），但是，大腿圍最少要有2.5cm（1吋）左右，以此為最低限度來裁剪。褲子通常是以H尺寸做為基準而裁剪腿圍的，鬆份既少就得重新測量才行，但大腿根如A圖a線條用布尺是會往下滑落而很難量取的。因此，如A圖改量稍為靠下面的凹入處（臀溝處）位置的b線條（量股下的位置）。a與b兩個線條的差寸通常為5cm（2吋）左右。然後再量另一處膝圍的尺寸。要測定膝圍時應彎曲膝蓋（坐下）來量出膝蓋周圍。兩者都是由褲子上面測量。

適用尺寸（Measurements）

腰圍（W）70cm（28吋）
臀圍（H）90cm（36吋）
腿圍（b線條）51cm（20¼吋）
膝圍（彎曲膝蓋）40cm（16吋）
褲口（SB）40cm（16吋）
股上（BR）28cm（11¼吋）
股下（IL）71cm（28吋）
褲長（TL）99cm（39¼吋）
腰入（WC）2.5cm（1吋）
瘦度（TD）＝4cm（2吋）

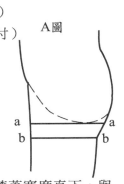

A圖

下襬（褲口）寬度要由膝蓋寬度直下，與膝蓋處保持同尺寸時在穿著褲子時，下襬處將會顯得寬闊些。

膝圍尺寸如比40cm（16吋）小時，褲口的尺寸也不要小於40cm（16吋），因不願使褲口尺寸小於40cm（16吋）之故。

b腿圍（b線條）51cm（20¼吋）加上a線條與b線條之差寸5cm（2吋）就是a腿圍（a線條）尺寸，即56cm（22¼吋），然後a腿圍56cm（22¼吋）加上最少的鬆份2.5cm（1吋）後，再加上前後身片腿圍四個縫份4cm（1½吋），就是要製圖的前後身片腿圍尺寸共為62.5cm（24¾吋）。根據這個數字（尺寸）來分割前後身片的寬度。首先，將前身片如前項「褲子的基本」欄裡無褶褲的製圖法計算時，前身片的腿圍尺寸（即前身片圖上的1~2之尺寸）有26.5cm（10½吋），由62.5cm（24¾吋）扣除26.5cm（10½吋）後，剩餘有36cm（14¼吋）就是後身片的腿圍（即後身片的2~1之尺寸）之寬度。

前身片（Top side）製圖說明

　　本圖的腰圍與臀圍的差寸有20cm（8吋），標準的差寸是16cm（6吋），所以前身片的15點是7與16的直上，22~W是$\frac{W}{8}$，15~22有距離是從W＋16cm（6吋）－H＝－4cm（－2吋）……所得的尺寸負數時為瘦度（TD）而計算後，15~22是負數（瘦度——TD）的$\frac{1}{8}$，即本圖的15~22是0.5cm（$\frac{1}{4}$吋）。22~16用彎尺的大彎部分向上而畫凸出來的柔順之小彎線，並連結22~16~20~19~18。又，15與22有距離時，22點的地方要提高一點點，這樣前面的左右片部分之腰圍線才會平順。

　　前身片的的口袋部分之畫法，請參閱下項「喇叭褲」欄裡的前身片。

　　前身片其他各線各點均按照前項「褲子的基本」欄裡無褶褲的方法畫製，因此，本欄要省略前身片的製圖法之說明，而直接進入後身片的製圖。

後身片（Under side）製圖說明

　　後身片中心線的各點（O、W、H、R、K'、K、L'、L等）跟前身片中心線的各點同法、同尺寸。又，後身片的3點至40點跟「褲子的基本」欄裡無褶褲後身片的畫製方法相同，為篇幅而省略其說明，在這裡僅將不同處說明於後：

1~2	62.5cm（24$\frac{3}{4}$吋）減掉26.5cm（10$\frac{1}{2}$吋）＝36cm（14$\frac{1}{4}$吋），以R為中心左右各分一半，即2~R＝R~1
15~H	$\frac{H}{8}$加上2cm（$\frac{3}{4}$吋）後減掉2~R的寬度，即6.5cm（2$\frac{5}{8}$吋），這時為了慎重要檢查15至前身片的17之寬度，即R~1減掉15~H後剩餘的尺寸，即15~17最少需有$\frac{H}{8}$的寬度，否則要調整（加減）後身片的腿圍（2~1）之寬度，因希望後身片的跨幅最少限度

	有$\frac{H}{8}$之故
41~40	後口袋尺寸，即14cm（5$\frac{1}{2}$吋）
42	40~41的中點
43~42	後口袋寬同尺寸，以42為基點從40~41畫直角線
44~45	後口袋寬尺寸減掉2cm（$\frac{3}{4}$吋），即12cm（4$\frac{3}{4}$吋），44~45線跟40~41線平行，以43為中心左右各分一半，然後40~44與41~45連結畫直線
46~43	2cm（$\frac{3}{4}$吋），44~46與46~45連結畫直線
47~40	40~44的$\frac{1}{4}$
48~41	40~47同尺寸
49~42	40~47加上2cm（$\frac{3}{4}$吋）
50	49~43的中點
51	44~46的中點
52	46~45的中點

緊身褲

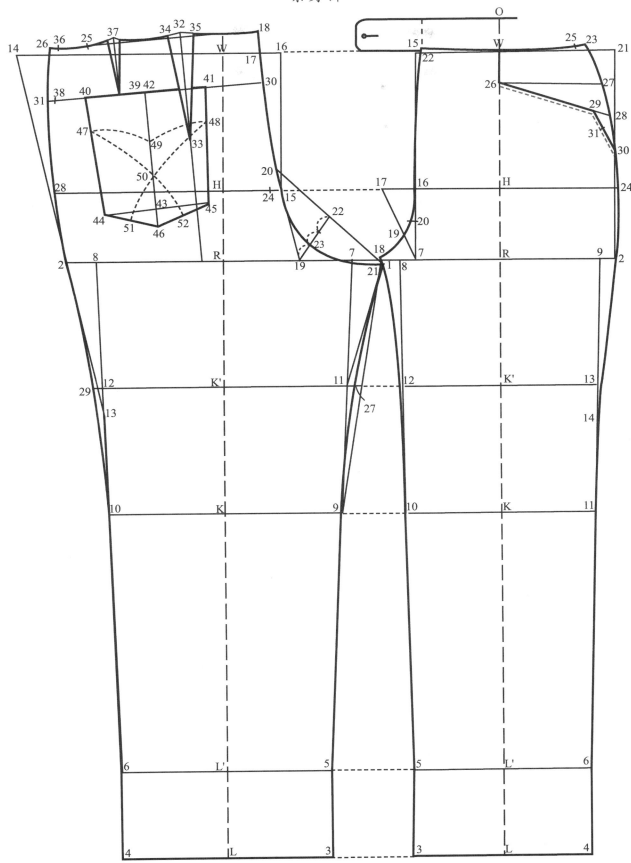

喇叭褲
Pantalon

Pantalon是法語，是指褲子之意。等於英語之Trousers，美語之Pantaloon。原在17世紀法國革命（1789年）發生後，廣泛被一般使用。始於緊貼至膝蓋處的褲子，特別是指這樣的褲子。又，1830年左右，穿在婦女裙子的下面而露出裝飾的褲子或喇叭褲，等於英語的Pantalettes。喇叭褲主要是腰圍至膝蓋處合身，而膝蓋處至褲口有如吊鐘般（Bell bottom）或喇叭型展寬的輪廓線之褲子，又稱水兵褲（Sailor pants）。所以近來在台灣已稱Pantalon為喇叭褲。

喇叭褲的收縮部位，一般設定在膝蓋處，收縮部位設定在較高的地方，看起來比較修長瀟灑（Smart——時髦、俏麗的），所以通常設定在褲長的一半較為理想。

適用尺寸 Measurements

腰圍（W）80cm（32吋）
臀圍（H）96cm（38吋）
膝圍（KW）50.5cm（20吋）
褲口（SB）65cm（25¾吋）
裾圍（SH）71.5cm（28¼吋）
股上（BR）29.5cm（11⅝吋）
股下（IL）73.5cm（29吋）
褲長（TL）103cm（40⅝吋）
腰入（WC）2cm（⅞吋）
腰差（WD）＝W＋16cm（6吋）－H＝O

前身片（Top side）製圖說明

前身片中心線的各點（O、W、H、R、L等）跟「褲子的基本」欄裡無褶褲前身片中心線的各點同法、同尺寸。因此，在這裡要省略說明。又，K~L是褲長的一半，即K在O~L的中點。一般收束的位置是設計在膝蓋的地方較多，我是設計在褲長的一半，這樣穿起來收束的地方較高一點，看起來較為修長又好看又漂亮。

1~2	$\frac{H}{4}$加上無褶褲前身片小股寬度固定尺寸4cm（1½吋）後，以R為中心左右各分一半，即1~R＝R~2
3~L	褲口尺寸的¼
4~L	褲口尺寸的¼，即跟3~L同尺寸
5~K	$\frac{H}{8}$－1.25cm（½吋），5~3連結畫直線，5~1連結畫少許凹入的曲線
6~K	$\frac{H}{8}$－1.25cm（½吋），6~4與6~2連結畫直線
7~L	0.75cm（5/16吋），7~3與7~4連結畫少許彎曲線為前身片的褲口線
8~1	無褶褲的小股寬度固定尺寸4cm（1½吋）
9	8的直上跟W橫線之交點
10	9~8直線跟H橫線之交點
11~10	跟1~8同尺寸
12~1	提高量0.5cm（3/16吋）
13~8	11~8的⅓
14	10~8的中點，14在10~13~12的曲線上為小股縫止點
15~W	$\frac{W}{8}$，臀圍與腰圍的標準差寸16cm（6吋）時，15的位置會與9同點，如遇到腰圍細小（瘦腰身）時，即臀圍與腰圍的差寸比標準差寸多時，15的位置會在9之內側。相反的遇到腰圍比較粗大（肥滿體）時，即臀圍與腰圍的差寸比標準差寸少時，15的位置會在9之外側

16~15	$\frac{W}{4}$加上一個縫份，即$\frac{W}{4}$加上1cm（$\frac{3}{8}$吋），16從W橫線上提高0.5cm（$\frac{3}{16}$吋）
17	16~2的弧線上跟H橫線之交點
18~W	W~R的$\frac{1}{6}$
19	18橫線跟16~17~2脇線之交點
20~19	4cm（$1\frac{1}{2}$吋）
21~20	4cm（$1\frac{1}{2}$吋）
22~20	2cm（$\frac{3}{4}$吋）
23~22	2cm（$\frac{3}{4}$吋）

後身片 (Under side) 製圖說明

後身片中心線的各點（O、W、H、R、K、L等）跟前身片中心線的各點同法、同尺寸。

1~2	$\frac{H}{4}$加上$\frac{H}{8}$再加上四個縫份的4cm（$1\frac{1}{2}$吋）後，以R為中心左右各分一半，即2~R＝R~1
3~L	褲口尺寸的$\frac{1}{4}$加上二個縫份
4~L	褲口尺寸的$\frac{1}{4}$加上二個縫份
5~K	$\frac{H}{8}$＋2.5cm（1吋），5~3連結畫直線，5~1連結畫少許凹入的彎線
6~K	$\frac{H}{8}$＋2.5cm（1吋），6~4與6~2連結畫直線
7~L	1.5cm（$\frac{5}{8}$吋），7~3與7~4連結畫左右平順的彎曲線為後身片的褲口線
8	6~2之延長線跟W橫線之交點
9~H	$\frac{H}{16}$
10	9的直上跟W橫線之交點
11~10	腰入尺寸，11~9連結畫少許凹入的彎曲線
12~11	腰入尺寸，即跟11~10同尺寸
13	12~11~9之延長線跟R橫線之交點
14~9	腰入尺寸，即跟11~10與12~11同尺寸
15~1	1直下0.25cm（$\frac{1}{8}$吋），15~13與15~14連結畫直線，15~5連結畫少許
	凹入的彎曲線
16	14~15直線的中點
17~13	16~13的$\frac{1}{3}$，9~17~15連結畫柔順的彎曲線為後臀圈線（後襠圈線）
18~9	1cm（$\frac{3}{8}$吋），因12~9配合臀型畫有些凹入，因此，以12~18為基準而向左畫直角線為後腰圍線，如果12~9畫直線時，即以12~9為基準而向左畫直角線為後腰圍線
19~12	$\frac{W}{4}$加上二個縫份
20	8~19的中點，20~2要跟前身片的16~2同尺寸
21~14	$\frac{H}{4}$加上三個縫份，以彎尺的大彎部分向上，小彎向下，把彎尺上下移動對齊20~21~2之三點後畫出彎曲線
22~12	W~R的$\frac{1}{4}$
23	23~22線跟12的直角腰圍線平行，23在20~21~2的弧線之交點，23~20不一定跟22~12同尺寸，因為20~12的腰圍線不是完全直線
24~12	$\frac{W}{8}$
25~24	W~R的$\frac{1}{2}$，25~24線跟23~22線成直角十字線
26~27	20~19的$\frac{2}{3}$，以24為中心左右各分一半為後中褶，26~25與27~25要畫少許凸出來的中彎線，又，26、24、27各點要如圖提高一點，或把26~27的褶份折疊後，將腰圍線修整平順
28~20	一個縫份
29	28~26的中點，將20~19的$\frac{1}{3}$，以29為中心左右各分一半為後脇褶，29線跟24~25線平行，29的褶子之左右線畫直線即可，又，29的褶子亦要折疊後，修整平順的後腰圍線
30~23	一個縫份
31~22	後口袋寬尺寸
32~30	30~31的$\frac{1}{3}$

33~32	後口袋寬尺寸
34	32~33的中點
35~34	後口袋寬同尺寸，以34為基點從32~33畫直角線

36~37	後口袋寬尺寸減掉2cm（¾吋），36~37線跟32~33線平行，以35為中心左右各分一半，32~36與33~37連結畫直線
38~35	2cm（¾吋）

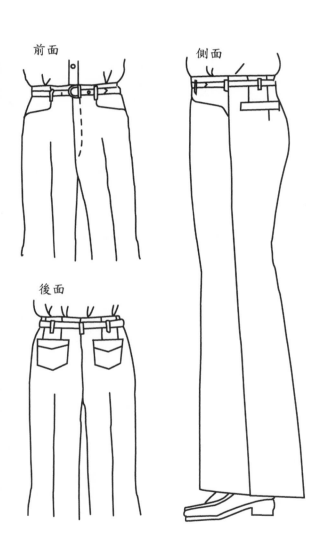

前面

側面

後面

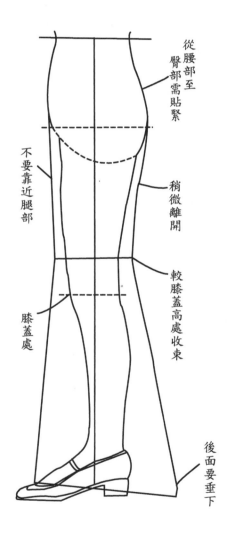

從腰部至臀部需貼緊

不要靠近腿部

稍微離開

較膝蓋高處收束

膝蓋處

後面要垂下

喇叭褲

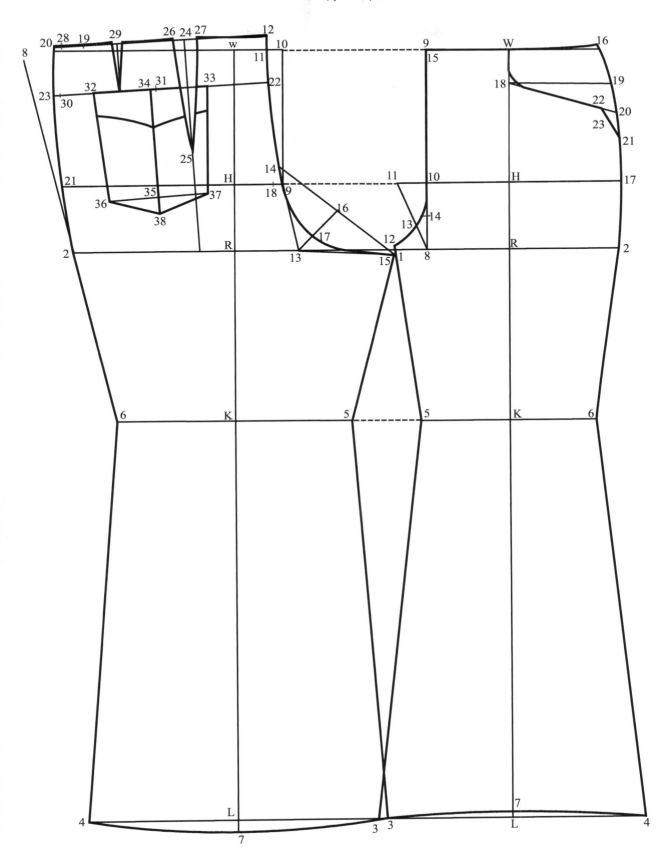

有襞褶的褲子

　　裁剪褲子時，H寸與W寸的差寸將發生問題。無論差寸過多或過少（有時候W寸比H寸大的肥滿體也有）而很難裁剪。以多少差寸去裁剪才算適當呢？這已在前項「褲子的基本」欄裡說明過的：是H寸－W寸＝16cm（6吋），但不必想得太死板而計算通融多少才能容易工作。

　　現在來談談前身片有襞褶（Plait——褶襉、活褶、疊褶）的褲子吧。前身片的襞褶有單褶、雙褶、參褶……等，有前面的折紋處，所折疊的褶子並不是縫褶（Dart——尖褶、拉褶、死褶），而是襞褶。應該像裙子或袴子的襞褶那樣清楚地被容納於應有的位置才行。雖然W很細小，把襞褶加深而折疊，在H圍附近的襞褶變得有張開的現象是極難看的。

　　因此，加上襞褶的褲子，從小肚子至H圍附近，必須避免張開而加上襞褶的份量而裁。如此一來，褲管處當然會變得粗些，故在縫製細褲管的褲子時，是不能加上襞褶的，在當中的折紋與脇邊之間，再加上一條或二條者係為收束W的褶子（也是襞褶）。

　　記得以前曾有一年流行把褲子裁細小的關係，常見前身的褶子在小肚子附近張開，但是，這個褶子不是為了收束腰圍的代用褶子，應該像裙子或褲子的襞褶那樣存在著構思，永遠穿著也不走樣、不張開而製作才行。

　　因為是顯眼的襞褶，從設計的觀點或襞褶的位置來看當然也成為問題。如A圖即有內向褶與外向褶之別。內向褶時，從中心襞褶向前折疊，襞褶會靠近前中心，左右襞褶與襞褶之間隔縮短而有「厭惡感」；外向褶時，即相反，襞褶與襞褶之距離過多而也有「厭惡感」。厭惡這些而把中央的折紋從股線向上方屈折，致使折紋彎曲。總得把折紋不彎曲（中心線照原樣）而變換襞褶的位置，可以說，需費更多的心血。

　　襞褶與脇邊線之間，加上一條或二條褶子（也是襞褶），這是收束W圍的作用，最近外向褶的褲子最盛行，但，大體上W圍較細小（H圍較大）的人，比較適合外向褶，W圍（腹圍）較粗大的人，比較適合內向褶吧！

A圖

外向褶

內向褶

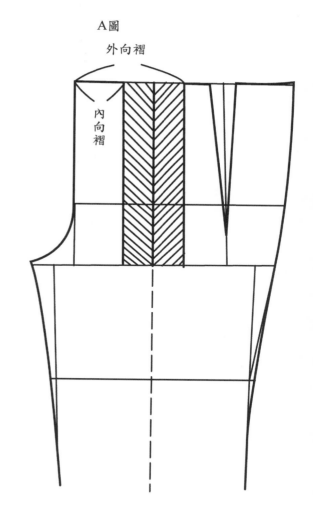

單褶褲
One tuck trousers

　　單褶褲是前身片折紋處有襞褶，因此，前身片的H圍需加上單褶之褶分外，小股也要多加一點寬度。

前身片（Top side）製圖說明

　　適用尺寸與前身片製圖說明，有部分跟「褲子的基本」欄裡無褶褲相同，為了篇幅而省略其說明，在這裡僅將不同處說明於後：

1~2　　$\frac{H}{4}$加上單褶褲襞褶份2.5cm（1吋）再加上單褶褲前身片小股寬度固定尺寸4.5cm（1¾吋）後，以R為中心左右各分一半，即1~R＝R~2

7~1　　單褶褲的小股固定寬度，即4.5cm（1¾吋）

21~W　　1cm（⅜吋），彎尺的大彎部分向上，小彎向下，以小彎連結21~H~R畫小彎曲線

22~21　　$\frac{W}{8}$，臀圍與腰圍的標準差寸16cm（6吋）時，22的位置會與15同點，本圖剛好為同點

23~22　　$\frac{W}{4}$加上一個縫份後再加上襞褶份，即$\frac{W}{4}$加上1cm（⅜吋）後再加上4.5cm（1¾吋）

24　　23~2~13（或14）的弧線上跟H橫線之交點，以彎尺的大彎部分向上，小彎向下，把彎尺上下移動對齊23~2~13（臀圍與腰圍的標準差寸負數時，用23~2~14）之三點後畫彎曲線，然後把彎尺反過來（即凹入）以小彎部分修整13（或14）部分之柔順彎曲線

25~21　　襞褶份4.5cm（1¾吋）

26~R　　2.5cm（1吋），26~25連結畫直線

27~23　　一個縫份，即1cm（⅜吋）

28~27　　25~27的⅓

29~28　　20cm（8吋）

30~28　　2cm（¾吋）

31~30　　口袋寬尺寸，即15cm（6吋）

　　以上是單褶褲前身片的製圖法，後身片的製圖法，請參照「褲子的基本」欄裡無褶褲後身片即可，因此在這裡又省略後身片的說明。

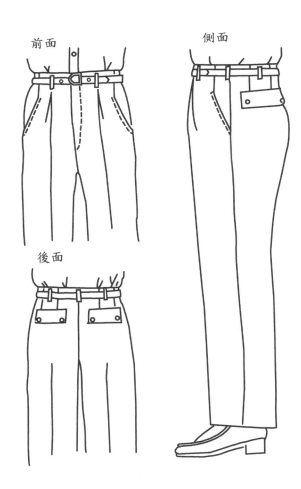

前面　　側面

後面

單褶褲

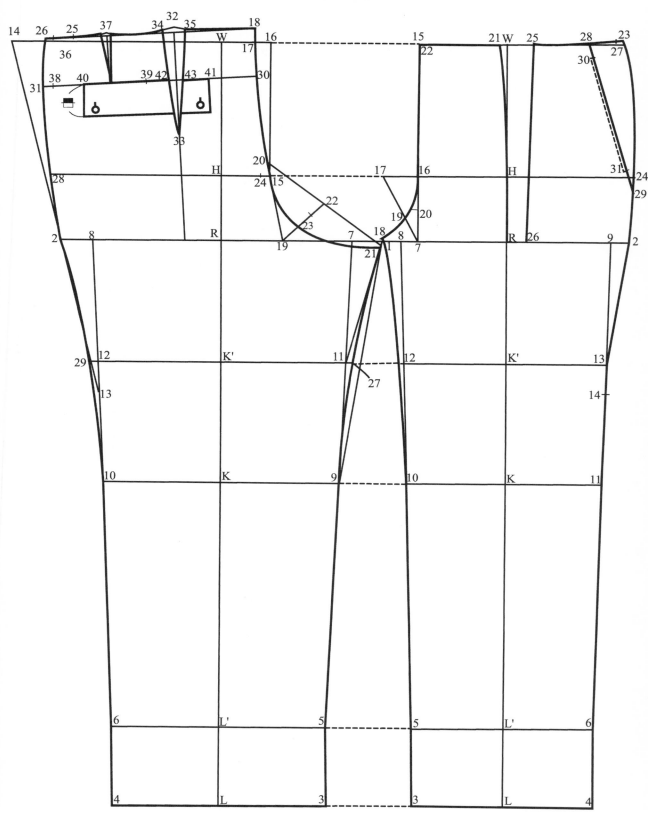

雙褶褲
Two tuck trousers

雙褶褲是前身片折紋處有襞褶外，在折紋線與脇邊線之間，再加上一條小襞褶，因此，不僅前身片的H圍處需再加上雙褶之褶分外，小股也要再多加一點寬度。

前身片（Top side）製圖說明

適用尺寸與前身片製圖說明，有部分跟「褲子的基本」欄裡無褶褲與單褶褲相同，為了篇幅而省略其說明。在這裡僅將不同處說明於後：

1~2　$\frac{H}{4}$加上雙褶褲襞褶份3.25cm（1¼吋）再加上雙褶褲前身片小股寬度固定尺寸5cm（2吋）後，以R為中心左右各分一半，即1~R＝R~2

7~1　雙褶褲的小股固定寬度，即5cm（2吋）

21~W與22~21及24、25~21、26~R、27~23的部分跟單褶褲相同，因此，在這裡又要跳過去而不重複說明。

23~22　$\frac{W}{4}$加上一個縫份後再加上二條襞褶份，即$\frac{W}{4}$加上1cm（⅜吋）後再加上7.75cm（3吋）

28~25　脇邊襞褶份3.25cm（1¼吋）

29~25　28~27的$\frac{1}{3}$

30~29　脇邊襞褶份3.25cm（1¼吋）

31　29~30的中點

32　26~2的中點，32~31連結畫直線

33　H橫線跟32的中點，29~33與30~33連結畫直線為脇邊襞褶份

34　30~27的中點

35~34　20cm（8吋）

36~34　2cm（¾吋）

37~36　口袋寬尺寸，即15cm（6吋）

以上是雙褶褲前身片的製圖法，後身片的製圖法，跟「褲子的基本」欄裡無褶褲後身片製圖法一樣，因此，在這裡又省略後身片的說明。

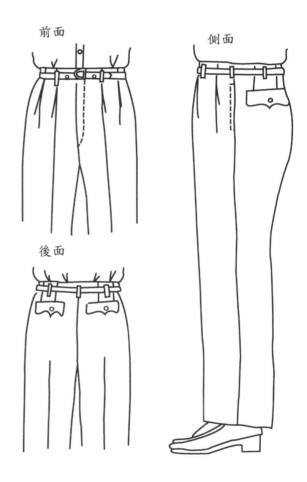

前面

側面

後面

雙褶褲

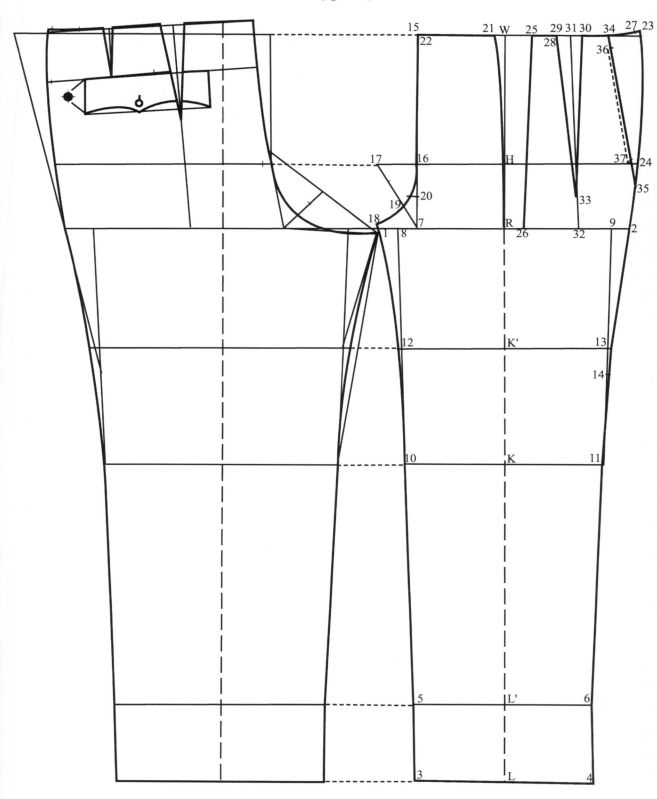

參褶褲
Three tuck trousers

參褶褲是前身片折紋處有襞褶外，在折紋線與脇邊線之間，再加上二條小襞褶，因此，不僅前身片的H圍處需再加上參褶之褶份外，小股也要再多加一點寬度。

前身片（Top side）製圖說明

適用尺寸與前身片製圖說明，有部分跟「褲子的基本」欄裡無褶褲與單褶褲及雙褶褲相同，為了篇幅而省略其說明。在這裡僅將不同處說明於後：

1~2	$\frac{H}{4}$加上參褶褲襞褶份4cm（1½吋）再加上參褶褲前身片小股寬度固定尺寸5.5cm（2¼吋）後，以R為中心左右各分一半，即1~R＝R~2
7~1	參褶褲的小股固定寬度，即5.5cm（2¼吋）

21~W與22~21及24、25~21、26~R、27~23的部分跟單褶褲與雙褶褲相同，因此，在這裡又要跳過去而不重複說明。

23~22	$\frac{W}{4}$加上一個縫份後再加上三條襞褶份，即$\frac{W}{4}$加上1cm（⅜吋）後再加上9.5cm（3¾吋）
28~25	二條脇邊襞褶份5cm（2吋）
29~25	28~27的$\frac{1}{4}$
30~29	脇邊內襞褶份2.5cm（1吋），註：本圖30剛好跟28同點
31	29~30的中點
32~26	26~2的$\frac{1}{3}$，32~31連結畫直線
33	H橫線跟32的中點，29~33與30~33連結畫直線為脇邊內襞褶份
34~30	28~27的$\frac{1}{4}$
35~34	脇邊外襞褶份2.5cm（1吋）
36	34~35的中點
37~32	26~2的$\frac{1}{3}$，即37在32~2的中點，37~36連結畫直線
38	H橫線跟37的中點，34~38與35~38連結畫直線為脇邊外襞褶份
39~35	28~27的$\frac{1}{4}$，即39在35~27的中點
40~39	20cm（8吋）
41~39	2cm（¾吋）
42~41	口袋寬尺寸，即15cm（6吋）

以上是參褶褲前身片的製圖法，後身片的製圖法，跟「基本型無褶褲」欄裡無褶褲後身片製圖法一樣，因此，在這裡又省略後身片的說明。

再者：前身片的二條脇褶也可以變換位置與相向（對褶）燙平，這樣，也是另一種感覺不同的褲型。變換情形如下：

29~25	28~27的$\frac{1}{3}$
30~29	脇邊內襞褶份2.5cm（1吋），註：這次30與28是不同點
31	29~30的中點
32~26	26~2的$\frac{1}{3}$，32~31連結畫直線
33	H橫線跟32的中點，29~33與30~33連結畫直線為脇邊內襞褶份
34~30	脇邊外襞褶份2.5cm（1吋）
35	30~34的中點
36~32	26~2的$\frac{1}{3}$，即36在32~2的中點，36~35連結畫直線
37	H橫線跟36的中點，30~37與34~37連結畫直線為脇邊外襞褶份
38~34	28~27的$\frac{1}{3}$，即38在34~27的中點
39~38	20cm（8吋）
40~38	2cm（¾吋）
41~40	口袋寬尺寸，即15cm（6吋）

參裙褲

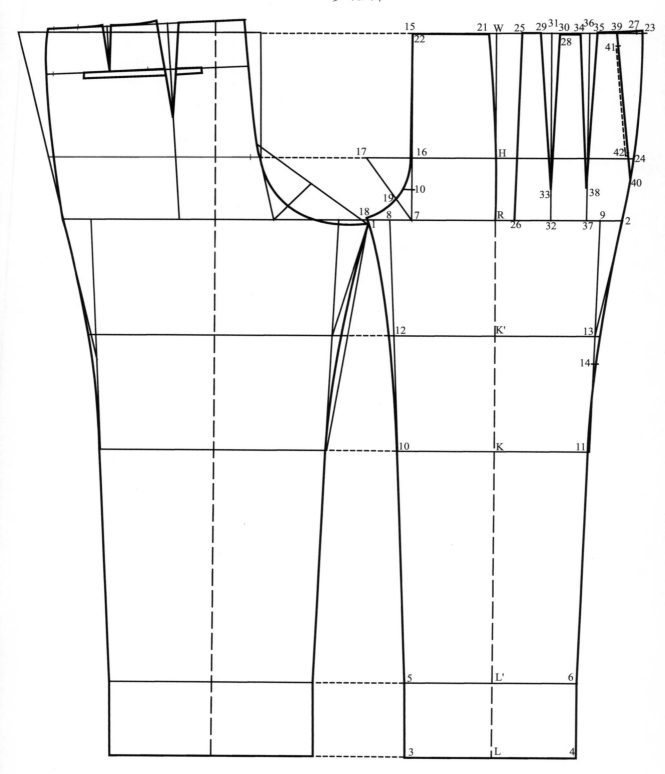

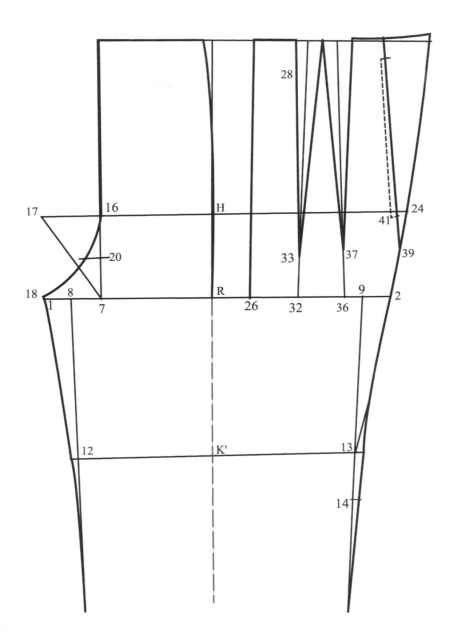

燈籠褲
Knicker bockers

燈籠褲是至膝下寬敞的褲子，細褶或襞褶打在膝蓋下處的褲口縮小為特徵。因富於運動，所以目前被作業（工作）、登山、高爾夫球、棒球等穿用。以前，認為17世紀左右在男性的服裝裡可以看到同類款式。曾經在17世紀時，荷蘭肖像畫家（Van-dyke）的圖畫看到這種褲型，當時是宮內官所穿的短褲（knee breeches），正確的名稱叫做尼卡・波卡（Knicker bocker），就是現今移民到紐約的荷蘭子孫的稱呼，也有人假裝知道說：尼卡是哥哥，波卡是弟弟，真相如何就不得而知了。1870年左右腳踏車（自行車）普及時，為了騎乘腳踏車時經驗過褲腳管被腳踏板（Pedal）捲住而傷透腦筋的人，應該不在少數。於是有把褲腳管捲起，用繩子綁住而騎腳踏車的模樣，加以修飾（Arrange）後的款式就是燈籠褲的起源。為了以免褲口帶（Garter——束膝帶）下面露出毛茸茸的小腿而難看，於是襪子要穿長及膝蓋的長統襪。前面打褶襉的款式是燈籠褲所創始的，很久以前，就是在前面打相當深的褶襉。

適用尺寸（Measurements）

腰圍（W）80cm（32吋）

臀圍（H）96cm（38吋），燈籠褲是又肥又大的褲子，一般的製圖法，以普通的方法畫製後，在脇邊加上適當的鬆份，這樣無前身片或後身片的折紋線，均不在前後身片的中心。所以我的方法是在臀圍尺寸，先另外再加上鬆份後的尺寸為基度而製圖，本篇的臀圍是另外再加上5cm（2吋）的鬆份後的尺寸為製圖基度，即臀圍96cm（38吋）再加上5cm（2吋），以101cm（40吋）而以Ⓗ為臀圍尺寸而製圖，這樣整個的褲型才會均衡平順。

褲口帶（SB）35cm（13¾吋），這個尺寸的位置在膝蓋下的凹入處跟小腿中間。褲口帶的寬度約4~5cm（1½~2吋），太窄的褲口帶會被下垂的褲腳管的重量壓翻。

股上（BR）29.5cm（11⅝吋）

股下（IL）73.5cm（29吋），燈籠褲的股下是普通股下尺寸的¾，即73.5cm（29吋）×¾＝55.125cm（21¾吋）加上束膝帶寬，就是燈籠褲的股下。

褲長（TL）103cm（40⅝吋）

腰入（WC）2cm（¾吋）

腰差（WD）＝W＋16cm（6吋）－Ⓗ＝－5cm（－2吋）

前身片（Top side）製圖說明

O	以O為基點，在O點向下畫直線為縱基本線，也是前身片的中心線，即為前身片的折紋線
W~O	4cm（1½吋），即腰帶寬，W橫線是腰圍線（W線），也是腰圍基本線
R~O	股上尺寸，R橫線是股上線（R線），也是腿圍基本線
H~R	W~R的⅓，H橫線是臀圍線（H線），也是臀圍基本線
L~R	股下尺寸
K	R~L的½，K橫線是膝蓋線（K線），也是膝蓋基本線
L′	K~L的½，L′橫線是束膝帶（褲口帶）的基本線，W、H、R、K、L′、

L等各向左右畫直角平行橫線

1~2　$\frac{H}{4}$加上雙褶褲襞褶份3.25cm（$1\frac{1}{4}$吋）再加上雙褶褲前身片小股寬度固定尺寸5cm（2吋）後，以R為中心左右各分一半，即1~R＝R~2

3~L′　褲口尺寸的$\frac{1}{4}$加上3.75cm（$1\frac{1}{2}$吋）的褶份

4~L′　跟3~L′同尺寸

5~3　1.5cm（$\frac{5}{8}$吋）

6~4　1.5cm（$\frac{5}{8}$吋）

7~1　雙褶褲的小股固定寬度，即5cm（2吋）

8~1　1~7的$\frac{1}{4}$，即1.25cm（$\frac{1}{2}$吋），普通的褲型，8是1~7的中點，因為燈籠褲的褲口有打褶，因此膝蓋的寬度應有寬鬆，所以8~1用1~7的$\frac{1}{4}$，8~5連結畫直線

9~2　跟8~1同尺寸，9~6連結畫直線

10　8~5的直線跟K橫線之交點，10~3連結畫小彎的曲線

11　9~6的直線跟K橫線之交點

12~4　4直下1cm（$\frac{3}{8}$吋），11~12連結畫小彎的曲線

13~12　7cm（$2\frac{3}{4}$吋），褶子的長度不要超過13的橫線，13~12是開口的長度

14~9　9~11的$\frac{1}{4}$

15　7的直上跟W橫線之交點

16　15~7的直線跟H橫線之交點

17~6　跟1~7同尺寸

18~1　提高量0.5cm（$\frac{3}{16}$吋）

19~7　17~7的$\frac{1}{3}$

20　16~7的中點，20在16~19~18的曲線上為小股縫止點

21~W　1cm（$\frac{3}{8}$吋），彎尺的大彎向上，小彎向下，以小彎連結21~H~R畫小彎曲線

22~21　$\frac{W}{8}$，22~15是腰差負數時，是負數的$\frac{1}{8}$，即本圖的22~15是0.625cm（$\frac{1}{4}$吋）

23~22　$\frac{W}{4}$加上一個縫份後再加上二條襞褶份，即$\frac{W}{4}$加上1cm（$\frac{3}{8}$吋）後再加上7.75cm（3吋）

24　23~2~14的弧線上跟H橫線之交點

25~21　折紋線襞褶份4.5cm（$1\frac{3}{4}$吋）

26~R　2.5cm（1吋）

27~23　一個縫份，即1cm（$\frac{3}{8}$吋）

28~25　脇邊襞褶份3.25cm（$1\frac{1}{4}$吋）

29~25　28~27的$\frac{1}{3}$

30~29　脇邊襞褶份3.25cm（$1\frac{1}{4}$吋）

31　29~30的中點

32　26~2的中點，32~31連結畫直線

33　H橫線跟32的中點，29~33與30~33連結畫直線為脇邊襞褶份

34　30~27的中點

35~34　20cm（8吋）

36~34　2cm（$\frac{3}{4}$吋）

37~36　口袋寬尺寸，即15cm（6吋）

38　L′直下跟12橫線之交點，把褶份2.5cm（1吋）以38為中心左右各分一半

39　38~12的中點，把褶份2.5cm（1吋）以39為中心左右各分一半

40~38　38~39同尺寸，把褶份2.5cm（1吋）以40為中心左右各分一半

後身片（Under side）製圖說明

後身片中心線的各點（O、W、H、R、K、L′、L等）跟前身片中心線的各點同尺寸，因此，在這裡不必再提。

1~2　$\frac{H}{4}$加上$\frac{H}{8}$再加上四個縫份的4cm（$1\frac{1}{2}$吋）後，以R為中心左右各分一半，即2~R=R~1

3~L′　褲口尺寸的$\frac{1}{4}$加上褶份3.75cm（$1\frac{1}{2}$吋）後，再加上二個縫份2cm（$\frac{3}{4}$吋）

4~L′	跟3~L′同尺寸
5~3	1.5cm（⅝吋）
6~4	1.5cm（⅝吋）
7~1	2.5cm（1吋）或R~1的⅛，7~5連結畫直線
8~2	跟7~1同尺寸，8~6連線畫直線
9	7~5直線跟K橫線之交點，9~3連結畫小彎的曲線
10	8~6直線跟K橫線之交點
11~4	4直下1cm（⅜吋），11~10連結畫小彎的曲線
12~L′	7cm（2¾吋），褶子的長度不要超過12的橫線，把褶份2.5cm（1吋）以L′為中心左右各分一半
13	8~10的中點
14	13~2的延長線跟W橫線之交點
15~H	$\frac{⦵}{16}$
16	15的直上跟W橫線之交點
17~16	腰入尺寸加上1.25cm（½吋），以彎尺的大彎部分向上，小彎向下，把中彎部分靠近17的地方，跟15連結畫凹入的小彎曲線
18~17	跟17~16同尺寸，18在17~25的延長線上
19	18~17~15的延長線跟R橫線之交點
20~15	跟17~16與18~17同尺寸
21~1	1直下0.5cm（³⁄₁₆吋），21~19與21~20連結畫直線，21~9連結畫後身片內股彎曲線
22	20~21直線的中點
23~19	22~19的⅓，15~23~21連結畫柔順的曲線為後臀圍線（後襠圍線）
24~15	1cm（⅜吋），因18~15配合臀型而畫有些凹入的曲線，因此，以18~24為基準而向左畫直角線為後腰圍線。如果18~15畫直線時，即以18~15為基準而向左畫直角線為後腰圍線
25~18	$\frac{W}{4}$加上二個縫份，即$\frac{W}{4}$加上2cm（¾吋）
26	14~25的中點，26~25為後身片的褶子份量，但26~25最多以4.5cm（1¾吋）為限。又，26要從W橫線上提高與前身片的23同高，即後身片的26~2跟前身片的23~2同尺寸
27~20	$\frac{⦵}{4}$加上三個縫份，即$\frac{⦵}{4}$加上3cm（1⅛吋）後，以彎尺的大彎部分向上，小彎向下，把彎尺上下移動對齊26~27~2之三點後，畫後身片的脅邊線並修整13的彎曲線
28~18	W~R的¼
29	29~28線跟18的直角腰圍線平行，29在26~27~2的弧線上之交點，29~26不一定跟18~28同尺寸，因為26~18的腰圍線不是完全直線。
30~18	$\frac{W}{8}$
31~30	W~R的½，31~30線跟29~28線成直角十字線
32~33	26~25的⅔，以30為中心左右各分一半為後中褶，32~31與33~31要畫少許凸出來的中彎線。又32、30、33各點要如圖提高一點，或把32~33的褶份折疊後，將腰圍線修整平順，這樣縫合褶子後腰圍線才會平順，而且穿起來後腰圍的後山高處才不會發生頂住的橫皺紋（擠皺）
34~26	一個縫份，即1cm（⅜吋）
35	34~32的中點，將26~25的⅓，以35為中心左右各分一半為後脅褶，35線跟30~31線平行，35的褶子之左右線畫直線即可。又，35的褶子亦要折疊後，修整平順的腰線
36~29	一個縫份，即1cm（⅜吋）
37~28	後口袋寬度尺寸，即14cm（5½吋）
38~36	36~37的⅓

39~38	後口袋寬度尺寸
40	38~39的中點
40~41	後口袋寬度尺寸加上2cm（¾吋），以40為基點從38~39畫直角線
42~43	後口袋寬度尺寸加上2cm（¾吋），即16cm（6¼吋），42~43線跟38~39線平行，以41為中心左右各分一半
44~38	4cm（1½吋）
45~39	4cm（1½吋）
46~40	6cm（2¾吋） 46~41打合褶
47	L'~3的中點，把褶份2.5cm（1吋）以47為中心左右各分一半
48~L'	L'~47同尺寸，把褶份2.5cm（1吋）以48為中心左右各分一半

後身片的褲袋以縫貼式較好，最好是貼上風琴式的口袋（即有打褶）

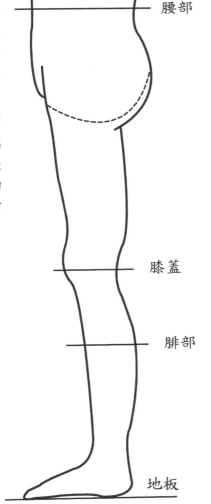

腰部

膝蓋

腓部

地板

褲口帶（Garter）製圖說明

O	基點
1~O	褲口帶長度，即35cm（13¾吋）
2~O	褲口帶寬度，即4cm（1½吋）
3~2	跟1~0同尺寸
4~1	扣帶長度9cm（3½吋），扣帶寬度2cm（¾吋）

關於褲口帶的裝法：如虛線所示，褲口帶的上邊要加上1cm（⅜吋）的縫份，把表布與襯布裁齊。前後身片的褲口共打六條短的襞褶，把褲口帶縫合這個地方，表布與襯布必須同時縫住，使穿上時褲腳管的上部自然地下垂。不是褲口帶騎在褲腳管，是褲腳管騎在褲口帶，因此，脫下來時翻轉而反面朝外。偶而見到過，錯接褲口帶的情形。

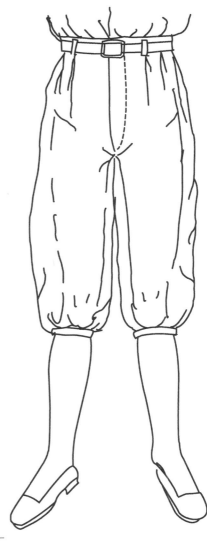

燈籠褲

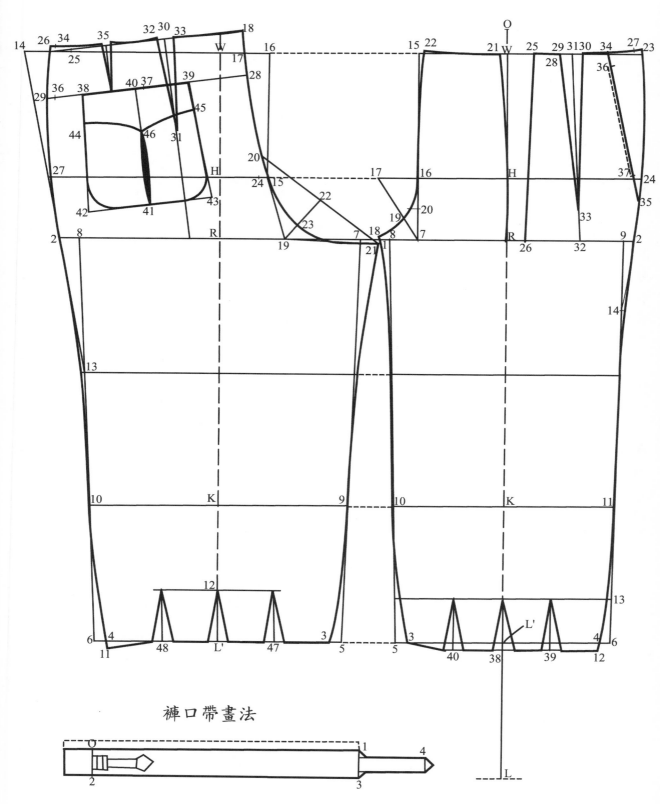

褲口帶畫法

騎馬褲
Riding Breeches

作為褲子之中，最華麗且富於魅力的形態，騎馬褲算是第一號，但是，要縫製機能性的困難度也是第一號，並且可以說真正有本事的工作。

要正式的縫製騎馬褲是一件非常辛勞的事情。從前，不用說騎兵隊，陸軍將官也常穿，所以軍服製作廠倒很會縫製。現在穿騎馬褲的人，頂多是騎馬俱樂部的會員或賽馬的騎師罷了。真想知道那一位裁縫師會做騎馬褲呢？我在學徒期間，還有顧客的依賴製作了不少的騎馬褲。想起當時被批評「這種褲子怎能騎馬？」而重做好幾次，經過了艱苦的磨練。張開兩腳站立，急速一蹲屁股就裂開……這種褲子就不行，要能兼有張開大腿與曲膝兩個動作才算合格。從屁股到大腿部分要充分的鬆份，從膝蓋下面到足頸（腳脖子）部分倒要緊貼。騎馬褲應適合騎馬而把臀部寬鬆，膝部屈折時有足夠的剩餘鬆份的形狀。請看A圖與B圖，股上要深，臀圍線又要相當傾倒而裁，所以站立時屁股凹入（臀溝）的地方就產生如手風琴有很多橫向皺紋。這些皺紋便是在騎馬的運動量，所以，是必須要有的皺紋。無論如何，騎馬褲是騎在馬上能表現出最優美的褲子才行。

適用尺寸（Measurements）

腰圍（H）80cm（32吋）
臀圍（H）96cm（38吋）
股上（BR）31.5cm（12⅜吋）比普通的褲子深
　一點
股下（IL）73.5cm（29吋）
褲長（TL）105cm（41⅜吋）
膝下~腓部間10.5cm（4⅛吋）
腓部~足頸間21cm（8¼吋）
膝上圍（甲）39cm（15½吋）
膝下圍（乙）35cm（13¾吋）
腓部圍（丙）38cm（15吋）
足頸圍（丁）24cm（9½吋）
腰入（WC）2cm（¾吋）

A圖

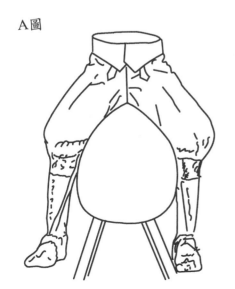

B圖

前身片（Top side）製圖說明

O	以O為基點，在O點向下畫直線為縱基本線，也是前身片的中心線
W~O	腰帶寬尺寸，即4cm（$1\frac{1}{2}$吋），W橫線是腰圍線（W線），也是腰圍基本線
R~O	股上尺寸，R橫線是股上線（R線），也是腿圍基本線
H~R	W~R的$\frac{1}{3}$，H橫線是臀圍線（H線），也是臀圍基本線
K~R	股下尺寸的$\frac{1}{2}$減掉5cm（2吋）
K′	R~K的中點，W、H、R、K′等各向左右畫直角橫線
1~2	$\frac{H}{4}$加上無褶褲前身片小股寬度固定尺寸4cm（$1\frac{1}{2}$吋）後，再加上騎馬褲脇邊的膨狀份4cm（$1\frac{1}{2}$吋），這是騎馬褲特有的形態，然後以R為中心左右各分一半
3~R	3cm（$1\frac{1}{8}$吋），3~K連結畫直線並延長至褲口處
L~K	股下尺寸的$\frac{1}{2}$加上5cm（2吋），即R~L是股下尺寸
4~L	腓部至足頸間尺寸，即21cm（$8\frac{1}{4}$吋）
5~4	膝下至腓部間尺寸，即10.5cm（$4\frac{1}{8}$吋）
6	K~5的中點，前身片開止點而後身片剪接對合記號，K、6、5、4、L等各點以K~L線為基準而畫直角橫線
7~6	四個縫份，即4cm（$1\frac{1}{2}$吋）
8~L	四個縫份，即4cm（$1\frac{1}{2}$吋），7~8連結畫直線
9~8	7~8的$\frac{1}{2}$加上一個縫份
10~9	疊合份2cm（$\frac{3}{4}$吋）加上一個縫份，即共3cm（$1\frac{1}{8}$吋）
11~8	10~9同尺寸
12~7	K~6的一半，12在7~8直線上
13	2~12的中點
14~13	4cm（$1\frac{1}{2}$吋），視流行而變化
15~K	$\frac{甲}{4}$
16~15	1cm（$\frac{3}{8}$吋）
17~5	$\frac{乙}{4}$
18	15~17直線跟6橫線之交點
19~4	$\frac{丙}{4}$
20~L	$\frac{丁}{4}$
21~1	無褶褲的小股寬度固定尺寸4cm（$1\frac{1}{2}$吋）
22	1~21的中點，22~15連結畫直線後，1~16~18~17~19~20如圖連結畫自然彎曲線為內股線
23	21直上跟W橫線之交點
24	23~21直線跟H橫線之交點
25~24	跟1~21同尺寸
26~1	提高量0.5cm（$\frac{3}{16}$吋），26~26~18~17~19~20如圖連結畫自然曲線為前身片的內股線
27~21	25~21的$\frac{1}{3}$
28	24~21的中點，28在24~27~26的曲線上為小股縫止點
29~W	騎馬褲脇邊的膨狀份4cm（$1\frac{1}{2}$吋）之一半，即2cm（$\frac{3}{4}$吋）
30~29	$\frac{W}{8}$，30跟23不一定在同點處，請參照無褶褲前身片製圖中之22~W
31~30	$\frac{W}{4}$加上一個縫份，31約提高0.5cm（$\frac{3}{16}$吋），31~2~14~12~7如圖連結畫前身片的脇邊線
32~29	W~R的$\frac{1}{6}$
33	32橫線跟31~2的脇邊線之交點
34~33	5cm（2吋）
35~32	3.5cm（$1\frac{3}{8}$吋）
36~34	一個縫份
37~36	32~36的$\frac{1}{4}$
38~37	7.5cm（3吋），以37為基點從32~34畫直角線
39~34	2.5cm（1吋）

後身片 (Under side) 製圖說明

後身片中心線的各點（O、W、H、R、K′、K、3、6、5、4、L等）跟前身片中心線的各點同法，同尺寸。

1~2	$\frac{\text{甲}}{4}$加上$\frac{\text{甲}}{8}$再加上四個縫份的4cm（1½吋）後，再加上騎馬褲脇邊的膨狀份4cm（1½吋），然後以R為中心左右各分一半
7~K	$\frac{\text{甲}}{4}$加上二個縫份的2cm（¾吋）
8~7	1cm（⅜吋）
9~5	$\frac{\text{乙}}{4}$加上二個縫份的2cm（¾吋）
10	7~9直線跟6橫線之交點
11~4	$\frac{\text{丙}}{4}$加上二個縫份的2cm（¾吋）
12~L	$\frac{\text{丁}}{4}$加上二個縫份的2cm（¾吋）
13~7	$\frac{\text{甲}\times3}{4}$
14~9	$\frac{\text{乙}\times3}{4}$
15~11	$\frac{\text{丙}\times3}{4}$
16~12	$\frac{\text{丁}\times3}{4}$加上二個褶份4cm（1½吋）
17~12	16~12的$\frac{1}{3}$
18	17直上跟15~11線之交點
19~18	18~17的$\frac{1}{3}$，然後把2cm（¾吋）的褶份，以17為中心左右各分一半為足頸的褶子
20~16	16~12的$\frac{1}{3}$，或20在16~17的中點，即16~20＝20~17＝17~12
21	20直上跟15~11線之交點
22~21	21~20的$\frac{1}{3}$，然後把2cm（¾吋）的褶份，以20為中心左右各分一半為足頸的褶子
23	13~14直線跟6橫線之交點，23~14~15~16如圖連結畫腓部脇邊線
24~23	2.5cm（1吋），24~10跟23~10同尺寸，24~13連結畫彎曲線，2~13~24為後身片下端脇邊線
25~6	2cm（¾吋）
26~6	2cm（¾吋）
27~R	跟前身片的1~R同尺寸
28	27~1的中點，28~7連結畫直線
29	2~13的延長線跟W橫線之交點
30~H	$\frac{\text{甲}}{16}$
31	30直上跟W橫線之交點
32~31	腰入尺寸加上3cm（1⅛吋）後，以彎尺的大彎部分向上，小彎向下，把中彎部分靠近32的地方，跟30連結畫凹入的小彎曲線
33~32	跟32~31同尺寸，33在32~30之延長線上
34	33~32~30之延長線跟R橫線之交點
35~30	跟32~31同尺寸，即32~31＝33~32＝35~30
36~1	1直下0.5cm（³⁄₁₆吋），36~34與36~35連結畫直線後，36~8~10~9~11~12如圖連結畫自然曲線為後身片的內股線
37	35~36直線的中點
38~34	37~34的$\frac{2}{5}$，35~30~38~36連結畫柔順曲線為後臀圍線（後襠圍線）
39~30	1.25cm（½吋），因33~30配合臀型畫有些凹入，因此，以33~39為基準而向左畫直角線為後腰圍線，如果33~30畫直線時，即以33~30為基準而向左畫直角線為後腰圍線
40~33	$\frac{\text{甲}}{4}$加上二個縫份，即$\frac{\text{甲}}{4}$加上2cm（¾吋）
41	29~40的中點，41~40為後身片的褶子份量，41~2連結畫後身片上端脇邊線，又，41~2要跟前身片的31~2同尺寸
42~41	一個縫份，即1cm（⅜吋）
43	42~33的中點
44~43	W~R的$\frac{1}{2}$，33~43~44為直角
45~46	跟41~40同尺寸，以43為中心左右各分一半為後中褶，45~44與46~44要

畫少許凸出來的中彎線。又，45、43、46各點要如圖提高一點，或把45~46的褶份折疊後，將腰圍線修整平順，這樣縫合褶子後腰圍線才會平順，而且穿起來後腰圍的後山高處才不會發生頂住的橫皺紋（擠皺）

47~33	W~R的$\frac{1}{4}$
48	48~47線跟33的直角腰圍線平行，48在41~2的弧線之交點，48~41不一定跟47~33同尺寸，因為41~33的腰圍線不是完全直線
49~48	一個縫份，即1cm（$\frac{3}{8}$吋）
50~47	後口袋寬度尺寸
51~49	49~50的$\frac{1}{3}$
52~51	後口袋寬度尺寸加上53~54的尺寸

C圖是測量膝圍時，應坐下而彎曲膝蓋之狀態來量出膝蓋周圍尺寸。

D圖是騎馬褲完成圖

E圖是前身片膝頭的燙拔方法：

Ⓐ為配合內股的膝頭，把成為外彎的部分，接連內股線的程度平針縫（細針縫）後，在肩膀熨馬上燙縮。

Ⓑ在脇邊向膝頭的燙縮0.3cm（$\frac{1}{8}$吋），整理形狀後，貼上寬度1.5cm（$\frac{5}{8}$吋）的斜布之膠襯

而車縫

Ⓒ車縫後將平針縫之縫線取掉，在內股是從小股至平針縫的地方手縫後車縫，燙開時也邊做膝頭的形狀而操作。

F圖是後身片膝頭的燙拔方法：

Ⓓ內股縫合線也是對腓部充分燙拔。

Ⓔ雖然依縫合線大體能做出形狀，但是腓部附近如圖燙拔而整理。

雖然褲口折合後，以千鳥縫固定，但是，有時候在前身片膝下貼上裡布。又，下襬以剪線滾邊處理亦可。

雖然褲長，股下是量至地板上，但是從地板上至足頸（腳脖子）的差寸是彎曲膝蓋時，約加上5cm（2吋）縱向的鬆份，這樣彎曲膝蓋也不會感覺束縛或不舒暢，膝部才不會緊迫感而好穿並能活動自如。橫向只有依縫合線縮縫或燙拔處理而已。

前開部分的釦眼是以繩子調節腓部大小，釦眼的間距在製圖上是1.75cm（$\frac{11}{16}$吋）左右，從完成線進入1.5cm（$\frac{5}{8}$吋），從7~9間等分而設計九個釦眼，後身片亦同。

W線、臀圍線、口袋、褶子、下襬線、後身片的23~26~10線與24~25~10線等是完成線，其他是剪線。

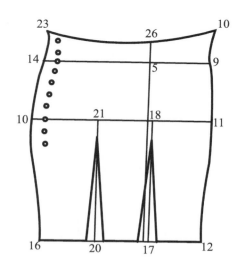

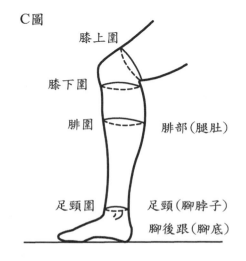

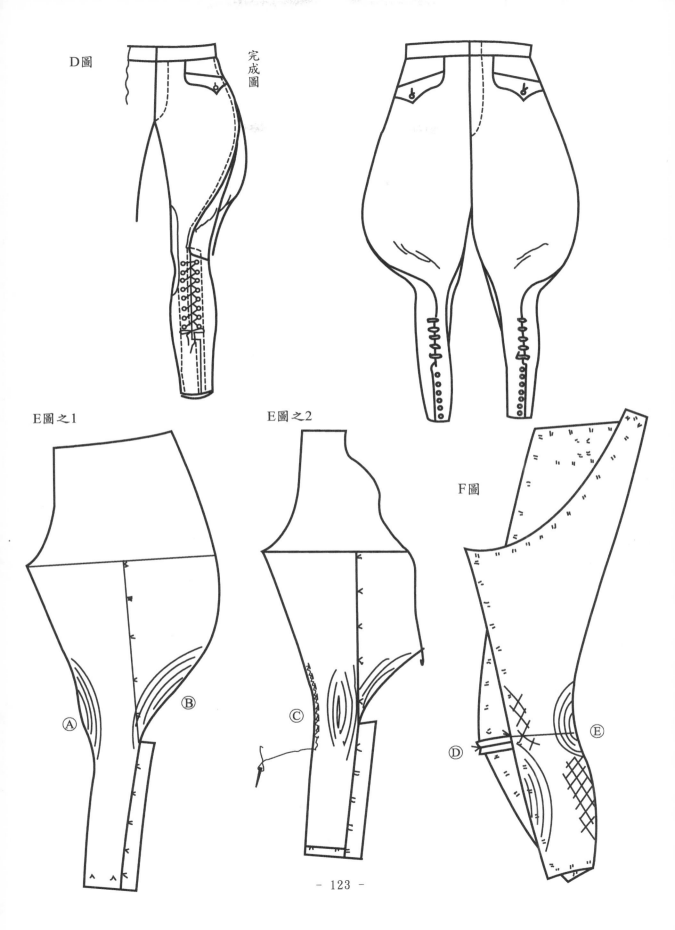

D圖　　完成圖

E圖之1　　E圖之2　　F圖

Ⓐ　Ⓑ　Ⓒ　Ⓓ　Ⓔ

- 123 -

騎馬褲

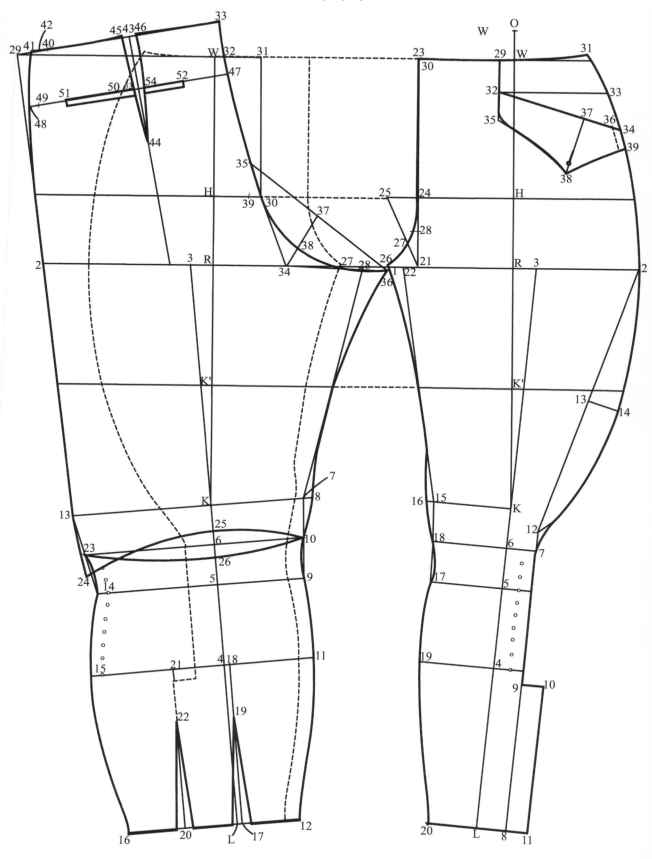

作業褲、狩獵褲
Work Pants、Shooting Breeches

作業褲或狩獵褲跟騎馬褲很相似，但是，作業或狩獵用的服裝，不如騎馬用的服裝那樣華麗而是附帶實用。把騎馬褲製成簡略方式，變成很適合業餘工作用（打工用）或狩獵用的褲子。

膝蓋下面到足踝部份，即小腿脇邊的開口，用釦子、繩子或拉鍊都可以。膝上脇邊的鼓起處比較騎馬褲小一點，太大如走過有刺的空隙或雜樹林時，或在工作中較為危險。股上也較普通褲深一點。

適用尺寸 Measurements

腰圍（W）80cm（32吋）
臀圍（H）96cm（38吋）
股上（BR）31.5cm（12⅜吋），比普通的褲子
　深一點
股下（IL）73.5cm（29吋）
褲長（TL）105cm（41⅜吋）
膝下~腓部間10.5cm（4⅛吋）
腓部~足頸間21cm（8¼吋）
膝上圍（甲）39cm（15½吋）
膝下圍（乙）35cm（13¾吋）
腓部圍（丙）38cm（15吋）
足頸圍（丁）24cm（9½吋）
腰入（WC）2cm（¾吋）

前身片（Top side）製圖說明

O	以O為基點，在O點向下畫直線為縱基本線，也是前身片的中心線
W~O	腰帶寬尺寸，即4cm（1½吋），W橫線是腰圍線（W線），也是腰圍基本線
R~O	股上尺寸，R橫線是股上線（R線），也是腿圍基本線
H~R	W~R的⅓，H橫線是臀圍線（H線），也是臀圍基本線
K~R	股下尺寸的½減掉5cm（2吋），K橫線是膝上圍（甲）線，也是膝上圍基本線
K′	R~K的中點
L~K	股下尺寸的½加上5cm（2吋），即R~L是股下尺寸，L橫線是股下線（L線），即足踝圍（丁）線，也是足踝圍基本線
1~2	嘂加上無褶褲前身片小股寬度固定尺寸4cm（1½吋）後，再加上作業褲、狩獵褲脇邊的膨狀份4cm（1½吋），這是作業褲、狩獵褲特有的形態，然後以R為中心左右各分一半
3~L	腓部至腳脖子間尺寸，即21cm（8¼吋），3橫線是腓部圍（丙）線，也是腓部基本線
4~3	膝下至腓部間尺寸，即10.5cm（4⅛吋），4橫線是膝下圍（乙）線，也是膝下基本線
5	K~4的中點，5橫線是前後身片開止點，也是後身片膝部打橫褶的基本線。W、H、R、K′、K、5、4、3、L等各向左右畫直角橫線
6~K	$\frac{甲}{4}$
7~K	$\frac{甲}{4}$
8~4	$\frac{乙}{4}$
9~4	$\frac{乙}{4}$
10~3	$\frac{丙}{4}$

11~3	$\frac{丙}{4}$
12~L	$\frac{丁}{4}$
13~L	$\frac{丁}{4}$
14	6~8直線中點跟5橫線之交點
15	7~9直線中點跟5橫線之交點
16	6~14直線的中點，彎尺的大彎部分靠在16而對齊2~16畫膝上的脇片線
17~7	1cm（⅜吋）
18~1	無褶褲的小股寬度固定尺寸4cm（1½吋）
19	1~18的中點，19~17連結畫直線，1~17~15~9~11~13如圖連結畫自然彎曲為內股線
20	18直上跟W橫線之交點
21	20~18直線跟H橫線之交點
22~21	跟1~18同尺寸
23~1	提高量0.5cm（³⁄₁₆吋）
24~18	22~18的$\frac{1}{3}$
25	21~18的中點，25在21~24~23的曲線上為小股縫止點
26~W	作業褲、狩獵褲脇邊的膨狀份4cm（1½吋）之一半，即2cm（¾吋）
27~26	$\frac{W}{8}$，27跟20不一定在同點處，請參照無褶褲前身片製圖中之22~W
28~27	$\frac{W}{4}$加上一個縫份，28約提高0.5cm（³⁄₁₆吋），28~2~16~14~8~10~12如圖連結畫脇邊線
29~26	W~R$\frac{1}{6}$
30	29橫線跟28~2的脇邊線之交點
31~30	5cm（2吋），29~31連結畫直線
32~29	3.5cm（1⅜吋）
33~31	一個縫份，即1cm（⅜吋）
34~33	6.5cm（2½吋），34在32直下

後身片（Under side）製圖說明

　　後身片中心線的各點（O、W、H、R、K′、K、5、4、3、L等）跟前身片中心線的各點同法、同尺寸。

1~2	$\frac{甲}{4}$加上$\frac{乙}{8}$再加上四個縫份的4cm（1½吋）後，再加上作業褲、狩獵褲脇邊的膨狀份4cm（1½吋），然後以R為中心左右各分一半，即2~R＝R~1
6~K	$\frac{甲}{4}$加上二個縫份
7~K	$\frac{甲}{4}$加上二個縫份，即跟6~K同尺寸
8~4	$\frac{乙}{4}$加上二個縫份
9~4	$\frac{乙}{4}$加上二個縫份，即跟8~4同尺寸
10~3	$\frac{丙}{4}$加上二個縫份
11~3	$\frac{丙}{4}$加上二個縫份，即跟10~3同尺寸
12~L	$\frac{丁}{4}$加上二個縫份後，再加上足頸的褶份1cm（⅜吋）
13~L	$\frac{丙}{4}$加上二個縫份後，再加上足頸的褶份1cm（⅜吋）
14~3	3~L的$\frac{1}{3}$，然後把2cm（¾吋）的褶份，以L為中心左右各分一半為足頸的褶子
15	7~9直線的中點跟5橫線之交點
16	6~8直線的中點跟5橫線之交點
17~6	4cm（1½吋）
18	17~6的中點跟K橫線之交點
19~7	1.25cm（½吋）
20~R	跟前身片的1~R同尺寸
21	20~1的中點，21~19連結畫直線
22	2~17的延長線跟W橫線之交點
23~H	$\frac{甲}{16}$
24	23的直上跟W橫線之交點
25~24	腰入尺寸加上3cm（1⅛吋）後，以彎尺的大彎部分向上，小彎向下，把中彎部分靠近25的地方，跟23連結畫凹入的小彎曲線
26~25	跟25~24同尺寸，26在25~23之延長線上
27	26~25~23的延長線跟R橫線之交點
28~23	跟25~24同尺寸，即25~24＝26~25＝28~23

29~1	1直下0.5cm（³⁄₁₆吋），29~27與29~28連結畫直線後，29~19~15~9~11~13如圖連結畫自然曲線為後身片的內股線
30	28~29直線的中點
31~27	30~27的$\frac{2}{5}$，28~23~31~29連結畫柔順曲線為後臀圈線（後襠圈線）
32~23	1.25cm（½吋），因26~23配合臀型畫有些凹入，因此，以26~32為基準而向左畫直角線為後腰圍線，如果26~23畫直線時，即以26~23為基準而向左畫直角線為後腰圍線
33~26	$\frac{W}{4}$加上二個縫份，即$\frac{W}{4}$加上2cm（¾吋）
34	22~33的中點，34~33為後身片的褶子份量，34~2~18~16~8~10~12如圖連結畫脇邊線，又，34~2要跟前身片28~2同尺寸
35~34	一個縫份，即1cm（³⁄₈吋）
36	35~26的中點
37~36	W~R的$\frac{1}{2}$，26~36~37為直角
38~39	跟34~33同尺寸，以36為中心左右各分一半為後中褶，38~37與39~37要畫少許凸出來的中彎線。又，38、36、39各點要如圖提高一點，或把38~39的褶份折疊後，將腰圍線修整平順，這樣縫合褶子後腰圍線才會平順，而且穿起來後腰圍線的後山高處才不會發生頂住的橫皺紋（擠皺）
40~26	W~R的$\frac{1}{4}$
41	41~40線跟26的直角腰圍線平行，41在34~2的弧線之交點，41~34不一定跟26~40同尺寸，因為34~26的腰圍線不是完全直線
42~41	一個縫份，即1cm（³⁄₈吋）
43~40	後口袋寬度尺寸
44~42	42~43的$\frac{1}{3}$
45~44	後口袋寬度尺寸加上46~47的尺寸

在後身片5上下如圖畫1.25cm（½吋）的膝蓋後拉褶。

W線、臀圈線、口袋、褶子、下襬線等是完成線，其他是剪線。

作業褲、狩獵褲

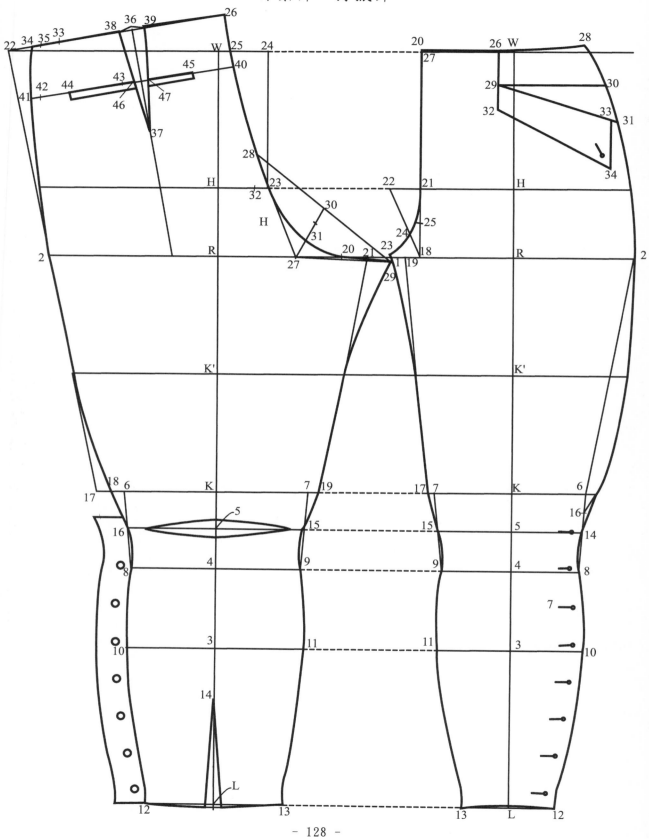

背心篇

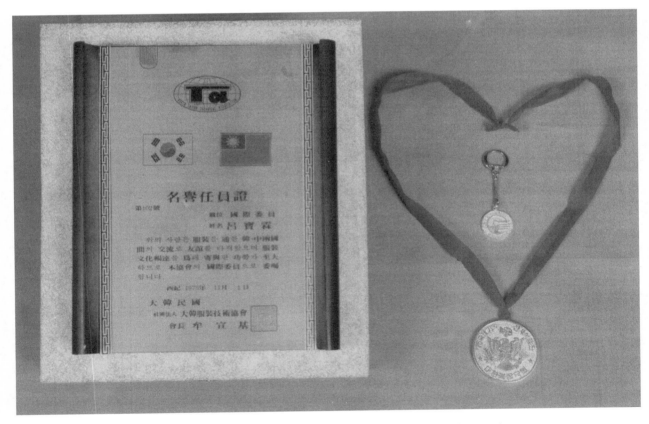

本書作者呂寶霖先生榮獲韓國大韓服裝技術協會牟宣基理事長頒贈
紳士服技術優秀金牌獎（右），並聘請為國際技術委員（左）。

背心的基本

如果說，男裝的套裝（Suits），其實，從來就是規定三件式（上、中、下），就是上衣、背心、褲子的方式。昔時連夏季服裝（亞麻布——Liniere）也是要加上「變型背心」。可是第二次世界大戰後的訂做都是二件式（上、下）而已，如果遇爾訂做附加背心的三件式，寧可說是沒有前例的感覺。因此，是否減少縫製背心的機會之原因，致使不善縫製背心是自然的現象與道理。但是，近來不容易看到背心的佳品，實在是遺憾的事。

近來依生活恢復舊態並安定之原因，有大量訂做背心的趨勢，時常聽到業者說背心的工作實在很困難而嘆聲。所以有必要再學習縫製背心吧！

背心因型細小形狀很單純，所以被認為工作是很容易輕鬆，但是，看起來簡單實際上卻不簡單，因缺點（毛病）是很顯明的，跟褲子或西裝有不同的工作之難處，在西裝、背心，褲子之中，我認為縫製背心最難。如果不出現八字斜皺紋，就是出現頂住橫皺紋（頸項根部橫皺紋），八字斜皺紋與頂住橫皺紋同時出現的也有。

所謂致命處（毛病），可以說全部都是致命處，但裁剪上的致命處，就是前身片與後身片的平　衡（Balance——平均、相等）以及長短的關係。不但不能不緊貼於身體，跟西裝有不同的窮門之需要。近來大部分不做皮帶扣（小鉤），因此，腰部的緊束度之加減也變得微妙。

在縫製方面，首先會想到口袋樣式中，有立式口袋（箱型口袋）是最困難的地方，背心的表面有四個立式口袋的，口袋完成後，背心的縫製工作就等於完成一半。背部是用裡布製成的，無論怎麼說，在背部的縫合法就需要技巧，背部的縫合肩線與西裝的縫合肩線情況不同，縫合肩線僅有0.1cm（¹⁄₁₆吋）的錯誤就成為毛病。製襯也很簡單，既不用放上墊肩，但必須使其貼緊於身體，因形狀簡單，故有些缺點是難免立刻出現的。

徵用裁剪師的考試命題時，以繪畫背心的圖樣，立刻就知道辨別（判斷）力的好壞。

背心的長度

背心的衣長之決定方法，以前是由背部後領徑中心通過頸側點至前端的尖點，以測量前長而決定的。但近來褲子的股上（褲襠）被縫製得較淺，所以前長是很難決定的。背部的長度應該如何決定的呢？如果露出褲子的皮腰帶，或露出襯衫是很難看的。太長的背心又覺得不甚贊成，但要縫製的話，就必須能完全遮蓋腰帶才行，否則反而不雅觀。

因此，雖然近來不甚流行，但以使用吊帶較為理想。加深褲子的褲襠，而不加長背心的衣長，這就是穿著好看的背心之技巧。雖然服飾店的商店有賣吊帶，但全部用鬆緊帶而前後附夾子（Crip）的，這樣褲子的固定性較弱且不安定。以使用尖端成雙叉的吊釦式之吊帶為宜。而且，全部使用鬆緊帶，反而壓住肩膀。很可惜，現在沒有出售像以前的皮製之吊帶。

我常在背後量取背心的衣長，請顧客前屈上半身而量至褲子的皮帶處。決定背部的衣長並在前面加上前下份（前垂份）即可。另外一種方法是決定背心的衣長時，先求背長（W、L）並在背長加上適當的尺寸，其實，其W、L的求法是有問題的。所謂背長就是由脖子根的

O點量到腰部下凹處，但男性的腰身位置怎麼也不清楚的。約有5cm（2吋）左右無論如何都可以隨意上下的，而且，隨著流行而可以斟酌提高或降低腰圍線，因此這種方法不認為有不變的規定。

求取背長還有用總長（F、L）來計算的方法，不過這也是有困難的。F、L是指脖子根至腳根的長度，但高個子的腳總是長於上半身的，相對的矮個子的腳短而胴體較長。換句話說，身體的高矮主要在於腳的長短，高個子或矮個子胴體的長度認為沒有多大的變化。當然這是指中等的場合，而不適用例外的巨人或矮人。因此由總長算出背長時，得再加上腳的長短，否則結果會變得不自然。

由總長的計算法是FL×⅟₄＋5cm（2吋）＝背心的背長（WL）之方法，因此不進行WL的測量。站在胴體的長度是沒有變化的原則上，計算出一部分，另一部分以定寸加以處理。不僅是背心的WL，在西裝的WL以及禮服等的劍長也用同樣的方法。

且說：背心是由WL再到衣長的順序，但此也仍用比例計算與定寸加以處理。因為背心是穿著在胴體的短杉，因此腳部長度如沒有多大的變化時，預先決定也沒有不相宜。如果認為結果很好而工作也可以簡單地處理的話，並不是說測寸是不可以的。背心的前身片原則上不加鬆份及縫份，因為背心的前胸膨脹貌而浮起是很可笑的。

由西裝紙型畫背心紙型

由西裝的紙型畫出背心的方法，這樣能一目瞭解跟上衣的關係，線或點的重疊狀況，其共同之處很多，故於裁製上可較為方便且不費事。因此，背心的製圖，全部先畫上衣的圖片後，從胸圍線上部為基本而製圖。這是我平素行事的方法。第一，有工作效率。製圖不限於任何方法，無論由上面或下面畫任何線條，才能稱得上夠資格的裁剪師。

將西裝與背心的基本圖重疊觀察時，立刻詳細知道雙方的關連性。西裝與背心最重要之地方，乃為V型領口（領襟）的調和，背心鈕子的露出情況等。背心的鈕子露出過多或隱藏於裡面都不適合。單排西裝的場合，其V型領口處，大約露出上面第一個的鈕子，第二個似乎有看到看不到的程度是我最喜愛的原則。

由西裝的紙型畫背心紙型，因此不必再訂出尺寸。這件西裝是胸圍94cm（37吋）的標準圖。脇邊的褶子及口袋均省略，僅畫輪廓（概略）。點線是上衣，實線為背心，W~H的中點為背心長，如果喜歡較長的可以從W~H的⅔（如圖點線）為背心長。說明時所說的Ⓑ之基度是用B94cm（37吋）加上8cm（3吋）後為102cm（40吋），Ⓦ之基度是用W82cm（32½吋）加上8cm（3吋）後為90cm（35½吋）。O~2~A~3是西裝的背縫線。

4~3	0.75cm（⁵⁄₁₆吋），背心的緊縮腰度要多一點
5	4直下跟L橫線之交點
A'	2~4直線跟B橫線之交點，O~2~A'~4~5是背心的背縫線
6'~6	0.25cm（⅛吋）
M'~6'	6'~O的⅓
7~S	S~M'的⅓，7上下畫垂直線
E"	7直下跟E橫線之交點，即跟F橫線之

	交點
8	7直上跟M'橫線之交點
S'~7	0.75cm（⁵⁄₁₆吋），S'~M'連結畫直線為後肩線
V'	7直下跟V橫線之交點
9~V'	1cm（³⁄₈吋）
10	V'~E''的中點
11~A'	$\frac{胸}{2}$加上前後脇邊的縫份1.5cm（⁵⁄₈吋）後除二，然後再加上2.5cm（1吋）就是11~A'的尺寸，即後身片的寬度，11在F~E''橫線之交點
12	11直下跟L橫線之交點
13~11	2cm（¾吋），即背心的後身片鎌深
14	11直下跟W橫線之交點
15	V'~13的中點
16~E''	15~E''的$\frac{2}{3}$，S'~9~10~16~13連結畫柔順的自然彎曲線為袖圈線
17~F	$\frac{胸}{2}$加上前後脇邊的縫份1.5cm（⁵⁄₈吋）後除二，然後再減掉2.5cm（1吋）就是F~17的尺寸，即前身片的寬度
18	17直下跟L橫線之交點
19~17	2cm（¾吋），即背心的前身片鎌深
20	17直下跟W橫線之交點
21	F直上跟J橫線之交點
22~21	跟7~O同尺寸
23~21	6'~O減掉1cm（³⁄₈吋）
D'	22直下跟F橫線之交點
T'~22	跟8~S'同尺寸，23~T'連結畫直線
N'~23	1.25cm（½吋），即N'~T'跟S'~M'同尺寸，N'在23~T'直線上，在N的下面一點點，這樣前領圈比較會平順
24~N'	M'~O減掉二個縫份1.5cm（⁵⁄₈吋），N'對合M'，因此，領徑在M'~O上面
25	22直下跟10橫線之交點
26~25	2.5cm（1吋）T'~26~D'~19連結畫柔順的自然彎曲線為前袖圈線
27	21直下跟W橫線之交點

28~27	從27~20加上14~4的寬度減掉$\frac{胸}{2}$與二個縫份後的餘寸
29~27	27~28的$\frac{1}{3}$，即為前腰褶份
30~29	29~28的$\frac{1}{3}$，即為前身片脇邊緊縮腰身寬度
31~4	14~4減掉一個縫份後的$\frac{1}{2}$，上下畫垂直線，30~28為後腰褶份以31為中心，左右各分一半為後腰褶
32~31	O~W的$\frac{1}{2}$減掉5cm（2吋）
33	32~31直下跟L橫線之交點，30~28的$\frac{1}{2}$以33為中心，左右各分一半，即跟29~30同尺寸
34~20	29~30同尺寸
35~18	29~30的$\frac{1}{2}$，即34~20的$\frac{1}{2}$
36	F直下跟L橫線之交點
37~36	1cm（³⁄₈吋），37是背心最下面釦子的位置
38~27	27~37的$\frac{1}{3}$，38是第四個釦子的位置
39~27	跟27~38同尺寸，即39~38跟38~37同尺寸
40~39	跟39~38與38~37同尺寸
41~40	跟40~39與39~38及38~37同尺寸
42~41	1cm（³⁄₈吋）
43~42	重疊份1.25cm（½吋）N'~43連結畫直線後，從23連結畫柔順的彎曲線為前領圈線
44	43直下跟36橫線之交點
45~F	$\frac{胸}{16}$
46~36	F~45的$\frac{2}{3}$
47	46直下，在H橫線上2cm（¾吋），或$\frac{W-H}{10}$，44~47連結畫直線，47~35連結畫彎曲線為前身片下襬線
48	45直下跟38橫線之交點，48~34連結畫直線
49~48	$\frac{胸}{8}$加上2cm（¾吋）
50~48	W~H的$\frac{2}{3}$加上2cm（¾吋）
51~50	$\frac{胸}{16}$＋$\frac{胸}{32}$，50~51線跟48~49線平行

52	50~51的中點
53	48~49的中點，52~53連結畫直線為前腰褶線
54	52~53之延長線跟47~35的下襬線之交點
55~52	2cm（¾吋）
56	55~54直線跟W橫線之交點，27~29的前腰褶份以56為中心，左右各分一半為前腰褶之寬度，54的褶子跟27~29同尺寸

由雙排西裝紙型畫背心紙型

　　別圖是雙排西裝與背心重疊對照之圖。有人主張雙排西裝不需要背心，因為上衣的V型領口（前襟）之開處較為窄小，背心較易被遮藏於裏面之故，但這樣是不成理由的。雖然背心看不見，但還是儘可能做背心，應思考如何才能在V型領口處能看到背心的領口而縫製，但是領口開襟會很窄是不得已的事。在這裏僅跟前圖有不同的地方加以說明。附帶說明是雙排西裝僅可以搭配單排背心，因雙排西裝再重疊雙排的背心，會造成身片的臃腫，一般來說是沒有人這樣穿的。此處的點線也是西裝的圖。在V型領口處能看到背心的領口就不錯，即背心的上面第一個鈕子隱藏在V型領口，但是背心的領口之處可以稍微露出部分就算是恰到好處（適合）的。如果要多露出背心的領口時，可以在41與42及43的地方移動即可，當然下面的鈕子位置亦要移動使其平均。

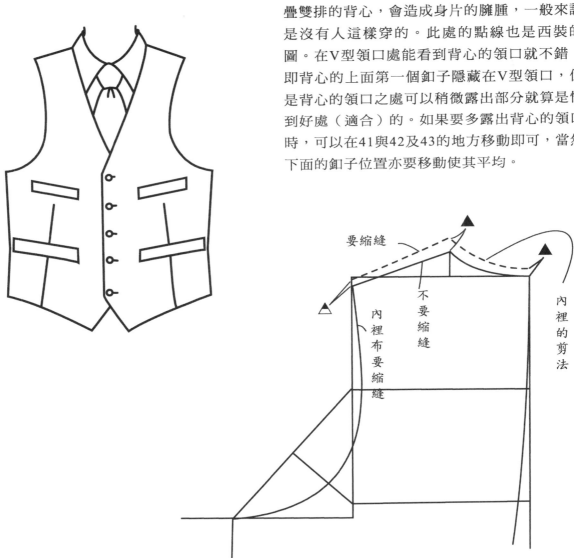

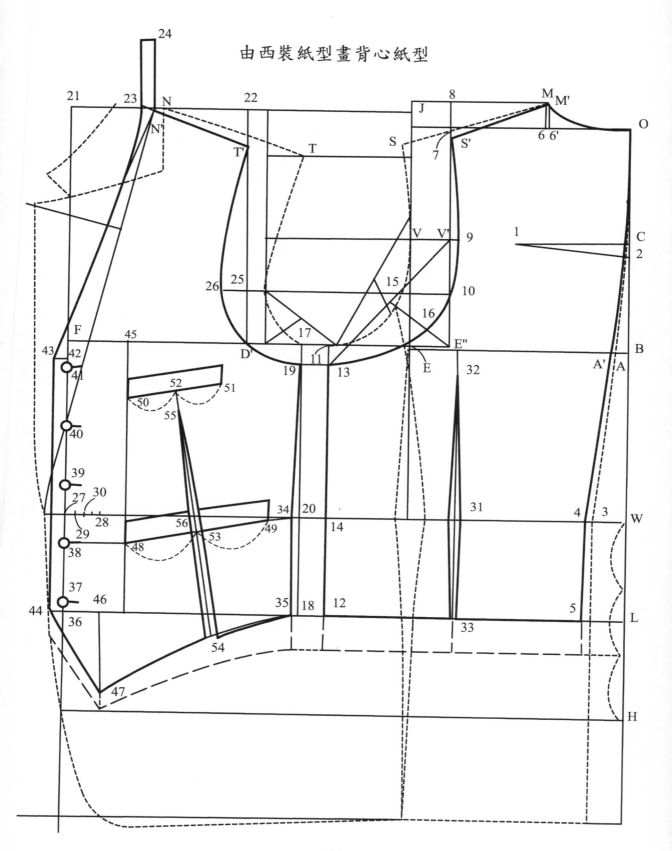

由西裝紙型畫背心紙型

由雙排西裝紙型畫背心紙型

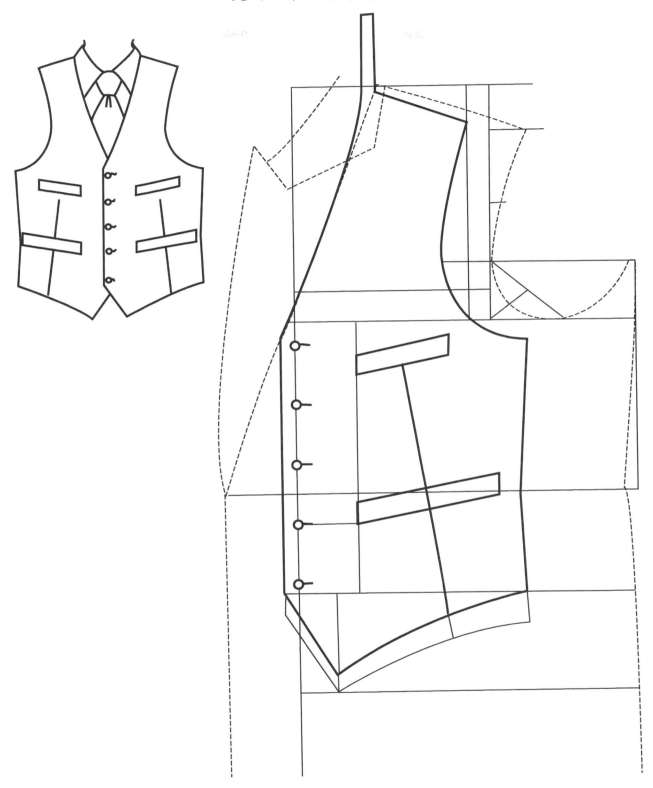

基本型單排五釦背心

依B基度計算的製圖法，在B線的分割，背寬、脇寬、胸寬的計算是很重要的，在這裡以Ⓑ基度來計算背寬、脇寬、胸寬的方法。

適用尺寸

總長（FL）147cm（58吋）
衣長（L）52.5cm（20⅝吋）
胸圍（B）94cm（37cm）
腰圍（W）82cm（32½吋）
臀圍（H）96cm（38吋）
肩寬（SW）44.5cm（17½吋）
頸入（NC）5cm（2吋）
肩斜（SS）6cm（2¼吋）

製圖基度

Ⓑ＝B＋8cm（3吋）＝102cm（40吋）
Ⓦ＝W＋8cm（3吋）＝90cm（35½吋）

製圖說明

O　　為基點，並畫直角線

B~O　　$\frac{Ⓑ}{8}$＋11.25cm（4⅜吋），或以上衣的尺寸$\frac{Ⓑ}{8}$＋10.25cm（4吋），即為上衣鎌深案內線（引導線），也是決定上衣袖圈底邊的重要位置

W~O　　FL的$\frac{2}{7}$

H~W　　FL的$\frac{1}{7}$，或W~O的$\frac{1}{2}$，或H~O為FL的$\frac{3}{7}$

L　　W~H的中點為背心長，如果喜歡較長的可以從W~H的$\frac{2}{3}$（如圖點線）為背心長

C　　O~B的中點

1~C　　O~C同尺寸

2~C　　頸入（NC）的$\frac{1}{4}$

3　　1~2直角之西裝背縫線，跟W橫線之交點

4~3　　0.75cm（%16吋），背心的緊縮腰度要比西裝多一點

A　　2~4直線跟B橫線之交點，O~C~2~A連結畫柔順的外曲線

5　　4直下跟L橫線之交點，O~C~2~A~4~5是背心的背縫線

6~0　　後領徑寬尺寸，即$\frac{Ⓑ}{16}$＋2cm（¾吋）

M~6　　後領徑高尺寸，即6~O的$\frac{1}{3}$

7~0　　肩寬尺寸的$\frac{1}{2}$加上1cm（⅜吋）

S~7　　2cm（¾吋），即後肩垂量，求取S~7的尺寸時，先把肩垂量的尺寸6cm（2¼吋）分成一半後，再減掉製圖上的墊肩厚度與鬆份之尺寸1cm（⅜吋），詳情請參閱「裁剪的預備知識」之肩垂下與鎌深尺寸的求法

8~S　　S~M的$\frac{1}{3}$，8上下畫垂直線

9　　8直上跟M橫線之交點

10~8　　0.75cm（%16吋），10~M連結畫直線為背心的後肩線

11　　9直下跟S橫線之交點

J~7　　從固定尺寸4cm（1½吋）減掉頸入（NC）尺寸的$\frac{1}{2}$，就是J~7的尺寸，即J橫線就是前身片N點的高度。N點的高度尺寸的求法，詳情請參閱「裁剪的預備知識」之頸側點（N點）的求法。或參閱「特殊體型篇」之反身體的操作。J橫線成為前身片的基本線。因肩膀斜度（即9~10）與頸入尺寸的不同之故，J點不一定在O或M的橫線之交點

12~J	9~11同尺寸，即前肩垂量尺寸
13	11~12的中點
E~13	肩高尺寸，即Ⓑ/8＋8cm（3⅛吋），因肩膀斜度（即9~10）與頸入尺寸的不同之故，E不一定在B橫線之交點
V~E	O~B的一半，即跟O~C與C~B同尺寸，因肩膀斜度（即9~10）尺寸的不同之故，V點不一定在C橫線之交點
14~V	1cm（⅜吋）
15	V~E的中點
F~A	Ⓑ/2加上前後脇邊二個縫份1.5cm（⅝吋），F上下畫垂直線為前中心線，F在E橫線之交點
16	F~A的中點，16在F~E橫線上
17~16	2.5cm（1吋）
18	17直下跟L橫線之交點
19~17	2cm（¾吋），即背心的鎌深
20	17直下跟W橫線之交點
21	V~19的中點
22~E	21~E的⅖，10~14~15~22~19連結畫柔順的自然彎曲線為後袖圈線
23	F直上跟J橫線之交點
24~23	跟8~O同尺寸
25~23	6~O減掉1cm（⅜吋）
D	24直下跟F~E橫線之交點
T~24	跟9~10同尺寸，25~T連結畫直線
N~25	1.25cm（½吋），即N~T跟10~M同尺寸，N在25~T直線上，在23~24橫線的下面一點點，這樣前領圈比較會平順
26~N	M~O減掉二個縫份1.5cm（⅝吋），N對合M，26對合O，因此，領徑在M~O上面
27	24直下跟15橫線之交點
28~27	2.5cm（1吋），T~28~D~19連結畫柔順的自然彎曲線為前袖圈線
29	23直下跟W橫線之交點
30~4	Ⓦ/2加上前後脇邊二個縫份1.5cm（⅝吋）
31~29	29~30的⅓，即為前腰褶份
32~31	31~30的⅓，即為前身片脇邊緊縮腰身寬度
33	20~4減掉一個縫份後的中點，上下畫垂直線，32~30為後腰褶份以33為中心，左右各分一半為後腰褶
34~33	W~H的¾
35	34~33直下跟L橫線之交點，32~30的½以35為中心，左右各分一半，即跟31~32同尺寸
36~20	31~32同尺寸
37~18	31~32的½
38	F直下跟L橫線之交點
39~38	1cm（⅜吋），39是背心最下面釦子的位置
40~29	29~39的⅓，40是第四個釦子的位置
41~29	跟29~40同尺寸，即41~40跟40~39同尺寸，41是第三個釦子的位置
42~41	跟41~40與40~39同尺寸
43~42	跟42~41與41~40及40~39同尺寸
44~43	1cm（⅜吋）
45~44	重疊份1.25cm（½吋），N~45連結畫直線後，從25連結畫柔順的彎曲線為前領圈線
46	45直下跟38橫線之交點
47~F	Ⓑ/16
48~38	F~47的⅔
49	48直下，在H橫線上2cm（¾吋），或(W~H)/10，46~49連結畫直線，49~37連結畫彎曲線為前身片下襬線
50	47直下跟40橫線之交點，50～36連結畫直線
51~50	Ⓑ/8加上2cm（¾吋）
52~50	W~H的⅔加上2cm（¾吋）
53~52	Ⓑ/16＋Ⓑ/32，52~53線跟50~51線平行
54	52~53的中點
55	50~51的中點，54~55連結畫直線至

下襬線為前腰褶線

56	54~55之延長線跟49~37的下襬線之交點
57~54	2cm（¾吋）
58	57~56直線跟W橫線之交點，29~31的前腰褶份以58為中心，左右各分一半為前腰褶之寬度，56的褶子跟29~31同尺寸

基本型單排五釦背心

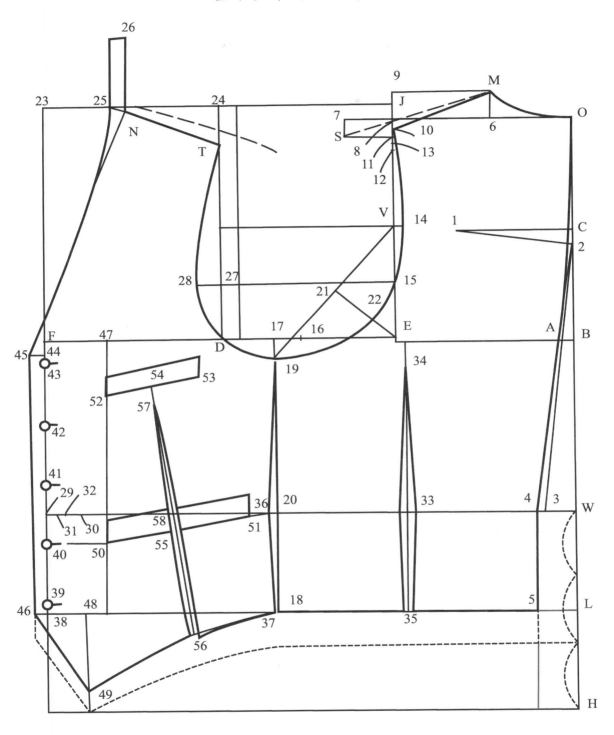

單排六釦背心

六個釦子的背心有六個釦子全部扣上來穿著的型式與留下最下面的一個釦子不扣而開著的型式兩種。故意不扣最下面的釦子來穿著的俏皮型，有如穿西裝而不扣最下面的釦子一樣，因此。如不從第五個釦子下面要露角地用緩和的彎曲線就會顯得怪怪的。

製圖說明

適用尺寸與製圖說明，自O點至38與45點至58點跟「基本型單排五釦背心」相同，為了篇幅而省略其說明。在這裡僅將不同處說明於後：

39	29~38的中點
40~29	跟29~39與39~38同尺寸
41~40	跟40~29與29~39及39~38同尺寸
42~41	跟41~40與40~29及29~39、39~38同尺寸
43~42	1cm（⅜吋）
44~29	29~38的⅓

基本型單排六釦背心

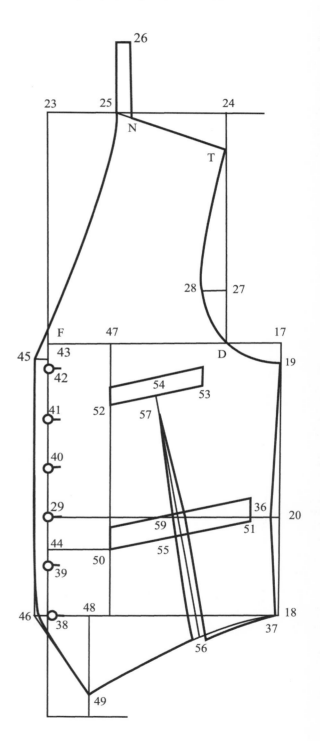

單排三釦U字領圈背心（塔克西都用）

U line Vest

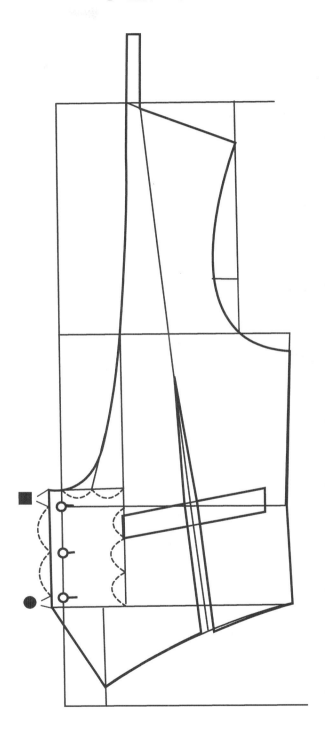

單排三釦絲瓜領圈背心

單排三釦絲瓜領背心

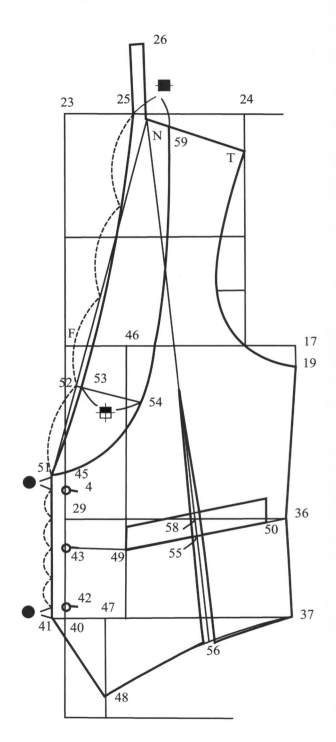

單排三釦絲瓜領背心

23 25 26 24

N 59

T

F 46

17
19

52 53
54

51
45
4

29

36
58
50
55

43 49

42
47

41 40
37

56

48

單排五釦絲瓜領背心

單排五釦劍領背心

單排五釦劍領背心

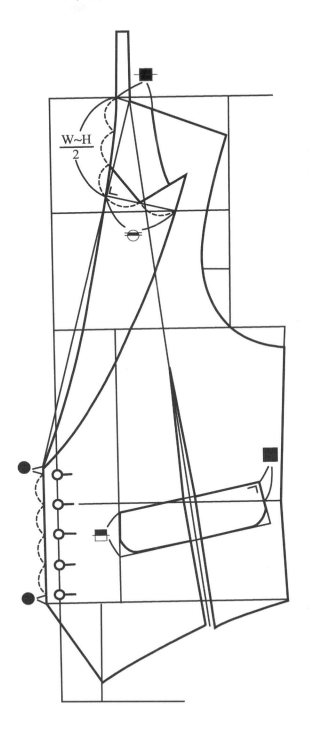

$\dfrac{W \sim H}{2}$

雙排背心

所謂男性的套裝，本來就是三件式，昔時，夏季也是附上「變型背心」。可是第二次世界大戰後的訂做承接的以上下二件式的較多，如果訂做被附上背心的三件式時，好像沒有前例的感覺。因此，做背心的機會較少之故，做背心變成非常掘劣，而很少看到背部漂亮的背心。因此，常常聽到做背心實在很困難。

顯見衣生活回復舊態而安定之故，好像附上背心的訂做漸漸增加。可以說應該再學習背心的必要。

提起做出雙排釦的背心。三件式或者別種布的變型背心都可以，變型背心的場合，要考慮上衣的花樣調和。

變型的背心，經常使用格子花紋，在呢絨店或訂做店的櫥窗內，都會排放漂亮的Vesting之背心布料。

至於說：要穿雙排背心的場合，上衣絕對非單排不可。雙排的西裝是不穿雙排背心的。如果這樣穿會被人嘲笑。

雙排與單排的差別，僅是前面的相疊份變動而已。其他的部分都一樣。因此，單排也可以應用。前面有扣三個釦、四個釦、二個釦等各種各樣，三個釦是普通的。西裝的場合也有不同，前開大、相疊份與釦子的配置也是很微妙。有些細微之事情會變成呆頭呆腦的情形，因此，要注意。

前開不是直線，是柔順的彎曲線。M與N粘在一起，領徑在O~M之上面。

從前，雙排背心的領圈開得少，把下片領（拉佩爾——Lappl）縮短，相疊份充分擴大，但是，現在跟西裝一樣，把相疊份變狹窄而釦子的間距縮短。

也有不做下片領的，但是，雖然費事麻煩，有下片領較華麗。背心的下片領要做寬一點，絲瓜領（Shawl Collar）亦可以。

上領連結於領徑（Erimitu）。

以胸寸式比例計算的製圖，諒必已經知道，胸圍B的尺寸為基準，從B線直上直下畫線，肩、領、W、下襬均以B線計算而出。縮圖可能有些不理解，如果以實寸製圖時，把B線與W線測量看看。

在B線有包含脅邊1.5cm（⅝吋）的二個縫份及F~A 4cm（1½吋）的鬆份。

W線上也有1.5cm（⅝吋）的縫份及4cm（1½吋）的鬆份，剩餘的部分以褶子及脅邊處理。褶子的捏量不多時，在後身片打一個褶子即可，如果較多時，如圖上的說明前後與脅邊分配，如果分配後還厭惡褶子太多時，不妨把後背縫線多移入1cm（⅝吋）亦可。

雙排六釦V字領圈背心（A型）

雙排六釦V字領圈背心(A型)

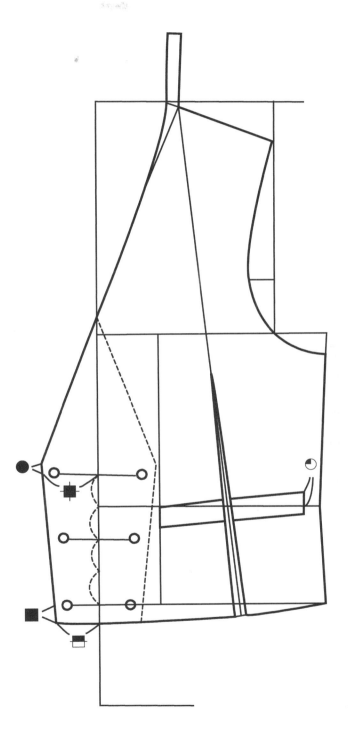

雙排六釦V字領圈背心（B型）

雙排六釦V字領圈背心(B型)

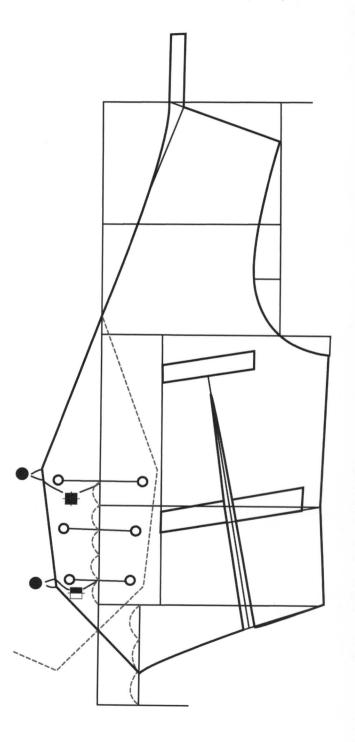

雙排六釦絲瓜領背心（A型）

雙排六釦絲瓜領背心（A型）

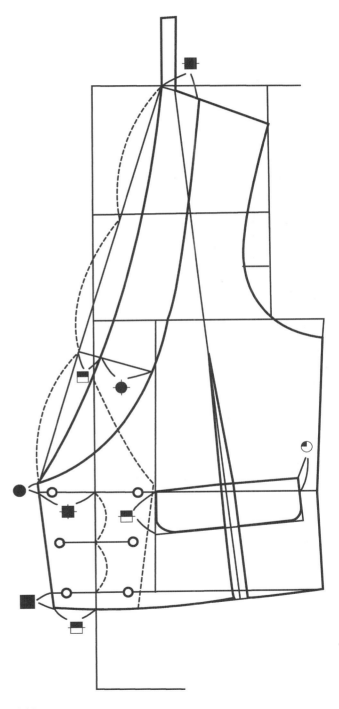

雙排六釦絲瓜領背心（B型）

雙排六釦絲瓜領背心（B型）

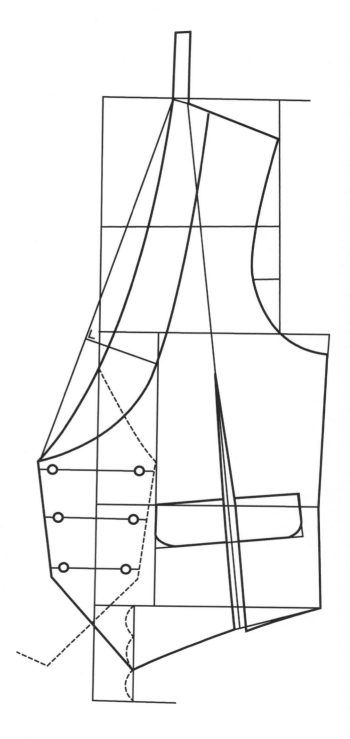

雙排四釦劍領背心

雙排四釦劍領背心

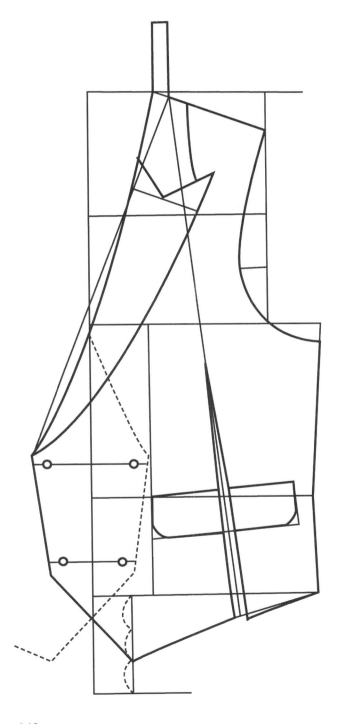

雙排六釦劍領背心

雙排六釦劍領背心

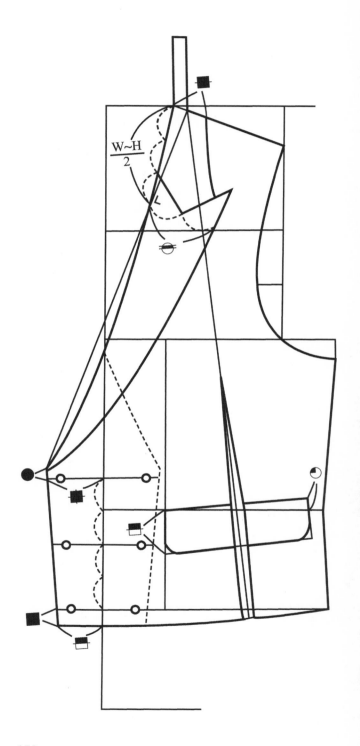

$$\frac{W\sim H}{2}$$

西服篇

本書作者呂寶霖先生榮獲韓國大韓服裝學院徐國商院長頒贈
30吋高的紳士服最高優秀金牌獎座。

西服的基本

現在西裝的款式，到底是從哪一年開始流行起來的，已不可考了。但，無論如何實在是很出色的款式。紳士服的主流，無論怎麼說都是非西裝莫屬的。不但是成衣如此，訂做西服業中，西裝亦佔了大半。其原因不勝枚舉，但是，最主要的乃是因其穿起來舒適，且款式優雅的原故。通常的工作服、休閒裝等都以西裝是唯一的（Only──單獨的、專屬的）。最近的西服已慢慢地包含著禮服。眾所周知，簡式禮服（Tuxedo──塔克西都、簡便晚禮服）是西服型。

記得以前在1972年6月，當時的行政院蔣經國院長曾說過：公教人員在開會時不必穿西裝，只穿青年裝即可。致使當時西裝業界的景氣一落千丈，非常低落，甚至有一些服裝評論家，口出狂言說要廢止西裝，使其不再流行。但是，到現在已經過了30多年了，西裝不但沒有被廢止，且甚至愈來愈興盛了。不管是熱帶國家還是寒帶國家，不管是走到哪裡都可以看到西裝。各種制服也是屬於西裝款式的。西裝是極儉樸而不浪費的，隨著流行雖然會有一些變化，但是仍是大同小異，其基本更是儼然不變的。

但是，時至2007年5月29日就任不久的行政院張俊雄院長率先脫下西裝，只穿著襯衫不打領帶，以推動節約能源政策，要求各機關學校，即日起國際禮儀接待外賓外，平時不穿西裝、不打領帶，改穿輕便衣服，希望大家能過「Simple living. High thinking──簡樸生活，高思維」的生活，這樣一來，我們西裝業界的景氣又要回到30多年前的衝擊一樣。但是經過我的觀察，在私人民營機構還是照常穿著西裝打領帶上班族也是很多，因此，西裝業界的景氣不會受到很大的影響。

在技術上來說，西裝亦是裁剪與裁縫的基本。只要能熟練地裁剪與縫製西裝的話，那麼一般的外套、大衣類都能把握住其要領了。不管到哪一家裁縫店工作，均能縫製西裝。若是連續縫製了好幾件外套、大衣或禮服的話，就會覺得厭煩，可是西裝無論是縫製多少件或縫製多久都不會產生一點兒厭惡，真是奇妙。

從現在起要進入學習西裝之時，首先，所謂基本圖是原理性，相信同時也是普遍性與實用性。因此，不能不注意到現在的流行傾向。曾有一段時間，流行肩幅窄小。若依此為基準。背寬、胸寬也跟著窄小。因衣服的鬆份少，相對的活動量就減少，但是，又不能因此而減少。

現在由於胸圍的寬度增加，故西裝的長度亦加長了。長度既加長了，背長當然也會變長（腰的束緊位置變低），否則的話將會不成比例。為了強調胸部的膨鬆線條，雖然可以變化加寬下襬的寬度之傾向，但是，後身片的中央（Centre）或脇邊（Side）開叉（Vents）開長一點時，如果下襬波浪（Flare）不夠時，開叉會脫開。

西裝的長度

西裝長度的決定法，通常是以總長的一半為準，也就是西裝長與股下長各佔一半。不胖不瘦不高不矮的人，正好可以活用此方法。但是，若碰到特別高大或矮小的人那就不行了。所謂高大的人，其腳長要比身體長（胴體長）來得長，故以總長一半的話，上衣的長度則嫌太長。而身高矮小的人正好相反，因其身體長

而腳短之故，上衣的長度實際比總長的一半還要長些才對。如果從總長減去股下尺寸就會成為這樣。因此，為整體的均衡，我的方法是以總長的一半後之尺寸，另外總長減掉股下的尺寸，以兩者所得的長度之差寸分成一半，將這一半的差寸在總長的一半上加減，即高大的人從總長的一半減掉兩者差寸之一半，矮小的人從總長的一半加上兩者差寸之一半，就是上衣的長度。

所謂長度與胸圍的均衡之中等身材的尺寸大約如此：

總長142~150cm（56~59吋）

胸圍90~98cm（35½~38½吋）

其他的尺寸，如腰圍、臀圍、肩寬、背寬、胸寬、袖長等均與其標準有關聯，期望在當場再說明。尺寸有指示（規定）尺寸與測量尺寸，需注意加以區別。而胸圍或背寬、胸寬乃屬測量尺寸，故到了裁剪時再稍加斟酌即可。雖然以規定的尺寸為優先，若此兩種尺寸不均衡的時候就很麻煩了。

所謂胸寸式的裁剪，乃是以胸圍的尺寸為基度，根據這個基度，則各重要部分都能計算出來。到底哪一個範圍要使用基度呢？這也是個問題。但為了基度即是根據其適用的程度，並有謀求縱橫全部的調和之重要功效。訂做的衣服為求個人差之目的，即加上各部分的實際測量之尺寸，故工作十分複雜，但基度與實測尺寸的調和，亦為一重要的條件。

而胸圍與腰圍、臀圍的差寸，到底以多少為標準呢？各個的寬鬆度又該備多少呢？這些都是設計的要素，故在事先就應先考慮到。在胸圍即是：

胸圍－腰圍＝10~14cm（4~5½吋）

胸圍＋2~3cm（¾~1⅛吋）＝臀圍

雖然大小可能會有一些出入，但大約即是以此為標準。在縫製西裝時，還是太過神經質地局限於0.2cm（1/16吋）或0.3cm（⅛吋）之爭，即不必想得太死板較為妥當。

基本型單排雙扣西裝
Single Breasted Two Button Sack Coat

如前述，最近胸圍的寬度有放大的傾向，故背寬與胸寬的寬度也跟著放大，結果，肩寬也隨之而稍微放大。在過去有人說，肩寬是以背寬為基準而製作的話較為合宜。但也有時會產生不以肩寬為基準來製作出背寬這種情形。肩寬在設計上可說是個很重要的尺寸，故不可稍有忽略。從肩寬到背寬，繞到前面的胸寬，都是曲線的連續之故，所以肩寬、背寬、胸寬其相互之間都應規定好。不重視這種關係的設計，就像是畫餅充飢的方式。

現在所說的基本圖，無論肩寬、背寬、胸寬，均以胸圍為基度的比例計算，故不會有不平衡（Unbalance——不平均、不均勻、不均衡）的情形發生。肩寬或背寬、胸寬等加起來的話，都有個人差，故其圖形亦極複雜，會產生各種各樣（須稍做斟酌）的問題，關於這些需預先觸及的問題。

成為紳士服的基幹（骨幹）之服裝，可以說是這件款式，即單排雙扣西裝為代表。雖然流行的演變會有變化，但是，將這件樣式為基本而展開。此圖是表示裁剪的基本。掌握基本紙型而放入自己獨創的工作也是很重要。

適用尺寸（Measurements）

總長（FL）147cm（58吋）
衣長（L）73.5cm（29吋）
背長（WL）42cm（16½吋）
臀長（HL）63cm（24¾吋）
胸圍（B）94cm（37吋）
腰圍（W）82cm（32½吋）
臀圍（H）96cm（38吋）
肩寬（SW）44.5cm（17½吋）
背寬（BW）37cm（14½吋）
胸寬（FW）37cm（14½吋）
頸入（NC）5cm（2吋）
臀入（出）（HC）O
肩斜（SS）6cm（2¼吋）
袖長（S）61cm（24吋）
袖口（CW）29cm（11½吋）
製圖基度：
Ⓑ＝B＋15cm（6吋）＝109cm（43吋）
Ⓦ＝W＋12cm（4¾吋）＝94cm（37¼吋）
Ⓗ＝H＋10cm（4吋）＝106cm（42吋）

製圖說明（Draft Explanation）

製圖中的B代表胸圍尺寸，Ⓑ代表胸圍加上鬆份後的代號。例如$\frac{B}{4}$是代表沒有加鬆份的胸圍尺寸直接除四，$\frac{Ⓑ}{4}$是代表胸圍加上鬆份後才除四之意。要加多少鬆份才是正確問題，這是依據顧客的嗜好，或視流行而定。本圖是以加上15cm（6吋）的鬆份而製圖。因此，在製圖中有$\frac{Ⓑ}{8}$的時候，即胸圍（B）加上15cm（6吋）的鬆份後，再除八之意。這是融合訂做裁剪師與成衣打版師均能通用的公式。詳情請參閱「裁剪的預備知識」的畫圖之約束。

O	為基點，並畫直角線
L~O	衣長
B~O	$\frac{Ⓑ}{8}$加上10.25cm（4吋），即為鎌深案內線（引導線），也是決定袖圈底邊的重要位置
W~O	FL的$\frac{2}{7}$，或衣長的$\frac{1}{2}$加上5cm（2吋），加上的尺寸是意匠（構思）尺寸
H~W	FL的$\frac{1}{7}$，或O~W的$\frac{1}{2}$，或H~O為FL的$\frac{3}{7}$
C	O~B的中點
1~C	O~C同尺寸
2~C	頸入（NC）的$\frac{1}{4}$
3	1~2直角之背縫線，跟W橫線之交點
A	2~3直線跟B橫線之交點，O~C~2~A畫柔順外曲線
4	3直下跟L橫線之交點
5	3~4直線跟H橫線之交點
6~O	後領徑寬尺寸，即$\frac{Ⓑ}{16}$＋2cm（¾吋）
M~6	後領徑高尺寸，即6~O的$\frac{1}{3}$
7~O	肩寬尺寸的$\frac{1}{2}$加上1cm（⅜吋）
S~7	2cm（¾吋），即後身片O橫線下的後肩垂量，求取S~7的尺寸時，先把肩垂量（SS）的尺寸6cm（2¼吋）分成一半後，再減掉製圖上的墊肩厚度與鬆份之尺寸1cm（⅜吋），詳情請參閱「裁剪的預備知識」的肩垂下與鎌深尺寸的求法之計算表
8~S	背寬與胸寬同尺寸時，用固定尺寸1cm（⅜吋），背寬與胸寬不同尺寸時，8~S的尺寸會有變化，詳情請參閱「裁剪的預備知識」的後身片肩端S點的求法。8上下畫垂直線為背寬的縱基本線
E'	8直下跟B橫線之交點，E'~A最少有$\frac{Ⓑ}{8}$加上7.75cm（3吋），或$\frac{BW}{2}$加上2.75cm（1⅛吋）
9	8直上跟M橫線之交點，9~8為製圖上的後肩垂量尺寸
J~7	從固定尺寸4cm（1½吋）減掉頸入尺寸的$\frac{1}{2}$，就是J~7的尺寸，即J橫線成為前身片的基本線，就是前身片N點的高度。N點高度尺寸的求法，是依頸入（NC）尺寸而定，因NC尺寸的不同之故，J點不一定在O或M橫線

之交點。詳情請參閱「裁剪的預備知識」的「頸側點（NP）的高低之求法」，或參閱「特殊體型篇」之反身體、屈身體的頸側點（NP）之高低

10~J　9~8同尺寸，即為前肩垂量尺寸

11　8~10的中點，11是前後肩T與S的平均值之位置

E~11　肩高尺寸，即$\frac{\text{Ⓑ}}{8}$加上7cm（$2\frac{3}{4}$吋）。E橫線是決定袖圈底邊尺寸，即實際鎌深位置。因9~8或J~10尺寸不同之故，E不一定在B橫線之交點，即E點不一定跟E'同點

D~E　$\frac{\text{Ⓑ}}{4}$減掉12.75cm（$4\frac{7}{8}$吋），為了方便說明畫袖子之故，因此，本圖D~E間不含褶份在內，如果D~E間有褶子時，另外再加上1.5cm（$\frac{5}{8}$吋），即$\frac{\text{Ⓑ}}{4}$減掉11.25cm（$4\frac{1}{4}$吋）。如附背心時，D~E間另外再加上0.5~0.75cm（$\frac{3}{16}$~$\frac{5}{16}$吋）

F~D　$\frac{\text{Ⓑ}}{8}$加上6.5cm($2\frac{1}{2}$吋)，或$\frac{FW}{2}$加上1.5cm（$\frac{5}{8}$吋）

V~E　O~B的一半，即跟O~C與C~B同尺寸，因肩膀斜度（即9~8）與頸入尺吋的不同之故，V點不一定在C橫線之交點

12　V~E的中點

13~12　二個縫份，即1.5cm（$\frac{5}{8}$吋）

X　13~12的中點

14~8　8~E的$\frac{1}{3}$

15　D~E的中點

16　14~15的中點

17　16~E的中點

18　E直下跟W橫線之交點

19　D直上跟J橫線之交點，19~J橫線為前身片的橫基本線

20~19　跟J~10與9~8同尺寸，即為前肩垂量尺寸，20在19直下跟10橫線之交點

21　20直下跟V橫線之交點

22　21~D的中點跟12橫線之交點

U　22~D的中點，即袖子的對合記號

T~20　胸寬與背寬同尺寸時，以$\frac{\text{Ⓑ}}{16}$減掉3cm（$1\frac{3}{16}$吋），或11~V的$\frac{1}{2}$減掉0.5cm（$\frac{3}{16}$吋）。胸寬與背寬不同尺寸時，T~20尺寸會有變化，詳情請參閱「裁剪的預備知識」的前身片肩端T點的求法

N~T　S~M尺寸減掉0.5cm（$\frac{3}{16}$吋），N點在19~J橫線上

23　T~22直線跟21~V橫線之交點

K~23　21~23的$\frac{1}{3}$

24　22~15的中點

25　24~D的中點，將S~V~X~17~15~25~22~K~T等各點連結畫自然柔順的弧線為袖圈線

26　22~25袖圈線跟U橫線之交點，26上下畫垂直線為袖子的縱基本線

27　26直上跟22~12橫線之交點

28　26直下跟D~E橫線之交點

29　26直下跟W橫線之交點

30　F直下跟W橫線之交點

31　N點直下至W橫線之$\frac{1}{2}$，31在F直上

32　D直上跟31橫線之交點

33~31　31~32的$\frac{1}{4}$加上1cm（$\frac{3}{8}$吋）

34~33　31~32的$\frac{1}{2}$加上1cm（$\frac{3}{8}$吋）

35~33　1.5cm（$\frac{5}{8}$吋），35~34為胸口袋

36~3　Ⓦ的$\frac{1}{2}$加上二個縫份，即加上1.5cm（$\frac{5}{8}$吋）

37~36　胸褶份與脇褶份共2cm（$\frac{3}{4}$吋）

38~18　30~37的$\frac{1}{2}$加上0.25cm（$\frac{1}{8}$吋）

39~4　38~3的尺寸加上1.5cm（$\frac{5}{8}$吋），如果側邊有開叉（Side vent）時，另外再加上0.5cm（$\frac{3}{16}$吋）

40　38~39脇邊線跟H橫線之交點

41~28　2.5cm（1吋）

42　41直上跟25~15袖圈線之交點

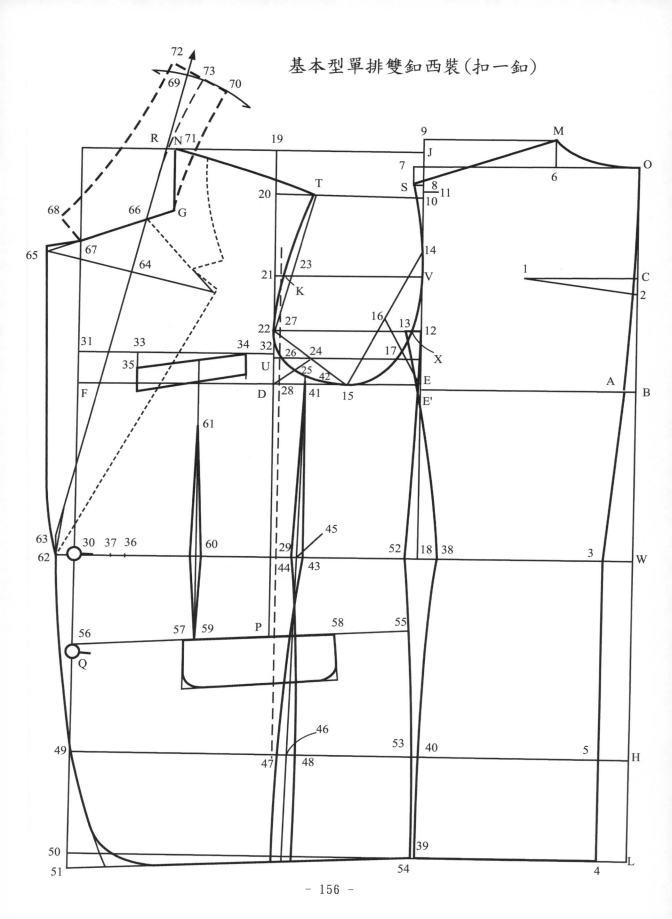

基本型單排雙釦西裝（扣一釦）

43~29	跟28~41同尺寸，即2.5cm（1吋）
44~43	脇褶份1cm（⅜吋）
45	44~43的中點，41~45連結畫直線至L橫線
46	41~45直線跟H橫線之交點
47~46	0.75cm（⁵⁄₁₆吋）
48~46	0.75cm（⁵⁄₁₆吋）
49	30直下跟H橫線之交點
50	30直下跟L橫線之交點
51~50	前垂份1.5cm（⅝吋）
52~18	30~37的½減掉0.25cm（⅛吋）
53~49	Ⓗ的½減掉40~5的尺寸，47~48間剛好1.5cm（⅝吋），因此，前後脇邊線不用再加上二個縫份
54	52~53的脇邊延長線跟L橫線之交點
55~52	52~54的¼
56~51	55~54同尺寸
57~56	F~41的½
58~57	腰口袋尺寸15.5cm（6吋）
59~57	1cm（⅜吋）
60	59直上跟W橫線之交點，胸褶份1cm（⅜吋）左右各分一半
61~60	60直上至胸口袋口的長度之⅔
P	D直下跟57~58直線之交點
Q~56	1cm（⅜吋），視流行或依穿長而增減，或Q在30~49的中點
62~30	相疊份2cm（¾吋）
63	62直上1.5cm（⅝吋）
R~N	1cm（⅜吋），R~63連結畫直線後，在63~62修整彎曲線為領折線。一般的畫法是R~62直接畫直線，這樣縫製後63~62處比較不會平順。又，R~N間的尺寸一般是用2~3cm（¾~1⅛吋），這樣裝上領子後，肩部沒有前肩的鬆份，即比較沒有膨鬆量（Volume——容量）之活動量而難穿，縫製時N~G要燙開跟R~66平

行，這樣前肩才會呈現膨鬆量。又，N~G~66的部分，過去的習慣都是在G的地方轉彎，領座亦跟著轉彎，我的習慣無論男裝或女裝之任何服裝，大部分都是如圖採用方形，領座也是方形，這樣較容易縫製，在工作上輕鬆多了。詳情請參閱「裁剪的預備知識」的畫圖的約束第8項

64~R	Ⓦ⁄₈，或W~H的⅔
65~64	拉佩爾（Lapel——下片領）寬度尺寸9cm（3½吋）。視流行或嗜好而增減。65在64~63之直角線上
G~N	Ⓦ⁄₁₆，或W~H的⅓，G離開R~64線2.5cm（1吋），G~65與G~N連結畫直線
66	R~63直線跟65~G直線之交點
67~65	3.8cm（1½吋），或65~66的⅓，或視流行與嗜好而增減。原則上把65提高0.25cm（⅛吋），這樣對整個領子的形態較美好

領子的構成

　　如某友人所說的「領子是衣服的面孔」。雖然形容「螃蟹仿造自己的甲殼而挖洞」，但是，西裝也是做好完成的服裝時，能知其作者的風采（容貌）才是奧妙。神經質的人之工作、樂觀型的人之工作等，通過作品能表現作者的個性。在競賽會的作品等，而使人深感「的的確確很像他的作品」之事。

　　決定其服裝的表情是縫製領子，可以說是領子的感覺（Sense——感受、意識、判斷力）。

　　我們從事服裝業的工作，可以說工作上全部的材質都是具有通融性（富於伸縮）的纖維製品。例如領子這樣小的東西，也有堅硬的布料與柔軟的布料之分，致使縫製技巧（手法）

A圖

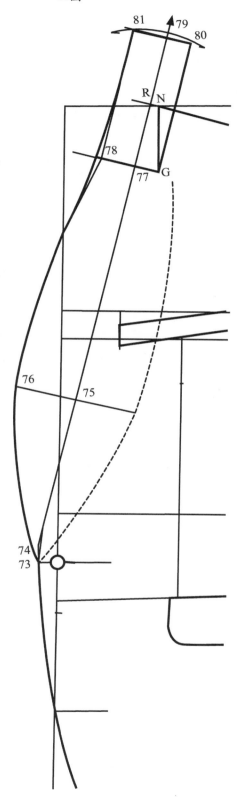

都會產生變化。而且，也有厚的布料與薄的布料之分，領子裡面也有襯布，用上片領蓋上，重疊好幾層而折彎，因此，應注意領子不被牽吊（緊縮），又不會鬆弛，在縫合的時候，依不同的處理法而有變化。

上片領與袖子都是裁縫師最傷腦筋的地方，一般認為只要把領子做得好，其他的部分都可以掩飾得過，所以，領子做得愈好的人，其他的地方不會做得太難看的。

上片領應與下片領保持調和為第一。下片領的寬度或大或小，或寬或窄，即上片領的狀態也就有所改變，下片領的寬度太寬，即上片領的形狀就難於取捨，縫製方面也很難掌握運用。

也有將領型做成鬆弛的人，也有做成緊縮的人，但是，必須將鬆弛的領型抑制緊縮，緊縮的領型要抑制鬆弛。下片領較長的領型容易鬆弛，短的下片領容易緊縮，因此，需要計算而縫製領型。

下片領的領折線（Grease line——折痕線）連續至上片領的領折線，一般是從R的地方屈折至後方。雖然很少，但是，如A圖也有把79~R~77通過一直線做成的直型領（捧領）。

絲瓜領的領折往往容易鬆弛。特別是塔克西都（Tuxedo——簡便晚禮服）等掛上黑色緞（拜絹、絲織平絹）時會浮起來，因此，使用直型領（捧領）或接近這種領型比較有效果。

上片領的領折線是R~77為直線，而要從R傾倒，但是，一般傾倒法是依領座與領幅之差而有差異。這是使領子不牽吊之故，領座與領幅之差愈多，屈折度也愈強。

領子製圖說明

68~67　原則上從65~67減掉0.25cm（⅛吋），或跟65~67同尺寸，或視流行與嗜好而增減，又68~65之距離也是

－ 158 －

視流行與嗜好而增減

69~R	M~O減掉二個縫份1.5cm（⅝吋）後，以66為中心，69~66為半徑向右邊畫圓規線
70~69	4.5cm（1¾吋）
71~R	2.5cm（1吋），70~71與71~G連結畫直線
72~70	6.5cm（2½吋），72在70~71之直角上
73~70	2.5cm（1吋）為後領座（領台）

不用燙拔領子剪接法

上片領端（領子外圍線）欲要對齊橫布紋，必定要燙拔，但是，沒有伸縮性的布料是很難燙拔，且縫合領子亦較為費神。

不用燙拔能縫合領子的方法，是將上片領的領座切開，使燙拔完成的狀態處理即可。相對領領端的彎曲，因沒有燙拔，上片領的橫布紋多多少少會切斷，這是不得已的事，又，領座要切開，在G的領圈（Goge line）及領座習慣用轉彎的人要改為角形的，這樣在縫合領子工作上，較為容易處理。

69~R	M~O減掉二個縫份1.5cm（⅝吋）後，以R為中心，69~R為半徑向左邊畫圓規線
70~69	領座2.5cm（1吋），70在圓規線上，70~R連結畫直線，並畫直角後70~R~66如圖把R處畫柔順的彎曲線為領座的領折線
71~70	領座2.5cm（1吋），71在71~R直角上
72~R	領座同尺寸，即70~R與71~72平行
73~G	73~G與R~66平行，然後71~72~73~G如圖連結畫自然柔順彎曲線為領座縫合線
74~70	1.25cm（½吋），74在69圓規線上，74~R連結畫直線，並畫直角後74~R~66如圖把R處畫柔順的彎曲線為上片領的領折線

75~74　領寬4cm（1½吋）
76~R　領寬同尺寸，即74~R與75~76平行，
　　　然後75~76~68'如圖連結畫自然柔順
　　　彎曲線為領子外圍線

不用燙拔領子剪接法

上片領與領座剪接法

　　沒有伸縮性的布料，如棉紗布（Cotton）、麻布、聚酯纖維（Polyester）等，跟基領（裏領、領底）共布的縫合後，再翻過來之上片領製圖法。

　　第1圖：把後身片與前身片的肩膀重疊一個縫份0.75cm（5/16吋）。雖然縫合線是二個縫份1.5cm（5/8吋），但是穿著時，上片領在衣身片的外圍，認為需要0.75cm（5/16吋）的外圍尺寸。縫製時放入肩墊後，如測量領圈尺寸時，會發覺比製圖面的領圈尺寸大一些，因此，有0.75cm（5/16吋）的適量之剩餘。A、B、C是上片領必要的尺寸。

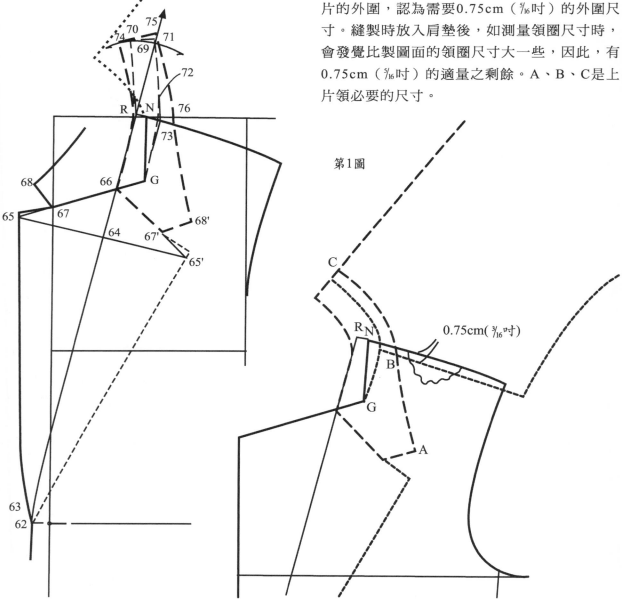

第1圖

第2圖：R是N的旁邊下片領之領折線延長之交點，1~R是領腰高尺寸2.5cm（1吋），2~1是垂直上領徑寬尺寸，3~2是跟R~1同尺寸。

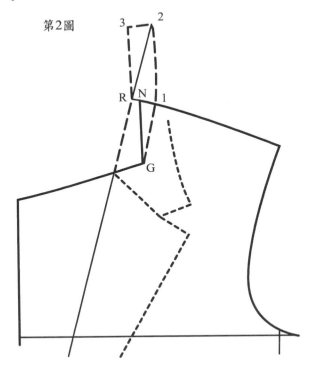

第2圖

第3圖：A~O是領腰高尺寸2.5cm（1吋），A~B是上片領後幅尺寸，C~M是領腰高尺寸2.5cm（1吋），C~D是上片領幅尺寸，D~B的尺寸是等於第1圖的C~B必要之尺寸。

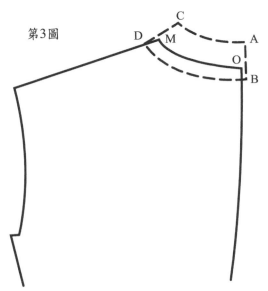

第3圖

第4圖：R與3是跟第2圖的R~3同位置，4~3是R~3弧線上1.25cm（½吋），5~4是以領折線90度後，上片領幅4cm（1½吋），6~5是第3圖的後身片的D~B必要之尺寸。又，雖然，3與R是第2圖的3~R同尺寸，但是，將上片領幅短些而稍微伸長使上片領達到頂峰。上片領的外圍也是依布料的厚薄，或材料多多少少有差異。

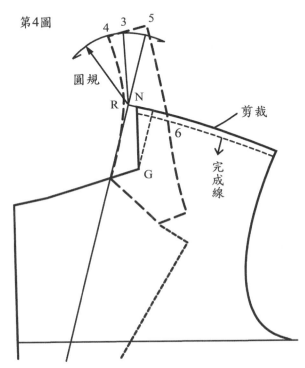

第4圖

第5圖：第4圖的5~6尺寸，是第3圖的較D~B必要的尺寸短些時，將A移動至B，使甲~乙的尺寸變長為甲~丙，能配合必要的尺寸。

第6圖：A是二個鈕，B是三個鈕，雖然，這樣領折止點愈高的三個鈕之上片領，愈需要外圍尺寸，但是，依圖所示的三個鈕之B型線會不足外圍尺寸。常常看到上片領的展開製圖，以領折線為基準而製圖是很大的錯誤。請注意，在前身片的上片領部分是固定的形狀。後身片的上片領部分，雖然依材料而有差異，但需要適量的外圍尺寸。材料、布料的厚薄等，而有差異是需要經驗的。

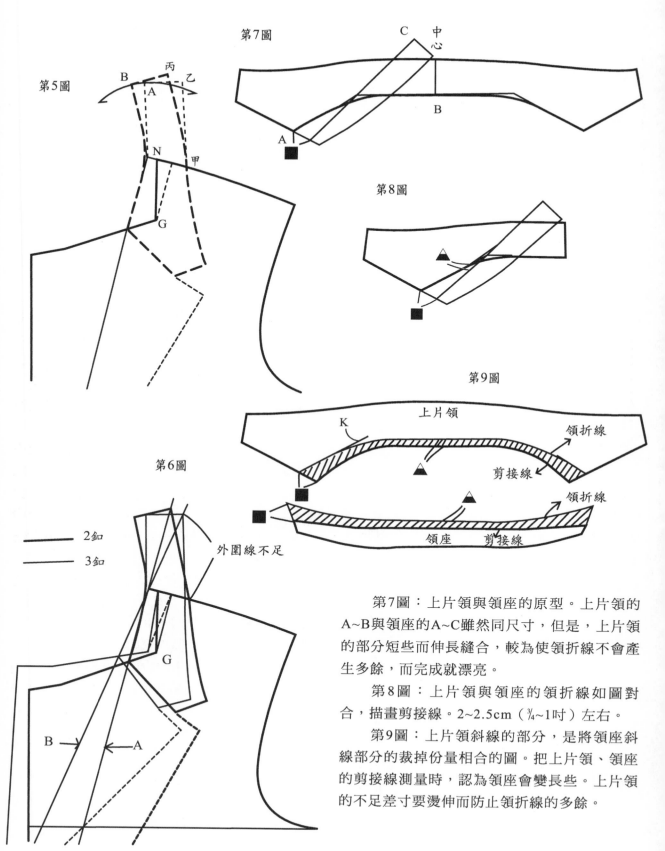

第7圖

第5圖

第6圖

第8圖

第9圖

上片領

K

領折線

剪接線

領折線

領座　　剪接線

2釦

3釦

外圍線不足

第7圖：上片領與領座的原型。上片領的
A~B與領座的A~C雖然同尺寸，但是，上片領
的部分短些而伸長縫合，較為使領折線不會產
生多餘，而完成就漂亮。

第8圖：上片領與領座的領折線如圖對
合，描畫剪接線。2~2.5cm（¾~1吋）左右。

第9圖：上片領斜線的部分，是將領座斜
線部分的裁掉份量相合的圖。把上片領、領座
的剪接線測量時，認為領座會變長些。上片領
的不足差寸要燙伸而防止領折線的多餘。

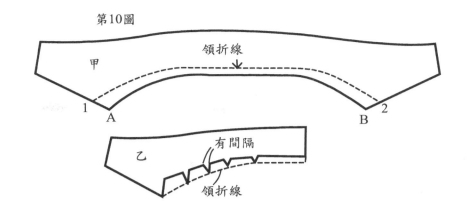

第10圖

領折線

甲

1 A

B 2

有間隔

乙

領折線

第10圖：到甲的1~2之領折線為止的紙型切入，如乙的領折線折掉會分開。這個分開的份量在縫製時，縫合布料要燙伸所需的必要之尺寸。

袖子的基本

西裝的衣身及領子的基礎研究之後，接著便是袖子。領子與袖子如不對準衣身的剜圈時，都會發生接不上良好的結果（成品），因此，成為製圖的前提，就是衣身的袖圈（Armhole——簡稱AH）。雖然一般能夠將領型對準領圈（Gorge——頸圈、領刻），但是，袖子的部分跟衣身的袖圈，分開製圖的人似乎很多。跟袖圈分開畫製袖子時，如果沒有具備仔細考量袖圈的構造條件，恐會造成失敗的原因。僅利用袖圈所具有的原理條件，而製袖子圖的話，分開製作則是極麻煩的，在衣身片的袖圈製圖不但合哩，且快捷又安全。請仔細考量袖圈所具備的條件吧！

袖圈與袖山接縫處關係

第1圖：首先，應考慮到的，乃是袖圈的大小與袖山的接縫處的大小是否對準（衣身處暫稱為袖圈，袖子接縫處為袖山）。袖圈的大小，即從後身片肩端的S點至前身片肩端的T點之全周尺寸，扣除肩部的二個縫份，與脇下褶份及兩脇邊的二個縫份後，所得的袖圈實際尺寸為準，而使用畫製袖子圖的基度（Scale——刻度、尺度）。基度有二種袖圈的測量法。由

S點至T點全尺寸為基度的方法，與使用對合肩部二個縫份重疊，而從前身片的U點至後身片的V點，畫一直線來測量的方法。因U~V剛好等於S~T的一半，因此，不管使用哪一種，其結果都是相同的。我是在袖圈上直接畫製袖子，所以，沒有必要測量袖圈的尺寸。

這裡有一個小小的疑問。就是袖圈的大小與胸圍尺寸間的關係。對於胸圍尺寸來說，跟袖圈的尺寸到底要多少才算適當呢？當然每個人都有差異，但是，可以把它當作一個標準的想法。答案很簡單，就是AH＝B尺寸的½加上1~2cm（⅜~¾吋）為標準。以前是把袖圈以剪線的尺寸，等於大約B尺寸的½，而最近以完成後的尺寸，等於大約B尺寸的½加上1~2cm（⅜~¾吋），較以前的袖圈稍大了些。

第2圖：其次是袖圈的幅寬（脇寬）D~E與袖子的大小（寬度）之關係。袖圈的幅寬較寬的袖子會粗大。就算是由S至T的尺寸相同，袖圈較深而窄的（A型），與較淺而寬的（B型），袖子的粗細（大小）當然有變化（不同）。若是只以袖圈尺寸為基準而畫製袖子，將會完全一樣大小，因此，使袖圈與袖山兩方面無法一致（吻合、符合），而產生了很多不方便。袖圈愈深即袖山愈高，如果袖圈愈寬而不把袖子也變愈粗大，袖圈

第1圖

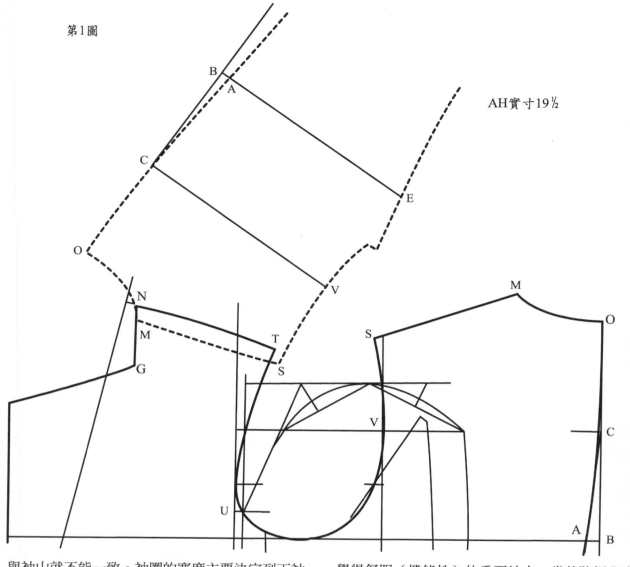

AH實寸19½

與袖山就不能一致。袖圈的寬度主要決定到下袖的粗細與下袖的跨幅。下袖的跨幅乃左右著穿上覺得舒服（機能性）的重要地方。當然跨幅愈寬穿起來就愈舒服。

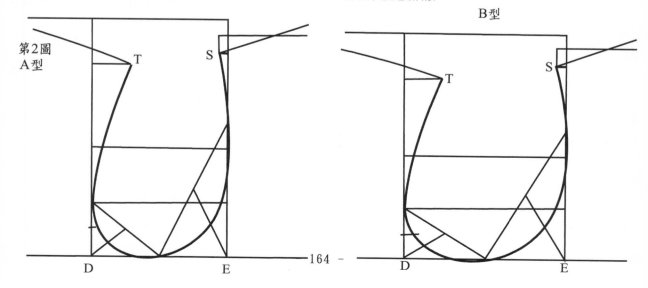

第2圖
A型

B型

第3圖：還有，袖圈的深度跟袖山的高度之關係。由於袖圈的深度，而造成袖山過高與過低都不行的。關於這一點有一個自然而然所演變的比率與限制。若把袖圈看做是一個圓的話，袖山的高度是等於此圓的直徑，圓周的⅓就是直徑，如果袖圈的周圍尺寸為48cm（18¾吋）的話，其⅓的16cm（6¼吋）理應是袖山的高度尺寸才對。雖然這是一個極普通的常識，也是我們的前輩們以前所貢獻的智慧。但是，以實際來想袖山的高度不能用圓周的⅓，在第

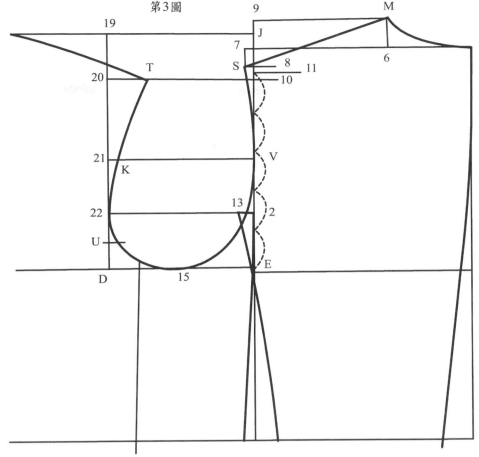

2圖已經研究過，與袖圈的尺寸同樣的衣身，袖圈有A型與B型的分別，因此，A型與B型的袖山與袖寬就不同。

袖圈的形狀在縫製時也會有變化，袖子的接縫處亦會隨著縮縫而起變化。至於墊肩也有厚度的不同，當然這些也應該考慮在內。

後衣身的11～E的肩高尺寸之⅓加上0.5cm（³⁄₁₆吋）就是袖山的高度。其次，前衣身的20～T之袖圈傾斜，跟袖子的1～3之起伏間的調和是很重要的。由於前肩端T之位置（傾倒豎起）會變化袖圈，因此袖山的彎曲線（傾斜）也須配合著它而變化。如果T點前進時，袖山的圓度部分隆起來，若是T點退後的話，袖山的彎曲線會傾倒是自然之理，也有人會不贊成，但是，若看連肩袖（Raglan sleeve──拉克蘭袖、斜肩袖、包肩袖）時自可明白。

最後要說的是袖子的座姿（Suwari）之穩定，吊掛（Hang──垂吊）的狀態之安定。就算想要好好地使袖圈與袖山接縫處相配合，但只要附著的袖端前進（旋轉過多），或退後（脫開）一點，便會弄壞了縫合袖子的接縫。

按照對合記號而縫合袖子的話，總覺得袖子會脫開是不行（袖子脫開是很討厭的），把對合記號的U或V變換（使U提高，V降低），是裁剪後的第二善策，並非輕率而行的事。格子布與連肩袖時該怎麼辦呢?若不按照對合記號來縫合袖子的話，就不能算是出師（夠格）的裁剪師。萬一袖子的座姿不好的時候，也要研究不變動對合記號而調整其他的方法。

以上所舉出的是有關縫合袖子的種種條件，再仔細觀察的話，還可以再分析出要點，首先，以上述各點為前提而進入學習袖子的製圖

長時間從事裁縫的人，也會被縫合袖子而搞得焦頭爛額。然而縫合袖子的好壞，其大半的責任應屬裁剪師的責任。

袖子製圖說明

U	直接在上衣袖圈畫袖子時，在前身片的26上下畫垂直線為袖子縱向基本線。袖子的U點，即跟前身片的26同點
D	跟前身片的28同點
1~D	跟前身片的21~D間同尺寸
2	1~D的中點，2的位置在前身片的27同點
O~D	後身片的11~E肩高尺寸之$\frac{2}{5}$加上0.5cm（$\frac{3}{16}$吋），即為袖山O~D的尺寸。或以肩高尺寸的$\frac{1}{2}$加上1.5cm（$\frac{5}{8}$吋），或O~1是後衣身的11~V之$\frac{1}{2}$加上0.75cm（$\frac{5}{16}$吋）亦可以。詳情請參閱「裁剪的預備知識」的富機能性，且又美觀的袖子
L~O	袖長的尺寸
3~1	跟前身片的20~T間同尺寸
4	U~3直線的延長線跟O橫線之交點
K~3	0.25cm（$\frac{1}{8}$吋）
V~K	前後身片的K~V間（D~E間不含褶份時的尺寸）加上4.5cm（1$\frac{7}{8}$吋）。縫合衣袖時，K~V間會多出二個縫份1.5cm（$\frac{5}{8}$吋）的寬度，又袖子的K~V間相反會減少二個縫份1.5cm（$\frac{5}{8}$吋）的寬度，4.5cm（1$\frac{7}{8}$吋）是以上四個縫份及袖山K~V間的最少的鬆份量1.5cm（$\frac{5}{8}$吋）
5~U	跟前衣身T~26同尺寸
6~V	跟後衣身S~V同尺寸
T	5~6的中點，T點是袖子的對合記號
7	以3~T直線向4畫直角而求
8~7	4~7的$\frac{2}{5}$及4~7的$\frac{1}{2}$之中點，即較$\frac{2}{5}$強，較$\frac{1}{2}$弱
9	T~V的中點
10	以9為基點，從T~V畫直角線跟O橫線之交點
11~9	10~9的$\frac{2}{5}$
12~D	2.5cm（1吋）
13~12	3.5cm（1$\frac{3}{8}$吋）
14~13	二個縫份，即1.5cm（$\frac{5}{8}$吋），14跟前身片的41同點
15~D	跟前後衣身的28~15同尺寸，15跟前身片的15同點
16~14	14直上跟前身片的42~41同尺寸
X~2	前後身片的27~X（D~E間不含褶份時的尺寸）間同尺寸
17~X	後身片的V~12間加上縮縫份1.5cm（$\frac{5}{8}$吋）
Y	2~U的中點之橫線跟17~X的延長線之交點。在15處提高0.5cm（$\frac{3}{16}$吋）後，從16連結畫下袖的谷底彎曲線。下袖的谷底亦可以修整如圖點線畫製，先將16~Y連結畫直線後，在16與Y處畫柔順的彎曲線，這樣的袖子極富機能性，手腕上下前後移動很自如，不妨大家試試看，但是，點線的部分（16~X），縫合時要拉長，即拉伸至接近衣身片之42~15~17~X同尺寸
18~17	二個縫份，即1.5cm（$\frac{5}{8}$吋），大部分18~V間的尺寸很接近3.8cm（1$\frac{1}{2}$吋）
19~12	跟16~14同尺寸
20~D	前身片的F~30或28~29間同尺寸
21~L	袖子座姿尺寸，視體型而定，本圖是1cm（$\frac{3}{8}$吋）
22~21	2.5cm（1吋），跟12~D同尺寸
23	12~22直線跟20橫線之交點
24~23	1.25cm（$\frac{1}{2}$吋）
25~24	3.5cm（1$\frac{3}{8}$吋），跟12~13同尺寸
26~22	3.5cm（1$\frac{3}{8}$吋），跟12~13同尺寸，本圖26剛好跟L同點，如果座姿尺寸不同時，26不一定跟L同點
27~21	袖口尺寸的$\frac{1}{2}$。以5~21直角畫袖口線
28~27	二個縫份，即1.5cm（$\frac{5}{8}$吋）
29	18~27直線跟20橫線之交點

30	V~28直線跟20橫線之交點
31~29	2.5cm（1吋）
32~30	2.5cm（1吋）

關於袖圈（AH）的大小

1. 以胸圍為標準的AH尺寸，是胸圍的一半加上1~2cm（⅜~¾吋）為標準

2. 以臂根圍為基準的AH尺寸，是臂根圍尺寸加上臂根圍的15%。例如AH設定為47.5cm（18¾吋）時，AH47.5cm（18¾吋）÷（1＋0.15）＝41.3cm（16¼吋），即較實測之臂根圍比41.3cm（16¼吋）較多時，即鬆份較少而窄緊且不舒服。比41.3cm（16¼吋）較少時，即鬆份就較多而寬鬆且舒服。因此，以胸圍或臂根圍尺寸為參考，而確定鬆份尺寸較好。

關於袖子縮縫量

1. 冬季與春秋等之布料，如易於縮縫之布料時，袖圈尺寸之13%為袖子全部之縮縫量。

2. 夏季用或化織等不易縮縫之布料時，袖圈尺寸之10%為袖子全部之縮縫量。

3. 袖子全部之縮縫量之75%為上袖的縮縫量，25%為下袖的縮縫量。

4. 以上縮縫量，應依布料、袖圈尺寸、設計等各種變化而定。

5. 縮縫量是以衣身片之袖圈與袖子接袖線，均為裁剪線而定。

前後衣身片袖圈之裁剪尺寸，與完成線（實寸）尺寸之差寸，因完成線尺寸較大2.3~2.5cm（⅞~1吋）左右，因此，裁剪線如果有6cm（2⅜吋）的縮縫量時，其實際縮縫量只有：6cm（2⅜吋）－2.5cm（1吋）＝3.5cm（1⅜吋）的縮縫量。

下袖的部分，因裁剪線與完成線之尺寸，大約一樣大。

上衣的完成線與剪線之區別

衣身……肩線、袖圈線、前身片與後身片的脇邊線為剪線，其他是完成線。

袖子……僅袖口是完成線，其他為剪線。

上領……全部為完成線。

基本型西裝袖子

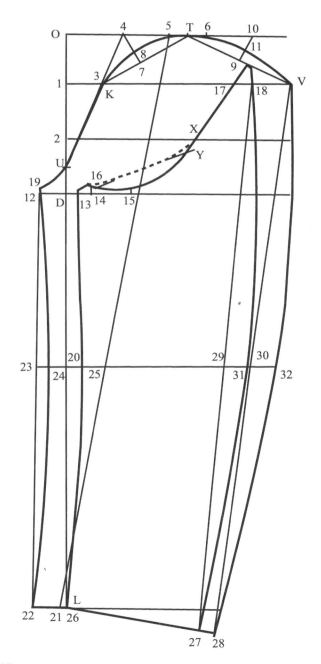

襯布製作

　　製作襯布以建築來比喻就像是重要基礎
工事之地基。好的布料與襯布之立體感跟表
布一體，我認為腰身線之美與能活用機能性
是很重要。

　　A圖：如圖所示做裁剪配合。各處的尺
寸照圖所示，A是衣身片的褶子。襯布的褶
子是由衣身片的褶子向前1cm（⅜吋），從上
面1cm（⅜吋）而設定。

　　B圖：A圖的B虛線處是放入褶子
時，會妨礙表布，因此，要如圖紙型操作
（Manipulation），此圖是表示紙型操作後
的情形。

　　C圖：表示巴斯（Basu）毛襯（胸部增
襯）的裁剪配合。箭形符號是直布紋跟基襯
的布紋相同。從肩線切入的各褶如圖切入。

　　D圖：肩部的巴斯毛襯。肩部的巴斯毛
襯成為雙重。如箭形符號所示斜布，如圖的
形狀而裁剪。圖的箭形符號是表示襯布的橫
布紋。

　　E圖：表示毛氈（Felt）的取法，跟巴斯
毛襯一樣大小。

　　F圖：表示肩褶的套布。N側旁邊重疊
1.25cm（½吋）以千鳥縫縫止（僅單片）。
這是使用斜布紋。

　　G圖：襯布的完成圖。B、C、D、E的
順序重疊襯布，F是F圖的套布。

　　N點旁邊以千鳥縫縫止後，照原樣開開
不動。墊肩是夾在巴斯毛襯與毛氈之間而
縫，至N點下面約5cm（2吋）不縫而放空開
的。這是縫合肩線後，按照背部、肩部的運
動量融合手縫之故。絲麗克（Sleek——光滑
的斜紋棉布）在下面如圖放入。

　　再者，本圖是說明冬季服裝的襯布之製

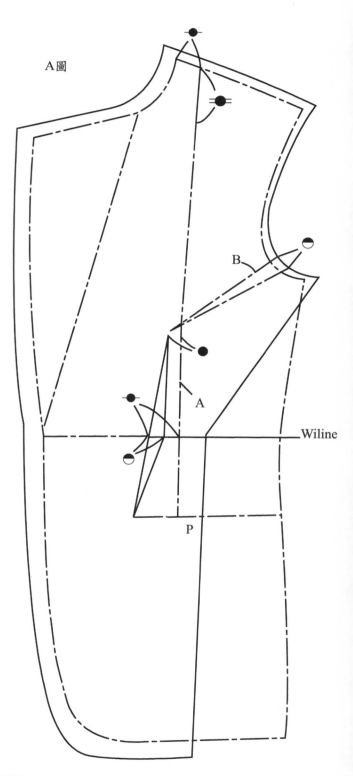

A圖

B

A

Wiline

P

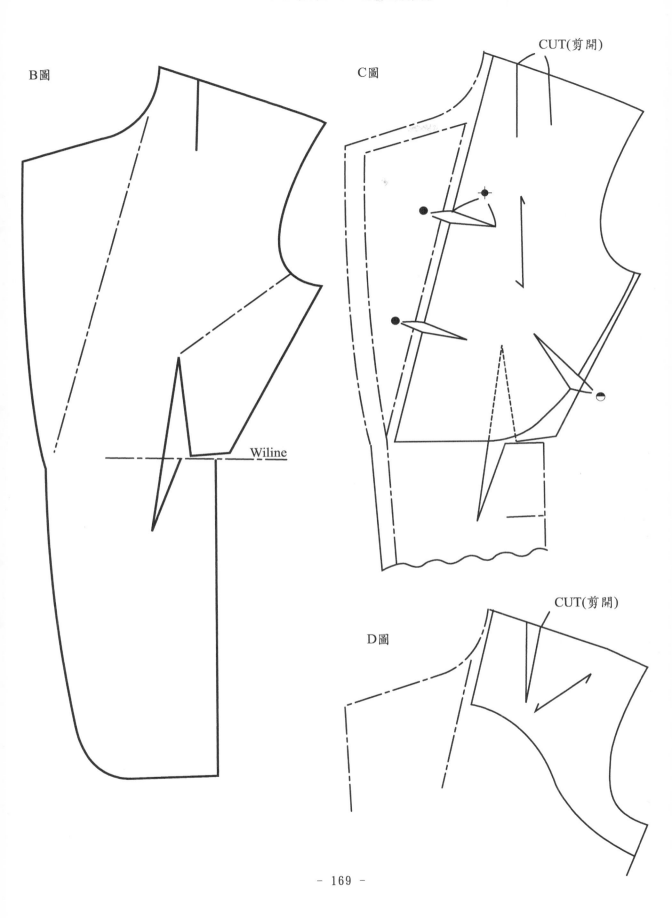

B圖

C圖   CUT(剪開)

Wiline

D圖   CUT(剪開)

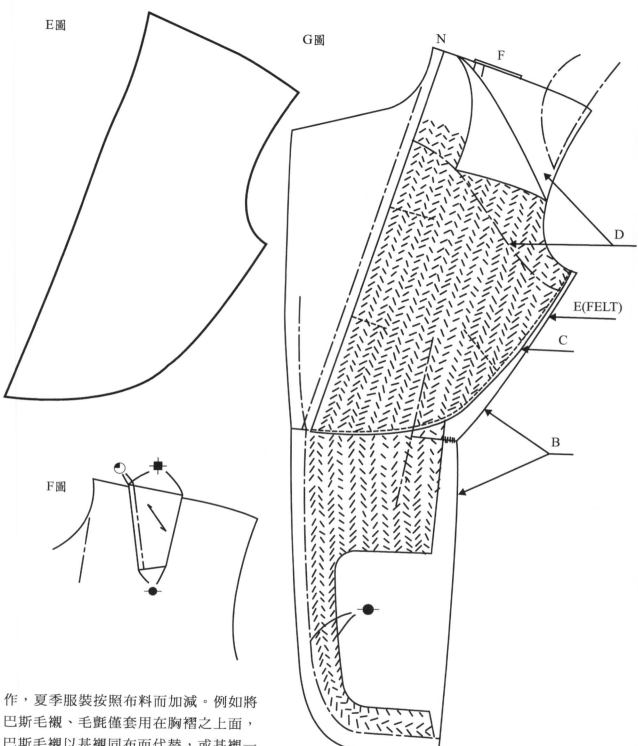

E圖

G圖

F圖

N

F

D

E(FELT)

C

B

作，夏季服裝按照布料而加減。例如將
巴斯毛襯、毛氈僅套用在胸褶之上面，
巴斯毛襯以基襯同布而代替，或基襯一
層而縫製，各種各樣辦法（竅門）縫製
適合布料的襯布。別忘記A圖的褶子之
取法為基本。

以上是說明襯布製作，但是相對的，善於
活用感覺而製作柔軟之故，襯布一層或使用接
著劑（黏著劑）毛襯等。

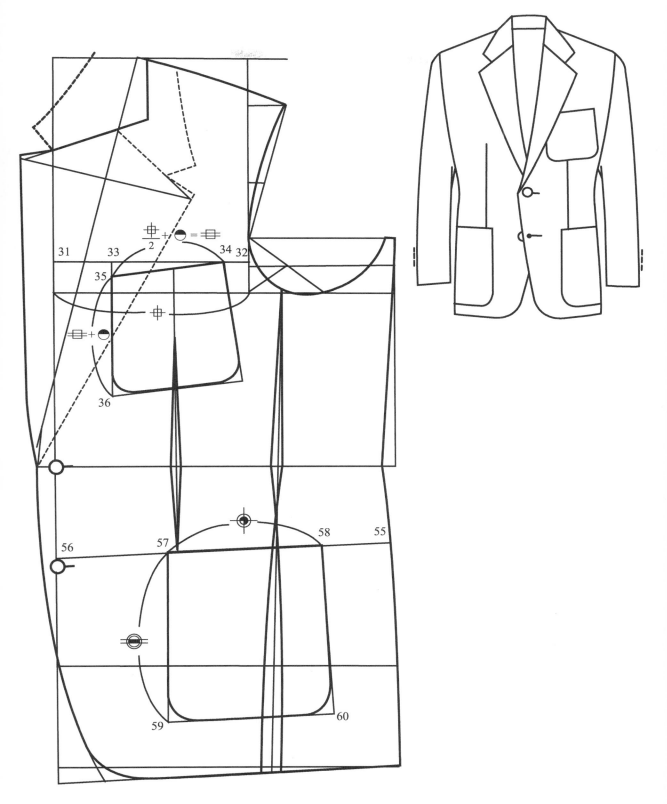

31　33　34 32

2

35

36

56　57　58　55

59　60

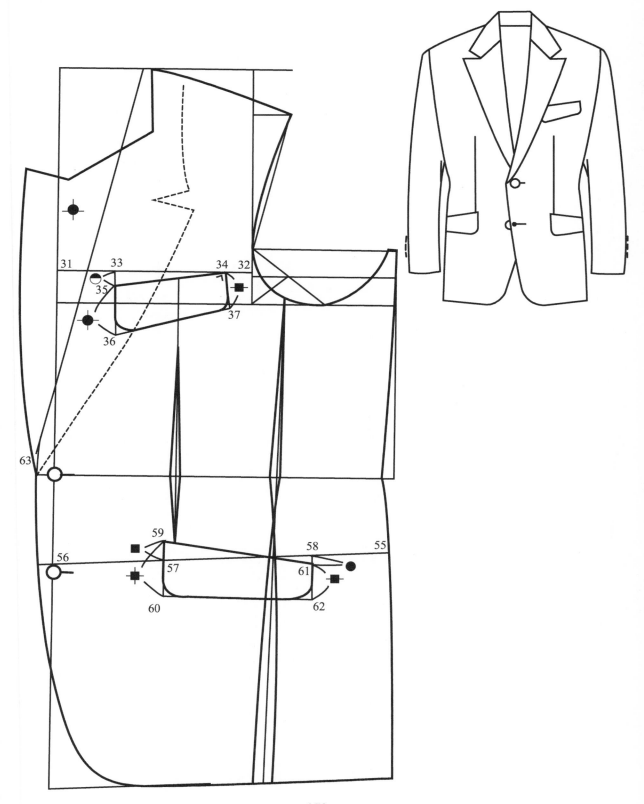

單排二釦運動變型西裝

單排二釦劍領西裝（扣一釦）

63
62

單排二釦運動服裝

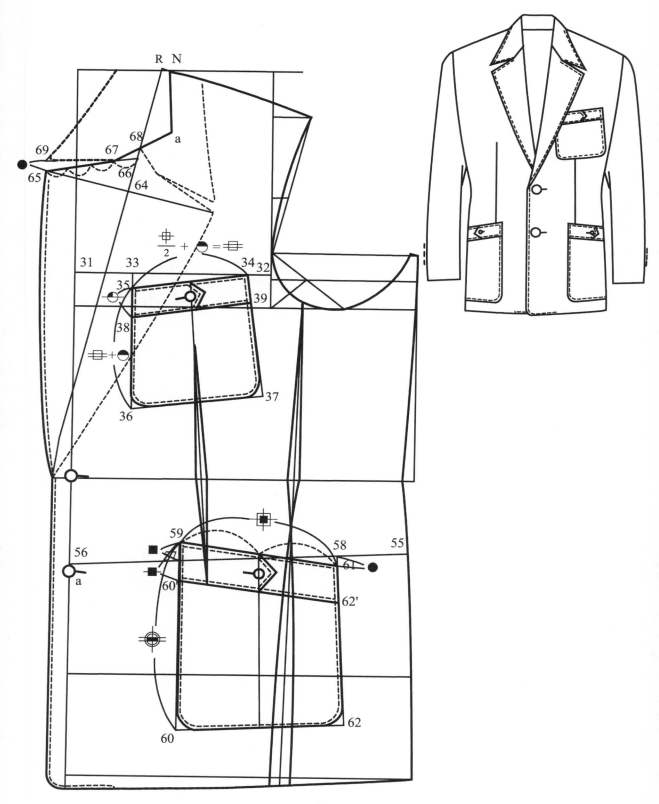

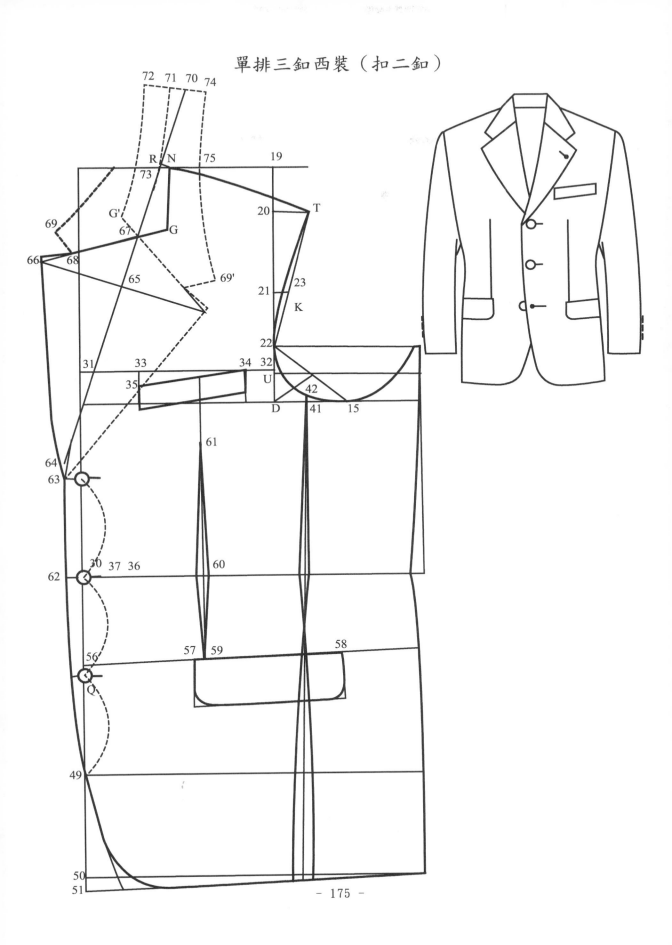

單排三釦西裝（扣二釦）

單排三釦西裝（扣一釦）

單排三釦護耳領西裝（扣二釦）

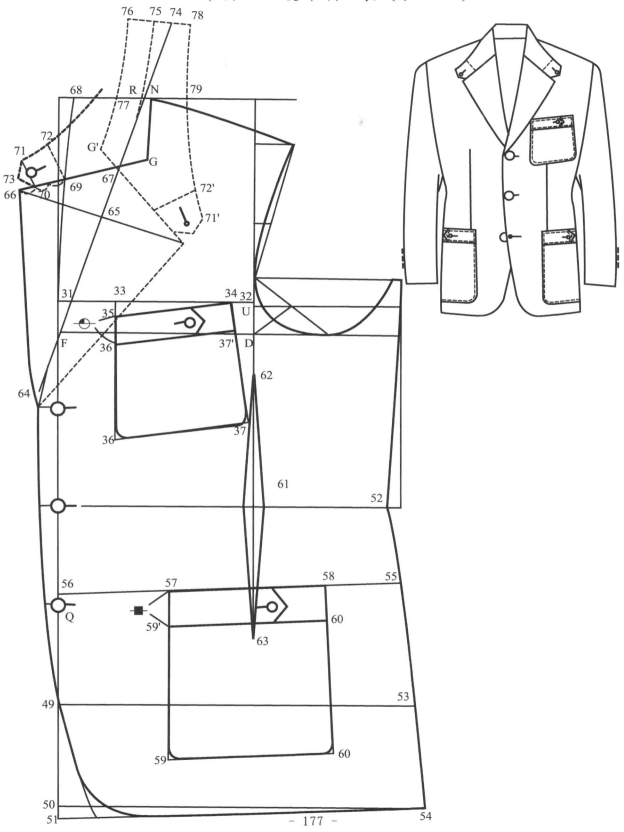

單排三釦劍領西裝（扣二釦）

77
76 74 73
75 N
R 72
69 G
70 68
66 67
65 70'
67' 69'
66'

64
63

30

59
57
56 58 55
Q 61
62

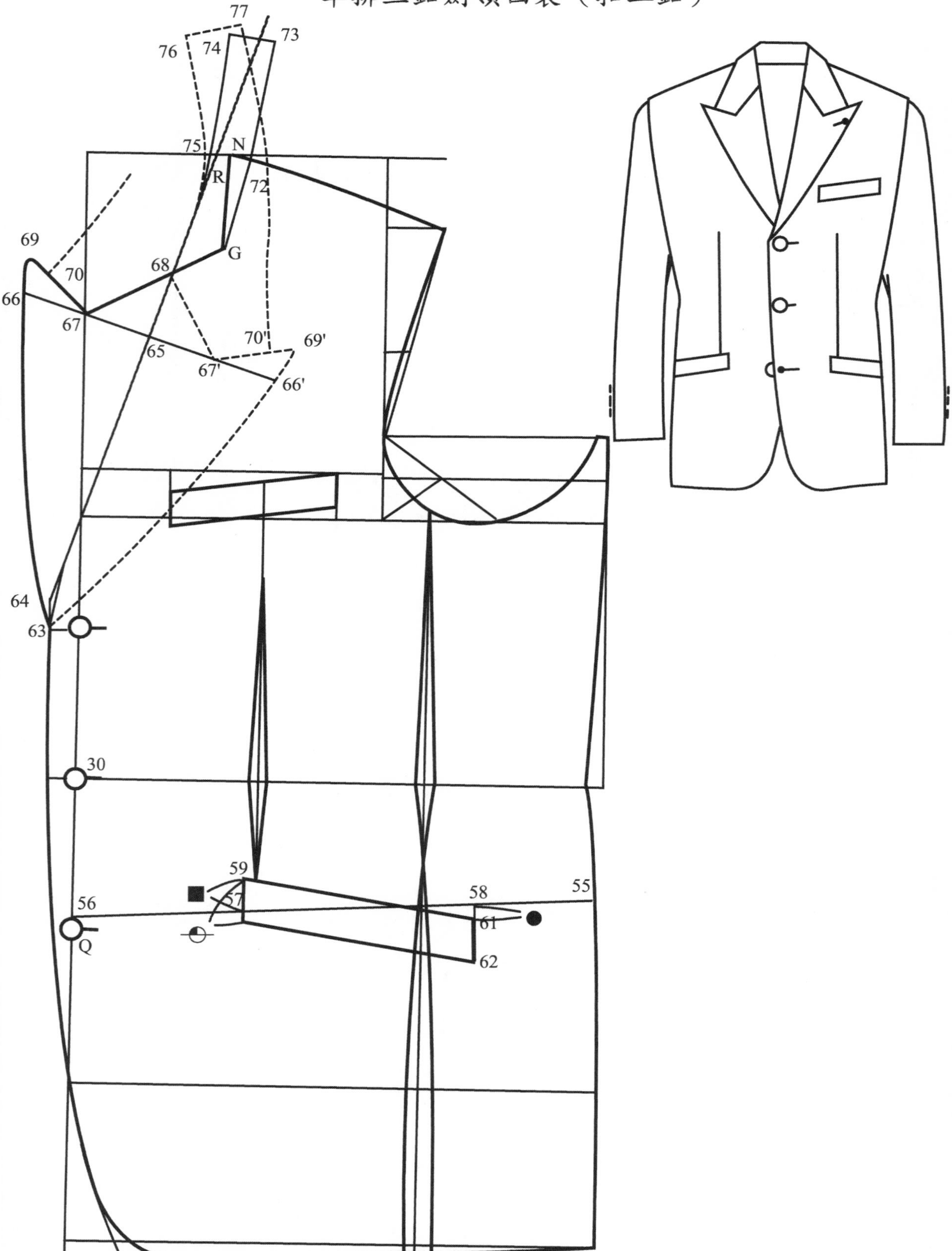

國民領西裝

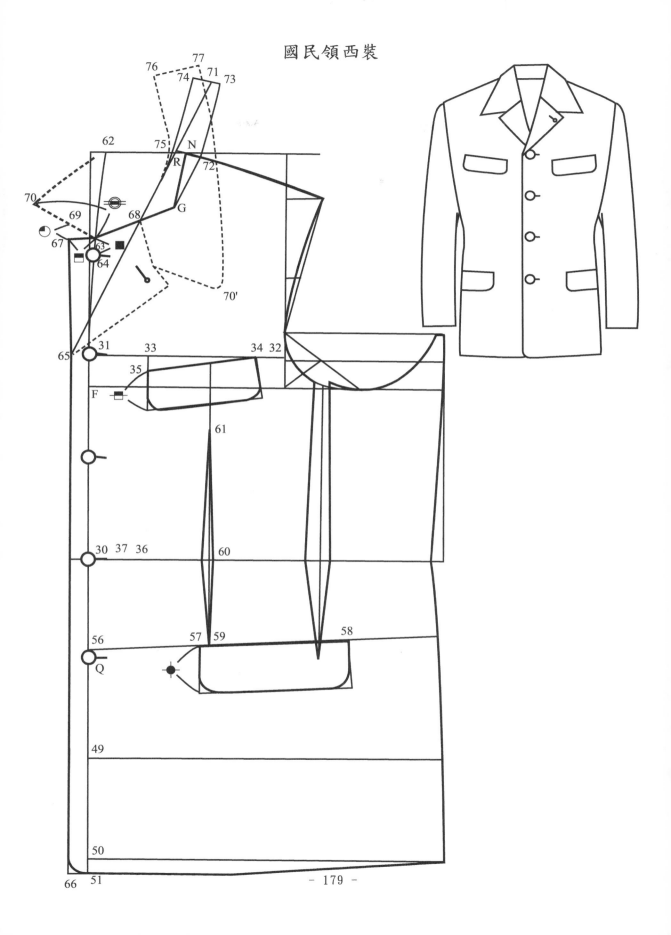

中山裝製圖說明

本圖適用尺寸多了領長39.5cm（$15\frac{1}{2}$吋）之外，其他與製圖說明，跟「基本型單排雙釦西裝」相同，為了篇幅而省略其說明，在這裡僅將不同處說明於後。

領圈的製圖基度

Ⓗ＝H＋12.75cm（5吋）＝108.75cm（43吋）

Ⓝ＝N＋2.5cm（1吋）＝42cm（$16\frac{1}{2}$吋）

O'~O	降下0.25cm（$\frac{1}{8}$吋）
4~3	1cm（$\frac{3}{8}$吋）
H'	O'~4直線跟H橫線之交點
5	O'~4直線跟L橫線之交點，O'~5為雙幅線
6~O	Ⓝ/8加上2.5cm（1吋）
D~E	本圖因D~E間有褶子，所以Ⓑ/4減掉11.25cm（$4\frac{1}{4}$吋）
34~33	31~32的$\frac{1}{2}$加上1.5cm（$\frac{5}{8}$吋）
37~36	胸褶份與脇褶份共3.5cm（$1\frac{3}{8}$吋）
39~5	38~4加上2.5cm（1吋），5應降下至O'~5延長向39畫直角而求
41'~41	1.5cm（$\frac{5}{8}$吋）
43~29	跟28~41'同尺寸，即4cm（$1\frac{5}{8}$吋）
44~43	脇褶份2.5cm（1吋）
45'	41~41'的中點
46~45	W~H的$\frac{2}{3}$
47~35	35~34加上1.5cm（$\frac{5}{8}$吋）
47'~35	4cm（$1\frac{1}{2}$吋）
48~34	跟35~47同尺寸，48在35~34直角上
48'~34	跟35~47'同尺寸
53~49	Ⓗ的$\frac{1}{2}$減掉40~H'的尺寸後，再加上兩脇邊的縫份1.5cm（$\frac{5}{8}$吋）
58~57	腰口袋尺寸16cm（$6\frac{1}{4}$吋）
59	35~34的中點
60	47~48的中點
61	59~60的延長線跟W橫線之交點，胸褶份1cm（$\frac{3}{8}$吋）在61左右各分一半
62~61	W~H的$\frac{1}{2}$，62在59~61之延長線上
63~57	57~58加上2cm（$\frac{3}{4}$吋）
64~58	跟57~63同尺寸，64在57~58直角上
65~57	6cm（$2\frac{3}{8}$吋）
66~58	跟57~65同尺寸
67~N	6~O減掉0.25cm（$\frac{1}{8}$吋），67~F連結畫小彎線
68~N	6~O加上1.25cm（$\frac{1}{2}$吋）
69	67~F的小彎線跟68橫線之交點
70~67	67~68的$\frac{2}{3}$
71~69	2cm（$\frac{3}{4}$吋），71~Q分四等份，分別為各釦子的位置
72~F	左前片的相疊份2cm（$\frac{3}{4}$吋）
73~F	右前片的相疊份3.25cm（$1\frac{1}{4}$吋）
74	72直下跟51橫線之交點
75	73直下跟51橫線之交點
76~69	左前片的相疊份2cm（$\frac{3}{4}$吋）
77~69	右前片的相疊份3.25cm（$1\frac{1}{4}$吋）
78~T	1cm（$\frac{3}{8}$吋）
79~78	4.5cm（$1\frac{3}{4}$吋）
80	78~79的中點
81~80	13.5cm（$5\frac{1}{4}$吋）
82~81	1.5cm（$\frac{5}{8}$吋）
83~81	1.5cm（$\frac{5}{8}$吋）
84~81	1.25cm（$\frac{1}{2}$吋）

領子製圖說明

O	為基點，並畫直角線
1~O	Ⓝ的$\frac{1}{2}$
2~1	1cm（$\frac{3}{8}$吋）
3~1	1.5cm（$\frac{5}{8}$吋），3~O連結畫柔順的彎線為領座縫合線
4~O	3.5cm（$1\frac{3}{8}$吋）
5~4	1.25cm（$\frac{1}{2}$吋）
6	2直上跟5橫線之交點，6~3連結畫直線，6~4與6~7如圖畫領折線

7~5	2.5cm（1吋）
8~7	4.5cm（1¾吋）
9~6	4cm（1½吋）
10	9直上跟8橫線之交點
11~10	2cm（¾吋），11~6連結畫直線，
	11~8連結畫柔順的領子外圍線

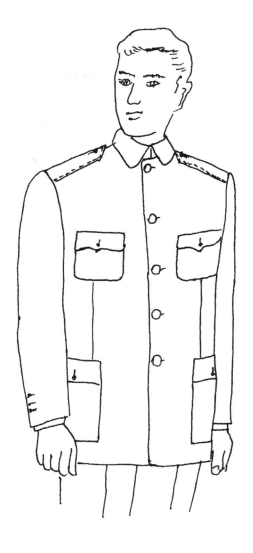

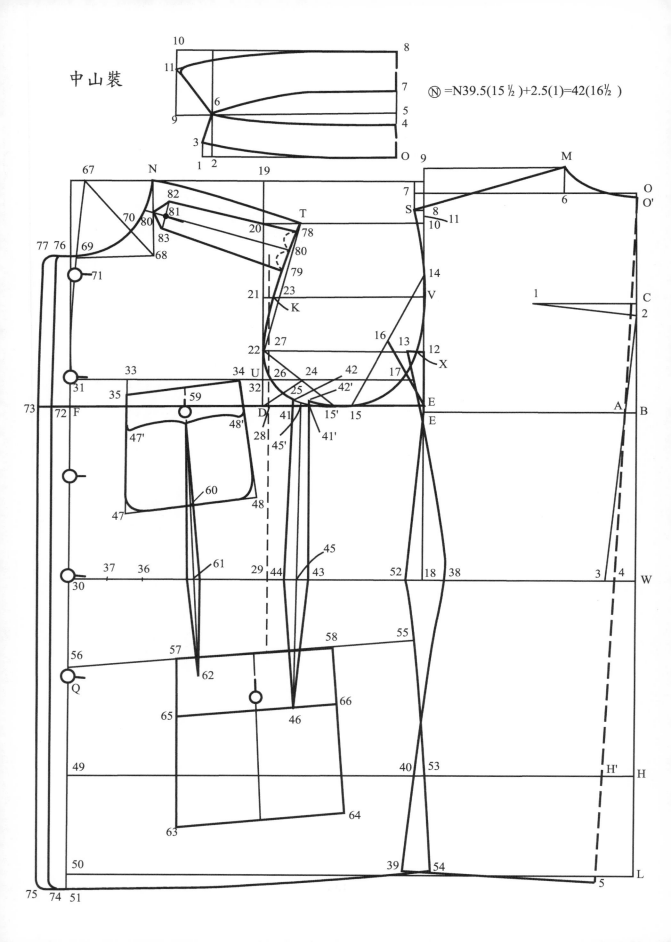

中山裝

$\text{N} = N39.5(15\frac{1}{2}) + 2.5(1) = 42(16\frac{1}{2})$

單排一釦劍領西裝（扣一釦）

單排四釦拿破崙領西裝

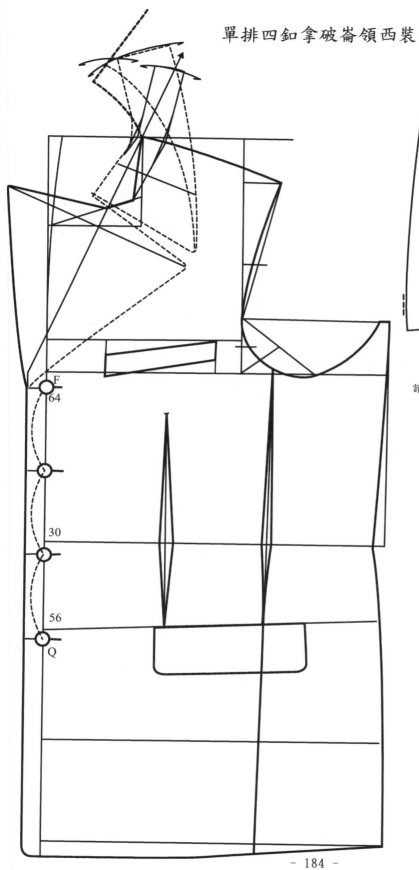

請參閱「大衣篇」之拿破崙領子製圖法

雙排四鈕劍領西裝（扣一鈕）

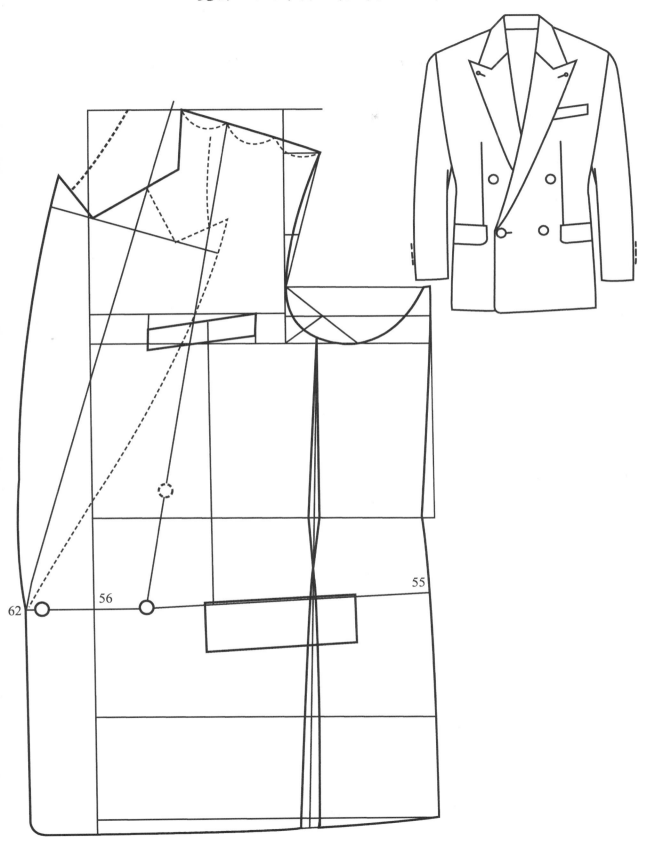

62   56   55

雙排六釦劍領西裝（扣一釦）

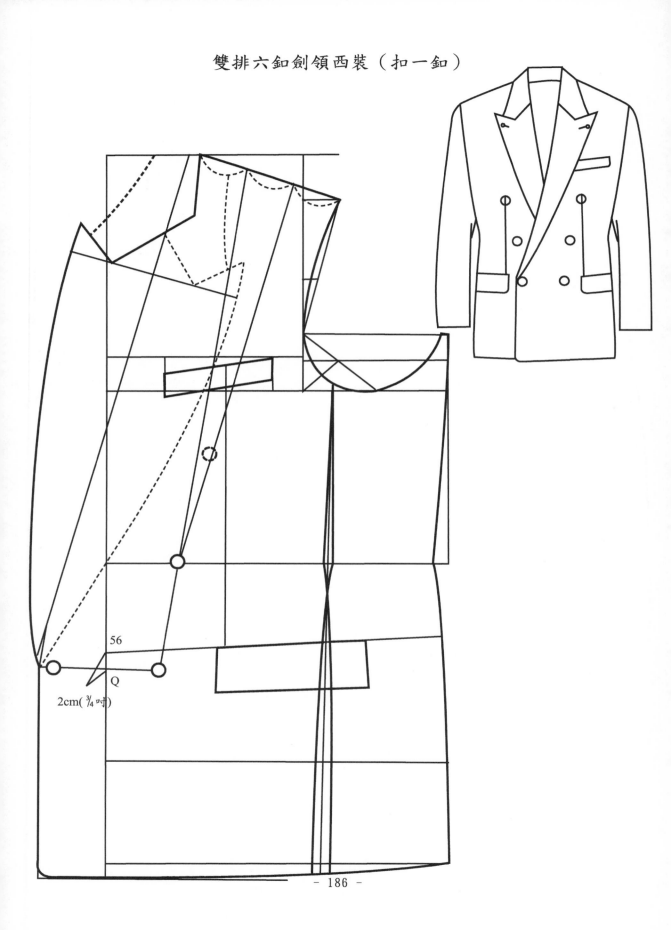

56

Q

2cm(¾吋)

雙排六釦劍領西裝（扣二釦）

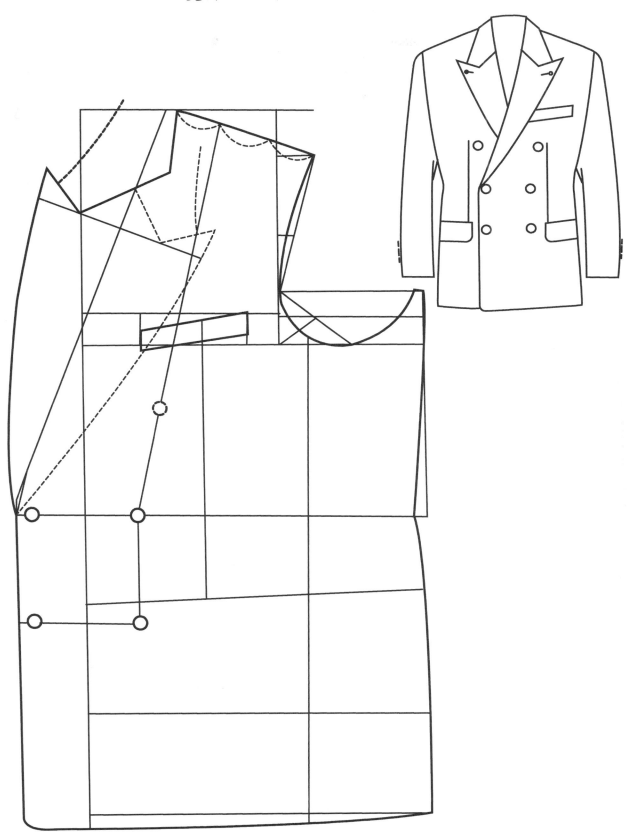

雙排六釦拿破崙領西裝

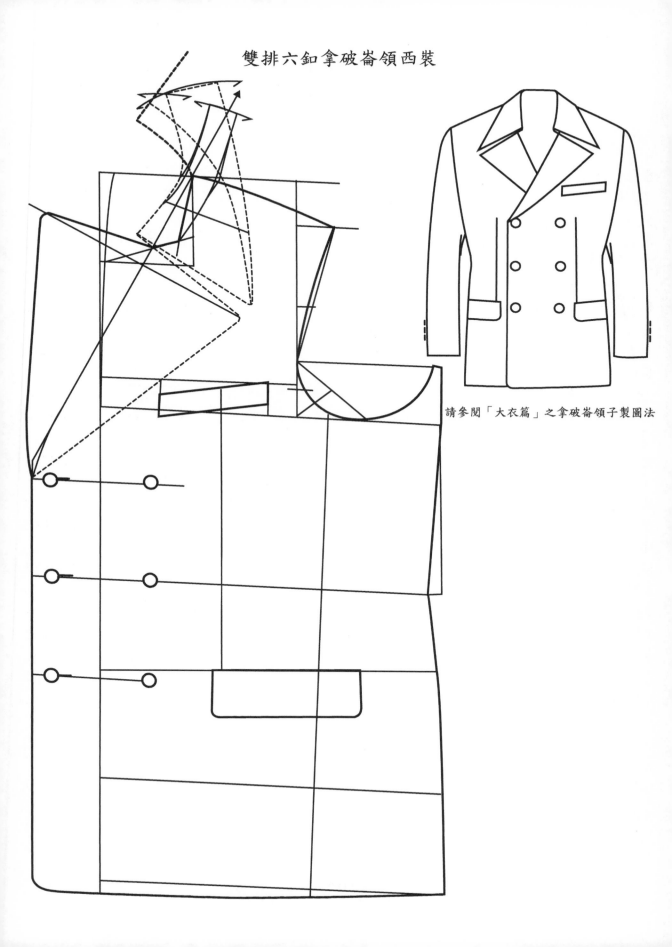

請參閱「大衣篇」之拿破崙領子製圖法

諾福克夾克

這個是後衣身的肩膀打襞褶（Pleats——疊褶、折褶）至腰部的西服。所謂諾福克（Norfolk jacket）是英格蘭（England——英國）東海岸的一個州的地名。把地名或人名轉化成衣服名稱的例還真不少，例如大衣（Over coat——外套）的柴斯特菲爾德（Chesterfield——黑天鵝絨領長大衣）就是，拉克蘭（Raglan——連肩）亦是，塔克西都（Tuxedo——簡式晚禮服）是紐約（New York——美國城市）某處的公園名；雙排單釦長劍領（Long turn）西服，可以叫做公爵威爾士型（Prince of wales），據說是已故溫莎公爵（Winasor）還是英國皇太子的時候，所愛穿而得其名。不過，在美國叫做諾福克的地方有三處，到底根據何處而命名就不得而知了。

這種款式是在運動、遊戲、狩獵時所穿用的野外運動裝。然而某些電視演藝人員，大概是自以為瀟灑而穿著這種衣服，出現在攝影棚等場所，看起來不倫不類且很可笑的。雖然背部的襞褶具有幫助手臂運動的機能性，但是，襞褶如果在攤開後不能返回原狀，也是有礙觀瞻的。因此，有些人就架（搭）上鬆緊帶使襞褶返還原狀，不過這種方法盡量不要使用，另外設法使襞褶穩定才是上策。為了達到這個目的，不但需要相當深的襞褶，也需要縫製方面的技巧。

運動裝（Sports wear）的布料，一般都很自然地想到獵裝絨（Tweed——粗呢、粗花呢），可是會起毛的獵裝呢可想而知澀滯（不滑）而難使攤開的襞褶復原。因此看來，類似威尼香洋毛呢（Venetian——棉直貢呢、威尼香精紡細呢）最為適當。而且，粗呢料容易附著灰塵也是值得考慮的問題。偶爾在街上看到縫製極佳的諾福克西服而非常欣賞。

製圖說明

O、C、B、W、A、3、M、6、7、S、V、X、13、E、38等各點為後身片，詳情請參閱「單排雙釦西裝基本圖」。

19~38	一個縫份，即0.75cm（⁵⁄₁₆吋）
20~V	一個縫份，即0.75cm（⁵⁄₁₆吋），20~19連結畫直線至肩線
21	20~19的延長線跟S~M直線之交點，21~20~19是形成襞褶的線
22~19	5cm（2吋），襞褶寬是向下稍狹，但不宜太窄，因此22~19最少有5cm（2吋）比較好
23	以22為基點，從38~W畫直角線至跟S~M直線之交點
24	23~22直線跟V橫線之交點
25~20	20~24同尺寸，25在20~24的延長線稍低的地方
26~19	19~22同尺寸，26在19~22的延長線稍低的地方
27	25~26的延長線，以25為基點，從27~26直線向20畫直角線，27~25跟23~24同尺寸，然後27~21連結畫直線，25~26跟24~22也同尺寸，接下來26~19連結畫直線，27~26~19也是直角
28~25	25~20同尺寸，28在25~20之延長線上
29~26	26~19同尺，29在26~19之延長線上，28~29跟24~22同尺寸
30~28	21~20同尺寸，30在28~29之延長線上，30~27連結畫直線

31	13橫線上跟21~19直線之交點
32~28	20~31同尺寸
S'	S的位置
V'	V的位置
X'	X的位置
13'	13的位置
38'	38的位置

　　至此已完成襞褶的部分，襞褶的疊法想必
也了解吧！雖然在此只畫出背部的圖，但是，
關於前身片只要依照普通法就可以了。下回將
要談前身片及襞褶的不同做法，以及容易使襞
褶穩定的方法等。

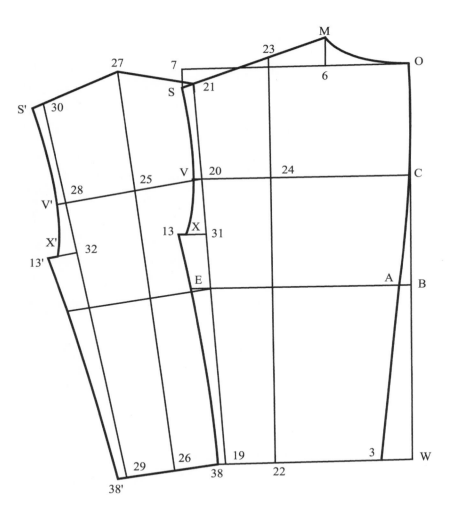

諾福克西服

在背部兩側打襞褶，如諾福克的款式，在以前，這種上衣搭配燈籠褲（Knicker bockers）是典型的打高爾夫球（Golf）必穿的制服（Uniform）。後來燈籠褲在不知不覺中消失得無影無蹤，而僅保留了上衣。正如上篇中所說，背部的深襞褶具有幫助手臂運動的機能，但，襞褶攤開而不復原就是工藝不精。雖然襞褶與襞褶之間有架（搭）上鬆緊帶幫助襞褶恢復原狀的做法，不過這種方法最好不要採用，而以另外想辦法使襞褶能穩定才是上策。

上次將襞褶部分全部黏貼在後身片，這次不需那樣，只需將襞褶的單片（一半）黏貼在前身片的方法。從W線上方的脇邊沒有縫合線的方法，這種方法較為輕鬆舒暢。但是褶子裡頭為裁剪線。

要使襞褶穩定，必須靠縫製的技巧，但我採用的是，把前後脇邊縫合線均以直線裁到W線（13~38）的方法。不做彎曲的縫合線會有較佳的穩定性。

另外，還有一點是，如A圖為了避免襞褶的褶線跟脇邊縫合線緊靠而並排，在W線以上的部分不留縫合線。把襞褶的單一片23~22切開，而在前面的脇邊縫合線重疊二個縫份裁剪。這麼一來使得襞褶的上片跟背部連在一起。也就是說，23~22不是連裁而是剪斷。照這樣貫通或重疊剪齊後滾邊都可以。

這些操作，可以不必畫襞褶的圖，只用在原型的背部襞褶的位置做記號，就能在布料上用粉片輕而易舉地畫出。這樣做似乎比切開襞褶來得快而且沒有偏差。也就是說，照原圖原原本本地轉描於布料上。假如前面這麼做，背部也要依轉描法來整伸襞褶。這種轉描法不但

是用於剪開襞褶的時候，還可以應用在襞褶兩面連裁，但是脇邊會出現縫合線的情況。

將手臂向前伸出，前脇邊的D~E就會被牽動而使襞褶攤開，為使襞褶復原不用架（搭）上鬆緊帶的方法，而把襞褶上邊23~22及O~C的部分用正斜裁的布料延長。從襞褶的裡頭接上同或接上不同的布料（Sleek──斯麗克、光滑的斜紋棉布等）都可以。無論如何要有伸縮效果才行。因為受力的地方是在襞褶的下方，所以把襞褶切開時要在下方延長。這時要縮短O~C的距離。a是襞褶的延長線，b是肩部裡布（半裡）的線。把肩部裡布也裁成正斜布裁就不必打褶也沒有拉吊之慮。但是，寬度不要太寬，a與b的傾斜有做正斜的必要。

這次僅摘錄前身片的要點如下。

先將前後身片的X點壓住後，移動後身片之38移至跟前身片52相疊二個縫份，即1.5cm（$\frac{5}{8}$吋），然後描畫後身片的上身之脇邊部分，即如圖的上次之19至24各點之形狀，這樣19至24各點的部分就黏貼在前身片的脇邊。即將襞褶的一半砍下來，以漿糊黏貼在前身片的脇邊能省掉許多麻煩。

前身片的半劍型下片領（Semi peaked lapel）的做法如下。

64~R	$\frac{\text{⑱}}{8}$，或W~H的$\frac{2}{3}$，64在R~63直線上
65~64	下片領寬度，即9cm（$3\frac{1}{2}$吋），視流行或顧客嗜好而增減，65在64~63之直角上
66	65~64的中點
G~N	$\frac{\text{⑱}}{16}$，或W~H的$\frac{1}{3}$，G離開R~64線2.5cm（1吋），G~N與66~G連結畫直線
67	66~G直線跟R~63直線之交點

諾福克西裝

A圖

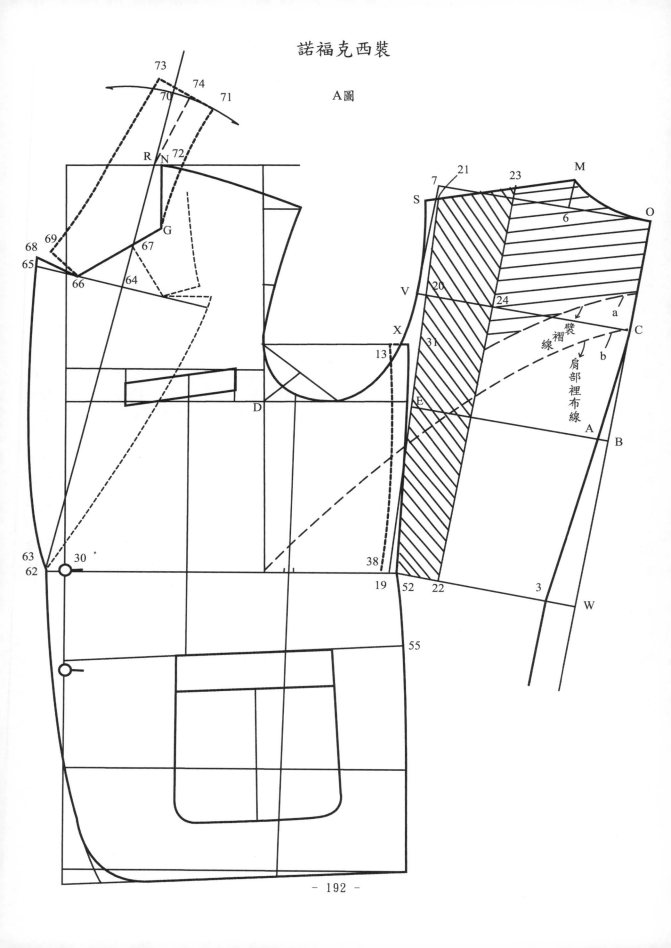

68~65　1cm（3/8吋）
69~66　3.8cm（1½吋），69離開68~66直線
1.25cm（½吋）

下片領的形狀最好能不依賴尺寸而憑感覺來決定。

衣袋是貼口袋（Patch pocket），外貼袋（Out pocket）比較不好，雖然中央有對合的襞褶，但是不是盒型襞褶（Box pleat），是相反的逆向襞褶（Inverted pleat——相合襞褶）。

防止諾福克走樣的處理

諾福克的肩寬需比普通的西裝約窄小1cm（3/8吋）左右。諾福克的肩寬如稍寬些時，一看如日本江戶時代武士的禮服，應注意。

雖然把肩寬做窄些，諾福克的疊褶有機能性，對手臂的動作是舒暢，使手臂動作舒適，所以很多人喜歡訂做諾福克。問題是縫製的人、穿著的人所顧慮的事情，就是把手臂向前伸出時疊褶會打開（散開出來），而手臂退回時最關心的事就是疊褶是否會退回原狀。

如用以前的方法，是時常發生過的問題，至今還沒有發表過新的理想方法。關於下面是個人的建議，願大家更進一步的研究。

第1圖：1是W的橫線與脇邊線交叉點。1~2是0.75cm（5/16吋）的縫份，S~3是1cm（3/8吋），此處想必用0.75cm（5/16吋）的縫份之人較多，這樣上袖子時不太好，所以個人的經驗是都用1cm（3/8吋）。3~2的線是折紋線。如果3~2的線要剪接時，在4的地方進入0.5~1cm（3/16~3/8吋）而取些彎曲線較為美觀。

第2圖：4的地點是後脇的頂點之位置。這個位置多多少少提高些或降低些都可以。5~4是11.5cm（4½吋），這個尺寸多一點比較好。6~2與7~3各5cm（2吋）。以前的7~6之諾福克，即7~5~6是直線，但這個方法是斜線。這是疊褶退回原狀的關鍵。

第3圖：是把3~4~2的折紋線折起來的圖。斜線的部分是把紙型折疊在裡面。

第4圖：紙型的7~5與5~6折疊時，對準紙型使③在3、④在4、②在2的地方。斜線的部分與第1圖的斜線部分相同。縫製時④與5之間要縫合。

第5圖：第4圖的甲與乙是裁剪布料時成為斜布。討厭成為斜布時，在點線剪接，直線的部分是在布料裁剪直布紋。毛邊以滾邊（Piping）處理。

第6圖：這個諾福克的特徵是裏側的線是斜線，把手臂向前伸出時，疊褶的裏頭不會露出來，而手臂退回時疊褶會回復原狀。

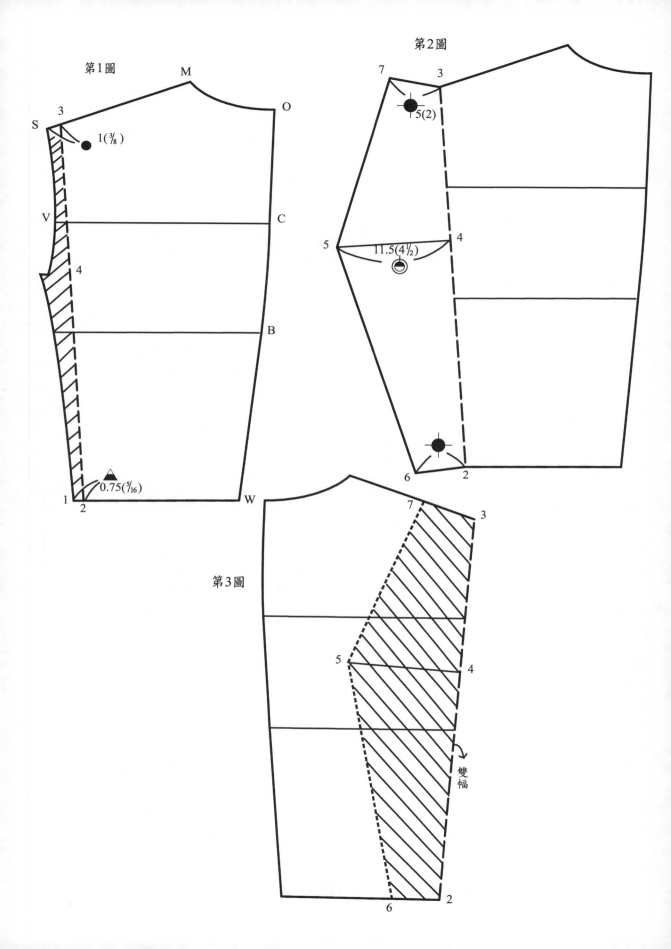

第1圖

第2圖

第3圖

M

O

S

3

1(⅜)

V

C

4

B

1

2

0.75(⁵⁄₁₆)

W

7

3

5(2)

5

11.5(4½)

4

6

2

7

3

5

4

雙幅

6

2

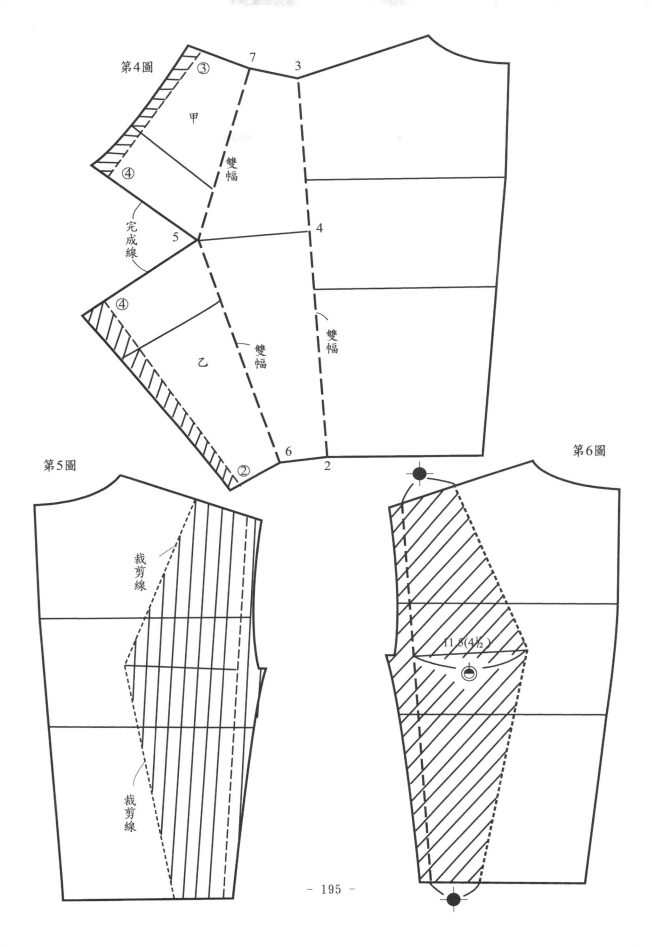

第4圖

③

甲

雙幅

④

完成線

5

④

乙

雙幅

7

3

4

雙幅

6

2

②

第5圖

裁剪線

裁剪線

第6圖

11.5(4½)

- 195 -

沒有脇邊縫合線的諾福克裁剪法

依製圖而做紙型會成為煩雜，因此使用普通製圖的紙型如下的要領拔出（抽出、提出）就簡單而製圖。

第1圖是在普通製圖後的背部紙型，如斜線的狀態放入褶份而畫a線與b線及c線，a線是完成後成為雙幅線的褶子之頂線。其次在前身片的紙型舖上一層紙，如第2圖將前後身片的脇邊重疊二個縫份1.5cm（⅝吋），從W線上方縫合狀態而放置。使用點線器（Roulette——輪盤賭）將b線與c線、後身片的肩線、袖圈線連結描繪在前身片的脇邊。

完成後的前身片紙型就是第3圖。其次為舖上一層背部的紙型，將折疊兩層紙舖上，雙幅的部分對合a線，在W對合記號的位置，如第4圖在下面舖上的紙剪入至a線，在下面的部分要展開。b線與c線用點線器描畫，其他對合身片而剪掉。

第5圖是完成後的背部之紙型。又，捏褶子的份量或脇線之褶子縫止點位置，可以適當而移動。

第1圖

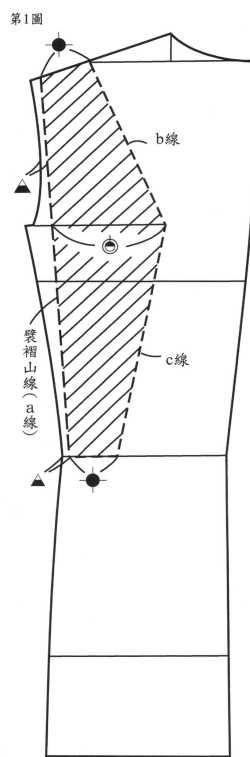

b線

c線

襞褶山線（a線）

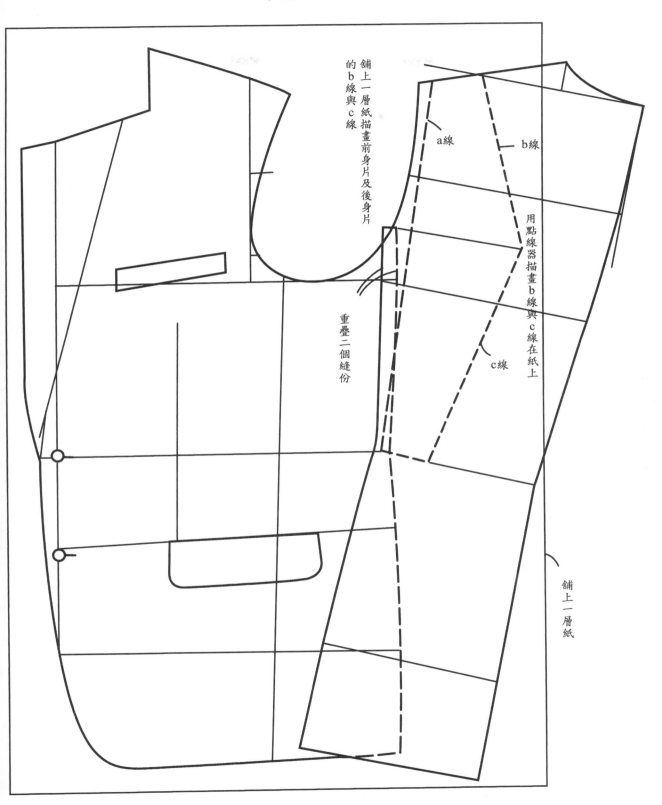

舖上一層紙描畫前身片及後身片的b線與c線

a線

b線

用點線器描畫b線與c線在紙上

c線

重疊二個縫份

舖上一層紙

第3圖

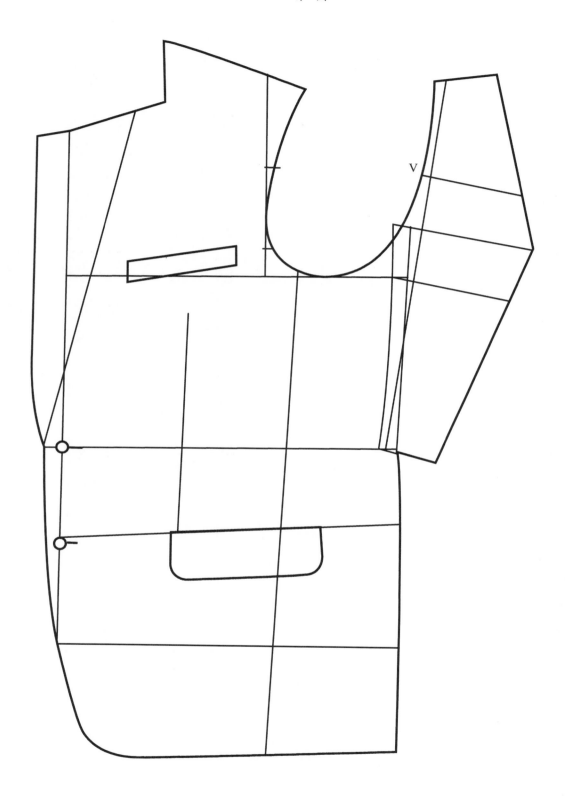

V

第4圖

第5圖

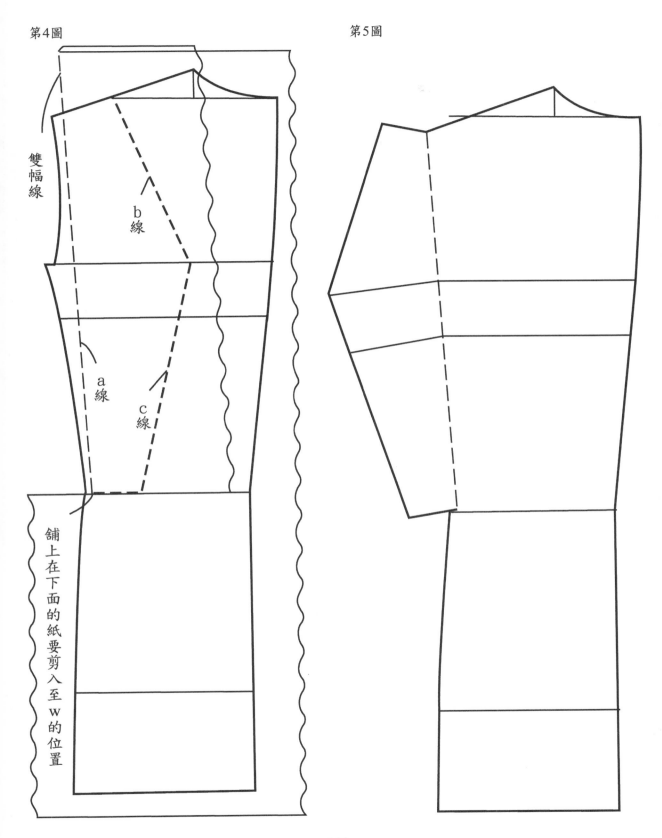

雙幅線

b
線

a
線

c
線

舖上在下面的紙要剪入至 w 的位置

我的想法

——諾福克之新的裁剪縫製

以前縫製諾福克的使用量較多，縫製也較為複雜，致使不受裁縫師的歡迎。但是，用下面的方法，布料不用太多，縫製也簡單。又，夏季的布料，在背面的通風又好，且非常涼快而有價值（Merit——優點、功績）。

現在將其做法說明於後：過去所謂諾福克，如第1圖將背部加上疊褶裁剪縫製為常識，但是這種方法穿上後將兩手伸出前面，其後將兩手放回原狀時，疊上的襞褶不會復原，而照原來的樣子脫開，使背面不會平順而很難看。為要使這襞褶復原，內側的左右兩端縫上鬆緊帶而拉回的方法，是過去縫製諾福克應該做的辦法，但是，這缺點總得想個辦法解決。於是利用舊衣服或新的服裝做各種各樣研究的結果，想到第1圖所示的斜線之部分在阻止回復原樣的部分，終結，如果沒有這個部分，就不必使用鬆緊帶拉回或縫合裡襯而推測，經過思考後，如第2圖的裁剪方法而試做。

縫製方法是將A部分與細肩的B部分滾邊，或包縫機處理，後面將紙型重疊照平常的方法而進行工作即可。

完成的服裝，當然後面左右貫通，只是這種方法，盡量背部有腰帶，能掩蓋腰部的缺點，無論如何，遇到討厭背部腰帶的顧客時，如第3圖的方法也是可以，這種方法縫製後，無論將手腕如何搖動，放下手腕時，背面的停止貌會復原而平順且漂亮，請大家好歹試試看。

第1圖

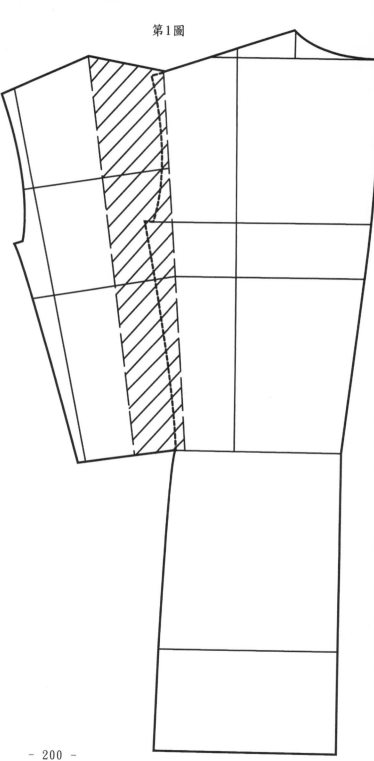

第2圖   第3圖

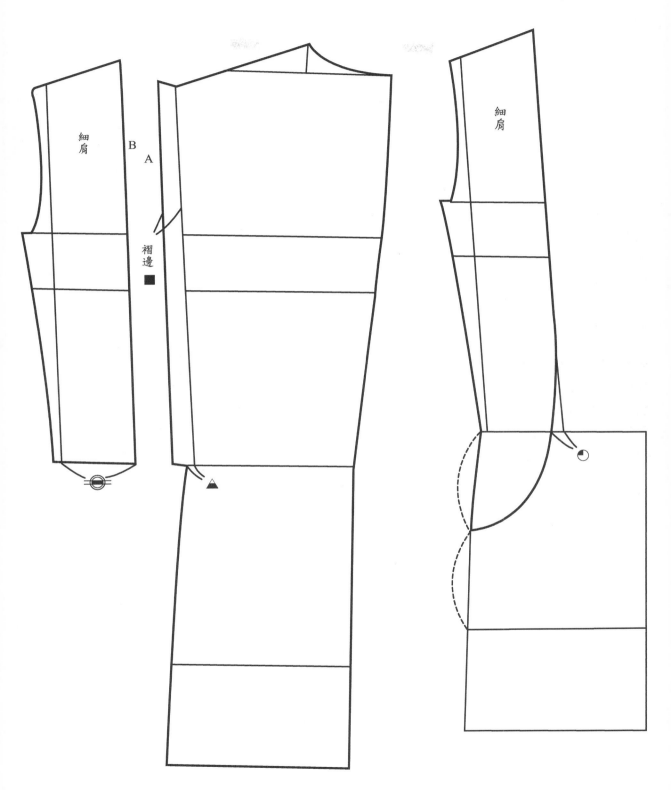

細肩

B A

褶邊
■

細肩

旋轉袖（Pivot sleeve）的狩獵裝

諾福克之後，緊接著要介紹動作型袖子（Action sleeve——活動袖子）的西服。雖然近來不太常見也說不定，但是，認為對野外活動及運動裝是最適合的款式。這是便於舉槍姿勢的狩獵裝而設計，並做為釣魚裝也很適合。若在肩部加上肩襠（Yoke——約克）或用不同布料做袖子，還能縫出瀟灑的雙色（Two-tone color——濃淡雙色相，明暗雙色相）裝。做為登山、郊遊的服裝，以卡爾賽手組織呢（Kersey）或威尼香（Venetian——直貢呢、威尼香精紡細呢）等表面光滑、沒有毛、不沾灰塵的布料為佳。近來又有業者研發出一種吸濕排汗布料，對於運動者甚是一大福音。

製圖說明

旋轉袖狩獵裝適用尺寸與製圖說明自O至40各點跟「基本型單排雙釦西裝」相同，因此為了篇幅而省略其說明，在這裡僅將不同處說明於後。

41~15　10cm（4吋）

42~41　二個縫份，即1.5cm（$\frac{5}{8}$吋）

43~41　1.25cm（$\frac{1}{2}$吋）

44~41　1.25cm（$\frac{1}{2}$吋）

45~30　30~52減掉一個縫份0.75cm（$\frac{5}{16}$吋）後的$\frac{1}{2}$

46~45　45直上至胸口袋的$\frac{2}{3}$

47~45　37~36的$\frac{1}{2}$

48~45　37~36的$\frac{1}{2}$，即47~48跟37~36同尺寸

53~49　Ⓗ的$\frac{1}{2}$減掉40~5的尺寸後，加上前後脇邊線的二個縫份1.5cm（$\frac{5}{8}$吋）

57~56　F~28加上2.5cm（1吋）後的$\frac{1}{2}$

58~57　貼口袋口尺寸16cm（6$\frac{1}{4}$吋）

59~57　57~58加上2cm（$\frac{3}{4}$吋），57~59線跟30~51線平行

60~58　跟57~59同尺寸，60在57~58之直角上

61~45　W~H的$\frac{2}{3}$

64~R　$\frac{Ⓑ}{8}$，或W～H的$\frac{2}{3}$，64在R~63直線上

65~64　下片領寬度尺寸9.5cm（3$\frac{3}{4}$吋），視流行或嗜好而增減，65在64~63之直角上

66　65~64的中點

G~N　$\frac{Ⓑ}{16}$，或W～H的$\frac{1}{3}$，G離開R~64線2.5cm（1吋），G~66與G~N連結畫直線

67　66~G直線跟R~63直線之交點

68~65　1cm（$\frac{3}{8}$吋）

69~66　3.8cm（1$\frac{1}{2}$吋），69離開68~66直線1.25cm（$\frac{1}{2}$吋）

下片領的形狀，最好能不依賴尺寸而憑感覺來決定。

旋轉袖製圖說明

旋轉袖製圖說明，自U點至11點跟「單排雙釦西裝基本圖」袖子相同，為了篇幅而省略其說明，在這裡僅將12點以後部分說明於後。

12~D　跟衣身片的28~15同尺寸

13~12　10cm（4吋），即跟衣身片的15~41同尺寸

14~13　二個縫份，即1.5cm（$\frac{5}{8}$吋），跟衣身片的41~42同尺寸

15~13　1.25cm（$\frac{1}{2}$吋），即跟衣身片的43~41同尺寸

16~13　1.25cm（$\frac{1}{2}$吋），即跟衣身片的41~44同尺寸

X~2　前後衣身片的27~X（D~E間不含褶

份的尺寸）間同尺寸

17	U~V直線跟T直下之交點
18~D	D~12加上二個縫份，即D~12加上 1.5cm（⅝吋）
19	以U為中心，U~14為半徑，向左上邊 畫圓規線後，再以18為中心，12~14 為半徑，跟U~14的圓規線之交點就 是19
20~19	1.5cm（⅝吋），20~U連結畫直線
21~19	1.5cm（⅝吋），21~18及21~20連結 畫直線
22	以V為中心，後衣身的V~42為半徑， 向左邊畫圓規線後，再以12為中心， 12~14為半徑，跟後衣身的V~42的圓 規線之交點就是22
23~22	1.5cm（⅝吋），23~17連結畫直線
24~22	1.5cm（⅝吋），24~12及 24~23連結畫直線
25~V	二個縫份，即1.5cm（⅝吋）
26~D	前身片的F~30或28~29間同尺 寸
27~L	袖子座姿尺寸，視體型而定， 本圖是1cm（⅜吋）
28~27	跟18~D同尺寸，28在27橫線 下1cm（⅜吋）
29	18~28直線跟26橫線之交點
30~29	1.25cm（½吋）
31~27	袖口尺寸½加上一個縫份 0.75cm（⁵⁄₁₆吋），以5~27直 角畫袖口線
32~28	跟18~12同尺寸
33~30	跟18~12同尺寸
34	V~31直線跟26橫線之交點
35~34	2.5cm（1吋）

關於裝袖

　　把上袖的前面U點不要照原來的尖角做，而將尖角修整為圓角，當裝袖時再加以整伸。這樣的裝袖較為美觀，手臂的活動也較輕鬆。

　　前後衣身的旋轉（Pivot——支點）部分U~43及X~44先不要剪掉，等裝完袖子後再剪掉較容易做。所以試穿時候把U~15~X暫且保留而試穿。這個地方是袖圈的延長，所以跟袖子一樣是裁剪線。

　　脅下的褶子是將掩蓋於旋轉中，所以把褶子打在前身片腰圍的中央。前面的褶子也從略。

旋轉袖狩獵裝

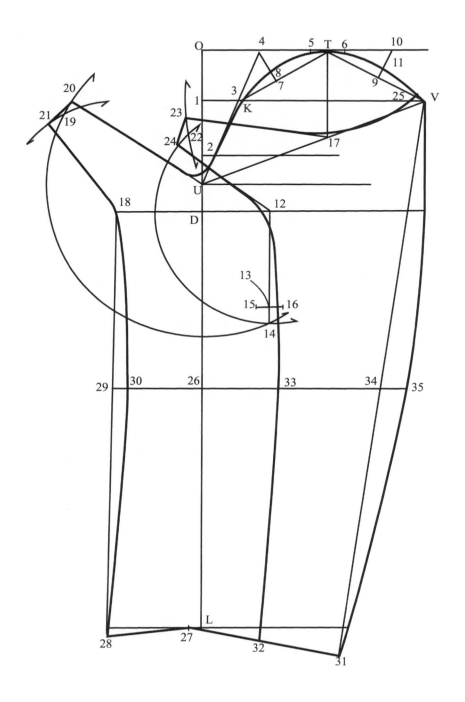

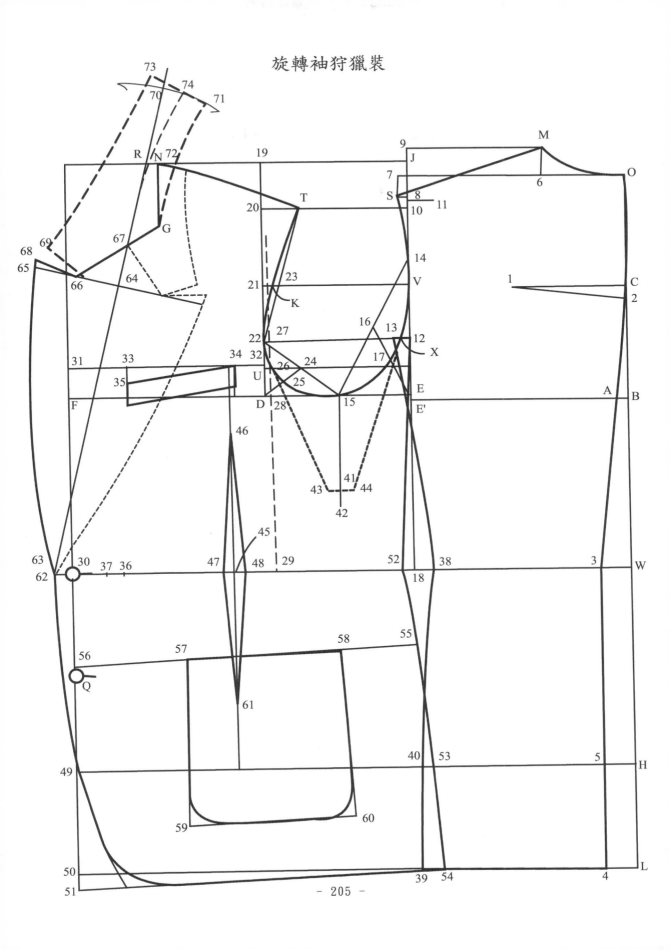

旋轉袖狩獵裝

青春

サミュエルウルマン原作
松永安左ヱ門翁訳

青春とは人生の或る期間を言うのではなく心の様相を言うのだ。優れた創造力、逞しき意志、炎ゆる情熱、怯懦を却ける勇猛心、安易を振り捨てる冒険心、こう言う様相を青春と言うのだ。

年を重ねただけで人は老いない。理想を失う時に初めて老いがくる。歳月は皮膚のしわを増すが、情熱を失う時に精神はしぼむ。苦悶や孤疑や、不安、恐怖、失望、こう言うものこそ恰も長年月の如く人を老いさせ、精気ある魂をも芥に帰せしめてしまう。

年は七十であろうと、十六であろうと、その胸中に抱き得るものは何か。曰く、「驚異えの愛慕心」空にひらめく星辰、その輝きにも似たる事物や思想に対する欽仰、事に処する剛毅な挑戦、小児の如く求めて止まぬ探求心、人生への歓喜と興味。

人は信念と共に若く 疑惑と共に老ゆる。
人は自信と共に若く 恐怖と共に老ゆる。
希望ある限り若く 失望と共に老い朽ちる。

大地より、神より、人より、美と喜悦、勇気と壮大偉力との霊感を受ける限り人の若さは失われない。

これらの霊感が絶え、悲嘆の白雪が人の心の奥までも蔽いつくし、皮肉の厚氷がこれを固くとざすに至ればこの時にこそ人は全くに老いて神の憐みを乞うる他はなくなる。

青春

呂寶霖 編譯

所謂青春，並不是說人生的某一段期間，是指心態。優異的創造力，堅強的意志力，燃燒的熱情，退卻懦怯的勇猛心、拋棄安逸的冒險心，這種心態才叫做青春。

年復一年人不會老。失去理想時才會迎接衰老。歲月會增加皮膚的皺紋，但失去熱情時精神才會枯萎。苦悶或猜疑，或不安、恐怖、失望、這些事情正如長年歲月令人衰老，有精神的志氣也終歸廢物。

年齡不管是70或16，其胸中的抱負是甚麼，乃「對驚奇的愛慕心」在宇宙閃亮的星辰，對似其閃亮事物或思想的欽仰，處事的剛毅與挑戰，如小兒般求無止的探求心，對人生的歡喜與興趣。

人跟信念而年輕，跟疑惑而衰老。
人跟自信而年輕，跟恐怖而衰老。
只要有希望就年輕，跟失望而老朽。

只要由大地、由神、由人，接受美與喜悅，勇氣與壯大偉大之靈感，人就不會失去年輕。

若這些靈感斷了，悲歎的白雪掩蔽至人心深處，諷刺的厚冰被堅硬的堵住了，這時才是，人就完全老，除了乞求神的憐憫外別無他法。

大衣篇

本書作者呂寶霖先生榮獲日本東京小林服裝研究所小林守治所長所頒贈
日中服裝技術交流專題主講卓越成果感謝狀。

大衣的基本

所謂短大衣（Top coat）是使用於春秋季大衣的意思。無論春秋或冬天的大衣之形狀，包含拉克蘭袖（Raglan sleeve——連肩袖、斜肩袖、包肩袖、牛角袖）、半拉克蘭袖均為箱型最盛行。箱型是穿著舒服而簡單樸素的形狀。布料是威尼香縮絨呢（Venetian——真貢呢、縱繻子呢）、軋別丁（Gabrdine——華達呢、斜紋毛織料）、粗呢（Tweed——粗花呢、獵裝絨、蘇格蘭呢）等最適合的。花樣以素色布為佳，格子紋（Chek——碁盤格紋）也可以，但是，條紋（Stripe——斑紋、線條紋）就不適合。有人在暖和的冬天賣不出冬天的大衣而發牢騷，但是，粗呢的大衣之所以銷路得很好，就是在冬天以粗呢的大衣穿用之人愈多。雖然防塵罩衣（Duster coat）或防雨大衣（Rain coat）做成拉克蘭袖也是很好，但是，縫合線很少的普通箱型不是更適合嗎。

大衣是穿在西裝的外面，因此，僅將西裝的尺寸加大是不能成為大衣的，縱令同樣的B寸的裁剪，大衣與西裝在尺寸與形狀還是不同的。依基度的比例計算之比率會有變化。尤其是縫合衣袖在西裝的袖子較能容易及格，必須以舒適而製成。但是，不會反映如西裝在體型的特徵。覺得可以製成大方。

如果說，大衣容易產生的缺點（毛病）就是領子不升高，跟西裝同樣的狀態在領子與肩膀的做法領子是不升高的。穿上西裝時，襯衫的領子會露出是正常的，但是，穿上大衣時，西裝的領子露出來是很奇怪的。後面的縫合衣領之上升程度，有必要稍微傾向屈身體而裁。

還有，完成後時常發生重疊不足，因此，試穿時打算會這樣而必須好好地觀察。可以認為在單面會少1cm（⅜吋）。在試穿時也常常看到在重疊線沒有做好疏縫記號，即使單排也是要將重疊線清楚做疏縫記號。

箱型大衣

大衣（Overcoat）是前後的狀態，深切感覺平衡（Balance——平均、均衡）而穿著。特別肩膀周圍的狀態最重要。肩膀的狀態能做得好的大衣，會包容輕度的變體。箱型大衣（Box overcoat）是大衣中最樸素的一種，也可以當為大衣的基本型。因為沒有像柴斯特菲爾德（Chesterfield——黑天鵝絨領長大衣）縮小腰身，所以感覺上較為舒暢，而適合任何人穿用。箱型大衣已經盛行了相當長的期間，所以半拉克蘭（Semi raglan——半連肩、半包肩、半斜肩）及拉克蘭都都可以做成箱型。

大衣雖然是穿在西服外面的衣服，如果按照西服的型一味加大又加長就不能說是大衣了。比起西服在技巧上有不同的地方。袖圈（Armhole——袖襱、袖空、袖孔、袖洞、肩口）要大到西服的袖子容易穿脫的程度。領圈若跟西服同樣的做法，將造成大衣的領子如穿日本和服不貼實而露出西服的領子。襯衫的領

子要高出西服的領子1cm（⅜吋）才像樣，但是，西服的衣領露出大衣之外就難看了。所以大衣的領圈要改變狀態。

　　基本上尺寸是從西服外量取的，不過除了腰圍以外是不太容易量得準的，不如從襯衫外量取西服後的尺寸，再把尺寸加大較容易。

　　冬季大衣的長度是總長的$\frac{3}{4}$。春秋季的大衣的長度是從冬季大衣的長度減掉5~10cm（2~4吋）。這尺寸只不過表示一種標準而已，長短可依各自的喜好隨意決定。但是以防寒為目的的冬季大衣的時候，至少在坐下時要能蓋住膝蓋才有防寒的效果。在假縫試穿時請注意這一點。

　　胸圍是西服的⑧圍加上6~8cm（2½~3吋）。肩寬、背寬、胸寬以大衣的⑧之基度分配就可以。袖長是西服的袖長加上1.5~2cm（⅝~¾吋），袖口是西裝的袖口加上3cm（1¼吋）。現在以下列尺寸來開始製圖。

適用尺寸（Measurements）

總長（FL）147cm（58吋）

衣長（L）105cm（41¼吋）

背長（WL）42cm（16½吋）

臀長（HL）63cm（24¾吋）

胸圍（B）94cm（37吋）

肩寬（SW）44.5cm（17½吋）

背寬（BW）37cm（14½吋）

胸寬（FW）37cm（14½吋）

頸入（NC）5cm（2吋）

臀入（出）（HC）0

肩斜（SS）6cm（2¼吋）

袖長（S）61cm（24吋）+2cm（¾吋）

袖口（CW）29cm（11½吋）+3cm（1¼吋）

製圖基度

　　⑧＝B+23cm（9吋）＝117cm（46吋）

製圖說明（Draft Explanation）

O	為基點，並畫直角線
L~O	衣長，標準長度是$\frac{FL\times5}{7}$
B~O	$\frac{⑧}{8}$加上11cm（4¼吋），即為大衣鎌深案內線（引導線），也是決定袖圈底邊的重要位置
W~O	FL的$\frac{2}{7}$，或西裝長的$\frac{1}{2}$加上5cm（2吋），加上的尺寸是意匠（構思）尺寸
H~W	FL的$\frac{1}{7}$，或O~W的$\frac{1}{2}$，或H~O為FL的$\frac{3}{7}$
C	O~B的中點
1~C	O~C同尺寸
2~C	頸入（NC）的$\frac{1}{4}$
3	1~2直角是西裝之背縫線，跟W橫線之交點
4~3	0.75cm（$\frac{5}{16}$吋），2~4連結為大衣背縫線
A	2~4直線跟B橫線之交點
L'	4直下跟L橫線之交點
5	4~L'的中點，後開叉縫止點
O'~O	0.25cm（⅛吋），O'~C~2~A~4連結畫柔順的大衣背縫線
6~O'	後領徑寬尺寸，即$\frac{⑧}{16}$+2cm（¾吋）
M~6	後領徑高尺寸，即6~O'的$\frac{1}{3}$
7~O'	肩寬尺寸的$\frac{1}{2}$加上1.5cm（⅝吋）
S~7	2cm（¾吋），即後肩垂量，求取S~7的尺寸時，先把肩垂量（SS）的尺寸6cm（2¼吋）分成一半後，再減掉製圖上的墊肩厚度與鬆份之尺寸1cm（⅜吋），詳情請參閱「裁剪的預備知識」之肩垂下與鎌深尺寸的求法
8~S	背寬與胸寬同尺寸時，固定尺寸1cm（⅜吋），背寬與胸寬不同尺寸時，8~S的尺寸會有變化。詳情請參閱「裁剪的預備知識」之後身片肩端S點的求法。8上下畫垂直線為背寬的縱基本線
E'	8直下跟B橫線之交點，E'~A最少有$\frac{⑧}{8}$

	加上7.75cm（3吋），或$\frac{BW}{2}$加上4cm（1½吋）
9	8直上跟M橫線之交點，9~8為製圖上後肩垂量尺寸
J~7	從固定尺寸4cm（1½吋）減掉頸入尺寸的½，就是J~7的尺寸，即J橫線就是前身片N點的高度。N點高度尺寸的求法，因NC尺寸的不同之故，J點不一定在O或M橫線之交點。詳情請參閱「裁剪的預備知識」之「頸側點（NP）的高低之求法」，或參閱「特殊體型篇」之反身體、屈身體的頸側點（NP）之高低
10~J	9~8同尺寸，即為前肩垂量尺寸
11	8~10的中點，11是前後肩T與S的平均值之位置
E~11	肩高尺寸，即$\frac{胸}{8}$＋7.75cm（3吋），因肩膀斜度（即9~8）之故，E點不一定跟E'同點
D~E	$\frac{胸}{4}$－12.75cm（4⅞吋）
F~D	$\frac{胸}{8}$＋6.5cm（2½吋），或$\frac{FW}{2}$加上2.5cm（1吋）
V~E	O~B的一半，即跟O~C與C~B同尺寸，因肩膀斜度（即9~8）與頸入尺寸的不同之故，V點不一定在C橫線之交點
12	V~E的中點
13	12~E的中點
14~8	8~E的⅓
15~E	D~E減掉二個縫份後的一半，即D~E減掉1.5cm（⅝吋）後的一半
16	14~15的中點
17	16~E的中點
18~15	二個縫份，即1.5cm（⅝吋），D~18＝15~E
19	D直上跟J橫線之交點，19~J橫線為前身片的基本線

20~19	跟J~10與9~8同尺寸，即為前肩垂量尺寸，20在19直下跟10橫線之交點
21	20直下跟V橫線之交點
22	21~D的中點，跟12橫線之交點
U	22~D的中點，跟13橫線之交點，U點為袖子的對合記號
T~20	胸寬與背寬同尺寸時，以$\frac{胸}{16}$－3.25cm（1¼吋），或11~V的½減掉0.75cm（¼吋）。胸寬與背寬不同尺寸時，T~20尺寸會有變化，詳請請參閱「裁剪的預備知識」之前身片肩端T點的求法
N~T	S~M減掉0.5cm（³⁄₁₆吋），N點在19~J橫線上
23	T~22直線跟21~V橫線之交點
K~23	21~23的⅓
24	22~18的中點
25	24~D的中點，將S~V~17~15~18~25~22~K~T等各點連結畫自然柔順的弧線為袖圈線
X	V~17袖圈線跟12橫線之交點
26	22~25的袖圈線跟U~13橫線之交點，26上下畫垂直線為袖子縱向基本線
27	26直上跟22~12橫線之交點
28	26直下跟D~E橫線之交點
29	26直下跟W橫線之交點
30~28	2.5cm（1吋）
31	30直上跟25~18袖圈線之交點
32	15~E的中點
33~32	二個縫份，即1.5cm（⅝吋）
34	32直上跟V~17~15袖圈線之交點
35	33直上跟34橫線之交點
36	33~32的中點
37	36直下跟W橫線之交點
38~37	1cm（⅜吋），如果下襬要寬大時，可以用1.25cm（½吋）
39~37	跟38~37同尺寸

40	36~38直線跟L橫線之交點，36~37~40為後身片脇邊線
41	36~39直線跟L橫線之交點，36~37~41為前身片脇邊線
42	D直下跟W橫線之交點
43~42	2.5cm（1吋）
44~43	口袋寬尺寸，即17.25cm（6¾吋），44在D直下斜出1.5cm（⅝吋）處
45~43	3.25cm（1¼吋）
46~45	1.5cm（⅝吋）
47~46	口袋寬尺寸，即跟43~44同尺寸，46~47跟43~44平行
48	F直上跟19~J橫線之交點
49~N	6~O'減掉0.25cm（⅛吋）49~F連結畫小曲線
50~N	6~O'加上一個縫份，即0.75cm（5/16吋）
51	49~F的小曲線跟50橫線之交點
52	N~50的中點
53~51	2.5cm（1吋），即第一個釦子的位置
54	F直下跟44橫線之交點，即第四個釦子的位置，54在H橫線上，以W~H的$\frac{1}{5}$亦可以
55~53	53~54的$\frac{1}{3}$，即第二個釦子的位置
56	55~54的中點，即第三個釦子的位置，53~55＝55~56＝56~54
57	F直下跟L橫線之交點
58~57	前垂份1.5cm（⅝吋）
59~55	相疊份3.5cm（1⅜吋）
60	59直下跟58橫線之交點
61	59直上1.5cm（⅝吋）
62	59直上跟51~50橫線之交點
R~N	1cm（⅜吋），R~61連結畫直線
63	R~61直線跟52~51直線之交點
64~R	2.5cm（1吋）
G	G~64直線跟R~63直線平行，G~N連結畫直線為前領圈線
65~64	M~O減掉二個縫份1.5cm（⅝吋），以65~64為半徑畫圓規線
66~65	8.5cm（3⅜吋），66在R~61直線上，66~65~64為直角
67	67~66~65為直角，即67~66線跟64~65線平行
68~62	2cm（¾吋），這個尺寸是意匠尺寸
69~51	7.5cm（3吋），這個尺寸是意匠尺寸
70～65	2.75cm(1⅛吋)

袖子製圖說明

U	直接在大衣袖圈畫袖子時，在前身片的26上下畫垂直線為袖子縱向基本線，袖子的U點，即跟衣身片的26同點
D	跟前身片的28同點
1~D	跟前身片的21~D間同尺寸
2	1~D的中點，2的位置在前身片的27同點
O~D	後身片的11~E肩高尺寸之$\frac{4}{5}$加上0.5cm（3/16吋），即為袖山O~D的尺寸，或O~1是後身片的11~V之$\frac{1}{2}$加上0.75cm（¼吋），或以肩高尺寸的$\frac{3}{4}$加上1.5cm（⅝吋）亦可以。詳情請參閱「裁剪的預備知識」的富機能性，且又美觀的袖子──長度由縱尺寸寬度由橫尺寸之袖子製圖法
L~O	袖長尺寸，大衣的袖長由西裝袖長加上2cm（¾吋）
3~1	跟前身片的20~T間同尺寸
4	U~3直線的延長線跟O橫線之交點
K~3	0.25cm（⅛吋）
V~K	前後身片的K~V間加上4.5cm（1⅞吋）。縫合衣袖時，K~V間會多二個縫份1.5cm（⅝吋）的寬度，又袖子的K~V間相反會減少二個縫份1.5cm（⅝吋）的寬度，4.5cm（1⅞吋）是以

上四個縫份及袖山K~V間最少鬆份量1.5cm（$\frac{5}{8}$吋）

5~U　跟前身片的T~26同尺寸

6~V　跟後身片的S~V同尺寸

T　5~6的中點，T點為袖子縫合記號

7　以3~T直線向4畫直角而求

8~7　4~7的$\frac{2}{5}$及4~7的$\frac{1}{2}$之中點，即較$\frac{2}{5}$強，較$\frac{1}{2}$弱

9　T~V的中點

10　以9為基點，從T~V畫直角線跟O橫線之交點

11~9　10~9的$\frac{2}{5}$

12~D　2.5cm（1吋）

13~12　3.5cm（$1\frac{3}{8}$吋）

14~13　二個縫份，即1.5cm（$\frac{5}{8}$吋），14跟前身片的30同點

15~D　跟前後身片的28~18同尺寸

16~14　14直上跟前身片的31~30同尺寸

X~2　前後身片的27~X間減掉33~32間，或18~15間的脇邊線之縫份，即D~E間不含褶份時的尺寸

17~X　後身片的V~12間加上縮縫份1.5cm（$\frac{5}{8}$吋）

Y　2~U的中點之橫線跟17~X的延長線之交點。在15處提高0.5cm（$\frac{3}{16}$吋）後，從16連結畫下袖的谷底彎曲線

18~17　二個縫份，即1.5cm（$\frac{5}{8}$吋），大多數18~V約在4cm（$1\frac{1}{2}$吋）左右

19~12　跟16~14同尺寸

20~D　跟前身片的28~29同尺寸

21~L　袖子坐姿尺寸，視體型而定，本圖是1cm（$\frac{3}{8}$吋）

22~21　2.5cm（1吋），跟12~D同尺寸

23　12~22直線跟20橫線之交點

24~23　1.25cm（$\frac{1}{2}$吋）

25~24　跟12~13同尺寸，即3.5cm（$1\frac{3}{8}$吋）

26~22　跟12~13與24~25同尺寸，即3.5cm（$1\frac{3}{8}$吋），本圖26剛好跟L同點，如果坐姿尺寸不同時，26不一定跟L同點

27~21　袖口尺寸的$\frac{1}{2}$，大衣的袖口由西裝袖口加上3cm($1\frac{1}{4}$寸)，以5~21直角畫袖口線

28~27　二個縫份，即1.5cm（$\frac{5}{8}$吋）

29　18~27直線跟20橫線之交點

30　V~28直線跟20橫線之交點

31~29　2.5cm（1吋）

32~30　2.5cm（1吋）

箱型大衣

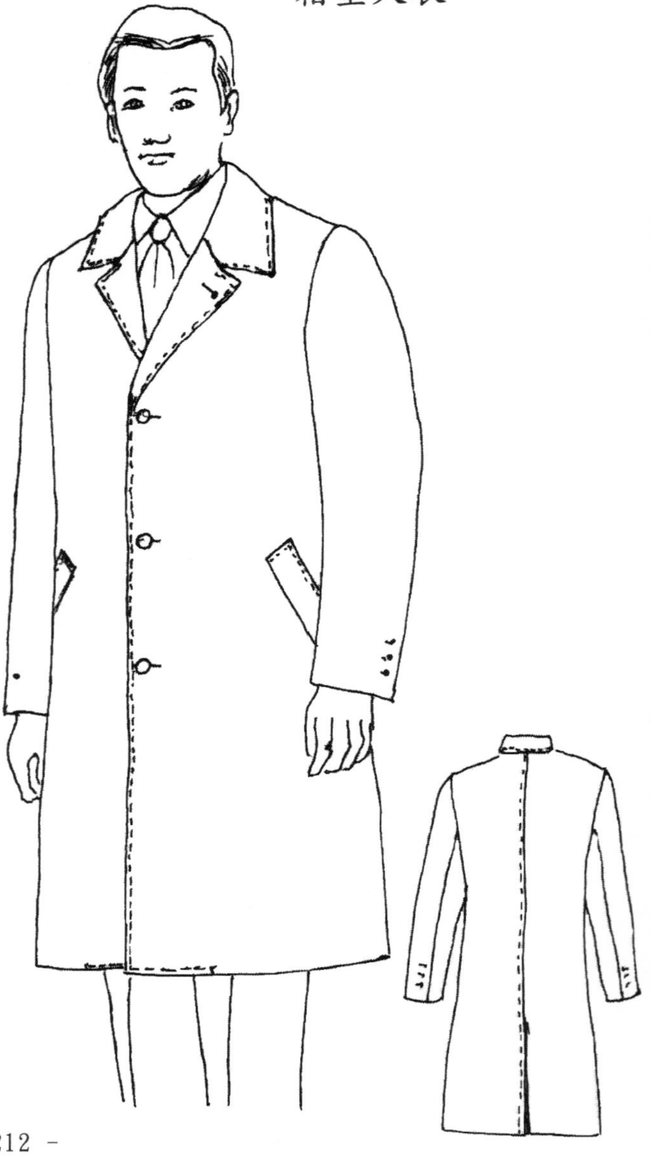

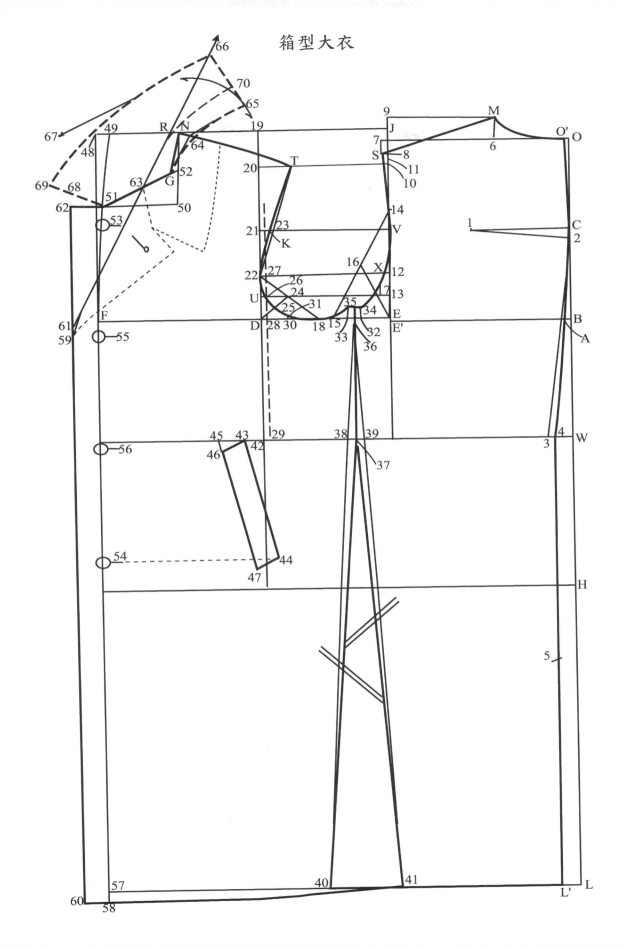

箱型大衣

大衣袖子

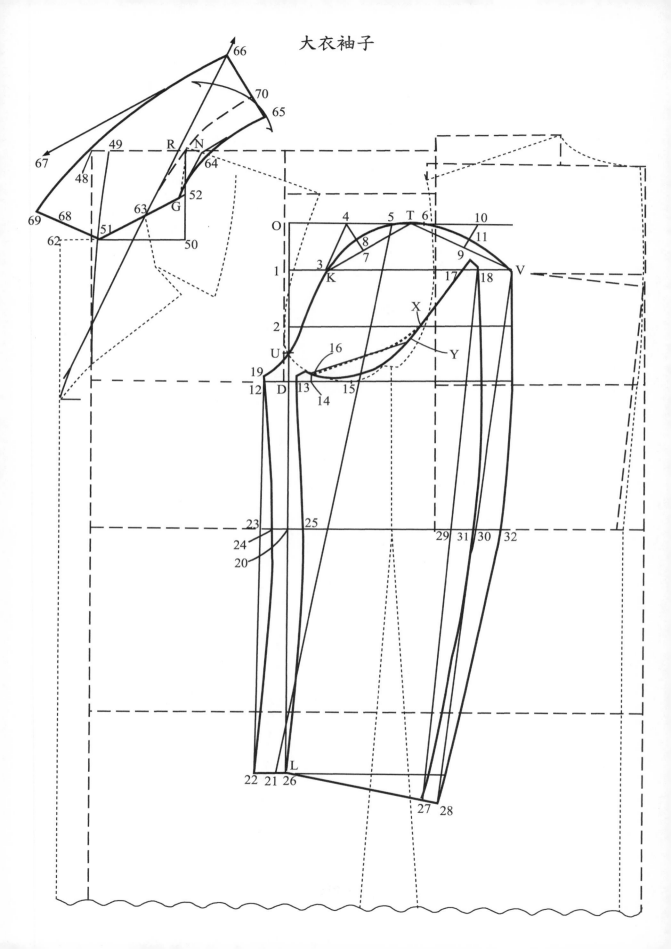

關於箱型大衣製作諸問題

所謂大衣是穿在外面的服裝，主要目的是防寒、防雨、防塵等，但是，近年社會的環境變遷，大衣本來的目的變成機能性與流行感覺，並且重視漂亮化。

箱型大衣是箱型而直筒式的輪廓（Silhouette——剪影、側影）之大衣（第1圖），沒有年齡的限制，也能掩蓋

第1圖

（Cover——彌補、掩護）體型的缺點（毛病），是今後的大衣所期待的。

①大衣跟西裝上衣之差異

A、西裝上衣是直接穿在襯衫上面，容易顯現體型的缺點。可是，大衣是穿在大部分已經造型後的上面，有適度掩蓋體型的缺點，但是，如下述的事情就不能忽視。

☆前後的平衡（Balance——均衡、平均）沒有配合（Fit——調合、適合）體型的時候。

甲、在前下襬的相疊過多（第2圖）。

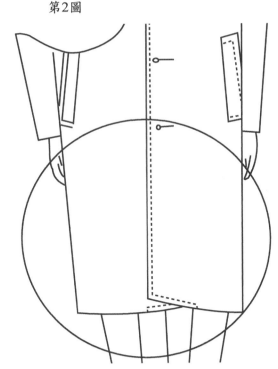

第2圖

乙、在前下襬的相疊分開，扣上鈕子時領子會浮上（第3圖）。

丙、放下手腕時袖長還可以，但是，有動作時袖長會變短。

丁、單方肩膀下垂時，清楚明白袖長會變長等

第3圖

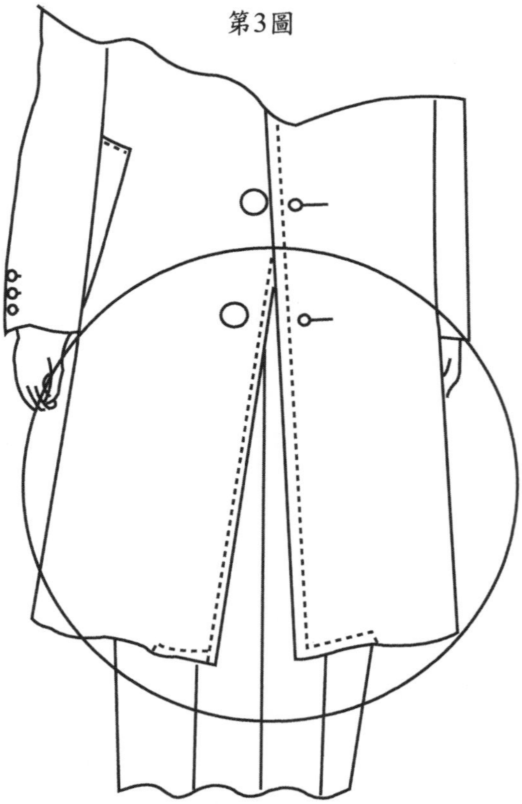

的缺點，這些以放入墊肩確定前後的平衡。

B、大衣是穿在上衣的外面，因此，必須加算尺寸而裁剪。

從西裝的基本尺寸再加上的尺寸

胸圍＋8cm（3吋）

腰圍＋8cm（3吋）

臀圍＋8cm（3吋）

鎌深＋1.5cm（⅝吋）

肩寬＋1cm（⅜吋）

背寬＋1cm（⅜吋）

胸寬＋1cm（⅜吋）

袖長＋2cm（¾吋）

袖口＋3cm（1¼吋）

但是，有時候在嗜好或體型等增減。

②大衣的穿著長度

雖然不是在氣候或嗜好、體型等決定的，但是，似乎以總長（FL）的$\frac{5}{7}$為基準，而要加上或減掉較為自然。

短的大衣長是較為輕便的（Sporty——運動的），長一點的是較為時髦的（Dressy——優美的、漂亮的、講究的）感覺。箱型的標準長度是$\frac{FL\times5}{7}$，如果總長147cm（58吋）時，大約為105cm（41¼吋）左右。

③大衣的袖長

袖長的尺寸跟鎌深與軀幹的鬆份有關連性，僅從肩端測量是不適當（從上衣的上面）。

A、裄長（Yukitake）是從後領徑的中心通過肩端測量至袖口（皮尺順沿上衣）。

B、從前肩的頸側點（NP）通過肩端測量至袖口（請採用其中的一個）。

C、從背中心的背寬順沿袖子的後面上下袖縫合線之肘部量取後袖長（測量左右）。

D、測量下袖（測量左右）。等等。可是一方的肩膀降低之故，左右肩寬、袖長有差異。又袖口寬不要太窄應比上衣的袖口多寬3cm（1¼吋）左右。普通上衣的袖口是29cm（11½吋），因此有32cm（12¾吋）的程度。

④表口袋位置

大衣的表口袋以袖長為基準而決定。附蓋子的橫口袋在下袖的$\frac{1}{2}$再降低2~3cm（¾~1⅛）而求取。

斜向的箱形口袋之上方由腰圍線（W線）設定口袋口而求取。普通17.25cm（6¾吋）為口袋寬（第4圖）。斜度在口袋上下相差約為4cm（1⅝吋）左右。太直不好插入手腕。口袋布深度將手放下時，中指能碰到袋底為準，左右長度有不同時，必須加減。

⑤相疊與釦子配置

單排大衣有時候隱型門襟製作，釦子會隱藏也不能隨便配置釦子的位置。前面釦子的配置，在最下面的基準是沒有把腰彎下去，就能扣上釦子的位置是好的。一般最下面的釦子位置是H橫線提高W~H的$\frac{1}{5}$，或跟箱型口袋的下面平行。將此向上三個釦子時，釦間大約15~16m（6~6¼吋）左右。扣眼是依釦子的大小加上厚度的大小之尺寸。

從前端至釦洞中心是2.75cm（1⅛吋）左右，相疊量如果是隱形門襟製作時4.5cm（1¾吋），打通（貫穿）的相疊量是3.5cm（1⅜吋）左右為基準的。雙排的重疊量是9cm（3½吋）。

⑥**縫製時**

A、手縫、裝飾縫時要大（車線、針眼間距等）。

B、裡布是軀幹與袖子同布料有滑溜的。

C、領底是同質料較佳。

D、墊肩要薄而注意位置。

E、下片領的釦洞是要縫實洞。

F、釦子一定有附預備的（備用的。）

　　所縫製的布料是厚料，重疊的地方或內外週圍的理解力（知覺力）會失常而注意。

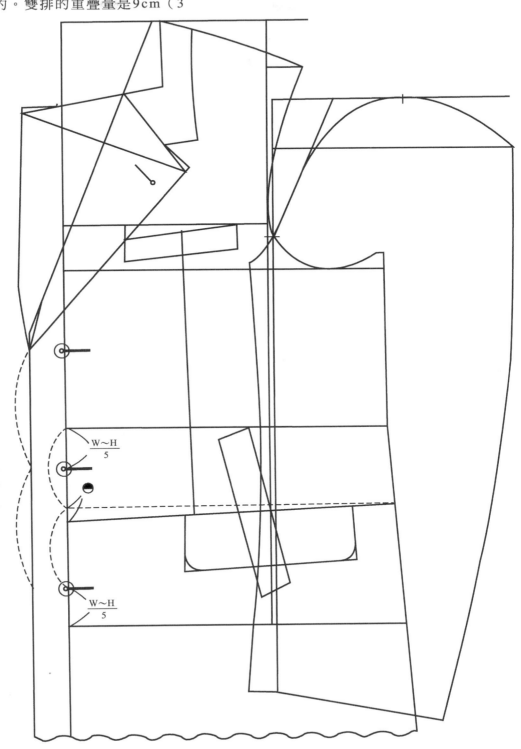

第4圖

$$\frac{W\sim H}{5}$$

$$\frac{W\sim H}{5}$$

厄爾斯特大衣

雙排扣有腰帶的長大衣。根據紳士服百科辭典說：厄爾斯特（Ulster）這名稱是由愛爾蘭（Ireland）北部的州名而來的。當地酷寒，防寒大衣便很發達。質料多用絨毛（Pile——絨毛織物）那麼厚（所以較重）的，領子還掛上毛皮，衣長也較長。但是，如今流行輕快服裝（Lignt wear）時代，已不多見冬天的大衣了。寧可使用伯貝里大衣（Burberry coat）等做成晴雨兼用的防塵罩衣（Duster coat）而被年輕人喜愛。樣式必定是雙排扣且用帶子繫緊而強調寬鬆（flare）的衣襬。帶子可用皮帶扣（Buckle），也可以使用繫式。領子是眾所周知，稱為厄爾斯特領子（Ulster collar），上片領與下片領都寬大，翻上來可以變成立式領（Stand－fall collar——豎式領）兩用領，這便是本大衣的特點。所以必須如輕便大衣領（Balmacaan collar）確保自B線上方的重疊份。口袋可以斜式、立式口袋或貼口袋，但繫帶時宜用斜式口袋。

製圖說明（Draft Explanation）

本圖衣長（L）110cm（43½吋）之外，適用尺寸與製圖說明，自O點至52點跟「箱型大衣」相同，為了篇幅而省略其說明。在這裡僅將不同處說明於後。

53	F直下跟W橫線之交點
54	F~53的中點
55	F直下跟44橫線之交點
56	54~55的中點
57	F直下跟L橫線之交點
58~57	前垂份1.5cm（⅝吋）
59~54	雙排相疊份9cm（3½吋）
60	59直下跟58橫線之交點
61	59直上1.5cm（⅝吋）
62	59直上跟51~50橫線之交點
63	R~61直線跟52~51直線之交點
64~R	2.5cm（1吋）
G	G~64直線跟R~63直線平行，G~N連結畫直線為前領圈線
65~64	M~O減掉二個縫份1.5cm（⅝吋），以65~64為半徑畫圓規線
66~65	8.5cm（3⅜吋），66在R~61直線 66~65~64為直角
67	67~66~65 為直角，即67~66 線跟64~65線平行
68~62	2.5cm（1吋），這個尺寸是意匠尺寸
69~51	9cm（3½吋），這個尺寸也是意匠尺寸
70~51	較69~51短一些

帶子的寬度4.5cm（1¾吋），常常看到帶子貼在或蓋上鈕子上面，這樣是很不好的，帶子的位置應在鈕子與鈕子之間。

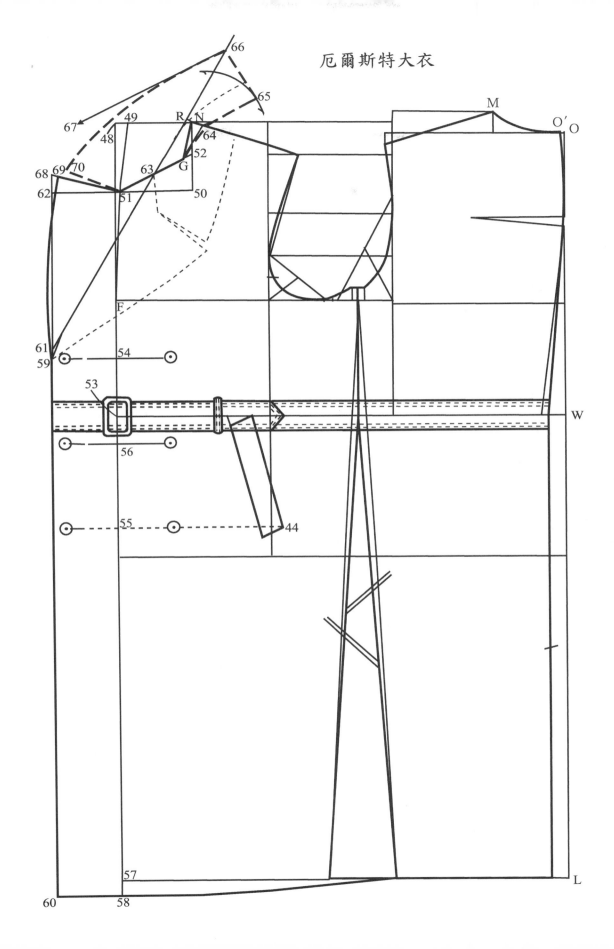

厄爾斯特大衣

柴斯特菲爾德大衣

提起大衣，箱型的已經盛行好幾年了。不過，慢慢地也有乘著復古（Revival——再生、再流行）的潮流而出現柴斯特菲爾德大衣（Chesterfield coat）型的趨勢了。所謂柴斯特菲爾德型正如大家所知道的，零細部分（Detall）為特徵，全身的輪廓（Silhouette——剪影、側影）是腰圍凹入而縮小的瘦身型之不同於箱型。成為最時髦的（Dressy——線條優美的、樣式漂亮的、講究的）大衣之一種，原則上是單排鈕（Single breasted）V字型刻痕下片領（Notched lapel——刻領、菱領），比翼開口（Fly front——隱藏鈕釦門襟）縫製，不過，也有縫製成雙排鈕（Double breasted）劍領（Peaked lapel——尖角領）的情形。胸部有箱型口袋（Welt pocket——鑲邊口袋）、兩脇邊是有蓋口袋（Flap pocket——兩蓋袋）。正式的在上片領掛上天鵝絨（Veludo——絲絨）就有瀟灑的感覺。不僅作為適合於禮服（Formal wear）的外面穿用之外套，希望正式的（official——官方的、官員、公務員）也能廣泛穿用。

製圖說明（Draft Explanation）

本圖衣長（L）110cm（43½吋）之外，適用尺寸與製圖說明，自O點至12點與14點至29點跟「箱型大衣」相同，為了篇幅而省略其說明。在這裡僅將不同處說明於後。

製圖基度

Ⓑ＝B＋23cm（9吋）＝117cm（46吋）

Ⓦ＝W＋20cm（7¾吋）102cm（40¼吋）

Ⓗ＝H＋18cm（7吋）＝114cm（45吋）

13~12	二個縫份，即1.5cm（⅝吋）
X	13~12的中點
D~E	箱型大衣的D~E間沒有褶子，所以用 $\frac{Ⓑ}{4}$ 減掉12.75cm（4⅞吋），柴斯特菲爾德大衣的D~E間有褶子，所以要用 $\frac{Ⓑ}{4}$ 減掉11.25cm（4¼吋）
15~E	D~E間減掉褶子後的一半，即D~E間減掉1.5cm（⅝吋）後的一半
18~15	褶子份量1.5cm（⅝吋），即D~18＝15~E
30	F直下跟W橫線之交點
31	N點直下至W橫線之$\frac{1}{2}$，31在F直上
32	D直上跟31橫線之交點
33~31	31~32的$\frac{1}{4}$加上1cm（⅜吋）
34~33	31~32的$\frac{1}{2}$加上1cm（⅜吋）
35~33	1.5cm（⅝吋），35~34為胸口袋
36~4	Ⓦ的$\frac{1}{2}$加上前後兩脇邊二個縫份，即加上1.5cm（⅝吋）
37~36	胸褶份1cm（⅜吋）與脇褶份2.5cm（1吋），共3.5cm（1⅜吋）
38	E直下跟W橫線之交點
39	E直下跟H橫線之交點
40~38	30~37的$\frac{1}{2}$
41~38	30~37的$\frac{1}{2}$，即41~40＝30~37
42	F直下跟H橫線之交點，42~H'是Ⓗ的$\frac{1}{2}$加上前後兩脇邊二個縫份，即加上1.5cm（⅝吋）。本圖42~H'剛好是Ⓗ的$\frac{1}{2}$加上前後兩脇邊二個縫份，如果不足或過多時在39處調整。
43	40~39延長線跟L橫線之交點
44	41~39延長線跟L橫線之交點
45~28	2.5cm（1吋）

46~45	D~E間的褶份1.5cm（⅝吋），即跟 18~15同尺寸
47	45~46的中點
48~29	跟28~46同尺寸
49~48	脇褶份2.5cm（1吋）
50	49~48的中點，47~50連結畫直線至H 橫線
51	45~49直線跟25~18袖圈線之交點
52~46	跟51~45同尺寸，修整52~18~15之袖 圈線
53~42	W~H的$\frac{1}{5}$，或總長（FL）的$\frac{1}{35}$
54	30~53的中點，即30~54是W~H的$\frac{2}{5}$ ，也是FL的$\frac{2}{35}$
55~41	跟30~54同尺寸
56~54	1.5cm（⅝吋），即跟前垂份同尺寸， 56~55連結畫直線
57~56	F~45的$\frac{1}{2}$
58~57	口袋寬尺寸，即17.25cm（6¾吋）
59	47~50延長線，蓋子畫好後，蓋子邊 緣上蓋子寬的$\frac{1}{3}$
60~57	1cm（⅜吋）
61	35~~34的中點，61~60連結畫直線
62	61~60直線跟W橫線之交點
63~61	61~62的$\frac{1}{3}$，62的褶份1cm（⅜吋）
64~30	W~H的$\frac{1}{5}$，或FL的$\frac{1}{35}$
65~64	跟64~53同尺寸
66	F直下跟L橫線之交點
67~66	前垂份1.5cm（⅝吋）
68~65	隱藏鈕釦門襟之相疊份4.5cm（1¾吋）
69	68直下跟67橫線之交點
70	68直上1.5cm（⅝吋）
R~N	1cm（⅜吋），R~70連結畫直線後， 在70~68修整彎曲線為領折線
71~R	$\frac{\text{Ⓑ}}{16}$，或W~H的$\frac{2}{3}$，71在R~70直線上
72~71	下片領寬度尺寸9cm（3½吋），視流 行或嗜好而增減。72在71~70之直角 線上

G~N	$\frac{\text{Ⓑ}}{16}$，或W~H的$\frac{1}{3}$，G離開R~71線 3.5cm（1⅜吋）處，72~G與N~G連結 畫直線
73	72~G線跟R~76線之交點
74~72	72~73的$\frac{1}{3}$，或視流行與嗜好而增 減，原則上把72提高0.25cm（⅛ 吋），這樣對整個領子的形態較美好

領子製圖說明

O'	基點，把前身片肩線與後身片肩線重 疊二個縫份的狀態而求O'點為基點
75~74	原則上從72~74減掉0.25cm（⅛ 吋），或跟72~74同尺寸，或視流行 與嗜好而增減
76	R~73~71~70之延長線
77~R	3.5cm（1⅜吋），77~G連結畫直線
78~G	以G為中心，用彎度量取O'~N~G為 半徑畫圓規線，78~76是後領座寬的 $\frac{1}{3}$，即1.25cm（½吋），78~77連結畫 直線
79~78	後領座寬尺寸，即3.75（1½吋）， 79~78~77為直角
80~77	跟79~78同尺寸，79~80連結畫直 線，78~79~80為直角，即79~80跟 78~77平行，79~80~73畫柔順的領折 線後，78~77~G連結畫柔順的彎線為 領座縫合線
81	79~80延長線跟74~73~G線之交點
82~R	4cm（1½吋），82在R~73直線上
83~O'	上片領位置，即1.5cm（⅝吋）
84~77	4cm（1½吋），84在77~G直線上
85	82~84延長線跟上片領外圍線之交點
86	以82為中心，79~80~82為半徑畫圓 規線後，再以85為中心，用彎度量取 83~85上片領之外圍尺寸為半徑畫圓 規線跟82為中心而畫的圓規線之交點 為86

87~86	上片領幅之尺寸5.25cm（2⅛吋），
	87在83~85為半徑而畫的圓規線上，
	即跟87~85同尺寸，86與87均為直角
88~73	跟73~81同尺寸，88~80連結畫直
	線，88是相對領折跟81的對稱點

雙排劍領製圖說明

　　適用尺寸與製圖說明，自O點至63點與66點至67點及69點至73點跟（柴斯特菲爾德大衣）相同，為了篇幅而省略其說明。在這裡僅將不同處說明於後。

64~42	W~H的¼
65~30	跟30~64同尺寸
68~30	雙排相疊份9cm（3½吋）
73	72~71的中點
74~71	R~71的⅓
G	73~74延長線上，G離開R~74線
	3.5cm（1⅜吋）處，N~G連結畫直線
	為前領圈
75~73	5.75cm（2¼吋），75在68~70~72之
	延長線上
76~73	75~73的⅔

　　劍領的上片領之畫法，請參考「柴斯特菲爾德大衣」的領子之畫法。

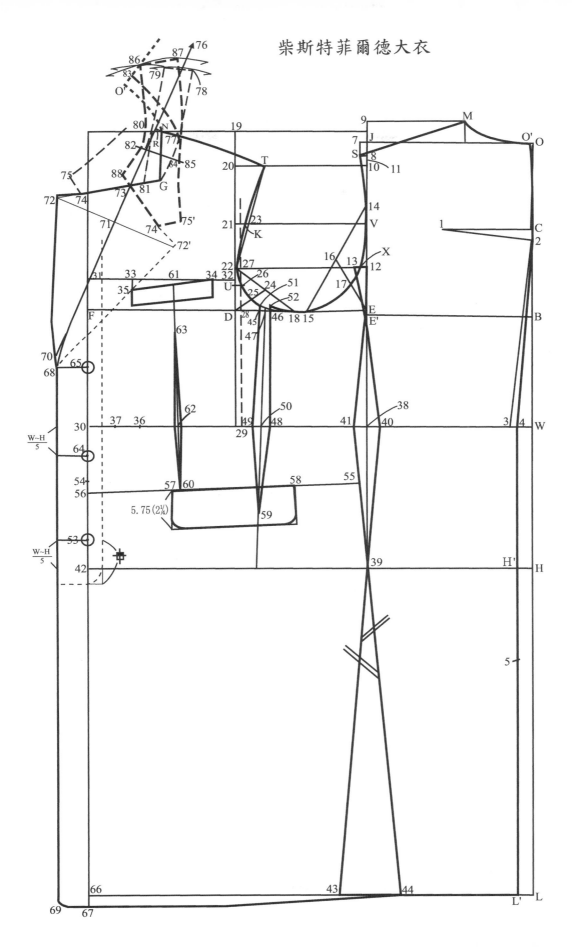

柴斯特菲爾德大衣

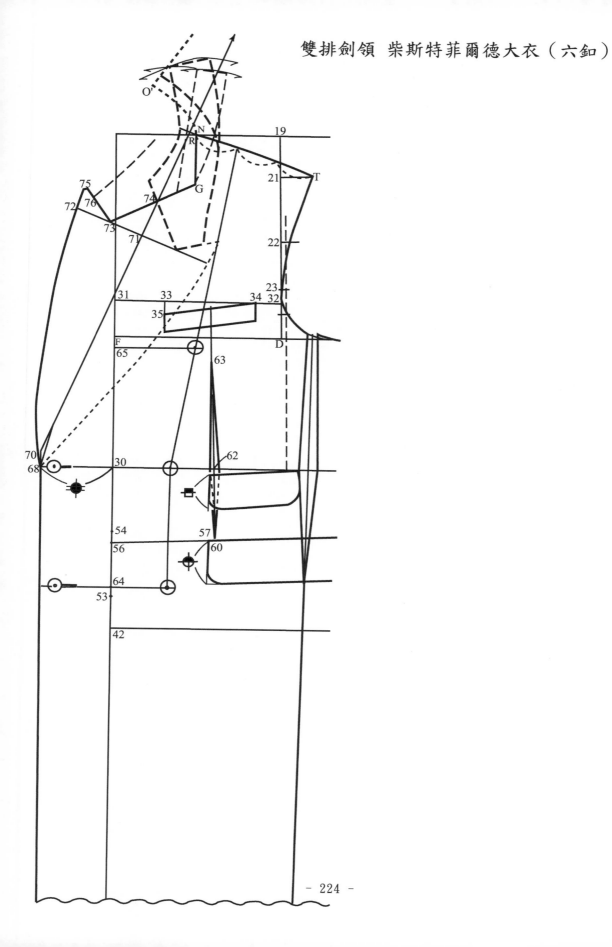

拿破崙領子製圖法

52~50	N~50的$\frac{1}{3}$
68~65	雙排相疊份9cm（3$\frac{1}{2}$吋）
69	68直下跟67橫線之交點
70	68直上1.5cm（$\frac{5}{8}$吋），N~70連結畫直線
R~N	0.25cm（$\frac{1}{8}$吋）
71	N~70直線跟51~52直線之交點
G	G在51~52直線上離開R~70線3.5cm（1$\frac{3}{8}$吋）處，G~N連結畫直線為前領圈線
72~71	2.5cm（1吋）
73~72	12.75cm（5吋），73在70~72直角線上，73~71連結畫直線
74~71	2cm（$\frac{3}{4}$吋）
75~73	1.5cm（$\frac{5}{8}$吋），75~74跟74~73同尺寸
76~71	0.75cm（$\frac{5}{16}$吋）
77	N~71~70之延長線
78~N	3.5cm（1$\frac{3}{8}$吋），78~G連結畫直線
79~G	以G為中心，用彎度量取O'~N~G為半徑畫圓規線，79~77是後領座寬的$\frac{1}{3}$，即1.25cm（$\frac{1}{2}$吋），79~78連結畫直線
80~79	後領座寬尺寸，即3.75cm（1$\frac{1}{2}$吋），80~79~78為直角
R~78	跟80~79同尺寸，80~R與R~74連結畫直線，79~80~R為直角，即80~R跟79~78平行，80~R~74畫柔順的曲線為領折線後，79~78~G連結畫柔順的彎線為領座縫合線
82~O'	上片領位置，即2.25cm（$\frac{7}{8}$吋）
83~R	4cm（1$\frac{1}{2}$吋），83在R~74直線上
84~78	4cm（1$\frac{1}{2}$吋），84在78~G直線上
85	83~84延長線上跟上片領外圍線交點
86	以83為中心，80~R~83為半徑畫圓規線後，再以85為中心，用彎度量取82~85上片領之外圍尺寸為半徑畫圓規線跟83為中心而畫的圓規線之交點
87~86	上片領幅之尺寸5.75cm（2$\frac{3}{8}$吋）
88~R	跟86~87間尺寸，87~88~75連結畫上片領外圍線

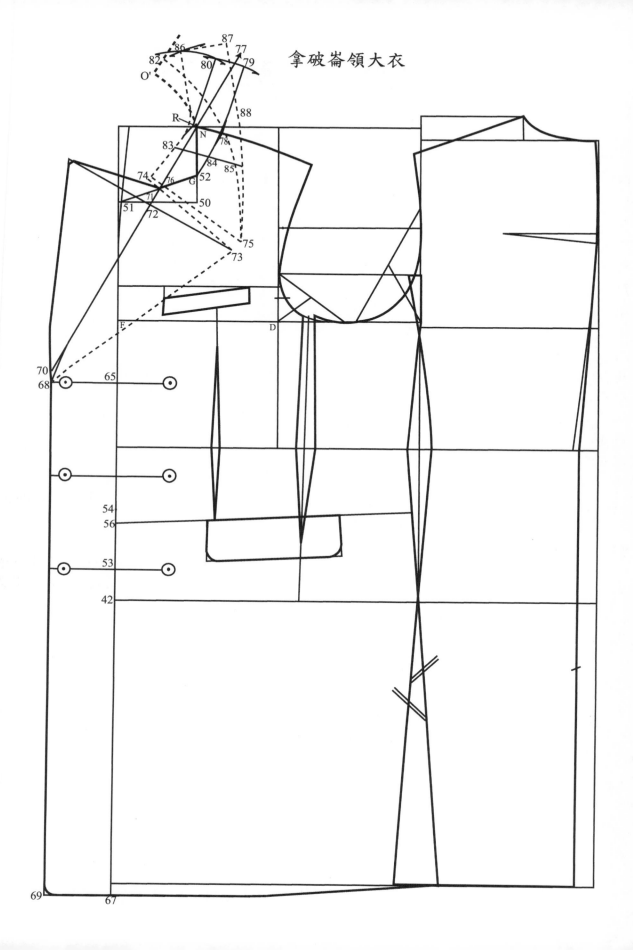

拿破崙領大衣

雙排水兵短外套

水兵短外套（Pea coat）是1830年的時候，由英國海軍艦上使用的短外套，有各種各樣的傳說，但是，現在的運動上衣（Blazer coat）之起源可能似乎是這樣。第二次世界大戰中，曾見到英國故首相邱吉爾（Churchill——1874～1965）時常穿用的照片，依據這種上衣的情勢，包括上前、下前均可以重新掛上釦子。使用有錨印且2.5～3cm（1～1⅛吋）大的釦子。

短外套的標準衣長是 $\frac{四}{7}$ 或FL的54.3%，大約84cm（33吋）左右，認為稍為中長度，這種程度的長度，在兩脇的口袋是這種短外套的特徵之暖手口袋（Muff pocket——直型口袋），為了喜歡穿較長的人，由FL的分割而增加，脇邊的口袋可以掛低一點，附上暖手口袋時，中央（Center——中心）及側邊開叉（Side vent——側邊開縫）都可以。

豎立下片領而扣上第一釦子，能發揮水兵短外套的任務。

縫合衣袖也將縫份倒向一邊（衣身片在上方）而裝飾縫，因此，縮縫量要少，而且不放入墊肩，這些請隨機應變而處理。

縫製上，最大問題可能就是縫製大大的上片領之方法吧。成衣（Ready made——現成品）有標準規格（Gauge）的上片領之完成品而容易大量生產。

製圖說明（Draft Explanation）

本圖衣長（L）84cm（33吋）之外，適用尺寸與製圖說明，自O點至43點與48點至53點跟「箱型大衣」相同，為了篇幅而省略其說明。在這裡僅將不同處說明於後。

44～43	1cm（⅜吋）
45～44	口袋寬尺寸，即17.25cm（6¾吋），45在D直下斜出1.5cm（⅝吋）
46～44	3.25cm（1¼吋）
47～46	口袋寬尺寸，即跟44～45同尺寸，46～47跟44～45平行
54	F直下跟W橫線之交點
55	53～54的中點
56～54	跟53～55與55～54同尺寸
57	F直下跟L橫線之交點
58～57	前垂份1.5cm（⅝吋）
59～55	相疊份9cm（3½吋）
60	59直下跟58橫線之交點
61	59直上1.5cm（⅝吋）
R～N	1cm（⅜吋），R～61連結畫直線後，在61～59修整彎曲線為領折線
62	59直上跟51～50橫線提高1cm（⅜吋）之交點
63	R～61跟51～52之交點
G	G在51～52直線上離開R～61線3.5cm（1⅜吋）處，G～N連結畫直線為前領圈線

領子製圖說明

O'	基點，把前身片肩線與後身片肩線重疊二個縫份的狀態而求O'點為基點
64～51	10.75cm（4¼吋）這個尺寸是意匠尺寸
65	R～63～61之延長線
66～R	3.5cm（1⅜吋），66～G連結畫直線
67～G	以G為中心，用彎度量取O'～N～G為半徑畫圓規線，67～65是後領座寬的 $\frac{1}{3}$，即1.25cm（½吋），67～66連結畫直線

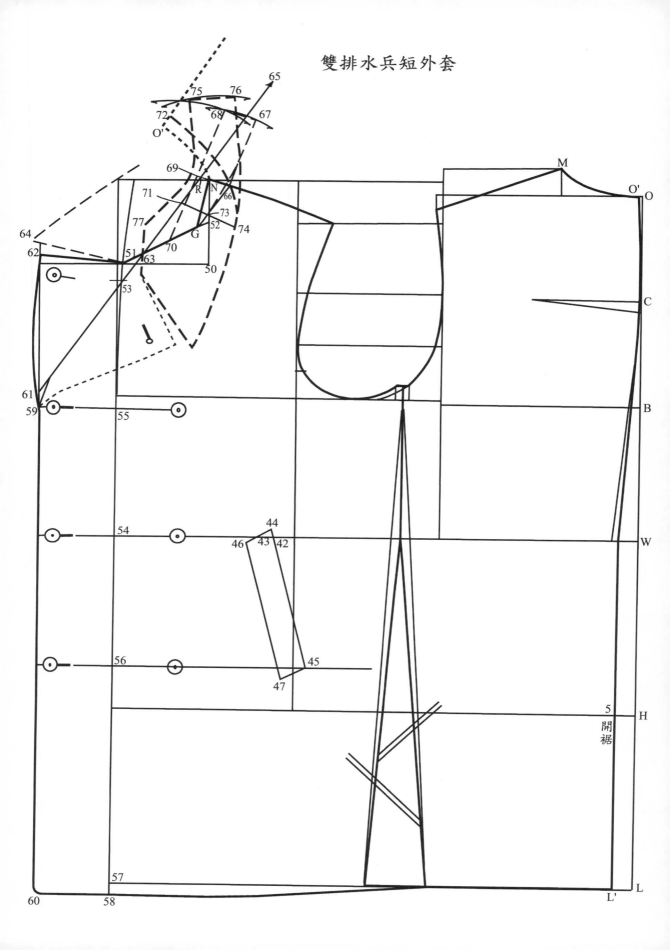

雙排水兵短外套

68~67	後領座寬尺寸，即3.75cm（1½吋） 68~67~66為直角
69~66	跟68~67同尺寸，68~69連結畫直線，67~68~69為直角，即68~69跟67~66平行，68~69~63畫柔順的曲線為領折線後，67~66~G連結畫柔順的彎線為領座縫合線
70	68~69延長線跟51~63~G線之交點
71~R	4cm（1½吋），71在R~63直線上
72~O'	上片領位置，即1.5cm（⅝吋）
73~66	4cm（1½吋），73在66~G直線上
74	71~73延長線跟上片領外圍線之交點
75	以71為中心，68~69~71為半徑畫圓規線後，再以74為中心，用彎度量取72~74上片領之外圍尺寸為半徑畫圓規線跟71為中心而畫的圓規線之交點為75
76~75	上片領幅之尺寸5.25cm（2⅛吋），76在72~74為半徑而畫圓規線上，即跟76~74同尺寸，75與76均為直角
77~63	跟63~70同尺寸，77~69連結畫直線，77是相對領折線跟70的對稱點

單排水兵短外套

製圖說明（Draft Explanation）

　　適用尺寸與製圖說明，自O點至51點跟「雙排水兵短外套」相同，為了篇幅而省略其說明，在這裡僅將不同處說明於後。

52~49	49~N加上49~51的½
53~51	領子的8~4的½
54	F直下跟H橫線之交點
55~54	W~H的¼，或FL的1/28
56	53~55的中點
57	53~56的中點
58	56~55的中點

59	F直下跟L橫線之交點
60	前垂份1.5cm（⅝吋）
61~F	相疊份3.8cm（1½吋）
62~51	跟61~F同尺寸
63	61直下跟60橫線之交點

領子製圖說明

O	為基點，並畫直角線
1~O	以彎度量取後身片的M~O與前身片的51~52~N的長度後，減掉二個縫份1.5cm（⅝吋）而求得的尺寸為領子的長度
2~O	1~O的⅓
3	1~2的中點，即1~3＝3~2＝2~O
4~1	2cm（¾吋），4~3與4~2連結畫直線
5~4	跟前身片的相疊份之62~51同尺寸，即3.8cm（1½吋），5在4~3的延長線上
6	4~2直線跟3的中點，4~6~2連結畫柔順的彎曲線
7~O	領座高3.8cm（1½吋）
8~4	3.5cm（1⅜吋），8~4~3為直角
9~8	跟5~4同尺寸，9~8~7如圖畫柔順的彎曲線，注意7橫線要直角
10	7直上跟8橫線之交點，8~10~O為直角
11~10	10~7的二倍，8~11如圖連結畫柔順的彎曲線，注意11橫線亦要直角
12~11	上領寬5cm（2吋）
13	8直上跟12橫線之交點
14~13	3.5cm（1⅜吋），14~8是9.5cm（3¾吋）

袖口裝飾帶製圖說明

28	是上袖的袖口位置
33~28	6.5cm（2½吋）
34~33	4.25cm（1⅝吋）
35~33	6.5cm（2½吋）
36~35	跟34~33同尺寸
37	離36~35線1.5cm（⅝吋）

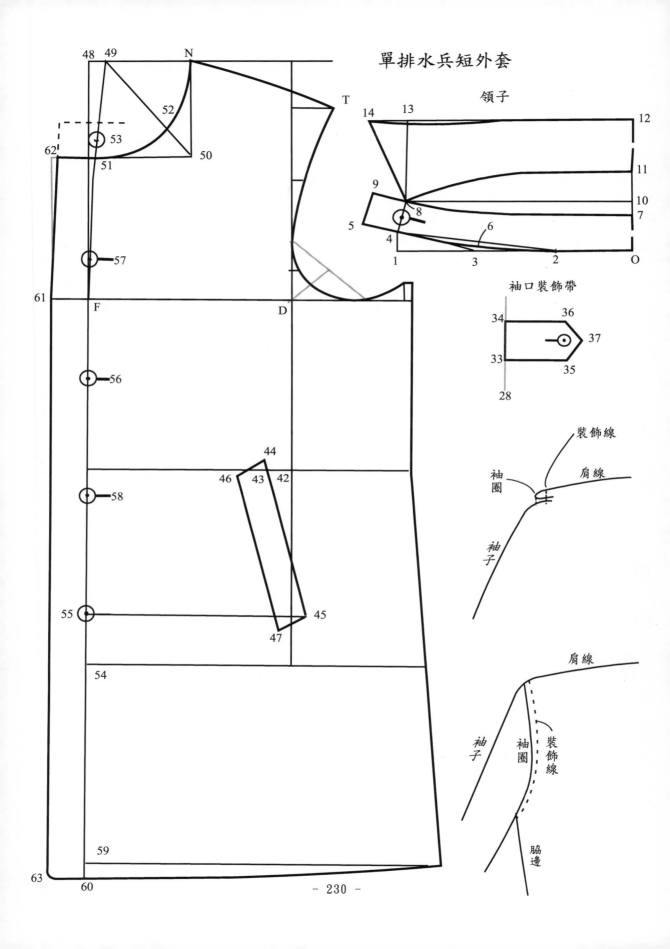

單排水兵短外套

領子

袖口裝飾帶

裝飾線

肩線

袖圈

袖子

肩線

袖子

袖圈

裝飾線

脇邊

三片半拉克蘭袖

上袖的中央有縫合線，所以叫做三片袖（Three piece sleeve），這縫合線跟肩部的縫合線合成一條貫通到袖口，可能是因此而有半拉克蘭袖（Semi lagulan sleeve）之名。但是，從英美的書本上找不到半拉克蘭袖這個名稱看來，很可能是國人創造的名稱。腰部還是採用箱型（直筒型）。裁剪時須注意接袖的肩端之分裂處（Split——剖開、劈開、破開）縫合線不可曲折。這種袖子作為大衣的袖子是最容易做的袖子。可以利用中央的縫合線造出袖子的容量感（Volurme——豐滿感），而且可以減少袖山的縮縫量等。

一般肩部的縫合線要稍微移前一點兒，因為一般的裁剪法後肩部比前肩部垂一點，即S點比T點較低，所以要移前肩部一點兒，我的方法是前後肩垂度一樣，所以不必移動肩部的縫合線的麻煩，這樣又不會影響肩部剪接線的位置之美觀問題。

前後衣身與袖子部分跟箱型大衣與袖子相同，故因篇幅的限制而須省略，若有不明的地方請參閱「箱型大衣與大衣袖子」的製圖說明。

33~T　　1.25cm（½吋）

34~T　　1.25cm（½吋）

35　　　21~27的中點

36~35　　一個縫份，即0.75（⁵⁄₁₆吋）

37~35　　一個縫份，即0.75cm（⁵⁄₁₆吋），33~
　　　　 36與34~37連結畫直線

38　　　33~36直線跟2橫線之交點

39　　　34~37直線跟2橫線之交點，然後
　　　　 33~39與34~38如圖連結畫柔順的彎
　　　　 線為上袖的中心剪接線即告完成

巴爾馬康領子製圖

巴爾馬康的領子之說明，自65點至77點跟雙排水兵短外套之領子製圖說明相同，為了篇幅而省略其說明，在這裡僅將不同處說明於後。

64~51　　7.5cm（3吋），這個尺寸是意匠尺吋

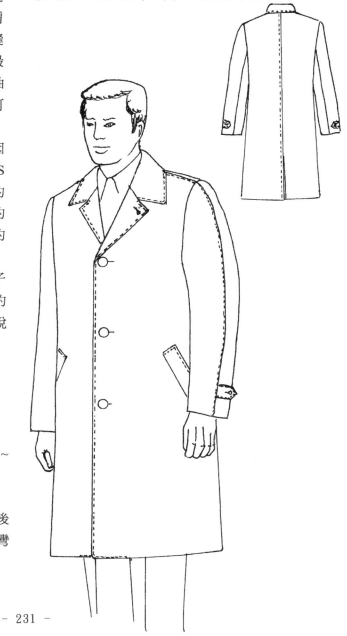

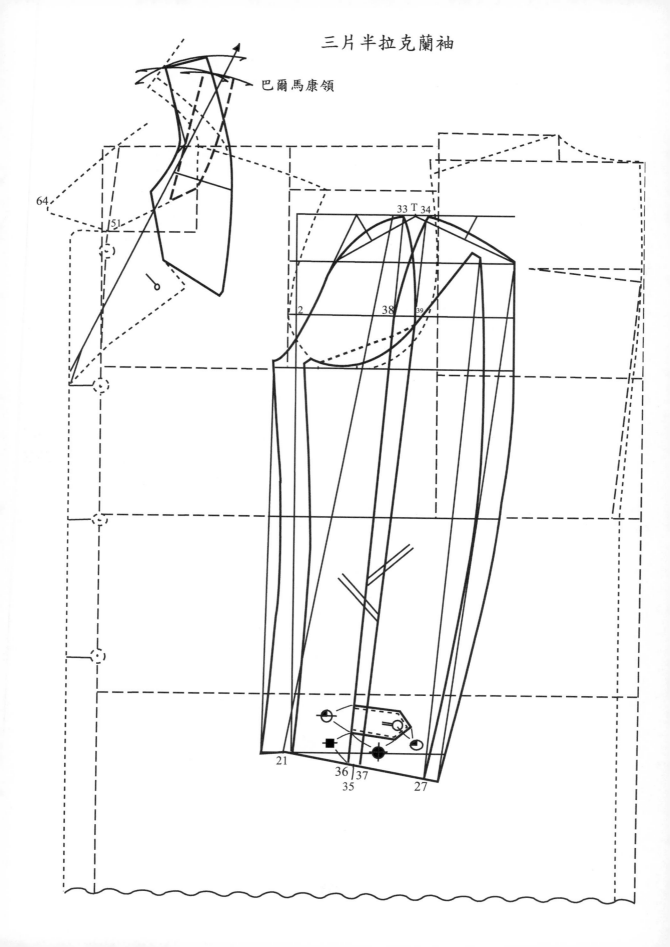

三片半拉克蘭袖

巴爾馬康領

二片半拉克蘭袖

從肩垂下線的中途至袖口如拉克蘭式之斜向剪接線的袖子。雖然有三片袖或二片袖，甚至也有一片袖的袖子，但是二片袖的較多。又，袖子的縫合位置是普通型，把袖山壓碎而使其成圓圓，也有露出拉克蘭式的輪廓之袖子。所謂Semi是指半、稍之意，從領圈至袖口剪接的拉克蘭袖的變化之袖子。

二片半拉克蘭袖的製圖法，自O點至39點跟「三片半拉克蘭袖」相同，為了篇幅的限制而須省略，若有不明的地方請參閱「三片半拉克蘭袖」的製圖說明。

40~15	一個縫份，即0.75cm（⁵⁄₁₆吋）
41~21	21~27的⅓，40~41連結畫直線
42	40~41直線跟20橫線之交點
43	40~41的延長線跟Y~16下袖谷底彎線之交點
44~D	跟D~40同尺寸
45~21	21~41加上一個縫份，44~45連結畫直線後，44提高1cm（⅜吋）後，從3~U連結如圖畫彎線為袖子谷底前袖線。45降下0.25cm（⅛吋）後跟21連結畫袖口線
46	44~45直線跟20橫線之交點
47	18~31與V~32的上下袖縫接彎線在D橫線之中點
48~47	40~47同尺寸，或以48~V的尺寸是從17~40加上2cm（¾吋）也可以
49~45	袖口尺寸加上二個縫份，49提高1.25cm（½吋）
50~49	從44~48減掉45~49的尺寸後之一半為50~49的尺寸，48~50連結畫直線
51	以V~28直線從30畫直角線跟48~50之交點

52~51	46~51的⅕
53~49	跟42~41同尺寸
54~51	跟43~42同尺寸
55	17~X延長線跟D橫線之交點
56~54	跟40~55同尺寸，V~56連結畫直線後，從54連結畫彎線為袖子谷底的袖圈線

如果上袖的中心線之剪接線改平面時，即沒有中心線的剪接時，就變成一片袖子的畫法。

阿爾斯特領子製圖法

阿爾斯特的領子之說明，自65點至77點跟雙排水兵短外套之領子製圖說明相同，為了篇幅而省略其說明，在這裡僅將不同處說明於後。

53	F直下跟W橫線之交點
54~53	W~H的⅕，或FL的¹⁄₃₅
55~53	W~H的½
56~54	跟54~55同尺寸
57	F直下跟L橫線之交點
58~57	前垂份1.5cm（⅝吋）
59~54	相疊份9cm（3½吋）
60	59直下跟58橫線之交點
61	60直上1.5cm（⅝吋）
62	以R~61直線向51畫直角而求62點
63	R~61跟51~52之交點
64~51	11.5cm（4½吋）64~61~59如圖連結畫下片領外圍線

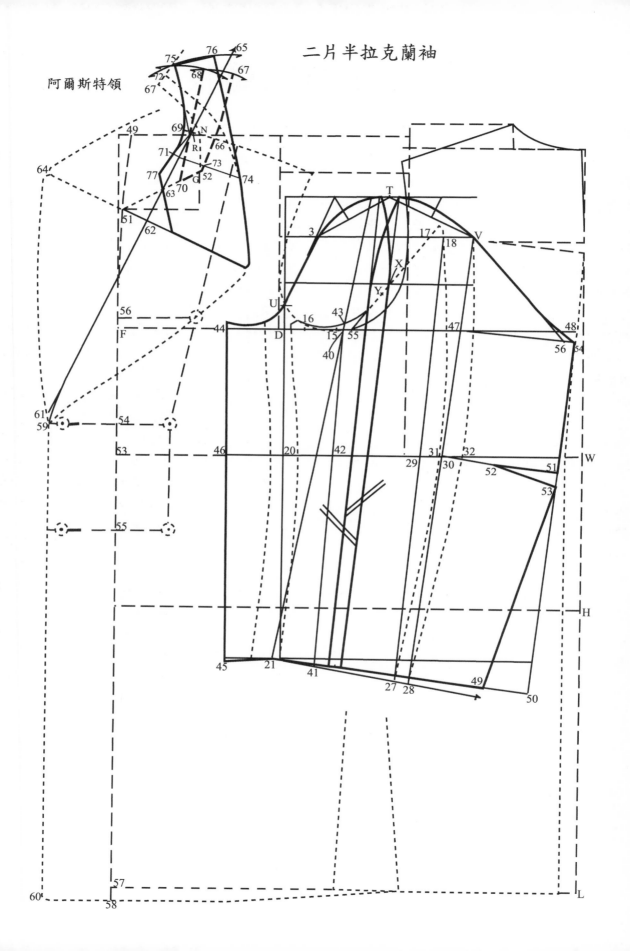

二片半拉克蘭袖

阿爾斯特領

三片拉克蘭袖

有人說拉克蘭袖（Lagulan Sleeve——連肩袖、斜肩袖、包肩袖、牛角袖）是最討厭而且不好對付（難纏），到底難在什麼地方？上衣難在肩的部分是有定論的，就拉克蘭袖也不例外。因為袖子侵入至領根部而構成肩的部分，所以袖子的上邊是袖子，同時也是衣身片的肩部，麻煩的是這個肩部不容易配合得恰到好處，接袖端的縫合線又不好好地在理想的位置。我曾經說過，大衣的成敗在於平衡而穿著。箱型的大衣只要在肩部周圍能配合，其他的就容易了。但是，關於拉克蘭袖，特別加深其感覺。調和好的拉克蘭袖能適合大多數的人。

製圖說明

前後衣身片與袖子部分跟箱型大衣與袖子及半拉克蘭袖相同，故因篇幅的限制而須省略，若有不明的地方請參閱前面的「箱型大衣與大衣袖子」及「半拉克蘭袖」的製圖說明。

後身肩部

M'~M	2.5cm（1吋），把彎尺的大彎靠在M'的位置，中彎靠在17點袖圈線之交點畫後身片拉克蘭袖的剪接線
M''~M'	二個縫份，即1.5cm（⅝吋）

前身肩部

N'~N	2.5cm（1吋），把彎尺的大彎靠在N'的位置，中彎靠在U點袖圈線之交點畫前身片拉克蘭袖的剪接線
N''~N'	二個縫份，即1.5cm（⅝吋）

袖子製圖說明

57~27	1cm（⅜吋）
58~28	1cm（⅜吋）
59~E	袖山的$\frac{1}{2}$，即袖子O~D的$\frac{1}{2}$，59橫線跟17~X直線之交點
60~59	二個縫份，即1.5cm（⅝吋）
61	18~31彎線跟59橫線之交點
62	V~32彎線跟59橫線之交點
63~62	跟60~61同尺寸
64~31	2cm（¾吋）
65~32	2cm（¾吋）
66~T	T直下1cm（⅜吋），左右畫平行橫線
67~66	以66為中心，後身片的S~M為半徑向右畫圓規線後，以63為中心，59~M為半徑跟67圓規線之交點，67~66連結畫直線為拉克蘭袖的後肩線
68~67	4cm（1⅝吋），以63為中心，59~M''為半徑畫圓規線跟68之交點後，68~63連結畫跟後身片的17~M'同樣彎線為拉克蘭袖剪接線，67~68為後領圈線
69~66	以66為中心，前身片的N~T為半徑向左畫圓規線後，以U為中心，N~U為半徑跟69圓規線之交點，69~66連結畫彎線為拉克蘭袖的前肩線
70~69	4cm（1⅝吋），以U為中心，U~N''為半徑畫圓規線跟70之交點後，70~U連結畫跟前身片的N'~U同樣彎線為拉克蘭袖剪接線，70~69為前領圈線

絲領製圖說明

52~49	49~N加上49~51的$\frac{1}{2}$
53~51	1cm（⅜吋）
54~53	2.5cm（1吋），54~R連結畫直線
55~54	9cm（3½吋），55從49~51~F線離開5.75cm（2¼吋）

56~52	3.25cm（1¼吋）
57	54~R延長線上
58~R	3.5cm（1⅜吋）
59~52	以52為中心，用彎度量取O'~N~52為半徑畫圓規線，59~57是後領座寬的⅓，即1.25cm（½吋），59~58連結畫直線
60~59	後領座寬尺寸，即3.75cm（1½吋），60~59~58為直角
61~58	跟60~59同尺寸，60~61連結畫直線，59~60~61為直角，即60~61跟59~58平行，60~61~56~54畫柔順的彎線為領折線後，59~58~52連結畫

柔順的彎線為領座縫合線

62~R	4cm（1½吋），62在R~54直線上
63~O'	上片領位置，即1.5cm（⅝吋）
64~58	4cm（1½吋），64在58~52直線上
65	62~64延長線跟上片領外圍線之交點
66	以62為中心，60~61~62為半徑畫圓規線後，再以65為中心，用彎度量取63~65上片領之外圍尺寸為半徑畫圓規線跟62為中心而畫的圓規線之交點為66
67~66	上片領幅之尺寸5.25cm（2⅛吋），67在63~65為半徑而畫圓規線上，即67~65同尺寸，66與67均為直角

三片拉克蘭袖

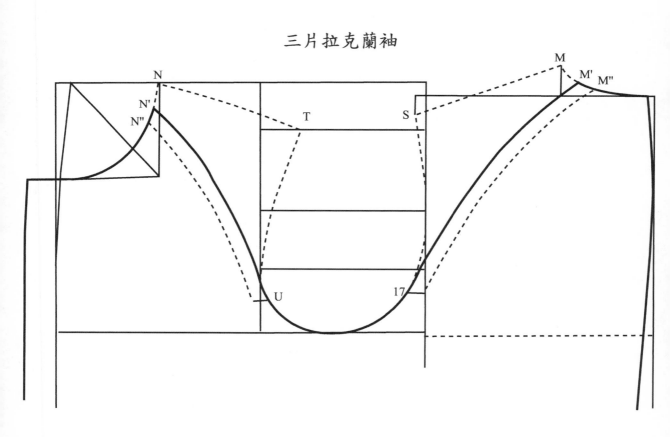

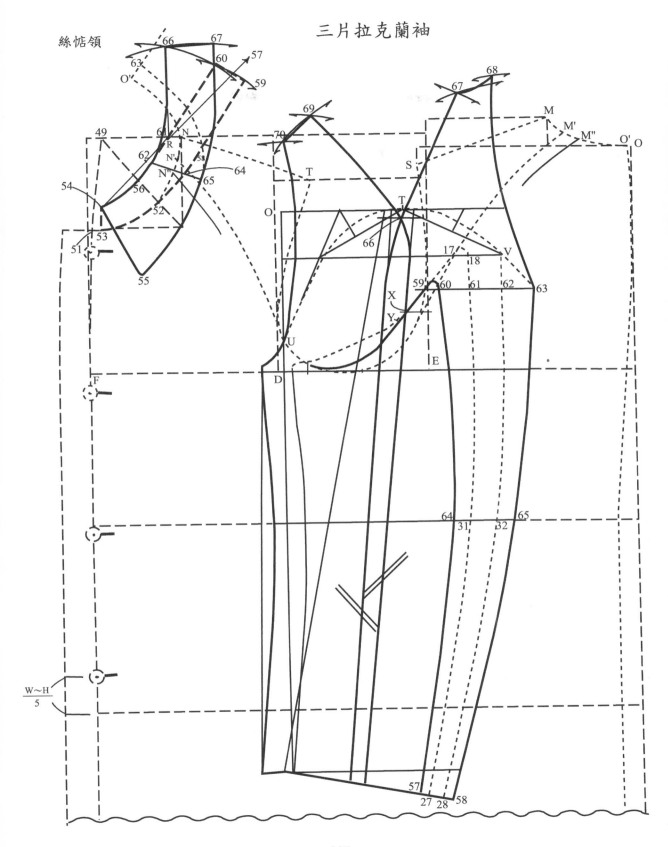

三片拉克蘭袖

絲惦領

二片拉克蘭袖

從拉克蘭的三片袖到二片袖，繼而一片袖似乎越來越難了。有不少人身為裁縫師卻說拉克蘭太難纏，前篇已經提到過跟普通袖子不同，而大家異口同聲地說的言詞。原因是袖子的座姿（Suwari）有不妥時，不像普通袖那樣，可以改變記號來補正。英國的裁剪參考書上也說，拉克蘭袖一旦裁剪下來，就不能補正須注意。因此做拉克蘭袖非要研究不動記號而補正裝袖的方法不可。這個問題留待下回研究。

二片拉克蘭袖的製圖法，可以參閱前篇的二片半拉克蘭袖與三片拉克蘭袖的製圖說明，因篇幅的限制而須省略。僅將前後衣身片的上半身與袖子的完成圖畫在這裡做參考。若有不明的地方請參閱前篇的「二片半拉克蘭袖與三片拉克蘭袖」的製圖說明。

二片拉克蘭袖

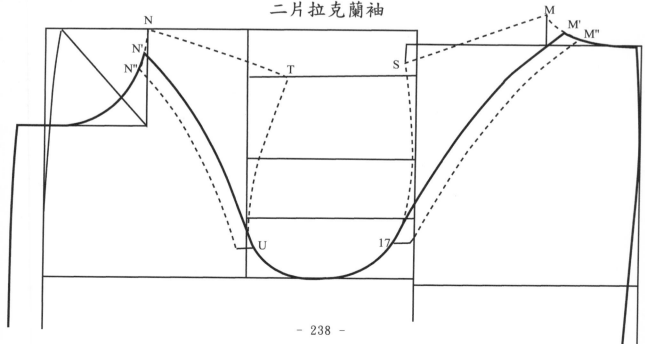

二片拉克蘭袖

絲恬領

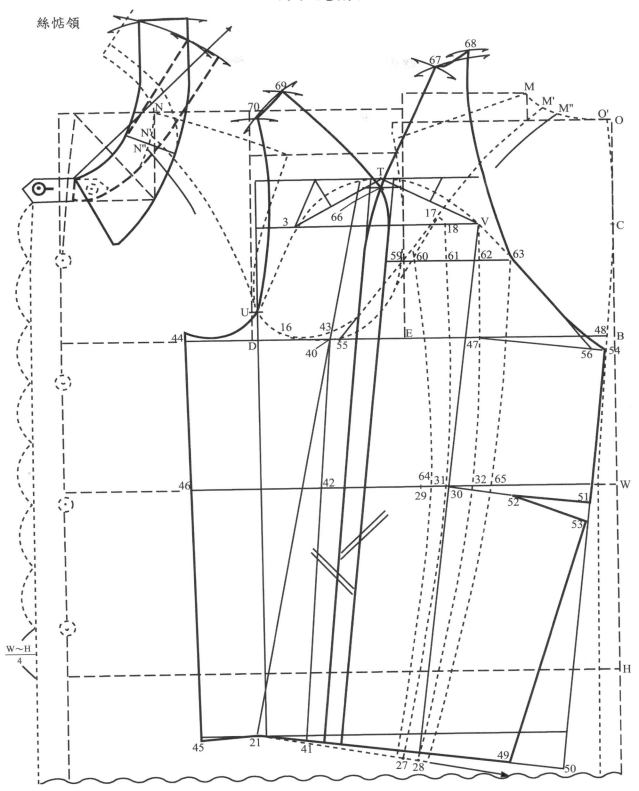

一片拉克蘭袖

一片拉克蘭袖是以防雨大衣（Raincoat）的樣式而發源（開端、開始）的。特徵是縫合線少，袖山接縫處也可以較二片拉克蘭袖更深更大。又名巴爾馬康（Balmacan——輕便大衣），基本上都附上巴爾領，顧名思義巴爾領乃是巴爾馬康領的簡稱，但，這裡要換換口味（意向），改用拿破崙領，實際上拿破崙是否穿用這種領子的衣服值得懷疑，但，這種型原本用在軍人的雙排鈕外套倒是事實。前面是五個鈕子，領子是從絲恬領（Stand-fall collar——豎折領、立折領、翻豎領）取掉鉤鈕（Huok——子母鈕），再解開二粒鈕鈕而把相疊的上面翻開如拉佩爾（Lapel——下片領）狀，這種型式就是現在所謂的拿破崙領。這麼一說倒覺得是一種軍人（Military）模樣，使人不由地彷彿拿破崙側面像的大衣領型。本來前面應該是五個鈕鈕，不過考慮拉佩爾的風格（格調）而決定做三個鈕鈕。一般也是這種型式的較多。做為防雨大衣用衣身是長一點兒的好，但，若單純做為年輕人逛街時穿用，則可依各自的喜好做短一點兒也無妨。

製圖說明

把前身片肩線與後身片肩線重疊二個縫份的狀態後，

M'~M	2.5cm（1吋），把彎尺的大彎靠在M'的位置，中彎靠在17點袖圈線之交點畫後身片拉克蘭袖的剪接線
M''~M'	二個縫份，即1.5cm（⅝吋）
N'~N	2.5cm（1吋），把彎尺的大彎靠在N'的位置，中彎靠在U點之交點畫前身片的拉克蘭袖之剪接線
N''~N'	二個縫份，即1.5cm（⅝吋）

15'~15	一個縫份，即0.75cm（⁵⁄₁₆吋）
15''~15'	2.5cm（1吋），17~15''連結畫後袖圈線
18'~18	一個縫份，即0.75cm（⁵⁄₁₆吋）
18''~18'	2.5cm（1吋），U~18''連結畫前袖圈線，然後18''~15''連結畫直線

以上是前後身片的號碼，下面是畫一片拉克蘭袖的號碼。

1	S~T的中點
2	以18''~15''直線向1畫直角線而求
3~2	2.5cm（1吋），3橫線跟2橫線是平行
4~17	17~15''加上0.75cm（⁵⁄₁₆吋），4在3橫線上
5~3	3~4同尺寸，這時要注意5~U的尺寸是U~18''加上0.75cm（⁵⁄₁₆吋）
6~1	袖長減掉1cm（⅜吋），6橫線跟5~4橫線是平行
7~4	跟3~6平行
8~5	跟3~6平行
9~6	1~6的⅖，9橫線跟5~4與8~7平行
10~8	袖口尺寸加上二個縫份，即1.5cm（⅝吋）
11~8	10~7的⅓，11~5連結畫直線
12~7	10~7的⅓，12~4連結畫直線
13	5~11跟9橫線之交點
14	4~12跟9橫線之交點
15~14	13~14的⅕
16~11	袖口尺寸加上二個縫份，即1.5cm（⅝吋），16在11~12橫線降下1.25cm（½吋）
17~16	14~12同尺寸

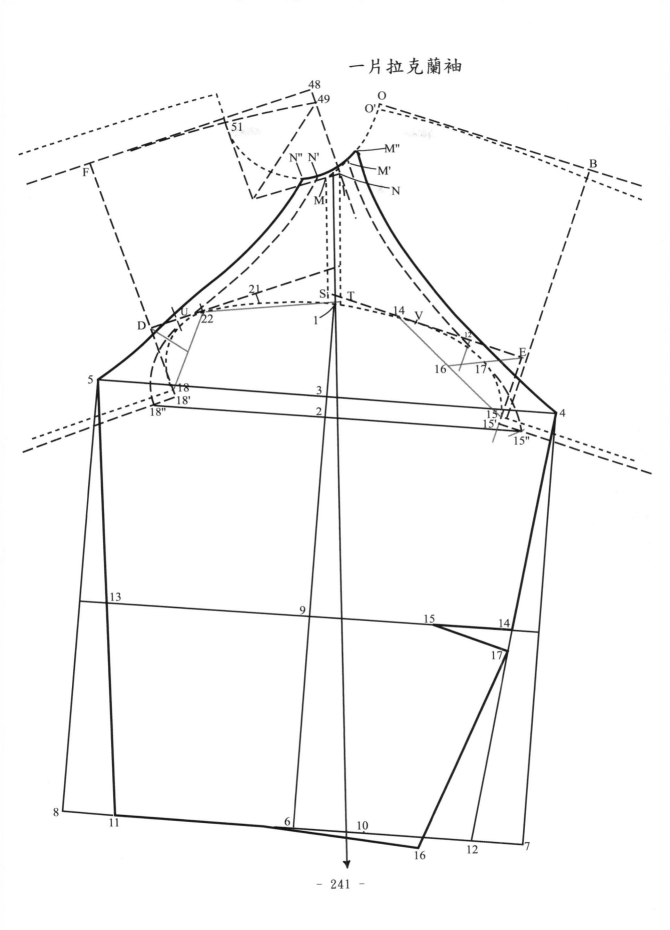

一片拉克蘭袖

一邊的拉克蘭袖
（One sided raglan sleeve）

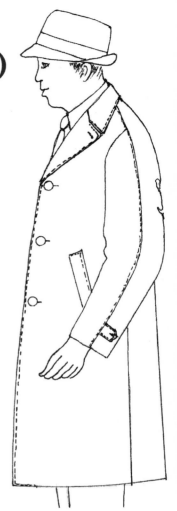

上袖的前一半之接袖線是普通袖（Set-in sleeve），後一半是拉克蘭袖（Raglan sleeve）型，我認為這是準拉克蘭袖（Semi raglan sleeve）才對，但是，Semi raglan sleeve 卻是另外一種型式的專稱（普通袖的上袖之中央有縫合線的袖子），不得已就叫做一邊的拉克蘭袖（One sided raglan sleeve），又稱分開連肩袖（Split raglan sleeve）。後來聽說有出售名為一邊的拉克蘭袖（One sided raglan sleeve）的大衣，不過我沒有看到東西。在這裡舉例說明一邊的拉克蘭袖之做法，如果相反的前一半為拉克蘭袖，背部為普通袖也未嘗不可。其他也可以設計出各種型式，而且三片袖、二片袖都可以設計，前面和背面，或是將袖子的前後以兩種顏色來搭配更有變調的趣味性。

製圖說明

一邊的拉克蘭袖（One sided raglan sleeve）之製圖法跟前幾篇的半拉克蘭袖（Semi raglan sleeve）與拉克蘭袖（Raglan sleeve）相同，故因篇幅的限制而須省略，若有不名的地方請參閱前篇的「半拉克蘭袖與拉克蘭袖」的製圖說明。在這裡僅將幾篇的圖片介紹於後做為參考。

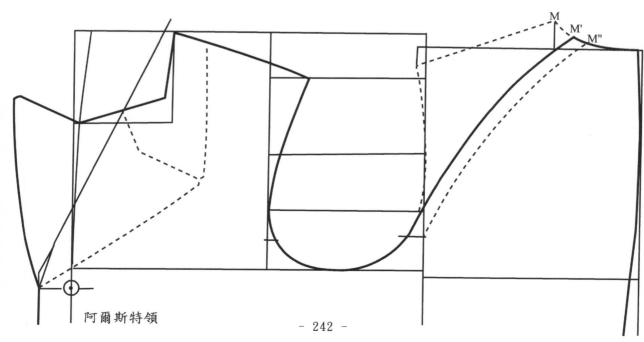

阿爾斯特領

阿爾斯特領

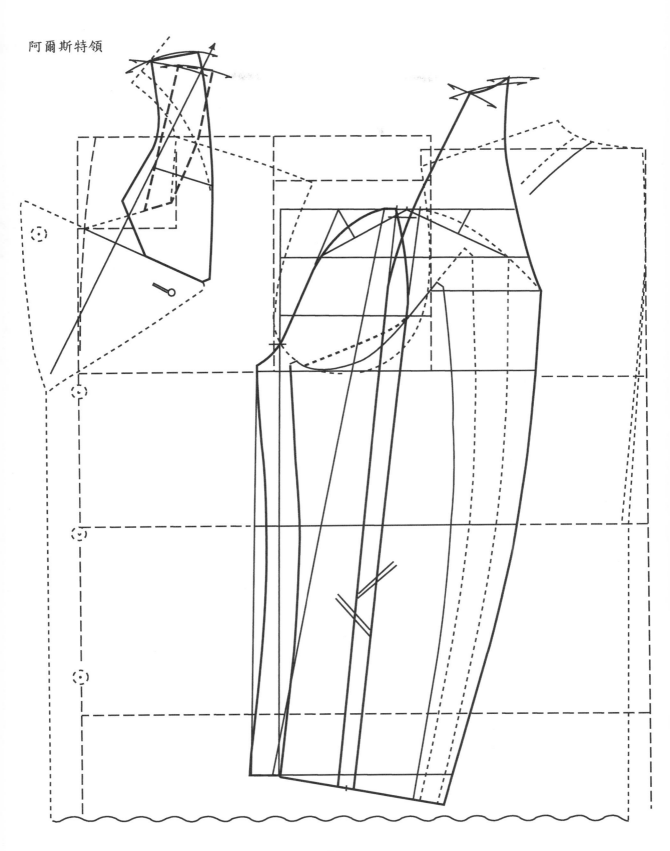

人生

八十不希奇，
九十滿滿是，
百歲笑咪咪，
五十還在搖籃裡，
六十是個小弟弟，
人生七十才開始。

健康訓

呂寶霖 編譯

五十や六十　花なら蕾

七十八十は　働きざかり

九十になって迎えが来たら

百まで待てと追い返せ

禮服篇

賞 状

全日本洋服協同組合連合会理事長賞

呂寶霖殿 昭和六年三月一日生

あなたの作品は全日本洋服
協同組合連合会主催の第二十五回
全日本紳士服技術コンクールに
おいて頭書の成績を収められ
ましたのでこれを賞します

昭和五十八年十月三日

第二十五回全日本紳士服技術コンクール
大会会長 全日本洋服協同組合
連合会 理事長
委員長 大阪府洋服商工業
協同組合 理事長
宮川富士男

全日本洋服協同組合連合会理事長賞

本書作者呂寶霖先生榮獲全日本紳士服裝技術比賽第25屆大會
宮川富士男會長所頒贈洋服比賽理事長賞。

禮服的基本

　　禮服，即禮節(禮儀)時穿用的正式服裝，儀式(典禮)時穿用的服裝，相當於英語的正裝(Fuli dress——盛裝、禮服)、禮儀的服裝(Ceremonial dress——儀式的服裝)等，將這穿在身上為禮裝。依禮節的種類，從皇宮穿用的開襟明鈕女式長服(Coat dress)的特殊服裝，至一般的成年、結婚、喪葬及祭祀等儀式所穿用的服裝都有。雖然一般的正裝幾乎相同，但是，禮服、禮裝相對為第一的服裝，正裝之中，包含有合乎常識的意思為目的之服裝場合。

　　禮服有白天與晚間穿用的區別，並且仍有正式禮服與簡式禮服之別，為這一類禮服所用的布料及配件、裝飾品等，也有其規矩。

塔克西都

　　按燕尾服看待的夜間專門之簡便禮服有半禮服(Semiformal wear)、無尾晚禮服(Dinner jacket)、晚會便禮服(Evening jacket)、簡便禮服(Smoking jacket)等。

　　塔克西都(Tuxedo)名稱的由來據說是在紐約州(New york)的塔克西都公園之俱樂部聚會時，全部穿著現在的塔克西都型之上衣，是替代燕尾服(Evening coat)在晚餐會等場合中穿用的輕便型社交服。

　　上衣的型態跟西裝沒有兩樣，有單排鈕、雙排鈕兩種，因而使社交裝感覺高尚，且有瀟灑感。拉佩爾(Lapel——下片領)是劍領、或絲瓜領，都做得長而寬，縫製為扣一個鈕子為基本常識。毛料時要掛上一層綢緞領布(Haiken——拜絹)，白色的夏天服裝則不用掛上綢緞領布，但是，最近的下片領之型態使用變型的菱型，布料也是絲絹的絞織或使用山東綢(Shantung)，跟這些顏色、材料、型態有差異的叫做變型塔克西都(Faney tuxedo)而與基本型的有其分別。這種上衣的原型是出現在法國革命之後。

　　現在的飯店、或船上的夜間宴會、戲劇或音樂會的第一天所穿用的各種禮服中最普及的一種，被認定為歐美社交場合中之必需品，特別在美國為孩子而有出租的服裝店。

　　從前的塔克西都都是三件式的，但，現在大都以肚兜帶(Commer bund——禮服腹帶)代用背心。

　　使用布料，在都市穿用時有黑色或深藍之鹿絲綿(Doeskin——牝鹿皮、禮服呢)、開西米亞(Cassimere——薄毛呢、提花毛葛、山羊絨)、巴拉西亞(Barathea——菱織縮絨、起毛縮絨、浮斜子綾)等使用跟正式禮服同樣的布料，都市以外的避暑地等穿用的黑色、深藍以外，還有變化色、素色的毛料或使用棉紗布，有時候會使用花色布。此外，美國、日本、熱帶國的東南亞等，在夏天穿用白色的薄毛料、夏天麻的塔克西都，但是，褲子無論任何場合，都是深藍而脇邊附加一條側章。

　　塔克西都的附屬品跟其他的禮服大同

小異。雖然，背心與上衣同質料為正式的，但是，不穿背心時，使用禮腹帶(Cummer bund——肚兜帶)代替之。

禮腹帶是使用上衣以外的布料之變化色的絹緞，但是，蝴蝶領帶應與禮腹帶使用同布料齊備為限。

如果用白色的凹凸織物(Pique——凸紋布)，或作絲光處理(Mercerize)的棉紗布做背心時，領子一定是單排領，襯衫是襞褶襯衫，領帶是使用背心時，是規定黑色的蝴蝶領帶。

手套是灰色(Grey——鼠色)的皮手套。手帕是白麻，白色的上衣時，以黑色的絲絹或棉紗的布料放入胸口袋。

鞋子是黑色的漆皮(Enamel)之短鞋或舞蹈鞋(Pumps——薄底淺口皮鞋)，襪子是黑絲綢或耐綸(Nylon——尼龍)。

帽子是黑色或深藍的中折帽子(軟呢帽)，夏天是巴拿馬草帽(Panama hat)或麥稭草帽(一文字型)，沒有帽子亦無妨。

大衣是黑色、深藍、藍、灰色等的黑天鵝絨領長大衣(Chesterfield——柴斯特菲爾德)型或箱型大衣(Box overcoat——直筒型大衣)，圍巾(Muffler)是白色絲綢。

聚會的邀請函若有記載黑領帶(Black tie)時，即希望穿上塔克西都參加聚會的意思。

塔克西都禮服

塔克西都(Tuxedo)是義語，英國人則稱為晚禮服(Dinner jacket)，是替代燕尾服(Evening coat)在晚餐會等場合中穿用的輕便型社交服。式樣是西服型有單排釦及雙排釦兩種，兩種都把下片領(Lapel——拉佩爾)做得長而寬，縫製為一個釦為常識。使用布料包括褲子都以黑素色布料為原則，但，有時也做各種顏色的花式塔克西都(Fancy tuxedo)。夏季則有白色鹿絲綿(Doeskin——牝鹿皮)布料當塔克西都布料在市面上銷售。當然也有黑色布料。從前的塔克西都都是三件式的，但，現在大都以肚兜帶(Cummer bund——禮服腹帶)代用背心。跟西裝的不同點是在下片領上，裝上一層綢緞領布(拜絹)。燕尾服在我國流行並曾一般化，故塔克西都有相當廣泛的穿用著。

型態跟西裝沒有兩樣，因是社交裝而高尚(優雅、文雅、清秀、雅致)，且有瀟灑(漂亮)感，而將肩寬放大些，在下襬緊縮，腋寬的跨幅D~E間也改小一點。

作圖要以標準尺寸畫製，但，為了配合時尚盡量減少鬆份而使之有貼身感。

製圖說明

本圖肩斜(SS)7cm(2¾吋)之外，適用尺寸與製圖說明，有部分跟「單排雙釦西裝基本製圖」相同，為了篇幅而省略其說明。在這裡僅將不同處說明於後。

D~E 本圖D~E間有褶份，因此，以⑱/4減掉11.25cm(4¼吋)。如附背心時，D~E間另外再加上0.5~0.75cm(³/₁₆~⁵/₁₆吋)

15~E D~E間減掉褶份1.5cm(⅝吋)後的½，就是15~E的尺寸

15'~15 D~E間的褶份之寬度1.5cm(⅝吋)，即D~15'=15~E

37~36 胸褶份1cm(⅜吋)與D~E間有褶份時的脇褶份是2.5cm(1吋)，共3.5cm(1⅜

	吋)
43~41	D~E間的褶份1.5cm(⅝吋)，即跟15'~15同尺寸
44~43	跟42~41同尺寸，修整44~15'~15的袖圈線
45	41~43的中點
46~29	跟28~43同尺寸
47~46	脇褶份2.5cm(1吋)
48	47~46的中點，45~48連結畫直線至下襬線
53~49	Ⓗ的½減掉40~5的尺寸後，加上前後脇邊線二個縫份1.5cm(⅝吋)後，再加上71~67的褶份1cm(⅜吋)
60~59	胸褶份1cm(⅜吋)
61	59~60的中點
62	35~34的中點，62~61連結畫直線為胸褶份的中心線
63	62~61直線跟W橫線之交點
64~62	62~63的⅓
65~63	0.5cm(³⁄₁₆吋)，即跟59~61同尺寸

66~63	0.5cm(³⁄₁₆吋)，即跟61~60同尺寸
67	45~48延長線跟H橫線之交點
68	47~67的脇褶線跟56~55直線之交點
69	46~67的脇褶線跟56~55直線之交點
70~68	1cm(⅜吋)，即59~70=60~68
71~67	跟70~68同尺寸
72~30	W~H的¼
73~72	相疊份2cm(¾吋)
74~73	73直上1.5cm(⅝吋)
R~N	1cm(⅜吋)，R~74連結畫直線後，在74~73修整彎曲線為領折線。一般的畫法是R~73直接畫直線，這樣縫製後74~73處比較不會平順。又，R~N間的尺寸，一般是用2~3cm(¾~1⅛吋)，這樣裝上領子後，肩部沒有前肩的鬆份，即比較沒有膨鬆量(Volume——容量)之活動量而難穿，縫製時N~G要燙開跟R~78平行，這樣前肩才會呈現膨鬆量（詳情請參閱「裁剪的預備知識」之畫圖的約束第

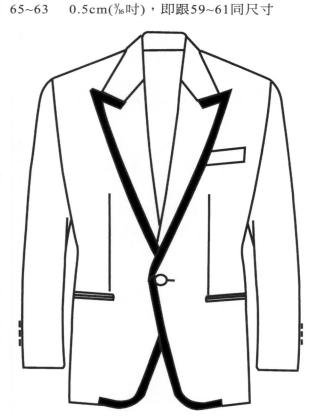
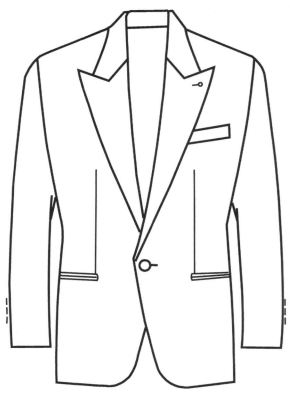

塔克西都

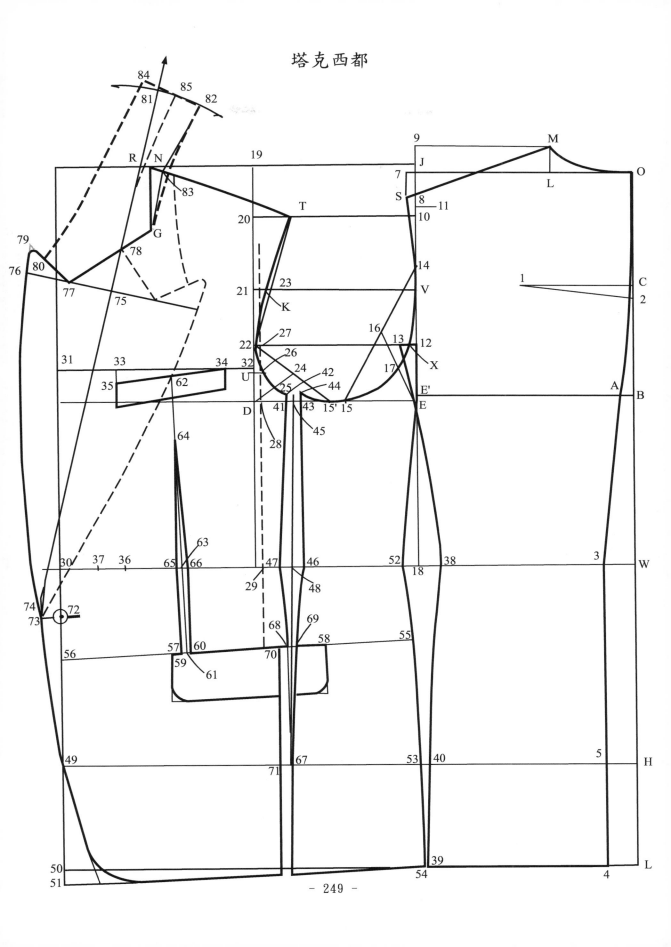

又，N~G~78的部分，過去的習慣都是在G的地方轉彎，領座亦跟著轉彎，我的習慣無論男裝或女裝之任何服裝，大部分都是如圖採用方形，領座也是方形，這樣較容易縫製，在工作上輕鬆多了

75~R　$\frac{B}{8}$，或W~H的$\frac{2}{3}$

76~75　拉佩爾(Lapel——下片領)寬度尺吋9cm(3½吋)。視流行或嗜好而增減。76在75~74直角線上

77　76~75的中點

78~75　R~75的$\frac{1}{3}$

G　77~78延長線上，G離開R~78線2.5cm(1吋)，G~N連結畫直線

79~77　5.75cm(2¼吋)，79在73~74~76之延長線上

80~77　79~77的$\frac{2}{3}$

81~R　M~O減掉二個縫份1.5cm(⅝吋)後，以78為中心，81~78為半徑向左右畫圓

規線

82~81　4.5cm(1¾吋)

83~R　2.5cm(1吋)，82~83與83~G連結畫直線

84~82　6.5cm(2½吋)，84在82~83直角上

85~82　2.5cm(1吋)為後領座(領台)

絲瓜領弓型領圖製圖法

73~72　相疊份單排2cm(¾吋)，雙排7cm(2¾吋)

75~74　R~74的$\frac{1}{3}$

76~75　1.5cm(⅝吋)，R~76~74連結畫彎曲線

77~75　1.5cm(⅝吋)，R~77~74連結畫彎曲線

78~74　R~74的$\frac{1}{4}$

79　R~76~74的彎曲線跟78橫線之交點

80~79　7cm(2¾吋)

81~80　1.25cm(½吋)

82~R　$\frac{B}{16}$，或W~H的$\frac{1}{3}$，以R~74為中心向左右畫直角線

83　R~76~74的彎曲線跟82橫線之交點

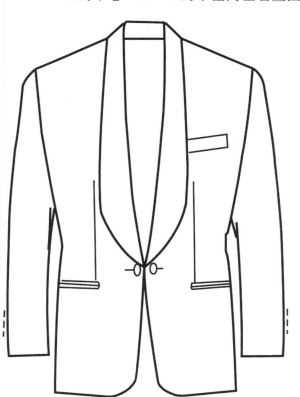

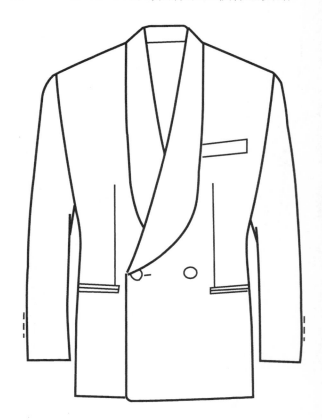

84~83	3.5cm(1⅜吋)
85	R~77~74的彎曲線跟82橫線之交點
G~85	2.5cm(1吋)，N~G連結畫直線
86~R	M~O減掉二個縫份1.5cm(⅝吋)後，以82為中心，86~82為半徑向左右畫圓規線，86在R~82~74延長線上
87~86	2.5cm(1吋)為領座(領台)
88~R	2.5cm(1吋)，87~88處要畫柔順小彎曲線
89~87	6cm(2⅜吋)
90~85	84~83同尺寸

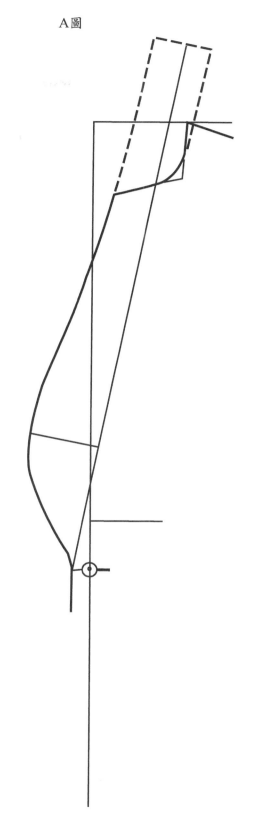

A圖

　　一般絲瓜領的領座(裏領)之做法，是如A圖畫製而裁剪，我是如上述在84~G~N剪接為領底，領底剪接線跟領折線成直角，G的地方又以方角裁剪，這樣的領底較為省布，而且很容易縫接，又翻領時領型較為平順而不會彆扭，工作效率與效果較佳。

單排絲瓜領弓型領圈　　　　　　　雙排絲瓜領弓型領圈

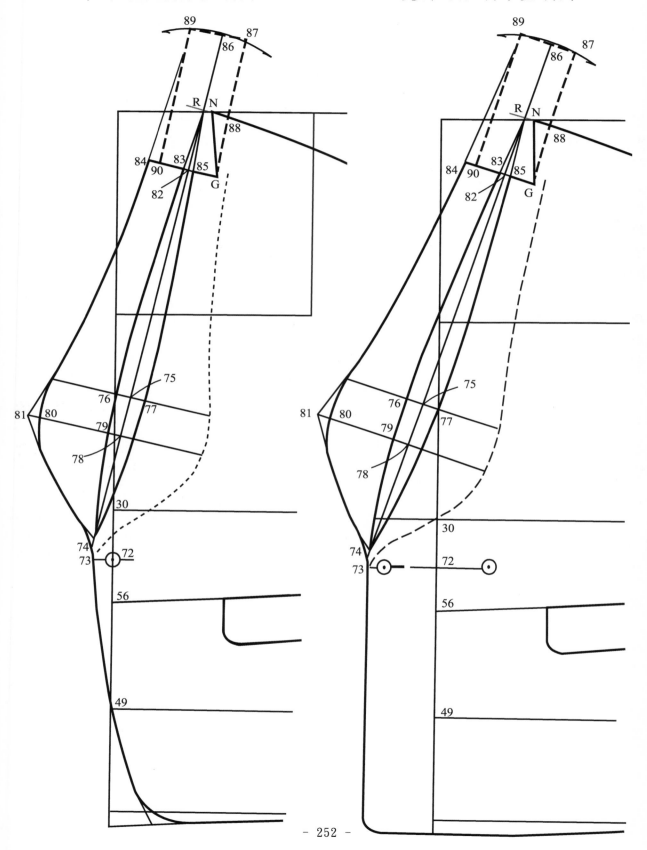

晨禮服

晨禮服(Morning coat)本來是日間的禮服，但是，在我國可是日夜兼用的禮服，非常方便。現代的社會，西服非常普遍，早已取代了傳統的長袍馬褂的地位了。現在說晨禮服便是黑色的，但是，從前常做灰色(Grey——鼠色)，很有幾份脫俗的感覺。目前已全限於黑色的鹿絲錦(Doeskin——禮服呢、牝鹿皮)料了。上衣和背心成套而褲子則用條紋燈心絨(Corduroy)就是大家所知道的晨禮服。

因為後背有賽巴拉(Saibara——後片脇身、側邊)的剪接縫合線，所以後背的貼身(順沿、吻合)照理是沒有問題的，倒是出現了西裝上所沒有的缺點而傷透了腦筋，那就是後領不貼緊於脖子而形成脫領(如同日本和服的後領)。同時肩膀被壓迫及後片脇身的上端出現了討厭的斜縐紋。為了消除皺紋而插入厚墊肩等費了不少苦心。有一次舉行了「晨禮服為什麼會脫領」為題的研討會，答案是「因為腰部收縮過多」，可是這個答案毫無道理，實在想不出何以緊縮腰部會造成脫領的道理來。那麼如何防止脫領呢，現在以作圖來說明。

適用尺寸（Measurements）

總長(FL)147cm(58吋)

衣長(L)103cm(40½吋)

劍長(FW)44cm(17⅜吋)

背長(WL)42cm(16½吋)

臀長(HL)63cm(24¾吋)

胸圍(B)94cm(37吋)

腰圍(W)82cm(32½吋)

臀圍(H)96cm(38吋)

肩寬(SW)44.5cm(17½吋)

背寬(BW)37cm(14½吋)

胸寬(FW)37cm(14½吋)

頸入(NC)5cm(2吋)

肩斜(SS)6cm(2¼吋)

袖長(S)61cm(24吋)

袖口(CW)29cm(11½吋)

製圖基度

$$ⓑ=B+15cm(6吋)=109cm(43吋)$$
$$ⓦ=W+12cm(4¾吋)=94cm(37¼吋)$$
$$ⓗ=H+10cm(4吋)=106cm(42吋)$$

製圖說明（Draft Explanation）

O	為基點，並畫直角線
L~O	衣長，標準長度是FL的$\frac{7}{10}$，或FL的70%
B~O	$\frac{ⓑ}{8}$加上10.25cm(4吋)，即為鎌深案內線(引導線)，也是決定袖圈底邊的重要位置
W~O	FL的$\frac{2}{7}$，或西裝上衣長的$\frac{1}{2}$加上5cm(2吋)，加上的尺寸是意匠(構思)尺寸
H~W	FL的$\frac{1}{7}$，或O~W的$\frac{1}{2}$，H~O是FL的$\frac{3}{7}$
C	O~B的中點
1~C	O~C同尺寸
2~C	頸入(NC)的$\frac{1}{4}$
3	1~2直角之背縫線，跟W橫線之交點
A	2~3直線跟B橫線之交點，O~C~2~A畫柔順外曲線
4	3直下跟L橫線之交點
5~3	W~H的$\frac{1}{10}$，5~O是劍長，即FL的$\frac{2}{7}$加上FL的$\frac{1}{10}$，或FL的30%
FW~5	3cm(1⅛吋)，即後中門襟 (Tan-zaku)的寬度

6~0	後領徑寬尺寸,即$\frac{m}{16}$+2cm($\frac{3}{4}$吋)
M~6	後領徑高尺寸,即6~O的$\frac{1}{3}$
7~0	肩寬尺寸的$\frac{1}{2}$加上1cm($\frac{3}{8}$吋)
S~7	2cm($\frac{3}{4}$吋),即後肩垂量,求取S~7的尺寸時,先把肩垂量(SS)的尺寸6cm($2\frac{1}{4}$吋)分成一半後,再減掉製圖上的墊肩厚度與鬆份之尺寸1cm($\frac{3}{8}$吋),詳情請參閱「裁剪的預備知識」的肩垂下與鎌深尺寸的求法之計算表
8~S	背寬與胸寬同尺寸時,用固定尺寸1cm($\frac{3}{8}$吋),背寬與胸寬不同尺寸時,8~S的尺寸會有變化。詳情請參閱「裁剪的預備知識」的後身片肩端S點的求法。8上下畫垂直線為背寬的縱基本線
E'	8直下跟B橫線之交點,E'~A最少有$\frac{m}{8}$加上7.75cm(3吋),或$\frac{BW}{2}$加上2.75cm($1\frac{1}{8}$吋)
9	8直上跟M橫線之交點,9~8為製圖上的後肩垂量尺寸
J~7	從固定尺寸4cm($1\frac{1}{2}$吋)減掉頸入尺寸的$\frac{1}{2}$,就是J~7的尺寸,即J橫線就是前身片N點的高度。N點高度尺寸的求法,是依頸入(NC)尺寸而定,因NC尺寸的不同之故,J點不一定在O或M橫線之交點。詳情請參閱「裁剪的預備知識」的「頸側點(NP)的高低之求法」,或參閱特殊體型篇之反身體、屈身體的頸側點(NP)之高低
10~J	9~8同尺寸,即為前肩垂量尺寸
11	8~10的中點,11是前後肩T與S的平均值之位置
E~11	肩高尺寸,即$\frac{m}{8}$加上7cm($2\frac{3}{4}$吋)。E橫線是決定袖圈底邊尺寸,即實際鎌深位置。因9~8或J~10尺寸的不同之故,E不一定在B橫線之交點,即E點
	不一定跟E'同點
D~E	$\frac{m}{4}$減掉14.25cm($5\frac{1}{2}$吋),本圖因後身片有公主線的剪接線(12~44~41)之故,在B橫線(F~A)與W橫線(30~3)的縫合線均為完成線,所以以D~E間配合作業上的需要而畫完成線
F~D	$\frac{m}{8}$加上6.5cm($2\frac{1}{2}$吋),或$\frac{FW}{2}$加上1.5cm($\frac{5}{8}$吋)
V~E	O~B的一半,即跟O~C與C~B同尺寸,因肩膀斜度(即9~8)與頸入尺寸的不同之故,V點不一定在C橫線之交點
12~V	0.25cm($\frac{1}{8}$吋),縫合衣袖後,袖子的上下袖之縫合線是不在V點,而在12點之處,即袖子的上下袖之縫合線,要對齊12~44~41的公主線
13	V~E的中點
14~8	8~E的$\frac{1}{3}$
15	D~E的中點
16	14~15的中點
17	16~E的中點
18	E直下跟W橫線之交點
19	D直上跟J橫線之交點,19~J橫線為前身片的橫基本線
20~19	跟J~10與9~8同尺寸,即為前肩垂量尺寸,20在19直下跟10橫線之交點
21	20直下跟V橫線之交點
22	21~D的中點跟13橫線之交點
U	22~D的中點,即袖子的對合記號
T~20	胸寬與背寬同尺寸時,以$\frac{m}{16}$減掉3cm($1\frac{3}{16}$吋),或11~V的$\frac{1}{2}$減掉0.5cm($\frac{3}{16}$吋)。胸寬與背寬不同尺寸時,T~20尺寸會有變化,詳情請參閱「裁剪的預備知識」之前身片肩端T點的求法
N~T	S~M尺寸減掉0.5cm($\frac{3}{16}$吋),N點在19~J橫線上
23	T~22直線跟21~V橫線之交點

K~23 | 21~23的$\frac{1}{3}$

24 | 22~15的中點

25 | 24~D的中點，將S~V~12~17~15~25~22~K~T等各點連結畫自然柔順的弧線為袖圈線

26 | 22~25袖圈線跟U橫線之交點，26上下畫垂直線為袖子的縱基本線

27 | 26直上跟22~13橫線之交點

28 | 26直下跟D~E橫線之交點

29 | 26直下跟W橫線之交點

30 | F直下跟W橫線之交點

31 | N點直下至W橫線之$\frac{1}{2}$，31在F直上

32 | D直上跟31橫線之交點

33~31 | 31~32的$\frac{1}{4}$加上1cm($\frac{3}{8}$吋)

34~33 | 31~32的$\frac{1}{2}$加上1cm($\frac{3}{8}$吋)

35~33 | 1.5cm($\frac{5}{8}$吋)，35~34為胸口袋

36~3 | Ⓦ的$\frac{1}{2}$

37~3 | 18~3的$\frac{1}{3}$，37上下畫垂直線

38 | 37直上跟B橫線之交點

39 | 37直下跟L橫線之交點

40~37 | W~H的$\frac{3}{4}$

41~37 | 30~36的$\frac{1}{6}$

42~37 | 30~36的$\frac{1}{6}$，38~41~40~42~38為後腰褶

43 | 42~40跟5橫線之交點

44~38 | 38~41的$\frac{1}{3}$

45 | 首先以44為中心，44~12為半徑向左下畫圓規線後，再以12為中心，12~44為半徑向左邊畫圓規線之交點為45，然後以45為中心，12~44為半徑從12畫至44的圓規線為公主線

46~18 | 30~36的$\frac{1}{3}$

47 | 46~18的中點

48~47 | W~H的$\frac{2}{3}$，48在17~47之延長線處

49~28 | 2.5cm(1吋)

50~29 | 跟28~49同尺寸，即2.5cm(1吋)

51~50 | 30~36的$\frac{1}{6}$

52 | 51~50的中點

53~52 | W~H的$\frac{1}{2}$，53在49~52之延長線處

54 | 30~50的中點，30~36的$\frac{1}{6}$為胸褶份左右各分一半

55~54 | 54至胸口袋口的長度之$\frac{2}{3}$

56~54 | W~H的$\frac{1}{2}$

57 | 46~48跟5橫線之交點

58 | 43直下跟L橫線之交點

59 | 43直下跟H橫線之交點

60~59 | 2.5cm(1吋)

61~60 | 2cm($\frac{3}{4}$吋)

62 | 43~60的延長線跟L橫線之交點

63~62 | 1cm($\frac{3}{8}$吋)，43~61~63連結畫禮服腰下外衣脇邊線

64~63 | $\frac{Ⓑ}{12}$

65~30 | W~H的$\frac{1}{4}$，65在30直下，65~67連結畫直線

66~65 | 1cm($\frac{3}{8}$吋)，66在65直下

67 | 66~64的中點

68~67 | 3cm($1\frac{1}{8}$吋)

69~30 | 相疊份2cm($\frac{3}{4}$吋)

70 | 69直上1.5cm($\frac{5}{8}$吋)

R~N | 1cm($\frac{3}{8}$吋)，R~70連結畫直線後，在70~69修整彎曲線為領折線。一般的畫法是R~69直接畫直線，這樣縫製後70~69處比較不會平順。又，R~N間的尺寸，一般是用2~3cm($\frac{3}{4}$~$1\frac{1}{8}$吋)，這樣裝上領子後，肩部沒有前肩的鬆份，即比較沒有膨鬆量(Volume——容量)之活動量而難穿，縫製時N~G要燙開跟R~74平行，這樣前肩才會呈現膨鬆量。又，N~G~74的部分，過去的習慣都是在G的地方轉彎，領座亦跟著轉彎，我的習慣無論男裝或女裝之任何服裝，大部分都是如圖採用方形，領座也是方形，這樣較容易縫製，在工作上輕鬆多了

71~R	$\frac{\textcircled{W}}{8}$，或W~H的$\frac{2}{3}$
72~71	拉佩爾(Lapel——下片領)寬度尺寸 9cm(3½吋)。視流行或嗜好而增減。 72在71~70之直角線上
73	72~71的中點
74~71	R~71的$\frac{1}{3}$
G	73~74延長線上，G離開R~74線 2.5cm(1吋)，G~N連結畫直線
75~73	5.75cm(2¼吋)，75在69~70~72之延 長線上
76~73	75~73的$\frac{2}{3}$

　　除了肩線及袖圈以外全部是完成線。很多人把側邊的部分和背部的剪接縫合線12~44~41畫成裁剪線，這就是造成脫領(空間、空隙)現象的原因。畫成裁剪線時將被縫掉二個縫份，自然地整個背部被往下拉低而造成脫領。畫成完成線再加上縫份裁剪就沒有問題了。在這裡畫成完成線，順便把脇邊及禮服腰下外衣(Koromo——衣)的縫合線全部畫完成線。只有肩膀與袖山接縫處，因作業上的需要而畫裁剪線。

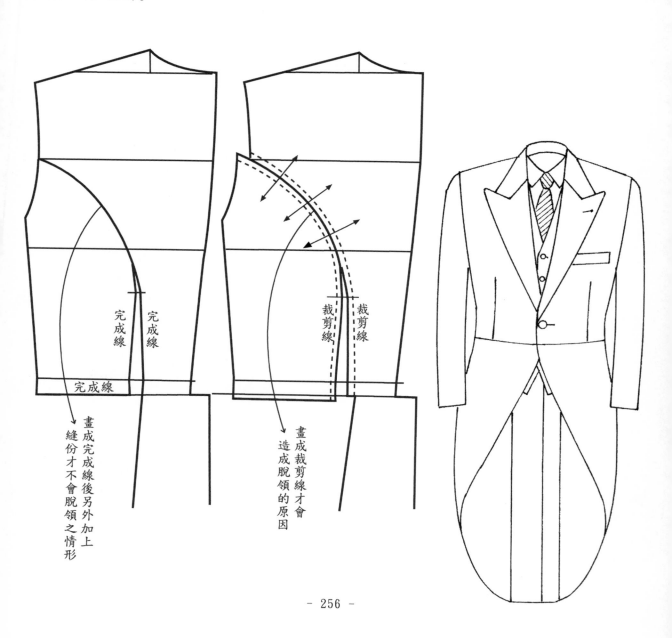

完成線　完成線

完成線

畫成完成線後另外加上縫份才不會脫領之情形

裁剪線　裁剪線

畫成裁剪線才會造成脫領的原因

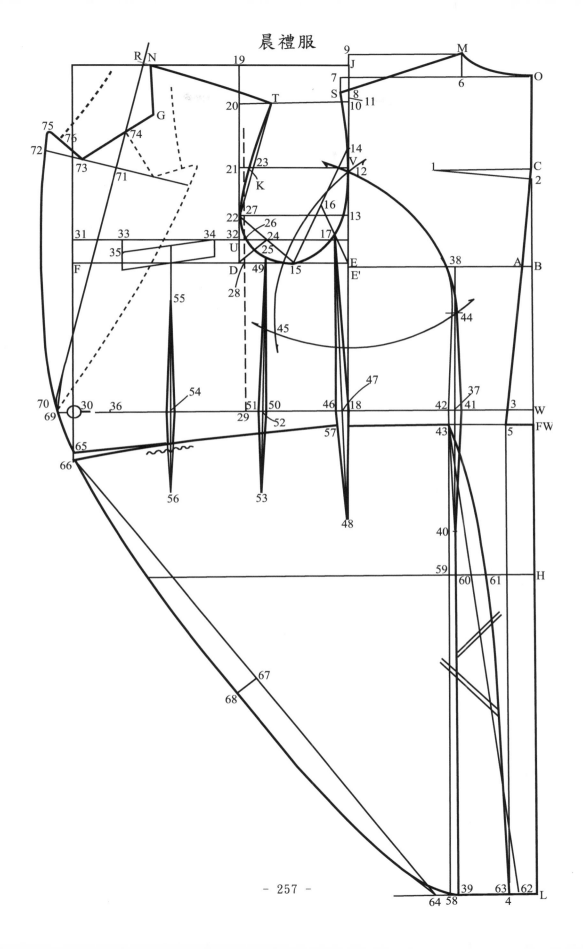

晨禮服

午禮服

午禮服(Frock coat——男用大禮服)是白天穿用的禮服，又稱平常禮服，即雙排的午禮服，而在白天的任何儀式都可以穿用。現在在我國幾乎沒有使用，但在日政時代(約在1925年左右)作為日間正式禮服，進宮晉謁天皇，慶祝日和紀念日等正式慣例是不能缺少的。在目前作為略禮服的晨禮服(Morning coat)代替午禮服為日間正式禮服。

此款式的特徵是前面有雙排(Double breasted)六鈕扣二個為普遍形態，衣長至膝蓋(標準長度是$\frac{FL \times 7}{10}$或FL的70%)，前面是方形(Square)。拉佩爾(Lapel——下片領)雖然掛上綢緞領布(Haiken——拜絹)，但在拉佩爾的邊緣順沿約2cm(¾吋)而擺置(如滾邊)，領洞以隱形藏針縫處理。

上衣為黑色織料，有時候使用深色帶白斑點的織料。背心為同質同顏色的布料，大部分沒有領子或有領子的單排背心，使用雙排的背心會被人笑掉牙子(因外衣是雙排鈕的)。褲子如喪服時使用共同的黑色，其他的場合使用條紋的布料。

縫製上要注意在衣身與禮服腰下外衣(Koromo——衣)要縫合時，禮服外衣不要縮縫是最重要的，其他的縫製法以晨禮服為標準。

又，裁剪的要點是為表現前身片有胸部的膨鬆份(Volume——容量)，一定要紙型操作(Manipulation)，其方法是將紙型的胸褶切開，其次如圖虛線左右切開，以展開狀裁剪。

製圖說明(Draft Explanation)

適用尺寸與製圖說明，自O點至56點跟「晨禮服」相同，為了篇幅而省略其說明。在這裡僅將不同處說明於後。

57~30	W~H的$\frac{1}{8}$
58~30	W~H的$\frac{1}{4}$
59	30直下跟L橫線之交點
60~59	前垂份1.5cm(⅝吋)
61	54~56直線跟58橫線之交點，61~43連結畫直線
62~43	1cm(⅜吋)，58~61~62如圖連結畫柔順的小彎線
63	43直下跟L橫線之交點
64	43直下跟H橫線之交點
65~64	2.5cm(1吋)
66~65	2cm(¾吋)
67	43~65的延長線跟L橫線之交點
68~62	跟43~63同尺寸，62~66~68連結畫禮服腰下外衣脅邊線
69~57	相疊份6.5cm(2½吋)

拉佩爾(70點至77點)的部分又跟「晨禮服」相同，因此，又要省略其說明

77~58	跟69~57同尺寸
78~60	7.75cm(3吋)

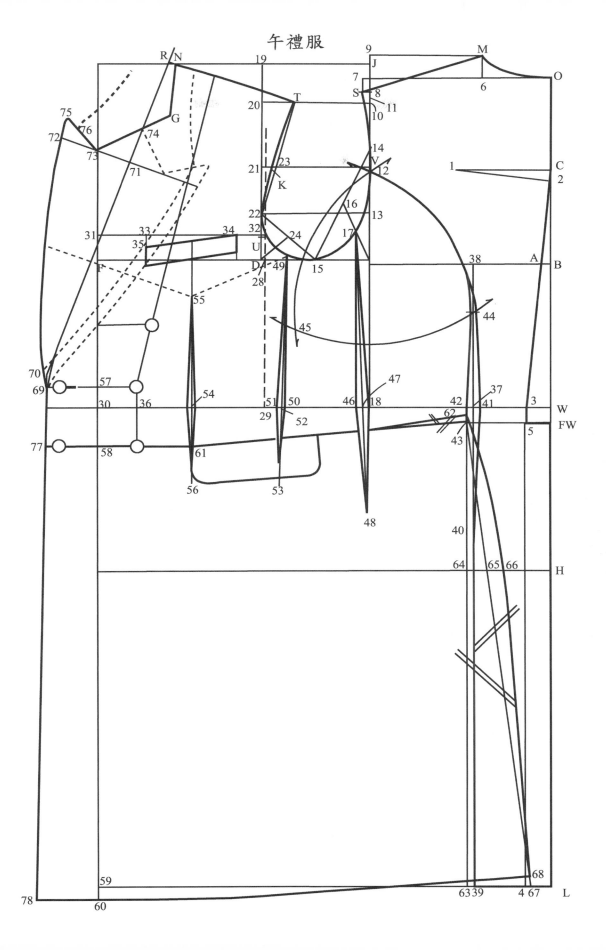

午禮服

燕尾服

代表紳士服最高級地位的燕尾服，至今在世界各地不能普遍化。這是屬於晚間的禮服，但於白天的禮服之晨禮服(Morning coat)仍適用至深夜而穿用，這是很平常的習慣。除了台北地區以外，一般很少有人訂做。往昔所穿著之大禮服，依例於禮服上鑲金纏子(Moor——金辮子、鼓花鍛)做裝飾之用。無論如何，總會令人想像為如軍服於其腰部佩劍一樣。今後，未知需要何種樣式較適合時代，但為免忽略作為紳士服最高級地位的禮服之存在，於此事先提示幾種禮服另外的名稱。

燕尾禮服(Swalliw tail coat)、禮服(Dress coat)、晚禮服(Evening dress)、正裝(Full dress——盛裝、禮服)、夜間正式禮服(Night full dress)，以上簡稱為燕尾服(Tail coat)等各種的名稱。

日本的明治時代之業者稱此為燕尾服，但一般通稱為禮服的居多。現在盛裝的外觀幾乎被塔克西都(Tuxedo)所取代，但是針對外國人為主的外交關係之聚會(Party——晚會、宴會、舞會、茶會)時會穿用。使用蟬形闊領帶(Ascot tie)、白色蝴蝶結(Bow tie)的時代禮服也是白色。塔克西都使用黑色的領帶(Neck tie)，但是，英國人之習慣是如果「今晚的聚會要白色領帶」，則穿燕尾服，如果是「黑色領帶」，則穿簡便禮服(塔克西都)，據說這是英國的話題。服裝上下為黑色，則其背心規定為白色，但近年來，也有使用灰色布料縫製的。下片領(Lapel——拉佩爾)要掛上綢絹領布(拜絹)。

製圖說明(Draft Explanation)

適用尺寸與製圖說明，自O點至64點跟「晨禮服」相同，為了篇幅而省略其說明。在這裡僅將不同處說明於後。

65~30	W~H的$\frac{1}{2}$
66~65	30~65的$\frac{1}{2}$，66~57如圖連結畫小彎線
67	54~64直線跟66~57小彎線之交點
68	54~56褶子(右線)跟67的中點
69~66	3cm($1\frac{1}{8}$吋)

燕尾服

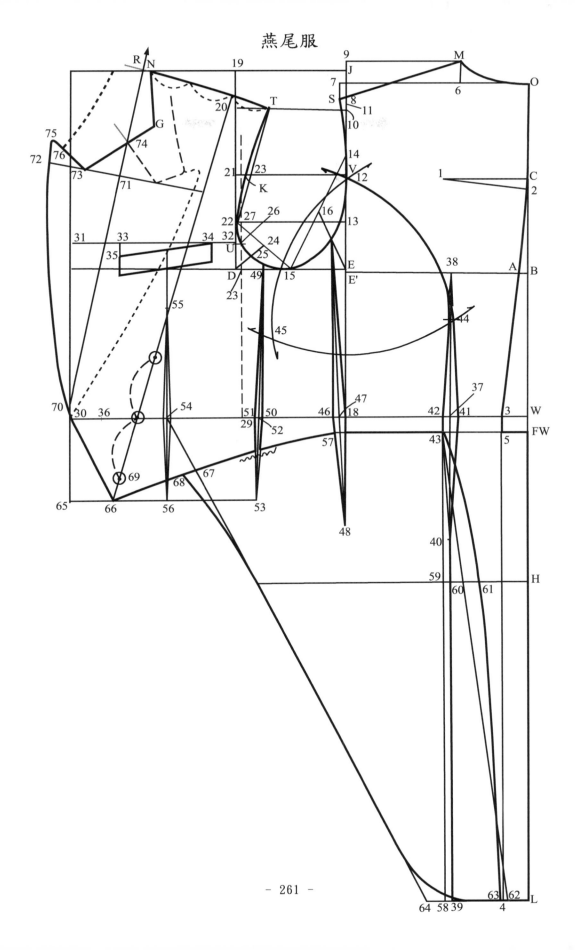

單排三釦禮服用背心
Dress Vest

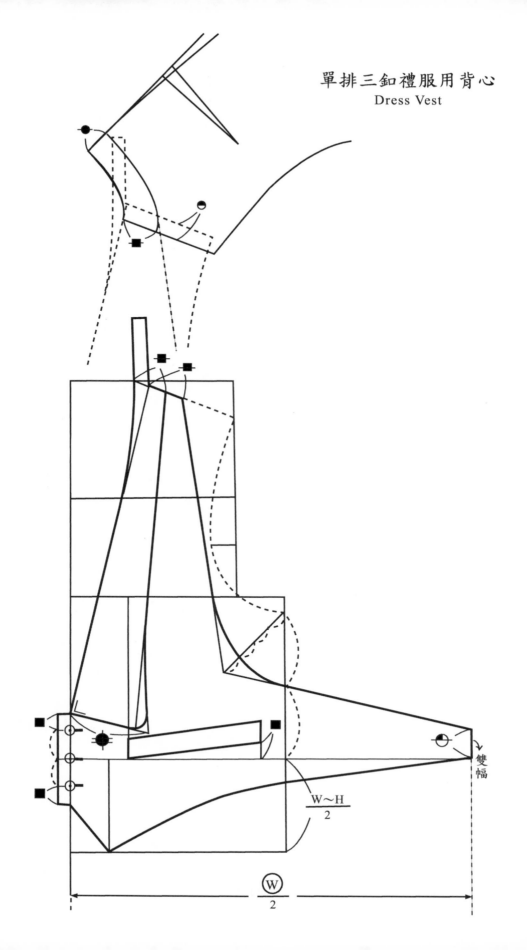

$$\frac{W\sim H}{2}$$

雙幅

$$\frac{W}{2}$$

單排五釦禮服用背心
（晚禮服、燕尾服）
Dress Vest

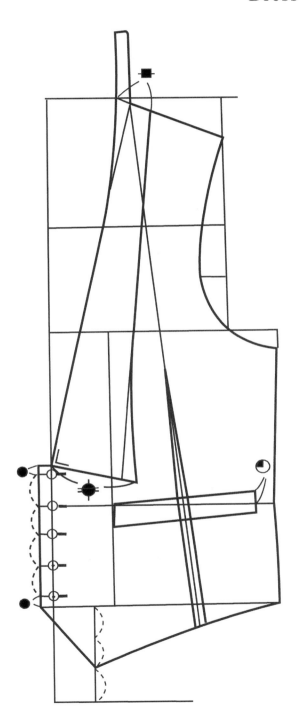

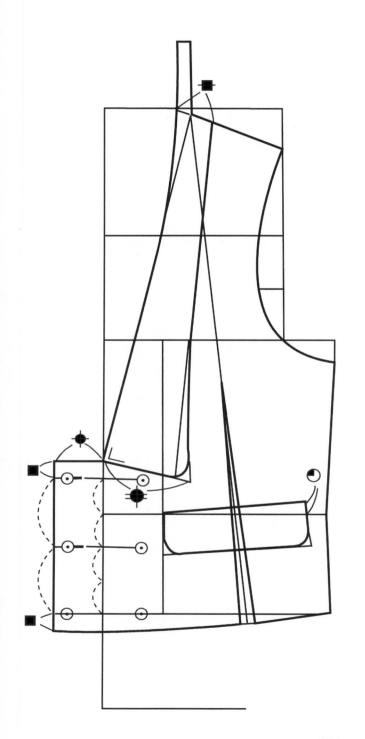

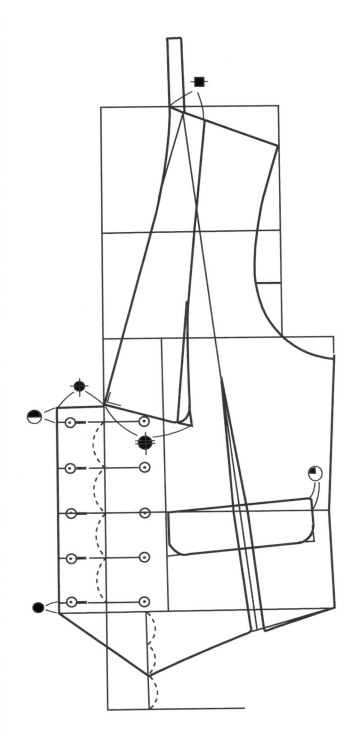

禮服用肚兜帶四種

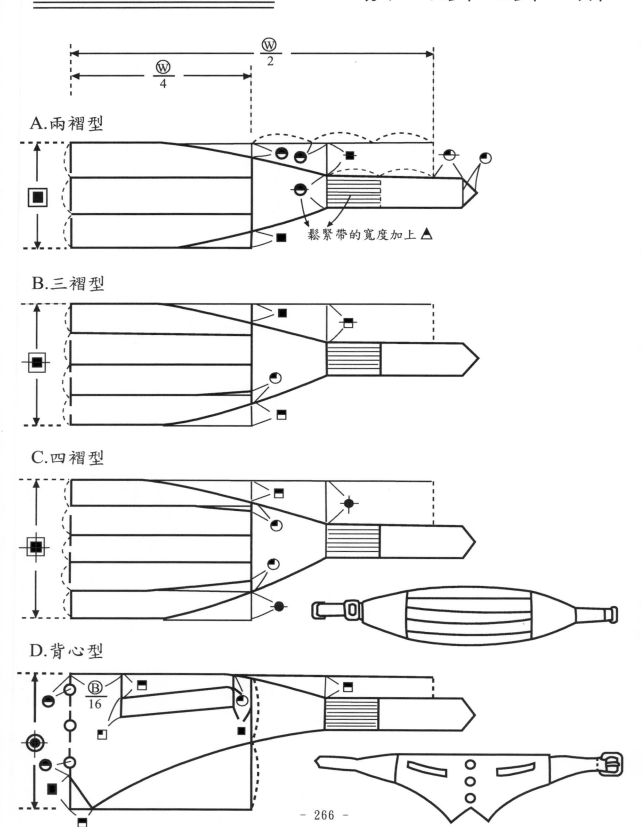

A.兩褶型

鬆緊帶的寬度加上 ▲

B.三褶型

C.四褶型

D.背心型

- 266 -

禮服用背心　　DRESS VEST
ドレス　ベスト

圖1　禮服用肚兜帶製圖法（全部完成線）

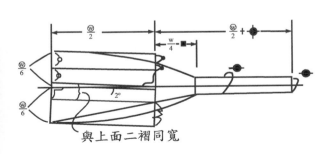

與上面二褶同寬

圖2　禮服用肚兜袋帶表布裁剪法

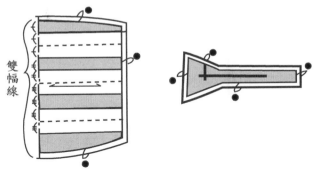

雙幅線

圖3　裏布裁剪法

雙幅線

裏布
芯布

裏布限此範圍

圖4

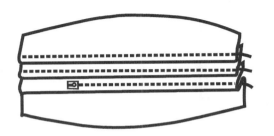

圖5

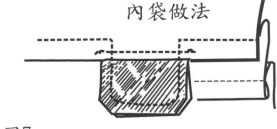

內袋做法

圖6

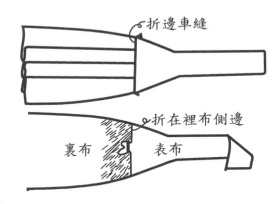

折邊車縫

折在裡布側邊

裏布　　表布

圖7

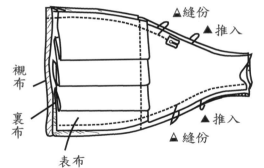

襯布

裏布

表布

▲縫份

▲推入

▲推入

▲縫份

圖8

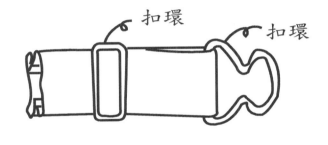

扣環

扣環

中華民國七十年十一月廿二日

呂寶霖先生擔任我國參加一九八
一年六月在美國亞特蘭大市舉行之
第廿六屆國際技能競賽女裝工選手
陳美錦君訓練指導工作，辛勤盡力
，致謝君終能榮獲銅牌，為國增光
，指導老師功不可沒，特頒獎牌，
以資鼓勵。

國際技能競賽
中華民國委員會主任委員　邱　創　煥

本書作者呂寶霖先生榮獲國際技能競賽大會邱創煥主任委員頒贈
擔任訓練國家選手出國比賽又獲獎教練功勞獎牌。

特殊體型篇

賞　狀

中華民國台灣省台北市

呂　寶　霖

昭和六年三月一日生

右は本校所定の裁断製圖

技術試驗に於て優秀なる成績で合

格したので本狀を授与する

昭和五十年十一月十三日

日本洋服專門學校

名譽校長　元外務大臣　木村俊夫

顧　問　眾議院議員　佐藤信二

校長　勳五等及び旭日章十蛭川鐵之助

本書作者呂寶霖先生榮獲日本洋服專門學校蛭川鐵之助校長所頒贈
裁剪製圖技術優秀獎狀。

反身體與屈身體的操作

站在裁縫師的立場來看，體型的變化大致可分為：

a、反身體（仰身體、挺胸體、仰後體）

b、屈身體（俯身體、駝背體、俯前體）

c、聳肩（怒肩、挺肩、平肩、高肩）

d、垂肩（撫肩、墮肩、斜肩、低肩）

但是，這些特徵並不是明顯地各別存在著，有的a而c或d，有的b而c或d，呈現著相當複雜的情況，這就是人類的身體。因此，才要費心於如何做出適合各種體型的衣服。到底有沒有事先測出仰俯的程度，以及肩部高低的方法呢？有的人使用採寸器及角度計測定變化度，不過，效果似乎不太理想。因為用柔軟的紡織品　做衣服給不停地活動的人穿，確實是很麻煩的事情，這跟使用木材及金屬材料的建築等作業是不一樣的。我時常強調：「光靠尺寸做不了西服。除了尺寸還得把握體型的特徵。再加上對動作量（鬆量）及款式的感覺等等，具備這一切才能做活西服」。

給反身體的人穿的西服應該如何？給屈身體的人穿的西服又該如何？跟標準正體之間的差別應該描畫在什麼地方？希望把這些問題好好地思考一番。常言道，西服最難的就在B線的上方。為適合（調合）體型而做補正（變化）的要點之大部分也是在B線的上方。

把正體的西服穿在反身體的人身上會呈現何種缺陷呢？穿在屈身體的人身上又有何缺點？現在就來檢討一番吧。

縫製正體的西服穿在反身體身上，將在後背上方領圈下出現頂住的橫皺紋，臀部頂住而前襬呈合掌（重疊量過多而挺起）狀。後背過長而前身不足也是反身體的特徵。

相反的屈身體穿上正體的西服時，後背將呈脫肩狀而使後領如日本的和服般不能貼緊脖子，後下襬翹起而前下襬開口。所以要把後背加長而把前衣身縮短以求整體的平衡。

反身體也好，屈身體也好，若想一開始就在平面上分別畫出來是不太容易的，不如使用標準型再加以紙型操作反而簡單明瞭。經由這個手續來探討各要點以及線的移動情形，做為裁剪及補正時的參考。

第1圖是從正體的紙型轉變為反身體的補正。從背後的中央C點剪到V點而在V~C重疊（不剪開而摺疊也可以）。那麼上邊就產生如虛線的移動。O與M及S均後退而下降。V~C的重疊量在0.5~0.75cm（³⁄₁₆~⁵⁄₁₆吋）就能產生相當的效果。這個圖因為是縮小圖，所以表現稍有誇大。

相反的前衣身要從U點剪開到前邊，切口一開就如虛線所示N與T上昇後退而呈後傾的形狀，也就是成為反身體。摺後背而開前面。開口量並不一定要跟後背的褶量相同。有時把這些變化只放在後背，或不動後背而只在前面操作的情形也有。那完全視反身程度的大小而加以決定。

第2圖是從正體轉變為屈身體的紙型操作。操作方法恰與反身體相反。從後背的V~C剪開而在V~C開口。這個也是有誇大表現，通常只要開到0.5~0.75cm（³⁄₁₆~⁵⁄₁₆吋）就能發揮相當大的屈身效果。O與M及S均上昇而前移。虛線是補正線。前面則褶起來重疊。這樣N與T就會下降而前移。N~T的位置將是決定是否適合體型的要點，這在「裁剪的預備知識」的前身片肩端T點的求法與頸口（N點）前後位置及頸側點（N點）的求法中已經說明過了。

經由紙型操作而能明瞭O、M、S、N、T

第1圖 反身的操作

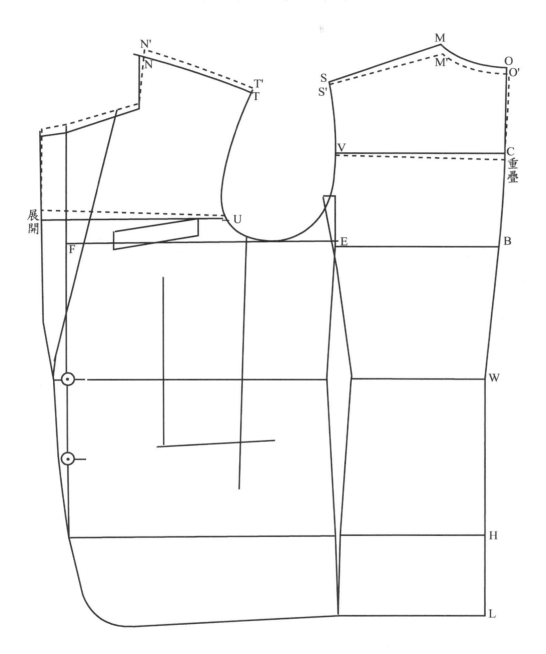

等的移動情形，若想將這種微妙的變化在平面圖上表達出來，那是需要相當複雜的手續來完成，所以採用這種切開法是最簡單而且沒有失手之憂。

切開紙型的結果，後背縫合線的C或袖孔的V如果產生不自然的屈折，就得修正為圓滑的曲線。屈身體的人肩胛骨較高，因此，背樑反而內凹，所以要避免背縫線出現圓形，要用熨斗燙縮趕入。因為，縫製的對象是柔軟的毛料，所以也要預估在縫製過程中可能產生的變形而從事縫製。

第2圖　屈身的操作

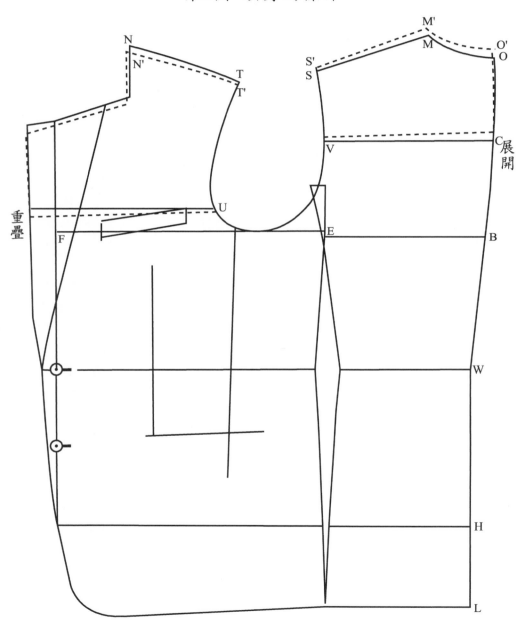

反身體、屈身體的頸側點(NP)之高低

自從紳士服裁剪之技術也能發表之後，想必已經過數十年之久，熱心的研究家到現在不斷探求的無非是NP的問題。NP依照不同穿用者的體型一個一個地會變化，使技術家常常苦心而想要求完整的部分。

雖然接近標準體型時，任何人都比較能好好處理，但是，一到反身體或屈身體的時候常常會不能符合，試穿時，背部肥大，肩膀或領子周圍不平穩，前身或後身上吊而下襬會屈曲等，需要大大地矯正。而且，雖然將這一一在紙型補正過，完成後尚不足或在別處還會出現缺點，連許多有經驗的人都深刻苦惱。

30年來，我為如何解釋此問題而困擾，經不斷地研究與思考後，才知道其中微妙的原理，好歹到達可以滿足的階段了才發表出來。

頸入(NC)尺寸是決定反身體與屈身體重要的尺寸。反身體的NC尺寸較短，而屈身體的NC尺寸較長，因此NC尺寸一定要量。如第1圖，附著砝碼(稱鉈)的繩子之環圈插入尺子，如第2圖，靠在領子後面根底保持水平在肩胛骨的高處之垂直，量取其空間尺寸為NC尺寸，反身體較淺(短)，屈身體較深(長)。

後長(BL)與前長(FL)也是決定反身體與屈身體重要的尺寸。反身體的BL較短，而FL較長，相反的屈身體的BL較長，而FL較短。因此，BL與FL也是一定要量。前後平衡(Balance——均衡、平均)的測量法。首先，把領徑以B的10%減掉1cm($\frac{3}{8}$吋)，或$\frac{Ⓑ}{16}$加上2cm($\frac{3}{4}$吋)，或用頸圍尺寸的$\frac{1}{5}$而決定後身片的M點，也是跟前身片的N點同點的頸側點(NP)，如第3圖，在NP先以別針固定，將這別針向後經過肩胛骨量至地板上面為BL，向前面量至地板上面為FL。量取BL、FL時，可能布尺不夠長，這時可以利用91.5cm(36吋)的碼尺之一端放在地板上，一端靠在背部，然後從NP量至靠在背部的另一端碼尺上之尺寸為BL。又將碼尺的一端靠在胸前，然後從NP通過前面量至碼尺上之尺寸為FL。一般來說，正體的時候，BL比FL多1.5cm($\frac{5}{8}$吋)。關於應用在製圖的方法再來說明一下。

例如：採寸的BL是43.5cm($17\frac{1}{8}$吋)，

FL是44cm($17\frac{1}{4}$吋)

正體的BL是43.5cm($17\frac{1}{8}$吋)，

FL是42cm($16\frac{1}{2}$吋)

相差2cm($\frac{3}{4}$吋)為反身體

這個尺寸的FL、BL是從W線以下切掉(砍掉)的數字，將這數字如圖所示應用(充當)就可以。M是後肩的完成位置，M~W線是後長——43.5cm($17\frac{1}{8}$吋)，N(M同點)是前肩的完成位置，N~W線是前長——44cm($17\frac{1}{4}$吋)，這樣計算後有2cm($\frac{3}{4}$吋)的反身量，將這反身量之一半各分在前後身片的紙型，即後身片重疊1cm($\frac{3}{8}$吋)，前身片如圖展開1cm($\frac{3}{8}$吋)，這樣的製圖就成為2cm($\frac{3}{4}$吋)的反身量。屈身體即以此相反的方法操作就可以了。

再者，以量取BL、FL同樣的方法，也可以從S、T順沿袖圈(Armhole——袖襱、袖空、袖孔、肩口、袖洞)測量前後，就可以知道肩斜，並能知道肩膀的高低情形，與前後袖圈之S、T的高矮尺寸，這樣製圖時較為沒有毛病的發生，而減少試穿的麻煩。無論多好的設計，不適合體型的西服就失去了價值。又，體格、布料等而沒有考慮設計就是不能稱得上是很好的服裝。

第1圖

約
60
cm
（24吋）

砝碼（稱鉈）

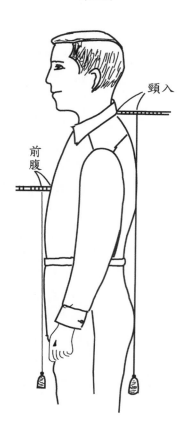

第2圖

頸入

前腹

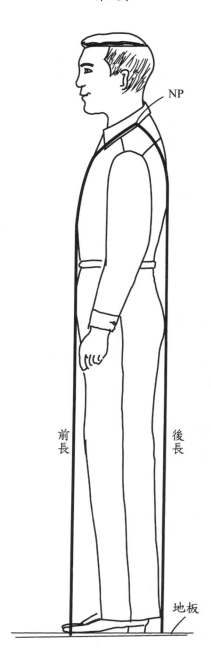

第3圖

NP

前長

後長

地板

肥滿體
Corpulent Figure

一般的體型，W圍都比B圍或H圍小，所謂肥滿體，如以上半身來說，是指W圍接近B圍或比B圍較大的體型。如以下半身來說，是指W圍接近H圍或比H圍較大的體型而言。典型的肥滿體有角力者、摔跤者或力士等等。

雖然簡單地一口氣就說肥滿體，但是，體型有類別之區分，有程度上的尺寸差異。例如W圍稍低於B圍或H圍的準肥滿體、W圍遠為超過B圍或H圍的超肥滿體。B與W或H與W的差寸到何種程度被視為肥滿體，有必要先決定標準體（Normal figure）的尺寸。我是將B與W的差寸12cm（4½吋）為上衣的標準體。H與W的差寸16cm（6吋）為褲子的標準體。

B尺寸－W尺寸＝10~14cm（3¾~5¼吋）
H尺寸－W尺寸＝14~18cm（5¼~6¾吋）

例如，如果B寸92cm（36¼吋）的話，W寸在80cm（31¾吋）左右，如W寸80cm（31¾吋）的話，H寸在96cm（37¾吋）左右而言。若是B寸與H寸時，H寸較B寸大1~2cm（⅜~¾吋）是普通大多數的尺寸。縫製褲子時跟縫製上衣時W寸的設定法有些變化。褲子的W寸是量到恰好，但是，上衣要比褲子多加3~4cm（1⅛~1½吋）的鬆份為標準（規格、基準）。

在上衣方面，從B與W的差寸的縮短為5~7cm（2~2¾吋）的為準肥滿體。肥滿體比普通人的尺寸大的人好像特別多，因此，把尺寸誇大舉出例來說明：

①B102cm（40吋）＞W96cm（37¾吋）…………
………………準肥滿體
①B102cm（40吋）＝W102cm（40吋）…………
………………肥滿體
①B102cm（40吋）＜W106cm（42¼吋）………
………………超肥滿體

不過，這是舉出一個大概的例子而已。腹部看起來很突出，但，實際量尺寸時，B寸與W寸同尺寸的體型也有。B－W＝3~4cm（1⅛~1½吋）的人，看得出腹部很突出的人也有。因此，有從W圍遠超過B圍的體型，看起來很像超肥滿體。準肥滿體的尺寸比較沒有困難，但是，特大時就很難處理。雖然根據尺寸而工作，但是，因為肥滿體是特殊的體型，因此，僅靠尺寸會出現不能處理的問題。

有人說：肥滿體大部分是屈身體。腹部擠出的形態可以想像為反身體，但是，背部長肉，從脖子至肩膀，直到背部臌起，看似向前彎曲。因此，前是反身，後是屈身，可以認為是反身與屈身的綜合體。

肩頭的筋肉臌起（聯想起角力士擺架式的姿態）肩端大大圓圓而陷落，肩寬很難決定，因此背寬較寬。肩幅的比例使背寬變大。肩寬是以直線量取，但是，背幅是在背部的容量（Volume）順沿測量。因此，受背幅的尺寸之影響可以修整肩幅。如圖O~S是寬肩，C~V是背寬。如第1、2、3圖標示。

前面，胸部的筋肉也很厚，腹部擠出，從脖子根部至肩膀周圍肥胖。為了調合這樣的體型，不是僅作大衣服而已，需要將體型的特徵以特別的方法來說明。我是以B圍和

第1圖

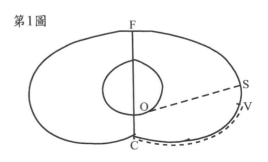

第2圖

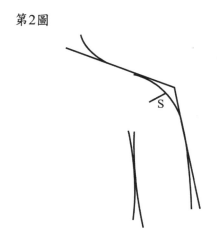

第3圖

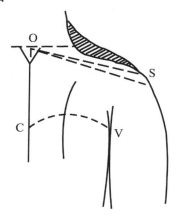

W圍比較，又把H圍和W圍比較，從其不均衡
（Unbalance——不平衡、不平均、不均勻）的
肥滿程度，即肥度計算而使用在製圖上的重
要地點。肥度是我的造語，將其改回英文是
Corpulent degree，因此，取其頭一字的CD做
為肥度記號來使用。

肥度CD

　　肥度的計算方法，如前述，是以標準尺寸
為根源，

　　　　B寸是大於W寸12cm（4½吋）
　　　　H寸是大於W寸16cm（6吋）
並假定為出發點，若這樣的話，就是，

　　　　B寸－W寸＝12 cm（4½吋）

　　　　H寸－W寸＝16 cm（6吋）
將這公式反過來時，

　　　　B寸－12 cm（4½吋）＝標準W寸（上衣）
　　　　W寸＋12 cm（4½吋）＝標準B寸（上衣）
又，

　　　　H寸－16 cm（6吋）＝標準W寸（褲子）
　　　　W寸＋16 cm（6吋）＝標準H寸（褲子）
成為這樣二種公式。因此，求取對B寸或H寸
的標準W寸後，將這跟實測的W寸比較就知道
CD的尺寸。

實測W寸　　　標準W寸　　　CD
從前述三種尺寸例計算CD看看
B102cm（40吋）的標準W寸都是
B102cm（40吋）－12cm（4½吋）＝90cm（35½吋）
因此，成為

　　　　準肥W寸96cm（37¾寸）－90cm（35½吋）＝
　　　　　　　　CD＝6cm（2¼吋）
　　　　肥滿W寸102cm（40吋）－90cm（35½吋）＝
　　　　　　　　CD＝12cm（4½吋）
　　　　超肥W寸106cm（41½吋）－90cm（35½吋）＝
　　　　　　　　CD＝16cm（6寸）
將這個公式更簡單來說，

　　　　W寸＋12cm（4 ½吋）－B寸＝CD
褲子的時候，

　　　　W寸＋16cm（6吋）－H寸＝CD
在這裡計算出的肥度，就知道CD使用在製圖
面的重要地點且能適應體型。

　　雖然不使用肥度也能製圖，但是，圖面會
更加複雜，根據應用CD可以節省很多麻煩。

　　不過，我認為使用腹幅的尺寸來製圖也是
很理想、很實際又實用。如前述，有些體型測
量尺寸後，計算肥度時沒有肥度或肥度不多，
但是，從側面觀察體型會感覺腹部很突出，
這種體型一定要量取腹幅尺寸。因此，我平常
製作肥滿體的衣服時，都將腹幅尺寸與肥度併
用。在另外的篇幅再說明腹幅尺寸與肥度併用
方法而製圖肥滿體圖片，敬請參考並指教。

中年後常看到的肥滿體之特徵

製作上衣的重點是脇寬較寬與胳臂較粗（手腕粗）

有關肥滿體，在辭書裡只記載著肥胖的圓圓的。但是，對從事縫製西服業者來說，必定要進一步分析體型資料不可。

標準體的差寸，胸圍與腰圍的差寸是12cm（4½吋），臀圍與腰圍的差寸是16cm（6吋），肥滿體是指其差寸愈少的體型而區分出來的。

體型的特徵

1. 從前面看肥滿體時，腹部大大突出而上身向後挺反身體；由後面看時，從脖子周圍至肩膀、背部均肥胖而向前彎曲。
2. 肩寬因頸寬與背寬較寬廣，致使體型的比例較窄，肩斜因脖子根部的肌肉臟起，脖子與肩部之區分較難而脖子變短。
3. 胸圍的平衡在脇幅變寬。所謂脇幅較寬是手腕粗大而袖圈又大。因此，這個袖圈成為縫製衣服的重點。肩寬因肩端圓圓而難以認定肩點，肩端要考慮平衡而製作型樣。袖長也關係著鐮深的問題，須注意而決定下袖尺寸。袖圈因是活動最激烈的地方，應以實測與平衡系統併用而決定袖圈。
4. 腹部的部分：出腹的型態也有各式各樣。

   A、從胸部下方立刻鼓起大肚子。

   B、在腹部中心挺大。

   C、下腹部如呈下垂狀。

   D、腹部向橫鼓起大肚子。

   E、在中央向前方突出。

這些是站立時的體型；在坐下時，腹部周圍變化較大，把這事項也附帶說明。

5. 臀圍周圍的型態，跟出腹一樣在臀部也有差異的型態。

   A、出臀：後方突出，橫向寬廣。

   B、平臀：完全扁平臀部看似很小，肥肉垂下。

   C、大大的臀部：因腹部突出而臀部的型態較顯眼，肥滿體的褲子之前相疊與後身的中心線傾倒量，而且，股上穿入度的深淺成為重點。

區分	胸圍		腰圍		差寸		C	D	體別
1	90	35½	74	29½	16	6	-4	-1½	
2	92	36¼	78	31	14	5¼	-2	-¾	
3	94	37	82	32½	12	4½	0	0	標準體
4	96	37¾	86	34	10	3¾	2	¾	
5	98	38½	90	35½	8	3	4	1½	準肥滿體
6	100	39¼	96	37¾	4	1½	8	3	
7	102	40	102	40	0	0	12	4½	肥滿體
8	104	40¾	108	42¼	+4	+1½	16	6	超肥滿體

（上衣）

區分	胸圍		腰圍		差寸		C	D	體別
1	92	36½	70	28	22	8½	-6	-2½	
2	94	37¼	75	30	19	7¼	-3	-1¼	
3	96	38	80	32	16	6	0	0	標準體
4	98	38¾	85	34	13	4¾	3	1¼	
5	100	39½	90	36	10	3½	6	2½	準肥滿體
6	102	40¼	97	38½	5	1¾	11	4¼	
7	104	41	104	41	0	0	16	6	肥滿體
8	106	41¾	111	43½	+5	+2	21	7¾	超肥滿體

（褲子）

上表的5~8號之差寸順序愈少就是肥度愈大。

肥滿體上衣的製作重點

製圖、襯布、縫製等綜合處理

　　最近被形容為飽食的時代，肥滿體的顧客愈來愈多。簡單說是肥滿體，但是，體型是千差萬別。個人的體型在年輕時和隨著年紀的增加也是會變，不僅周圍的尺寸，形狀也是會變。人類能站立步行，漸漸長肉而垂下。

　　那麼，肥滿體大致有四種左右。

　　第1圖是差寸8cm（3吋）以肥滿體來說是較為平衡的尺寸。但是，圖中從脊梁（脊縫）至腰部向前挺出，此型俗稱為逆S型體型，周圍的尺寸，特別不認為是肥滿體，但是，背部的腰入較多，屬於肚子突出的體型。過了中年以後這個準肥滿體型較多。這種體型最嚴重時，頸入尺寸變多，背部如駝背（貓背）的體型。

　　A圖是此種體型的製圖。點線是標準的背縫線，如實線向內移動1cm（⅜吋）即可。在此要注意的是如腰入尺寸較強時，移動的尺寸不要移動太多，因太多時看起來沒有臀部（扁平）而難看之故。

　　本來人類的脊背之狀態是依體型而彎曲，但是，不長肥肉，莫如肩胛骨突出或僧帽筋（肩的肉）較發達，而背柱凹入的情形較多。背中心線過於凹入而彎曲，在頸部下面容易產生突出皺紋的毛病（缺陷）。因肩胛骨較高使背縫線之C點膨鬆凸出，需以熨斗燙縮操

第1圖

逆S型體型

B＝98cm（38½吋）
W＝90cm（35½吋）
H＝96cm（38吋）
差寸＝8cm（3吋）

A圖

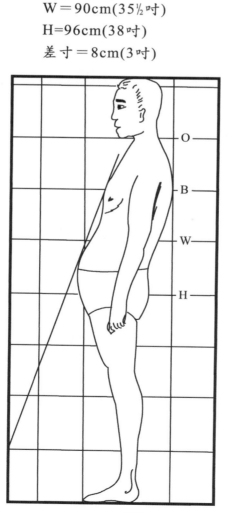

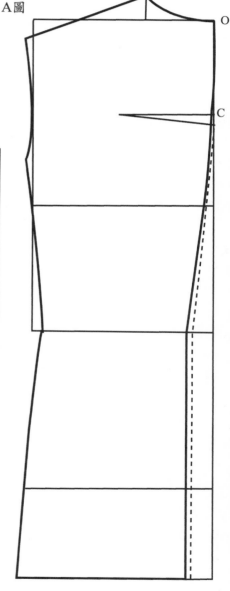

作，但是，布紋是直布，因此，不怎麼有效果。將紙型在肩胛骨的地方切開，以巧妙紙型操作（Manipuation）來解決比較容易處理。

前身片應該是標準的肥滿體的製圖。跟基本製圖不同的地方，請看肚子突出的狀態之情形。肥度的計算法，通常從胸圍減掉腰圍後，會露出跟標準腰圍的差寸。

例如B寸102cm（40吋）的體型，減掉標準差寸12cm（4½吋）是90cm（35½吋），如果腰圍是102cm（40吋）的時候，其差寸為12cm（4½吋）就是肥度。如第1圖是不會出現肥度尺寸的體型，但是，這種體型在肚子的部分，一定非以肥滿體來製圖不可，量身時要測量腹長與腹幅，在製圖上應用其方法是很適合的道理。

施行分工而加以作業的現狀，應完全的傳達觀察體型的重要性。

又，前脇片如B圖在腰部脇線重疊1cm（⅜吋）而巧妙紙型操作，向腹部推出的操作。因此，背部的背縫線W~L的部分要移進內側一點，即如平臀的狀態。

第2圖是胸圍與腰圍的差寸有4cm（1½吋），但是，臀圍尺寸較大，讓B~W~H的平衡崩潰。這種體型較屬於為健康體且富精力。要調整型態需構成最大的尺寸為主軸（主幹）。背部能順沿體型，機能性亦非充分考慮不可。

如第3圖的差寸為零時，充滿

B圖

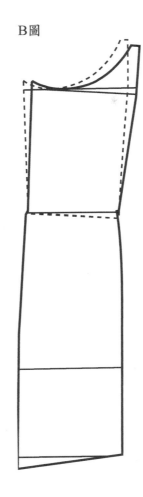

第2圖
準肥滿體型
B＝100cm（39¼吋）
W＝96cm（37¾吋）
H＝100cm（39½吋）
差寸＝4cm（1½吋）

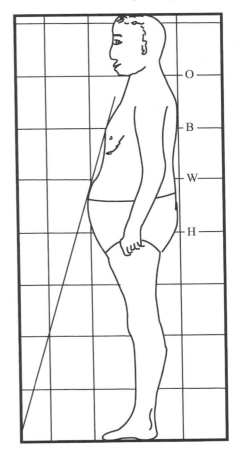

了完全肥滿體之感覺。體型成為圓圓的，在比例上臀圍較為不足。大部分年歲相當大之人是小肚子的肥滿體型。腰口袋附近的巧妙紙型操作成為重點。

如第4圖的差寸成為正數之體型時，好像全身凝結肥肉，把身體搖動時肥肉有搖盪之感。這種體型在白人社會較多。但是，穿著的西服或大衣的後面姿勢是適度的鬆份與緩和的腰部，而且波浪份（Flare）所構成的看起來好像很年輕。

這種體型是超肥滿體型，要注意的重點是，肚子的下面之輪廓，不好的狀態是下襬周圍不安定而成搖擺的狀態。為防止這種情形是把脇褶在腰口袋下面縫止，不要貫穿至下襬。雖然最近的製圖大部分都是至下襬有縫合線的剪接，而將脇身片切開，但是，應該要知道分別褶子的效果。以紙樣來實驗會知道。至下襬不貫穿的脇褶攝住，在下襬的周圍會向內側容納，輪廓能意外包在臀圍線，因此，超肥滿體要如C圖般巧妙紙型操作比較好。又，胸部的鬆份在袖子的對合點U點切開而

巧妙紙型操作。常常看到在B線切開的方法，這樣縫合袖子的狀態不甚理想，在脇邊會發生堵塞。在U點0.5cm（³⁄₁₆吋），在前端1.5cm（⁵⁄₈吋）切開而巧妙紙型操作，袖圈會增加0.5cm（³⁄₁₆吋）的量，在袖子製圖時要增加。而且肥滿體型大部分在領圈要放入褶子，這樣會讓胸部較為安定平順。

第3圖
肥滿體型
B＝102cm（40吋）
W＝102cm（40吋）
H＝104cm（41吋）
差寸＝0

第4圖
超肥滿體型
B＝104cm（40¾吋）
W＝108cm（42¼吋）
H＝108cm（42½吋）
差寸＝＋4cm（1½吋）

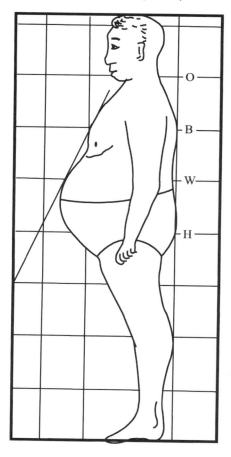

C圖

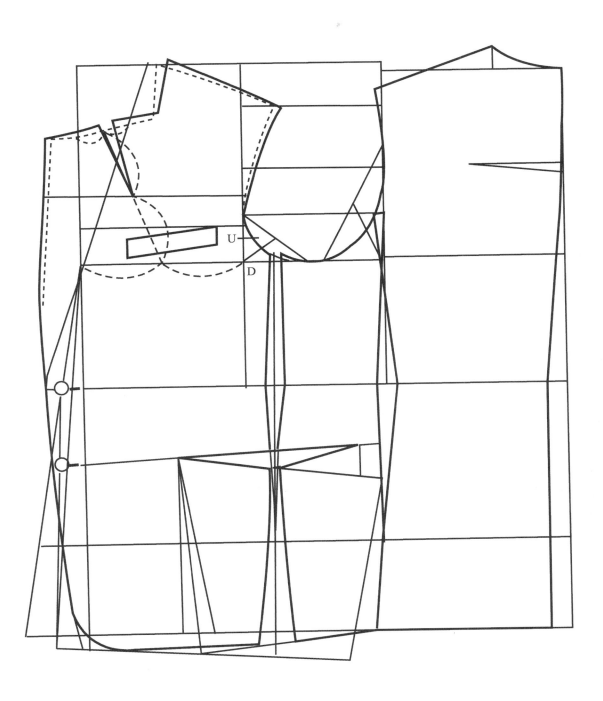

掩蓋體型的缺陷與設計

避免粗條紋強調苗條感

　　無論男性或女性，肥胖的人都希望瘠瘦的心態是一致的。所以接下來將標題當成課題重點（主題）來檢討。

細部設計（1）

1. 穿著要領：緊身的（Tight fitting）穿著，反而是增加肥胖的原因，自然的（Natural）或鬆弛的（Loose）穿著是基本概念。

2. 前領圈（Gorge）：為特別考慮胸部的厚度，前領圈的位置要設定低一點。

3. 下片領（Lapel）幅度：不太窄不太寬要恰好，太窄會誇張胸寬感覺，看來更肥胖。

4. 前襬（Front cut）：雖然依穿著者的個性而選擇布料或花樣為原則，但是，剪大圓一點較好。

5. 肩（Shoulder）：將肩幅設定寬一點，肩端強調有些弓型肩（Concave shoulder），藉以掩蓋（Cover）面孔的輪廓。

6. 胸幅（Front width）：在胸寬的中央表現立體的容量（Volume），盡可能的掩蓋住下腹部的突起是設計裡最重要的一點。

7. 褲子的前褶：肥胖者的褲子常常有將疊褶打深的趨勢，這樣只會增加腹體突出的效果，應避免這樣的情形。以無褶而縫製成時髦的（Smart——漂亮的、瀟灑的）是竅門（要點、秘訣、手法）所在。

細部設計（2）

　　接著來說明關於上衣的前面及後面。將點與形態以雙排上衣的釦子之排列為參考。

　　第1圖與第3圖的輪廓是完全相同。第2圖與第4圖的長方形也是完全相同。接著第1圖是描繪左右釦子間隔較寬之雙排西裝。第3圖雖然是描繪對比的釦子間隔較窄之西裝，但也是要掩蓋體型的上衣之設計，讀者會選擇那一種？答案是第3圖。又第2圖是第1圖的基本（分開就增強分離感），第4圖是第3圖的基本（接近就增強結合感）。

第1圖

第3圖

第2圖

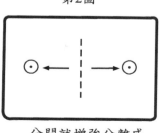

分開就增強分離感

第4圖

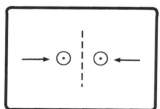

接近就增強結合感

線與錯覺

後面有條紋幅度之參考。第5圖是描繪條紋幅度較寬的背部。第7圖是描繪對比的條紋幅度較窄。那麼要掩蓋體型作為背部條紋的幅度較窄的設計方面的胴體（Torso——裸體軀幹雕像）認為比第5圖更能表現出苗條感（Slim）。第6圖是第5圖的基本。又第8圖是第7圖的基本。今後請把細部設計（2）當做參考而設計出需要者（User）所喜愛的服裝。

第5圖　　　　　　　　　　　　　　第7圖

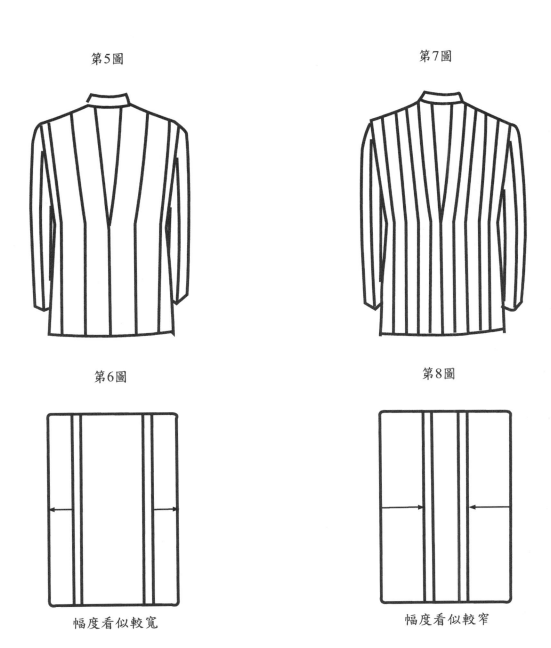

第6圖　　　　　　　　　　　　　　第8圖

幅度看似較寬　　　　　　　　　　幅度看似較窄

關於巧妙紙型操作

一般從事男裝的業者，遇到肥滿體的服裝，必須要操作肥度（Cprpulent degree——簡稱CD）時，一定要巧妙地使用紙型操作（Manipulation）的過程，這樣既費時又費事。我本身不但會做男裝，對女裝也很有研究，因為女裝的樣式剪接變化很多，因此，我研究出利用女裝直接剪接的方法，不用巧妙紙型操作，而且可以直接操作在紙型上，不但跟使用巧妙紙型操作有一樣的效果，還能事半功倍。在這裡順便提供給各位做參考，請參閱下篇的肥滿體背心與肥滿體西裝的製圖法，敬請多多指教。

我有一個很大的願望，就是將本書「訂做西服技術書」出版後，在有生之年，希望還有機會再著作婦人服裝技術書與旗袍實技範本及領子製圖實技，或補正之研究，甚至成衣等技術書給業者做參考。但是不知還要多久才能出版問世，因為懷著做出盡善盡美且優良的技術書，以期嘉惠更多的本業後繼者之年青人研究，所以是不能漏氣的。因此，我為了編著本書「訂做西服技術書」，是一而再，再而三的修改，花了好多年的工夫，才完成這樣的技術書。尚請諸位讀者不吝鞭策指導是盼。

肥滿體褲子
Corpulent figure trousere

肥滿體的裁剪是褲子比上衣更難的感覺。褲子比較麻煩的原因是針對下半身的活動，因為肥滿體的緊迫感較強，為圖其緩和的同時，並要整理形狀較難。從腰部至臀部的線條，前後皆難適合（調適）。股下變短，而股上變長是肥滿體的特徵。另外不是腳腿變短，是大腿的內側肌肉變多而使股下變短。

根據尺寸來裁剪，但是，人體不是圓筒形，且所謂肥滿體是特殊體型，因此，單憑尺寸是無法處理。因小腹凸出，若在前襟（重疊、疊合、對疊、相疊、對合、相接）的上面補出而裁，小股的部分很難於合掩而開口。肥滿體不只是大而已，深深感覺這是特殊的體型。一坐下來小腹到大腿形成一大堆皺紋，如果要修整那些皺紋，使坐下來不出現皺紋，就得把前身的股上改淺，而把後山高傾倒並

提高，使臀圈加長而裁剪。這麼做，站立時臀部下面會積存增加的皺紋，這樣顧客還是不會滿意而令裁縫師為難。肥滿體最討厭穿衣服不舒暢（不舒服），可是，遇著請做時髦的（Smart——瀟灑的、漂亮的、俏的）這種矛盾的訂做要求時，特別是褲子的縫製真是難上加難。股上的深淺各有喜好因人而異，特別是肥滿體的人穿褲子容易滑落，最好是推薦使用吊帶（Suspenderns）較妥當。

適當的臀圍鬆份

肥滿體型者的褲子要穿股上較深的人，相反的要穿較淺的人，又將皮腰帶繫結在腹部之上或下，如果從側面看時，腰部的帶子看起來好像非常斜斜的人等，各個有差異，所以在製

圖時不是配合體型，我認為最好是配合立體感覺之技巧（Technic——技術、技能）。

　　第1圖：肥滿體的體型是身體全體都胖，但是，特別如圖，腹部突出，臀圍與腰圍的差寸較少，甚至腰圍比臀圍大的也有，這種胴體較長而股下較短為特徵。如果恥骨與尾骨為跨幅，即甲~乙間的幅寬比標準體較廣寬。

　　第2圖：如果認為第1圖的斜線部分的跨幅增加，如第2圖的A線只有將腹部的部分增加，前身片的折紋線會彎曲的褲子是不能縫製的。因此，要如B線成筆直，除了前身片的股幅1~2的標準之外，如果沒有加上3~2間而製圖的話，小股的下面被拉吊，在小股會產生難看的皺紋。

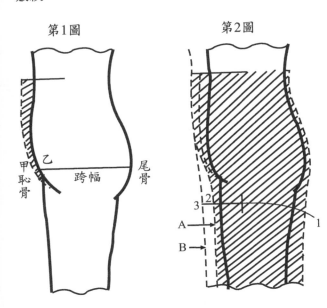

第1圖　　　　第2圖

　　又，有些人在肥滿體的褲子之前腰提高若干肥度尺寸，但是我從來沒有這樣做，在量身時，要視前後腰的高低而定。詳情請參閱「裁剪的預備知識」之褲子前後腰高低修整法。

適用尺寸

腰圍（W）96cm（38吋）
臀圍（H）102cm（40吋）
褲口（SB）47cm（18½吋）

股上（BR）31.5cm（12⅜吋）
股下（IL）71.5cm（28¼吋）
褲長（TL）103cm（40⅝吋）
腰入（WC）1.5cm（⅝吋）

　　肥度（CD）的求法是腰圍尺寸加上標準差寸16cm（6吋）後，另外再減掉臀圍尺寸後所得的尺寸正數就是肥度的尺寸，如果是負數就是瘠瘦體。另外一種的公式是臀圍尺寸減掉標準差寸16cm（6吋）後，再減掉腰圍尺寸後所得的尺寸正數就是肥度的尺寸，如果是負數就是瘠瘦體。本圖所得的尺寸為正數10cm（4吋），即為肥滿體的肥度尺寸。

　　前後身片的各線，各點均按照「褲子的基本」欄裡無褶褲的方法畫製，為了篇幅而省略其說明，在這裡僅將不同處說明於後。

前身片

1~2　　$\frac{H}{4}$加上無褶褲前身片小股寬度固定尺寸4cm（1½吋）後，再加上CD的$\frac{3}{16}$，然後以R為中心左右各分一半

7~1　　無褶褲的小股寬度固定4cm（1½吋）加上$\frac{CD}{16}$，即7~2為$\frac{H}{4}$加上$\frac{CD}{8}$

22~W　　$\frac{W}{8}$，本圖的腰圍較粗大（準肥滿體），相反的腰圍比臀圍大的也有，因此，22~15會有CD的$\frac{3}{32}$，本圖是0.9375cm（⅜吋）

後身片

1~2　　$\frac{H}{4}$加上$\frac{H}{8}$再加上四個縫份的4cm（1½吋）後，另外再加上CD的$\frac{3}{16}$，然後以R為中心左右各分一半

15~H　　$\frac{H}{16}$減掉$\frac{CD}{16}$

26　　14~25的中點，如果26~25的尺寸不多時，可以在36~18的中央打一個褶即可。後口袋寬度比普通多一點，差不多可以用到15.25cm（6吋）左右

28~20　　$\frac{H}{4}$加上三個縫份3cm（1⅛吋）後，再加上$\frac{CD}{16}$

肥滿體無褶褲

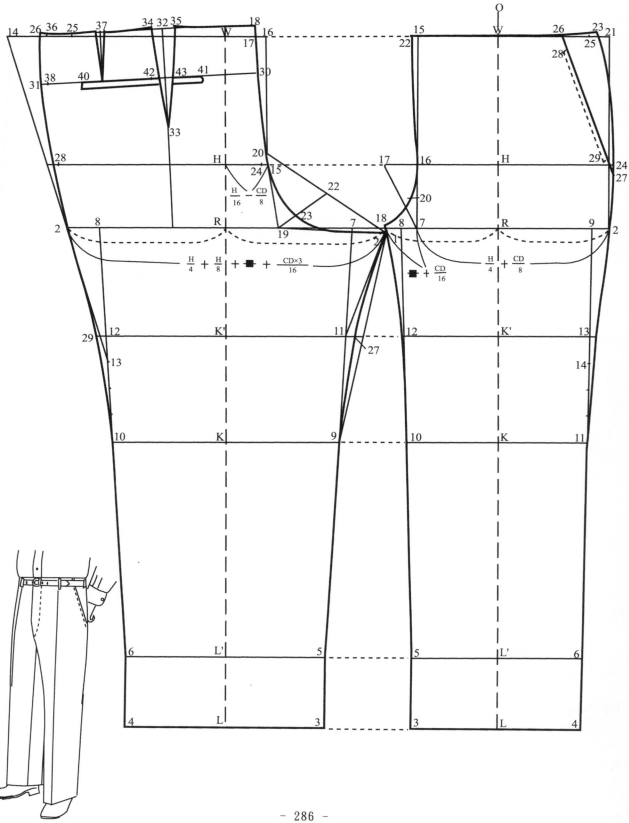

$$\frac{H}{16} \quad \frac{CD}{8}$$

$$\frac{H}{4} + \frac{H}{8} + \blacksquare + \frac{CD \times 3}{16}$$

$$\blacksquare + \frac{CD}{16}$$

$$\frac{H}{4} + \frac{CD}{8}$$

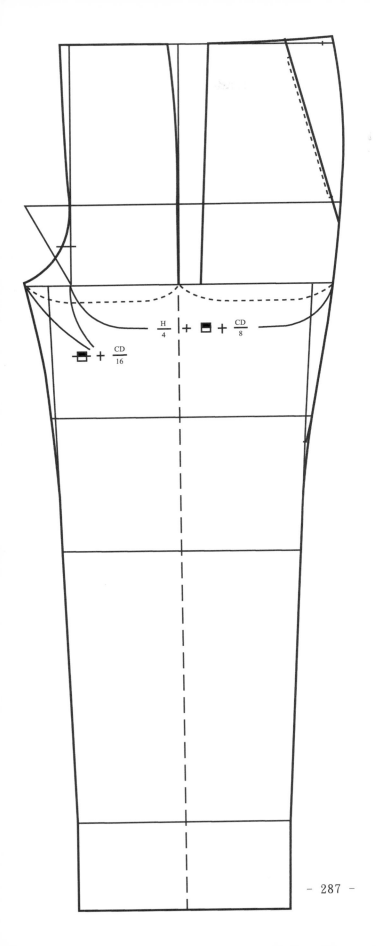

$$\frac{H}{4} + \blacksquare + \frac{CD}{8}$$

$$\blacksquare + \frac{CD}{16}$$

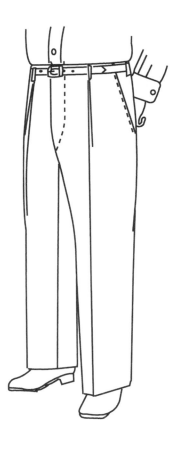

肥滿體單褶褲

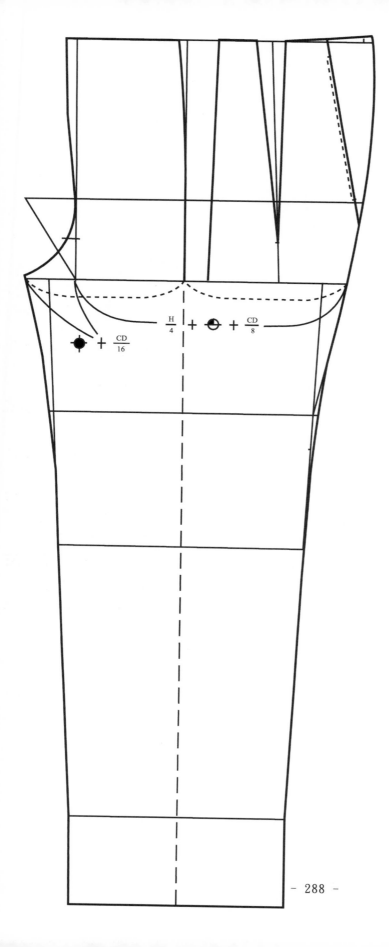

肥滿體雙褶褲

$\frac{H}{4}$ + ⊕ + $\frac{CD}{8}$

+ $\frac{CD}{16}$

肥滿體背心

所謂肥滿體的特徵就是指，相對B圍(胸圍)與H圍(臀圍)而言，W圍(腰圍)比較大的體型。W圍的大小也有程度的區別，小從W圍較B圍稍小的準肥滿體，大到W圍遠大於B圍的超肥滿體都有。B對W的尺寸差從何種程度起才視為肥滿體呢？這就是需要設定一個B對W很調和的所謂標準體了。我把B對W的差寸12cm(4½吋)、H對W的差寸16cm(6吋)的身材視為標準體。

例如，假定B是94cm(37吋)，則W是82cm(32½吋)時，兩者相差12cm(4½吋)；如果H是96cm(38吋)，則W是80cm(32吋)時，兩者相差16cm(6吋)，這種體型就是標準體型。

適用尺寸　Measurements

總長(FL)147cm(58吋)
衣長(L)52.5cm(20⅝吋)
胸圍(B)102cm(40吋)
腰圍(W)102cm(40吋)
肩寬(SW)47cm(18½吋)
頸入(NC)5cm(2吋)
肩斜(SS)7cm(2¾吋)

製圖基度

Ⓑ＝B+8cm(3吋)＝110cm(43吋)
Ⓦ＝W+8cm(3吋)＝110cm(43吋)

肥度(CD)

W+12cm(4½吋)－B＝12cm(4½吋)

製圖說明 Draft Explanation

製圖說明，自O點至29點跟「基本型背心」方法相同，為了篇幅而省略其說明。在這裡僅將30點以後的說明於後。

30~29	$\frac{CD}{4}$，F~30連結畫直線至H橫線
31~4	$\frac{Ⓦ}{2}$加上前後脇邊二個縫份1.5cm(⅝吋)
32~20	跟30~31同尺寸，這個尺寸多時，可以分配在後身片的腰中為腰中褶
33~18	32~20的一半
34	F~30的延長線跟L橫線之交點
35	F~34的延長線跟H橫線之交點
36~34	1cm(⅜吋)，36是背心最下面第五個釦子的位置
37~30	W~H的$\frac{1}{6}$，37是第四個釦子的位置
38~37	跟37~36同尺寸，38是跟第三個釦子的位置
39~38	跟38~37與37~36同尺寸，39是第二個釦子的位置
40~39	跟39~38與38~37及34~36同尺寸，40是背心最上面第一個釦子的位置
41~40	1cm(⅜吋)，41不一定跟F同點
42~41	相疊份1.25cm(½吋)，42~N連結畫直線後，從25連結畫柔順的領圈線
43~34	相疊份1.25cm(½吋)，43在L橫線之交點
44~F	$\frac{Ⓑ}{16}$
45~34	F~44的$\frac{2}{3}$，45不一定跟F直下同點
46	45~46線跟F~35線平行，46在H橫線上面2cm(¾吋)，或$\frac{W-H}{10}$，43~46連結畫直線
47	44~47線跟F~37線平行，47在37橫線之交點，47~32線連結畫直線
48~47	$\frac{Ⓑ}{8}$加上2cm(¾吋)
49~47	W~H的$\frac{2}{3}$加上2cm(¾吋)
50~49	$\frac{Ⓑ}{16}$加上$\frac{Ⓑ}{32}$，49~50線跟47~48線平行

51	37直下跟H橫線之交點	56~54	跟52~53與35~51同尺寸，47~56連結畫直線
52	47直下跟H橫線之交點	57~47	跟47~32同尺寸
53~52	跟35~51同尺寸	58	33直下跟H橫線之交點
54~47	跟47~52同尺寸	59~58	跟52~53與35~51同尺寸，59~57連結畫直線
		60~57	跟32~33同尺寸，46~60連結畫彎線為背心前身片下襬線

肥滿體背心

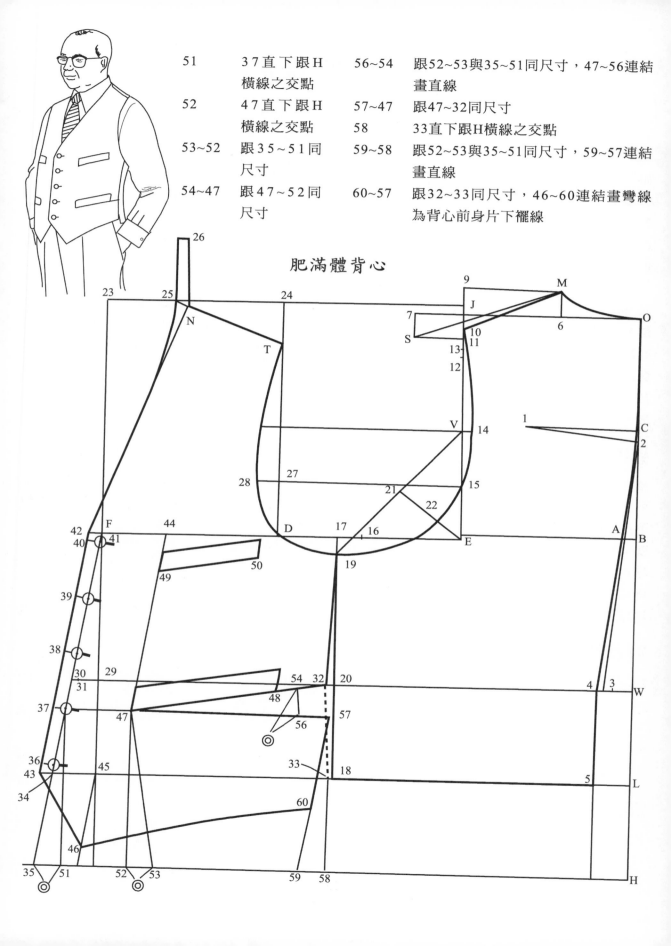

肥滿體西裝

肥滿體是特殊體型。所以單純地僅將尺寸加大是不能合身。有胖而變化大的地方及變化不顯著的地方。頭頂上及腳尖並不長肉。試測量肥滿體的尺寸就會發現背寬、胸寬大而肩寬比較小。不管是胖或瘦，肩寬不會有太大的變化，但是背部及胸部則因長肉而隆起來。

上衣變長而褲子的股下變短也是顯著的特徵。這並不表示因胖而胴體變長或腳變短，但是，有道是胖人用肩膀穿衣，胴體的粗大（厚度）的確會吃掉衣長。腳則大腿內側長肉而難穿股下長的褲子。一般的情形是，西裝的衣長及褲子的股下長約等於總長（FL）的½被視為標準，但是平常特別高大或矮小的人就不能適用了。這種特殊情況通常是以FL減去股下長為上衣長，不過，這時高個子的人股下將過長，而矮個子的人則上衣將過長。但是肥滿體的情況可沒有這麼簡單。有FL147cm（58吋）的人股下只有66cm（26吋）的情況。這麼一來上衣長就有147cm（58吋）－66cm（26吋）＝81cm（32吋），怎麼說也太長了。量取剛剛好足夠蓋住臀部的長度，實際上約在75~76.5cm（29½~30吋）的程度。

適用尺寸 Measurements

總長（FL）147cm（58吋）
衣長（L）75cm（29½吋）
背長（WL）42cm（16½吋）
臀長（HL）63cm（24¾吋）
胸圍（B）102cm（40吋）
腰圍（W）102cm（40吋）
臀圍（H）104cm（41吋）
肩寬（SW）47cm（18½吋）
背寬（BW）40cm（15¾吋）
胸寬（FW）40cm（15¾吋）
頸入（NC）5cm（2吋）
肩斜（SS）7cm（2¾吋）
袖長（S）61cm（24吋）
袖口（CW）30.5cm（12吋）

製圖基度

$$Ⓑ＝B+15cm（6吋）＝117cm（46吋）$$
$$Ⓦ＝W+12cm（4¾吋）＝114cm（44¾吋）$$
$$Ⓗ＝H+10cm（4吋）＝114cm（45吋）$$

肥度（CD）

$$W+12cm（4½吋）－B＝12cm（4½吋）$$

製圖說明（Draft Explanation）

製圖說明，自O點至35點跟「基本型單排雙釦西裝」方法相同，為了篇幅而省略其說明。在這裡僅將36點以後的說明於後。

36　　　F直下跟L橫線之交點

37~30　$\frac{Ⓦ}{4}$，F~37連結畫直線至L橫線

38　　　F~37直線跟L橫線之交點

39　　　38~36的中點，F~39與37~39連結畫直線，37~39為前身片的中心線

甲　　　F直下跟H橫線之交點

乙　　　F~39直線跟H橫線之交點，甲~乙的½為袖子座姿尺寸

40　　　37~39直線跟H橫線之交點

41　　　37~40的中點

42　　　D直下跟41橫線之交點，這時要注意41~42是否吻合腹幅尺寸，如果41~42不是腹幅尺寸時要移動41至足夠腹幅尺寸為止，並從37調整41~40~39的直線

43~3	$\frac{\textcircled{B}}{2}$加上前後兩脇邊二個縫份，即加上 1.5cm（⅝吋）
44~18	37~43的¼
45~18	37~43的¼
46~4	44~3加上1.5cm（⅝吋）
47~39	前垂份要多一點為2cm（¾吋），以 37~47畫直角線
48~45	45~46的¼，41~48連結畫直線
49~28	2.5cm（1吋）
50~49	褶份1.5cm（⅝吋），即跟15'~15同尺寸
51~29	跟28~50同尺寸，50~51連結畫直線
52~51	37~43的½，49~52連結畫直線
53	49~50的中點
54	52~51的中點，53~54連結畫直線至 下襬線
55	49直上跟26~25~15'的袖圈線之交點
56~50	跟55~49同尺寸，56~15'~15連結修正 袖圈線
57	F直下跟41~42橫線之交點
58~57	F~49的½
59~58	腰口袋寬，較一般的口袋多寬一點
60	58直下跟L橫線之交點
61~60	跟39~36同尺寸
62~58	跟58~60同尺寸
63~62	跟60~61與39~36同尺寸
64~58	跟58~48同尺寸
65~64	跟48~46同尺寸，47~65連結畫下襬 線，47~65跟39~60加上61~46同尺寸
66~37	相疊份2cm（¾吋）
67	66直上1.5cm（⅝吋）
68	F直上跟N橫線之交點
R~N	1cm（⅜吋），R~67連結畫直線
69~R	68~36的⅙或W~H的⅔
70~69	肥滿體的拉佩爾寬度要比一般的寬一 點，本圖是9.5cm（3¾吋）
G~N	R~69的½，或W~H的⅓，G離開R~67 線2.5cm（1吋），G~70與G~N連結畫

	直線
71	R~67直線跟70~G直線之交點
72~70	70~71的⅓

肥滿體西裝

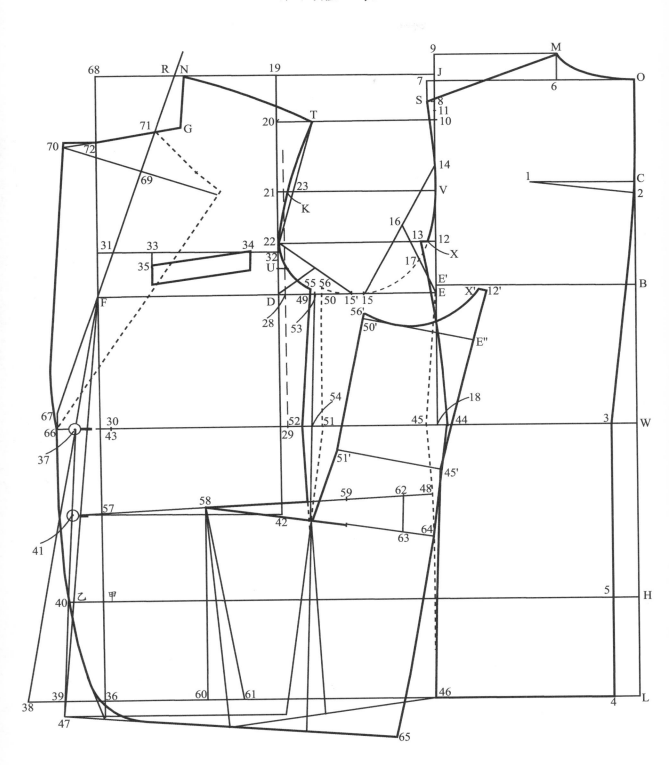

肥滿體也能完全對齊格子的方法

如照下面說明的順序紙型操作，格子布料之裁剪，從脇下至袖子、前面、相疊份也能完全對齊格子。

73　　60~61的中點跟47~65橫線之交點，73~46連結畫直線

74　　53~54延長線跟58~64直線之交點

75　　53~54延長線跟L橫線之交點

76~75　60~61的½

77~75　60~61的½

78　　74~77延長線跟73~46直線之交點，78~46為下襬線

79~74　跟74~78同尺寸，47~79連結畫下襬線

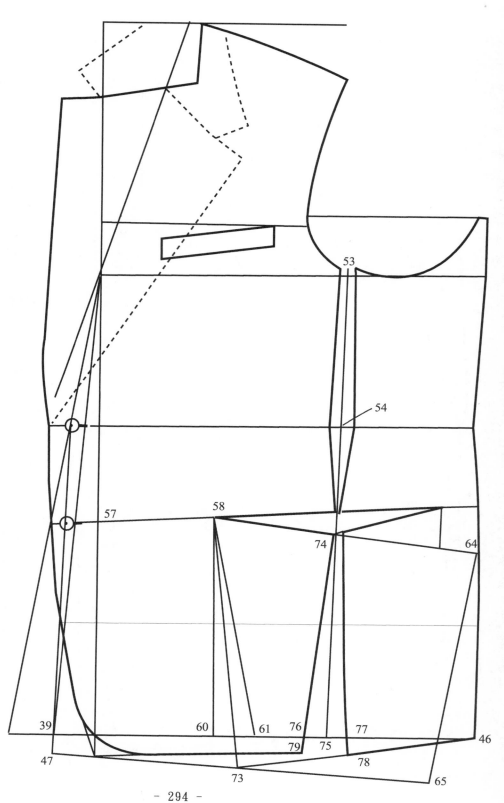

肥滿體雙排鈕西裝

　　肥滿體的雙排鈕西裝相疊線跟單排鈕的
有一些不同而產生改變，肥滿度小的並沒有什
麼特別，只有在肥滿度大而腹圍大的時候會呈
現複雜的變化。單排鈕的相疊只有一個屈折就
解決（請參照前述肥滿體西裝的W線之37），而
雙排鈕則需要兩屈折。單排鈕的前邊被削成曲
線，所以不太明顯，但是，雙排鈕的前邊卻非
要從鈕鈕下方筆直下降不可。因此，容易造成
相疊而重疊過多（拜狀）的毛病。某年的夏季，
我參加了肥滿體專題演講旅行，當時就為了細
條紋的雙排鈕西裝的相疊過多，讓下襬產生拜
狀的問題而吃了不少苦頭。尤其是條紋的料子
特別明顯。

80　　　37直下跟L橫線之交點，37~80為雙
　　　　排鈕的中心線

81~37　　W~H的$\frac{1}{2}$加上1.5cm（⅝吋）
82~80　　前垂份2cm（¾吋）
83~37　　雙排相疊份7cm（2¾吋）
84　　　　83直下跟82橫線之交點

肥滿體袖子

　　有一種說法，說肥滿體是把腹部擠出而與
反身體相似，所以最好把袖子挪後裝。但是，
我不認同如此的說法。從F~W線上的37之斜線
來看疊合線時，袖端稍有後退的跡象。但是，
從D直下來看時，寧可說是使袖端反而向前，
與一般正常的（Normal——常態的、正規的）標
準圖的袖子之座姿（Suwari）狀態相比的確有所
不同。要把這些條件全顯示出來，最好的辦法
是把袖子的圖連結於衣身片的袖圈而畫出來。

　　因為這是衣身的袖子。先把衣身要點檢討
（Chek——查對、對証）一下後，再進入畫袖子
的階段。

　　肥滿體的袖子之畫法，也是跟基本型袖子
方法相同，只不過肥滿體是特殊體型，因此，
袖子的座姿要特別注意。在這裡僅將座姿不同
的畫法說明於後。

甲~D　　跟前身片的甲~F同尺寸
乙~甲　　前身片的甲~乙之$\frac{1}{2}$
21　　　　D~乙延長線跟L橫線之交點，21~L成
　　　　　為肥滿體袖子之座姿尺寸

肥滿體單排雙鈕西裝

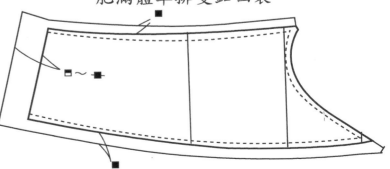

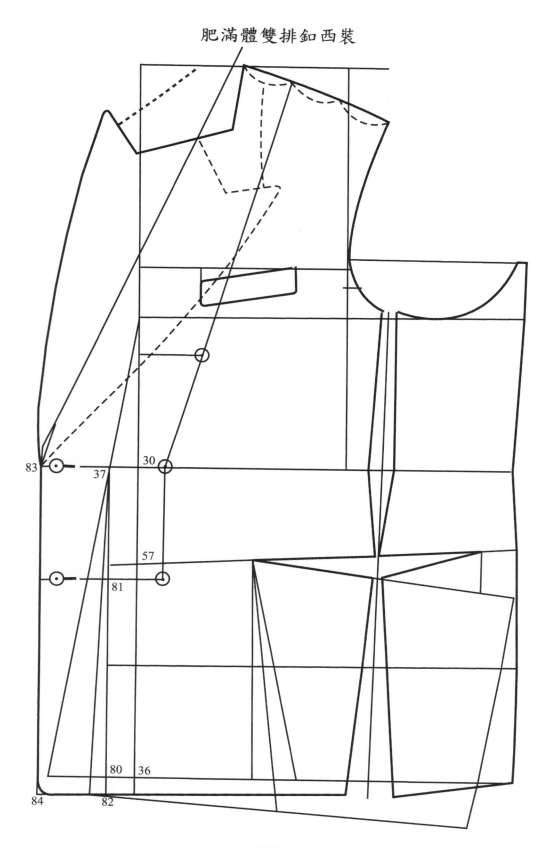

肥滿體雙排釦西裝

83
37
30
57
81
80   36
84   82

肥滿體袖子

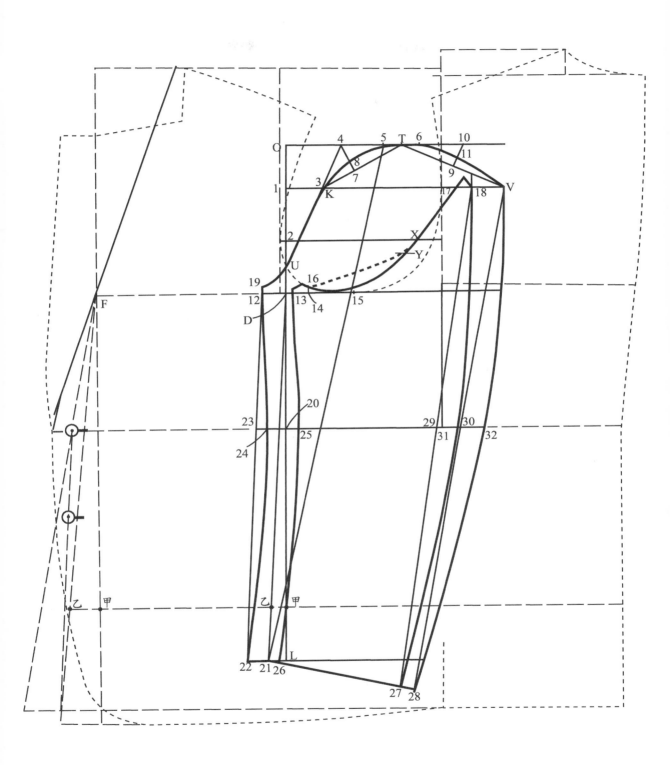

下袖在P295

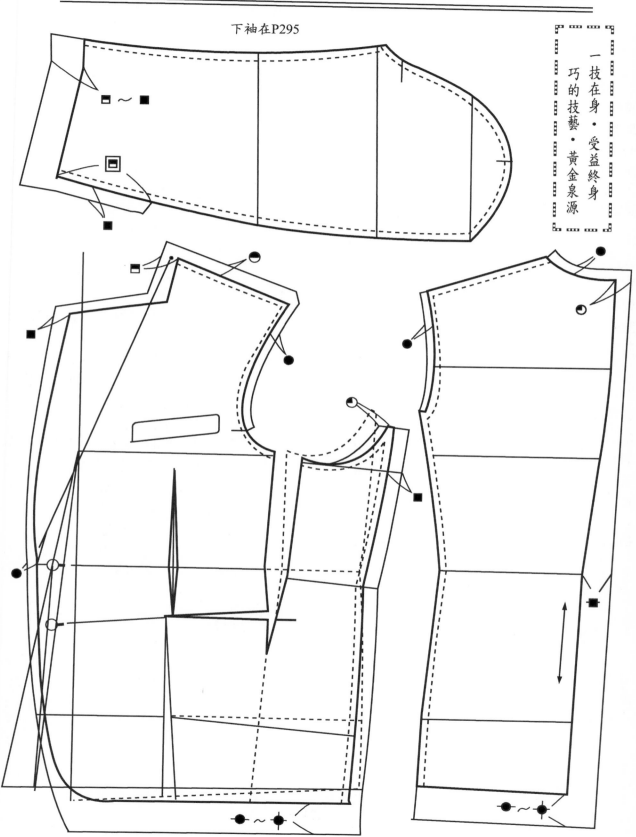

肥滿體大衣

大衣是穿在西裝外面的，所以體型的特徵將緩和許多。西裝及背心的B、W間標準差寸是B－W＝12cm（$4\frac{1}{2}$吋），不過，大衣則估計為8cm（3吋）。當然算出來的肥滿度CD也較西裝與背心少。

適用尺寸（Measurements）

總長（FL）147cm（58吋）
衣長（L）105cm（$41\frac{1}{4}$吋）+1cm（$\frac{3}{8}$吋）
背長（WL）42cm（$16\frac{1}{2}$吋）
臀長（HL）63cm（$24\frac{3}{4}$吋）
胸圍（B）102cm（40吋）
腰圍（W）102cm（40吋）
肩寬（SW）47cm（$18\frac{1}{2}$吋）
背寬（BW）40cm（$15\frac{3}{4}$吋）
胸寬（FW）40cm（$15\frac{3}{4}$吋）
頸入（NC）5cm（2吋）
肩斜（SS）7cm（$2\frac{3}{4}$吋）
袖長（S）61cm（24吋）+2cm（$\frac{3}{4}$吋）
袖口（CW）30.5cm（12吋）+3cm（$1\frac{1}{4}$吋）

製圖基度

Ⓑ＝B+23cm（9吋）＝125cm（49吋）
Ⓦ＝W+20cm（$7\frac{3}{4}$吋）＝122cm（$47\frac{3}{4}$吋）

肥度（CD）

W+8cm（3吋）－B＝8cm（3吋）

製圖說明

自O點至47點跟「箱型大衣」方法相同，為了篇幅而省略其說明，在這裡僅將48點以後的說明如後。

48　F直下跟W橫線之交點
49~48　$\frac{CD}{4}$，F~49連結畫直線至L橫線
50　F直上跟N~J橫線之交點
51　F直下跟H橫線之交點
52　F直下跟L橫線之交點
53　49直下跟L橫線之交點
54　F~49直線跟L橫線之交點
55　54~53的中點，49~55連結畫直線至F橫線，49~55直線為肥滿體大衣的中心線
56~51　W~H的$\frac{1}{5}$，56橫線為大衣最下面釦子之位置
57~49　W~H的$\frac{1}{5}$，57橫線為第二個釦子之位置
58~57　跟57~56橫線同尺寸，58在49~57~55延長線上，58為最上面釦子之位置
59~58　相疊份3.5cm（$1\frac{3}{8}$吋）
60~55　相疊份3.5cm（$1\frac{3}{8}$吋）
61~60　前垂份2cm（$\frac{3}{4}$吋），59~61向右畫直角橫線，61~41連結畫下襬線
62　口袋的中心點，30~62連結畫直線，30~62為巧妙紙型操作之剪開線
63　62直下跟L橫線之交點
64~63　跟55~53同尺寸，即巧妙紙型操作的肥度重疊份
65　59直上1.5cm（$\frac{5}{8}$吋）
R~N　1cm（$\frac{3}{8}$吋），R~65連結畫直線
66~R　50~51的$\frac{1}{5}$，或W~H的$\frac{2}{3}$
67~66　下片領寬度尺寸9.5cm（$3\frac{3}{4}$吋），視流行或嗜好而增減，67在66~65直角上
G~N　R~66的$\frac{1}{2}$，或W~H的$\frac{1}{3}$，G離開R~65線3.5cm（$1\frac{3}{8}$吋）處，N~G連結畫直線
68　R~65與67~G直線之交點
69~67　67~68的$\frac{1}{3}$

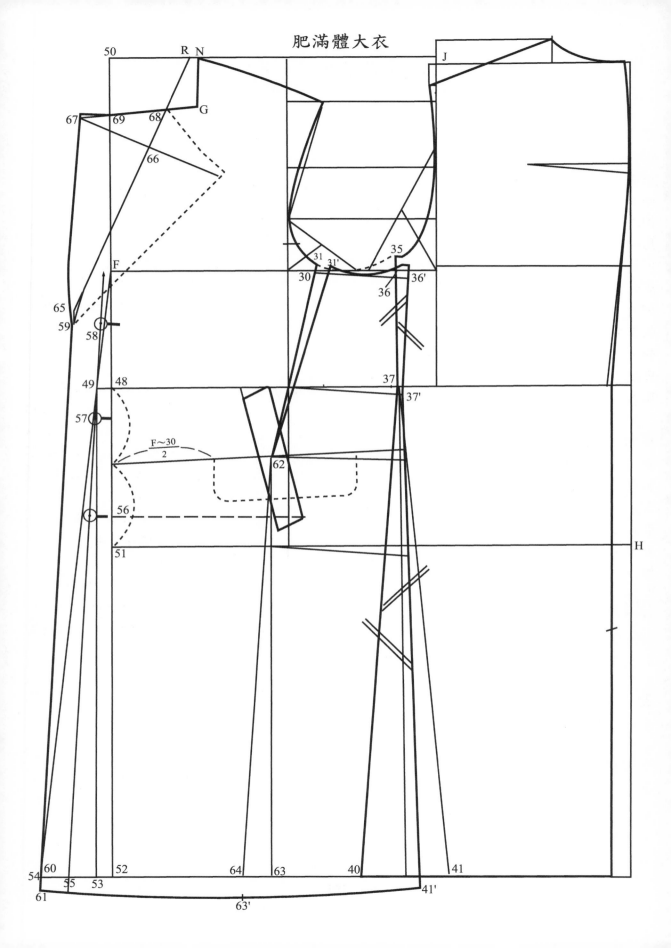

肥滿體大衣

肥滿體晨禮服

晨禮服原本是日間的禮服，在我國卻是夜間也可以適用。在英國另有剪開禮服（Cut away frock）之稱，用意大概是指前面被斜向剪掉的午禮服的意思吧。肥滿體晨禮服也是要使用肥度，只是不用巧妙紙型操作可以直接畫，而是利用衣身片及禮服腰下外衣（Koromo）的縫合線來整出腹形。剛好在前端的縫合線之地方，相當於腹部肥大的地方，所以增加攝取份使其鼓起來。腰線的縮腰當然要減少了，但是，縮腰少卻也要做出像個縮腰的樣子，而且還要留一些鬆份才行。故比起標準體型更需要費苦心。

適用尺寸（Measurements）

總長（FL）147cm（58吋）
衣長（L）103cm（40½吋）+1cm（⅜吋）
劍長（FW）44cm（17⅜吋）
背長（WL）42cm（16½吋）
臀長（HL）63cm（24¾吋）
胸圍（B）102cm（40吋）
腰圍（W）102cm（40吋）
肩寬（SW）47cm（18½吋）
背寬（BW）40cm（15¾吋）
胸寬（FW）40cm（15¾吋）
頸入（NC）5cm（2吋）
肩斜（SS）7cm（2¾吋）
袖長（S）61cm（24吋）
袖口（CW）30.5cm（12吋）

製圖基度

$\circledB$＝B+15cm（6吋）＝117cm（46吋）
$\circledW$＝W+12cm（4¾吋）＝114cm（44¾吋）

肥度（CD）

W+12cm（4½吋）－B＝12cm（4½吋）

製圖說明

自O點至54點與57點至64點跟「晨禮服」方法相同，為了篇幅而省略其說明，在這裡僅將42~41與46~18、51~50及55以後的說明於後。

42~41	55~36的½
46~18	55~36的½
51~50	1.25cm（½吋），因為55~36之寬度尺寸不多，因此已經分配給47與37的褶份，所以51~50等於從$\frac{\circledW}{2}$減掉1.25cm（½吋），即本件的$\circledW$是W加上9.5cm（3¾吋）的鬆份而已，這樣又能適合肥滿體的禮服要縮腰一點的原則
55~30	$\frac{\circledB}{4}$，F~55連結畫直線至H橫線
56	F~55直線跟H橫線之交點
甲	F直下跟H橫線之交點
乙	56~甲的中點
65~55	W~H的¼，65在55~乙直線之交點
66	54直下跟65~57直線之交點
67~55	跟65~66同尺寸
68	55~56直線跟67橫線之交點
69~65	68~67加上1cm（⅜吋），69~64連結畫直線
70	69~64的中點
71~70	3cm（1⅛吋）
72~55	相疊份2cm（¾吋）
73	72直上1.5cm（⅝寸）
R~N	1cm（⅜寸），R~73連結畫直線
74~R	N~H橫線的⅕

75~74	拉佩爾寬度尺寸9.5cm（3¾吋）
76	75~74的中點
77~74	R~74的⅓
G	76~77的延長線上，G離開R~77線 2.5cm（1吋），G~N連結畫直線
78~76	5.75cm（2¼吋），78在72~73~75之延 長線上
79	78~76的⅔

　　雖然本圖不用巧妙紙型操作，但是，
65~69也是要配合CD的尺寸，內含1cm（⅜吋）
是普通體型應有的尺寸。又，乙~甲的一半是
畫袖子的座姿尺寸。

本書作者呂寶霖先生榮獲日本與韓國及國內服裝團體各種獎牌。

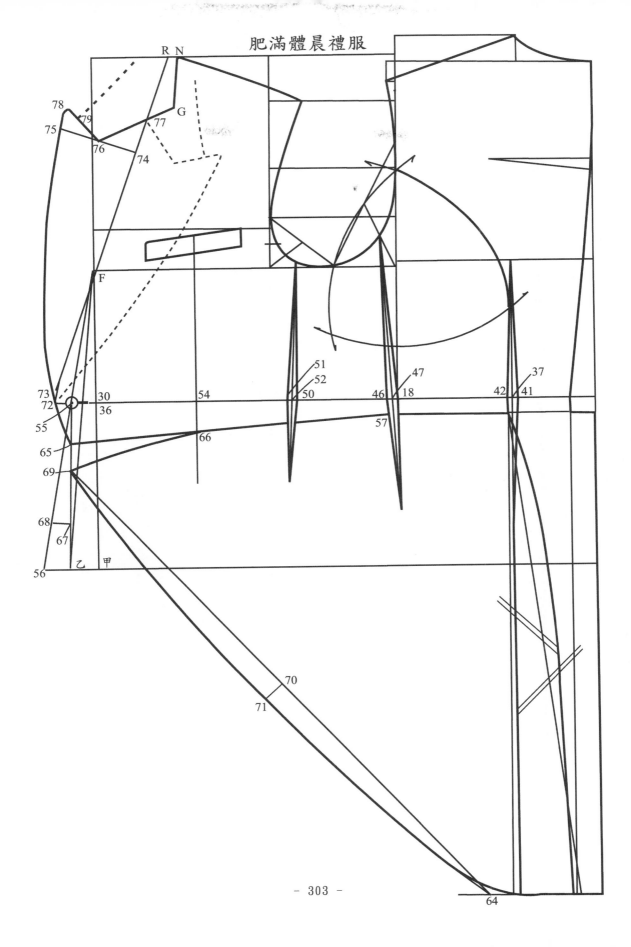

肥滿體晨禮服

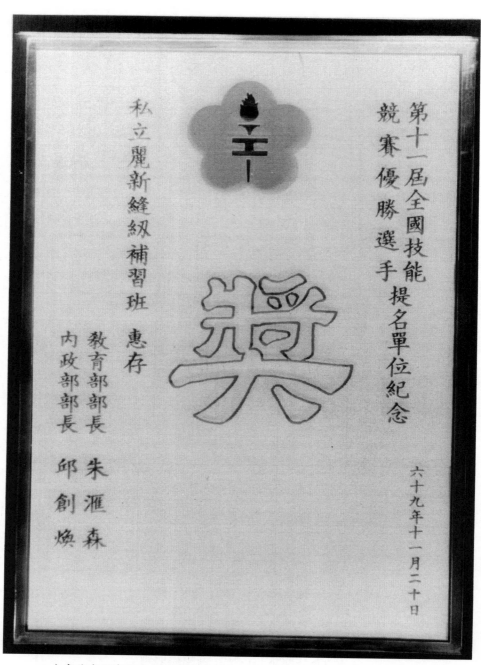

第十一屆全國技能競賽優勝選手提名單位紀念

六十九年十一月二十日

私立麗新縫紉補習班　惠存

教育部部長　朱滙森

內政部部長　邱創煥

獎

本書作者呂寶霖先生榮獲教育部朱滙森部長與內政部邱創煥部長頒贈
第11屆全國技能競賽獲金牌選手提名獎牌。

其他服裝類篇

本書作者呂寶霖先生榮獲台南縣政府劉博文縣長頒贈
台南縣教育展覽評定為縫紉作品與表演社會組甲等獎。

內衣的基本

男人內衣的目的與婦女內衣不同，第一是調節溫度，第二是謁盡保護皮膚清潔的功能。內衣會吸收身體所流出的油脂或汗水，以避免堵住毛孔，使得皮膚表面隨時保持清潔而有旺盛的新陳代謝，予以保護健康，同時，由於內衣會吸取污物而不沾上衣。

使服裝穿起來能美觀、大方，即必須從內衣開始注意。當然，還要合乎其保持清潔與健康為目的，並且肌膚之觸感良好、有吸濕性，又必須耐洗而結實。因此，對於內衣的重要性應有更深的認識。

男人的內衣之穿著方法，尤其漸漸已經變為較薄的。這在年輕人是最常見的，不過，不像從前那樣，以春秋、夏、冬的三個季節去區別內衣的用法，目前春秋夏是穿同樣的內衣，而冬天較冷時，再加上較薄的毛織襯衫、或厚些的綿紗襯衫即可。由於上述的情形，內衣的材料應善加於選擇。

男人的內衣，由於自古的規矩，大致上有一定的形狀及種類，可是最近依內衣的機能為主，出現許多形狀更好的、更舒適的內衣，它的目的就在於，讓人看到了也不覺得會傷大雅這一點。因此，近年市面上有不少美里亞斯（Medias——伸縮性編織品）製的良質品，這裡所舉出的內衣是家庭裡能縫製的簡單款式。

內褲製圖法

內褲的種類很多，可是這幾種內褲是在家庭裡很容易自行裁製的一般性內褲。布料是使用平紋白洋布（Calico——白漂布、軟棉布）、平織綿布、天竺綿布、漂白紗、寬幅羅紗絨布（Broad cloth）等，有柔軟的接觸感之白棉紗類或有花紋的。

內褲適用尺寸

腰圍（W）80cm(32吋)
臀圍（H）96cm(38吋)
股上（BR）29.5cm(11⅛吋)

製圖基度

A型ⓗ=H+15cm（6吋）=111cm（44吋）
B、C、D型ⓗ=H+10cm（4吋）
　　　　　=106cm（42吋）
E型使用佳績(Jersey——平針織物)是有伸縮性的織物之布料，因此在H不需加鬆份

A型製圖說明

1	為基點，並畫直角線
2~1	BR加上2.5cm（1吋）
3~2	5cm（2吋）
4~2	$\frac{\oplus}{2}$
5	4直下跟3橫線之交點
6	4直上跟1橫線之交點
7~6	$\frac{\oplus}{16}$減掉1.5cm（⅝吋）
8	7~1的中點

9	7~4延長線跟8畫直角而求，然後 9~8~1畫自然柔順彎線為腰圍線
10~9	9~4的$\frac{1}{3}$
11~2	跟9~10同尺寸
12	為褲襠之基點
13~12	$\frac{\text{腰}}{8}$減掉2cm（¾吋）
14	13~12的中點，上下畫直角垂直線
15~12	跟褲身之10~4同尺寸，即10~4= 15~12=15~13
16~12	跟褲身之11~2同尺寸，即9~10= 11~2=12~16=13~6

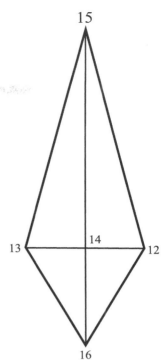

　褲襠布與褲身縫合時，15對合10，16對合 11，13與12對合4與2。

A型內褲

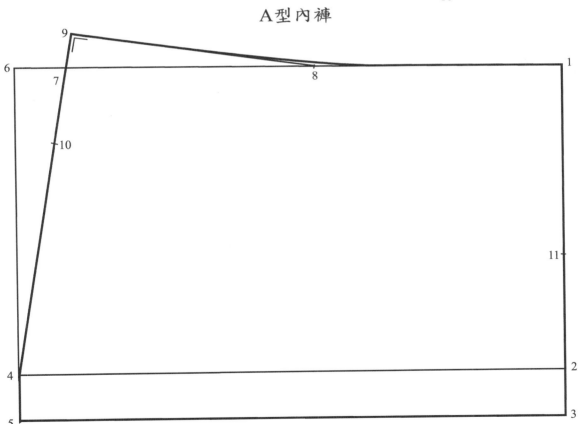

B型製圖說明

1	為基點，並畫直角線
2~1	BR加上2.5cm（1吋）
3~2	$\frac{\oplus}{16}$減掉1.5cm（⅝吋）
4~2	$\frac{\oplus}{2}$
5	4直上跟1橫線之交點
6~5	跟3~2同尺寸
7	6~1的中點
8	6~4延長線跟7畫直角而求，然後 8~7~1畫自然柔順彎線為腰圍線
9~2	1~2的$\frac{1}{3}$，9~3連結畫直線
10	9~3的中點，10~2連結畫直線
11~10	10~2的$\frac{1}{3}$，9~11~3連結畫自然彎線為前小股線
12~3	5cm（2吋）
13~12	2cm（¾吋）

14~13	2cm（¾吋）
15~4	$\frac{\oplus}{16}$
16	8~4的中點
17	16~15的中點
18	17~4的中點，16~18~15連結畫自然彎線為後褲圈線
19	15直下跟12橫線之交點
20~19	2cm（¾吋）
21~20	2cm（¾吋）

B型內褲

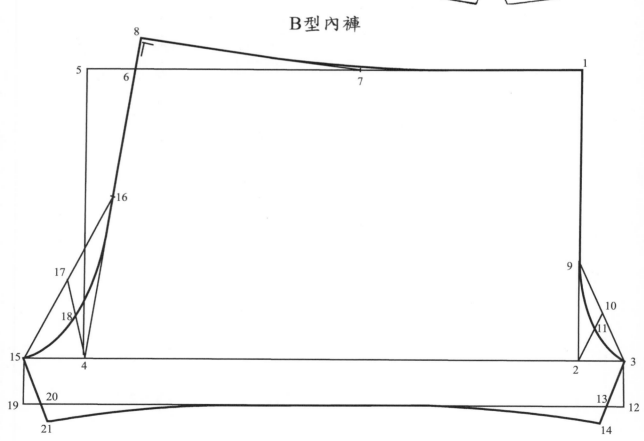

C型圖製說明

　　自1～15之各點跟B型一樣，在這裡僅將16起之各點說明於後：

16～4	跟15～4同尺寸
17	8～7的中點，17～16連結畫直線
18	15直下跟12橫線之交點
19～18	2cm(¾吋)
20～19	2cm(¾吋)
21	4～16的中點
22	15～20的中點，22～16連結畫直線後，從17～16的中央經過21至22～16的中央連結畫柔順的彎線
23	為褲襠之基點
24～23	17～21～22的彎線之尺寸減掉1cm(⅜吋)
25～23	跟8～17同尺寸
26～24	跟15～22同尺寸
27	25～26的中點
28～27	跟4～21同尺寸

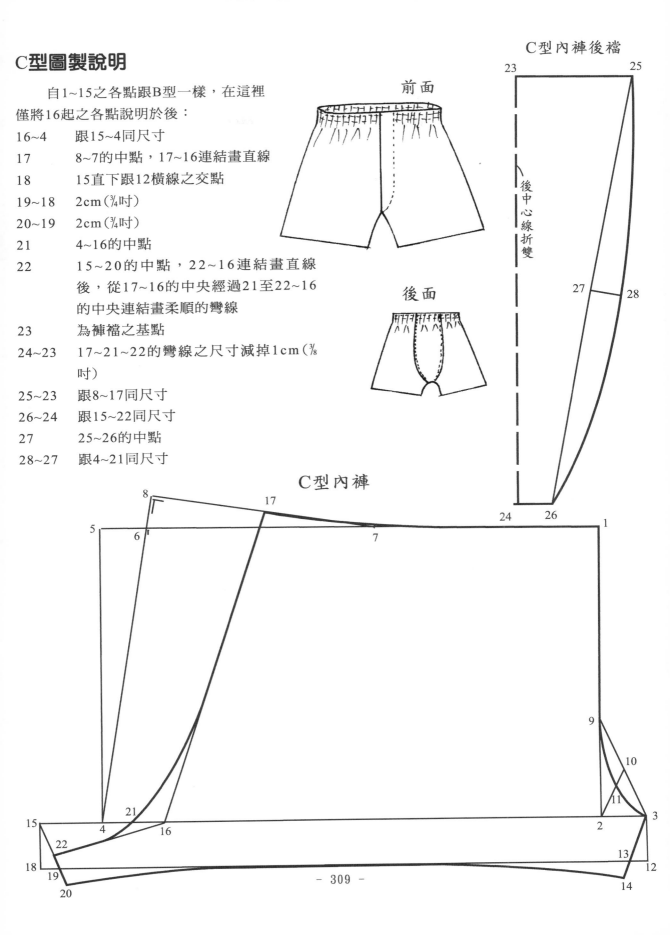

前面

後面

C型內褲後襠

後中心線折雙

C型內褲

D型製圖說明

前面

自1~12之各點跟B型一樣，在這裡僅將13
起之各點說明於後：

13~12	1cm(⅜吋)
14~13	1cm(⅜吋)
15	8~4延長線跟12橫線之交點
16~15	跟5~6同尺寸
17~16	跟3~14同尺寸
18	8~7的中點
19	18直下跟15~12橫線之交點
20~19	2cm(¾吋)

後面

D型內褲

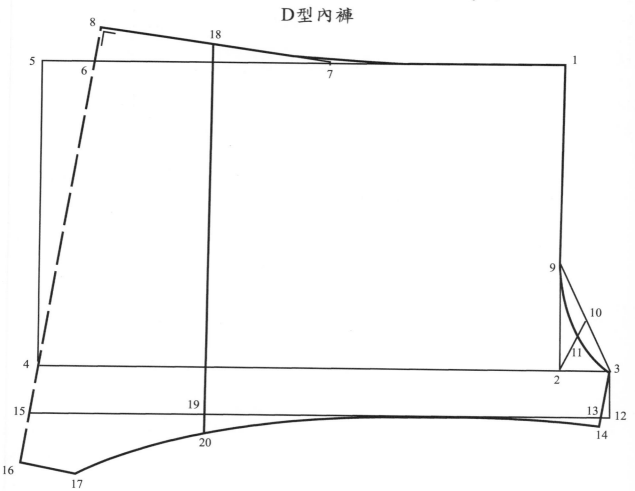

E型製圖說明

1	為基點，並畫直角線
2~1	BR加上5cm（2吋）
3~2	2.5cm（1吋）
4	1~3的中點
5~1	3cm（1⅛吋）
6~2	$\frac{H}{16}$減掉1cm（⅜吋）
7~4	$\frac{H}{2}$
8~4	7~4的$\frac{1}{3}$
9	7~8的中點
10~8	2.5cm（1吋）
11	9直下跟10橫線之交點
12	11~10的中點
13	12~6的中點
14~13	1.25cm（½吋）
15	9直上跟5橫線之交點
16	15直上跟1橫線之交點
17	7直上跟5橫線之交點
18	17~15的中點
19~17	17~18的$\frac{1}{4}$
20	18直下跟10橫線之交點
21	18直下跟3橫線之交點
22~21	2cm（¾吋）
23	20~22的中點
24~23	1.5cm（⅝吋），22~24~20~9~12~14~6 連結畫柔順的彎線為褲口
25~22	跟6~2同尺寸
26	19~7延長線跟3橫線之交點
27~7	7~26的$\frac{1}{3}$
28	27~25的中點
29~28	1cm（⅜吋）
30	19~26延長線跟18畫直角而求
31~30	跟1~5同尺寸，31~16連結畫柔順的彎線為腰圍線

E型內褲

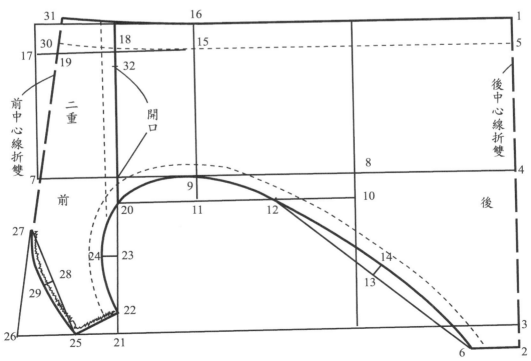

翻領的睡衣

　　這是翻領的上衣與長褲所配合的，自年輕人至中年人均可穿用，所穿用的範圍極其廣泛，可以說是大眾化的睡衣。上衣的前面是全開的，所以較容易穿，布料是採用華麗條紋的棉布及毛巾料、呢料等等。

睡衣與長袍（居家便服）

　　睡衣以及為求取輕鬆舒適的長袍，近年來，兩者的需要都日益增加。這不僅是為了實用，最近還以豔麗的條紋或色彩的布料裁製，顯示已經形成享受氣氛的傾向。

　　有了洋式的房間，並已採取洋式生活之家庭，必須備有長袍，故當然也不能缺少長袍這一類的服裝設計。

居家便服

　　為家庭內或在室內舒暢而穿用的服裝之總稱。化妝衣（Dressing gown）、女用晨袍（Neglige——便服）、房間衣（Chambre）、浴衣（Peignoir——披肩、罩衫）等均屬於家居便服。在歐米是晨起後至更換服裝之前，洗臉等穿在睡衣或內衣之上，或從外面回來時，脫下外衣披上便服舒暢，這就是家居便服。形狀不是在人前穿用，又考慮其用途之關係，普通為使穿脫方便乃將前面開至下襬的外套型服裝。又在自己的室內沒有顧慮（拘泥）而為樂趣，便多多少少施行裝飾使之成為有風趣的生活。顏色也用外套不能使用的華麗顏色，這個家居便服能按照自己的喜愛使用，不拘泥年齡的限制而自由選擇樂趣。

　　布料是一般使用毛料、棉絨、燈芯絨（條絨），或車輪褶布（Kilting）等。合纖類不容易起縐又輕，春秋的服裝或旅行用是很方便。

視表布在上領、口袋口、帶子等搭配緞子（Satijn）也是很雅觀美麗。

睡褲適用尺寸

腰圍（W）80cm（32吋）

臀圍（H）96cm（38吋）

股上（BR）29.5cm（11⅝吋）

股下（IL）73.5cm（29吋）

褲長（TL）100.5cm（39⅝吋）

褲口（SB）44.5cm（17½吋）

製圖基度

　　$\text{Ⓗ}=H+15cm（6吋）=111cm（44吋）$

睡褲製圖說明

1	為基點
2～1	$\frac{\text{Ⓗ}}{2}+\frac{\text{Ⓗ}}{8}$
3	2～1的中點
R～3	1cm（⅜吋），R上下畫垂直線為前後片的脇邊線
W～R	BR加上2.5cm（1吋）
H～R	W～R的$\frac{1}{3}$
L～R	股下尺寸減掉5cm（2吋），W～L為睡褲長度
K	R～L的中點

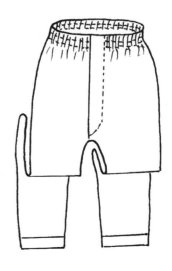

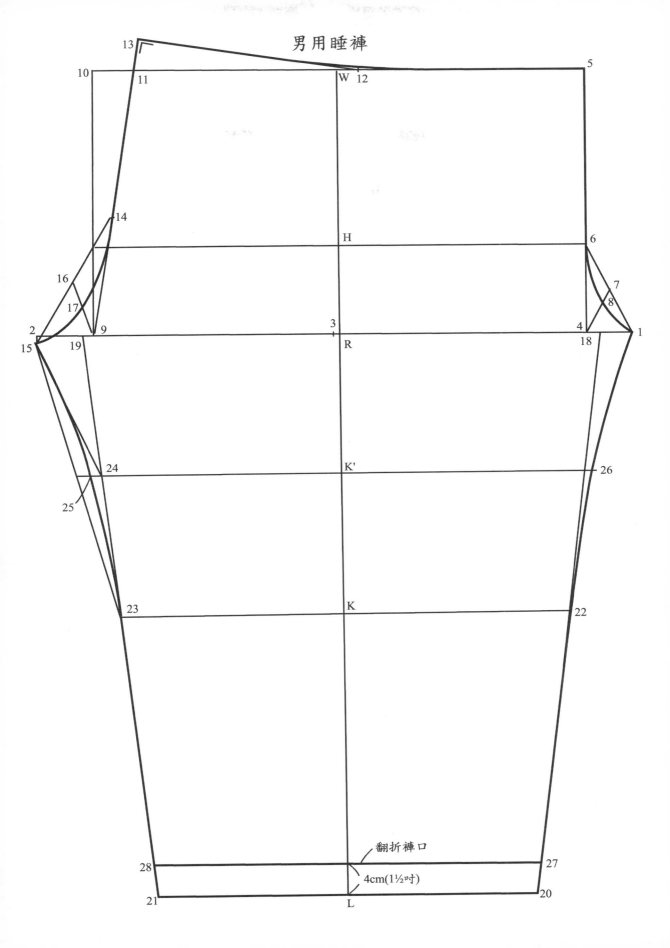

男用睡褲

K'	R~K的中點，W、H、R、K'、K、L 各向左右畫直角水平線
4~1	$\frac{\text{H}}{16}$減掉2cm($\frac{3}{4}$吋)
5	4直上跟W橫線之交點
6	5~4直線跟H橫線之交點
7	6~1的中點
8~7	4~7的$\frac{1}{3}$，6~8~1畫自然柔順的彎線為前股線
9~R	R~4同尺寸
10	9直上跟W橫線之交點
11~10	4~1同尺寸，9~11畫直線
12	11~5的中點
13	11~9延長線跟12畫直角而求，然後13~12~5畫自然柔順的彎線為腰圍線
14~13	5~6同尺寸，14~6為$\frac{\text{H}}{2}$
15	2降下0.75cm($\frac{5}{16}$吋)
16	15~14的中點
17	16~9的中點，14~17~15畫自然彎線為後股線
18~1	2~1的$\frac{1}{20}$
19~R	R~18同尺寸
20~L	SB的$\frac{1}{2}$，18~20連結畫直線
21~L	SB的$\frac{1}{2}$，19~21連結畫直線
22	18~20直線跟K橫線之交點
23	19~21直線跟K橫線之交點
24	19~23直線跟K'橫線之交點，15~24與15~23各連結畫直線
25	15~23直線跟24的中點，15~25~23連結畫自然柔順的彎線為後內股線
26~K'	25~K'同尺寸，1~26~22連結畫自然柔順的彎線為前內股線
27~20	4cm($1\frac{1}{2}$吋)
28~21	4cm($1\frac{1}{2}$吋)，28~27連結畫直線為翻折褲口線

睡衣適用尺寸

總長（FL）147cm(58吋)
衣長（L）73.5cm(29吋)
背長（WL）42cm(16$\frac{1}{2}$吋)
臀長（HL）63cm(24$\frac{3}{4}$吋)
胸圍（B）94cm(37吋)
臀圍（H）96cm(38吋)
肩寬（SW）44.5cm(17$\frac{1}{2}$吋)
背寬（BW）37cm(14$\frac{1}{2}$吋)
胸寬（FW）37cm(14$\frac{1}{2}$吋)
頸入（NC）5cm(2吋)
肩斜（SS）7cm(2$\frac{3}{4}$吋)
袖長（S）58.5cm(23吋)
袖口（CW）29.25cm(11$\frac{1}{2}$吋)
領長（N）39.5cm(15$\frac{1}{2}$吋)

製圖基度

Ⓑ=B+15cm（6吋）=109cm（43吋）

睡衣製圖說明

睡衣袖子

O	為基點，並畫直角線
L~O	衣長
B~O	$\frac{®}{8}$加上10.75cm（4¼吋），即為鎌深案內線（引導線）
W~O	FL的$\frac{2}{7}$
H~W	FL的$\frac{1}{7}$，或O~H是FL的$\frac{3}{7}$
1~O	$\frac{N}{8}$加上2.5cm（1吋）
M~1	1~O的$\frac{1}{3}$減掉0.75cm（⁵⁄₁₆吋）
2~O	肩寬尺寸的$\frac{1}{2}$
S~2	2.5cm（1吋），即O橫線下的後肩垂量，求取S~2的尺寸時，先把肩垂量（SS）的尺寸7cm（2¾吋）分成一半後，再減掉1cm（⅜吋）
3~S	背寬與胸寬同尺寸時，用固定1cm（⅜吋），背寬與胸寬不同尺寸時，3~S的尺寸會有變化
E'	3直下跟B橫線之交點
4	3直上跟M橫線之交點
J	從固定尺寸2.5cm（1吋）減掉NC的$\frac{1}{2}$後，如果是正數時，J是在2~O橫線上面，如果是負數的話，即在2~O橫線下面，本圖為0，即剛好跟2~O橫線同點
5~J	跟4~3同尺寸
6	3~5的中點
E~6	肩高尺寸，即$\frac{®}{8}$加上7.25cm（2⅞吋），因4~3與NC及SS的尺寸不同之故，E點不一定跟E'同點，本圖剛好同點
D~E	$\frac{®}{4}$減掉13.5cm（5⅛吋）
F~D	$\frac{®}{8}$加上5.75cm（2⁹⁄₁₆吋）
V~E	O~B的$\frac{1}{2}$
7~3	3~ E的$\frac{1}{3}$
8	D~E的中點
9	7~8的中點
10	9~E的中點，S~V~10~8連結畫自然柔順的彎線為後袖圈線
11	F直上跟J橫線之交點
12	D直上跟11~J橫線之交點
13~12	跟J~5與4~3同尺寸
N~11	跟1~O同尺寸
T~N	S~M尺寸減掉0.5cm（³⁄₁₆吋），或T~13是$\frac{®}{32}$減掉1cm（⅜吋）亦可以
14~D	13~D的$\frac{1}{3}$
15	14~8的中點
16	D~15的中點，T~14~16~8連結畫自

男用睡衣

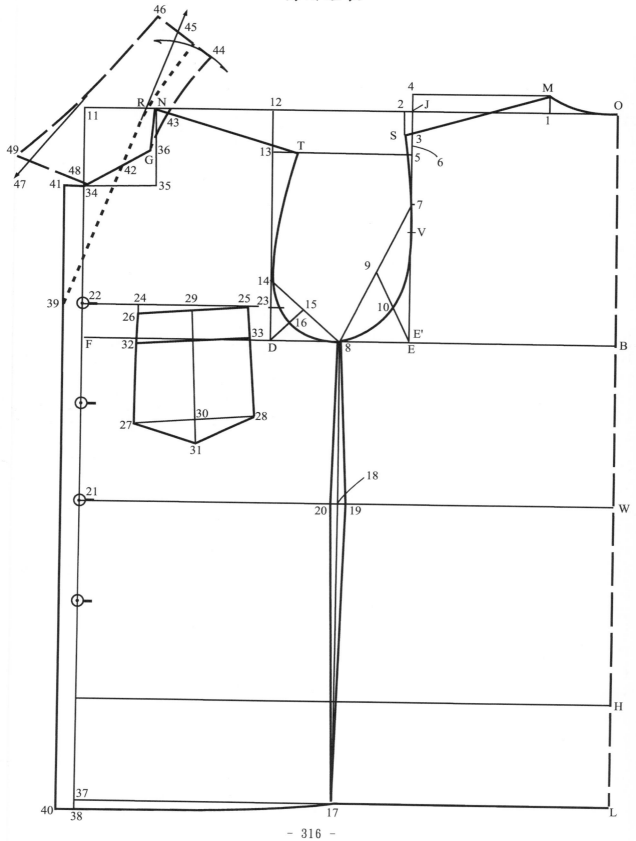

	然柔順的彎線為前袖圈線
17	8直下跟L橫線之交點
18	8直下跟W橫線之交點
19~18	1cm（⅜吋）
20~18	1cm（⅜吋）
21	F直下跟W橫線之交點
22	11~21的中點
23	22橫線跟12~D直線之交點
24~22	22~23的¼加上1cm（⅜吋）
25~24	22~23的½加上1.5cm（⅝吋）
26~24	1cm（⅜吋），26~25為胸口袋寬
27~26	26~25加上0.75cm（⁵⁄₁₆吋）
28~25	跟26~27同尺寸，28在26~25直角線上
29	26~25的中點
30	27~28的中點
31~30	2.5cm（1吋）
32~26	3.25cm（1¼吋）
33~25	3.25cm（1¼吋）
34~11	1~O加上1cm（⅜吋）
35	N直下跟34橫線之交點
36	N~35的中點，34~36連結畫直線
37	F直下跟L橫線之交點
38~37	前垂份1cm（⅜吋）
39~22	相疊份2cm（¾吋）
40	39直下跟38橫線之交點
41	39直上跟34~35橫線之交點
R~N	1cm（⅜吋），R~39連結畫直線
42	R~39直線跟34~36直線之交點
G	34~42~36之直線上，G離開R~42~39直線2cm（¾吋），G~N連結畫直線為前領圈線

睡衣領子製圖說明

43~R	2cm（¾吋），43~G直線跟R~42直線平行
44~43	跟M~O同尺寸，以43為中心，43~44為半徑畫圓規線
45~44	4.5cm（1¾吋），45在R~42~39直線上，45~44~43為直角
46~44	7cm（2¾吋）
47	47~46~44為直角，即47~46線跟44~43線平行
48~41	1cm（⅜吋）
49~34	7.5cm（3吋）

領子簡單畫法

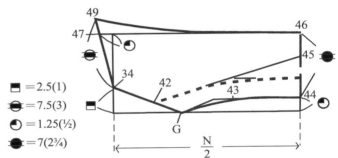

$\frac{N}{2}$

▬ =2.5(1)
⬤ =7.5(3)
◕ =1.25(½)
⬤ =7(2¾)

睡衣袖子製圖說明

　　請參閱圖面上的公式與說明，如果還不瞭解時，袖山部分可以參考香港衫短袖或夾克之袖子製圖說明。

睡衣袖子

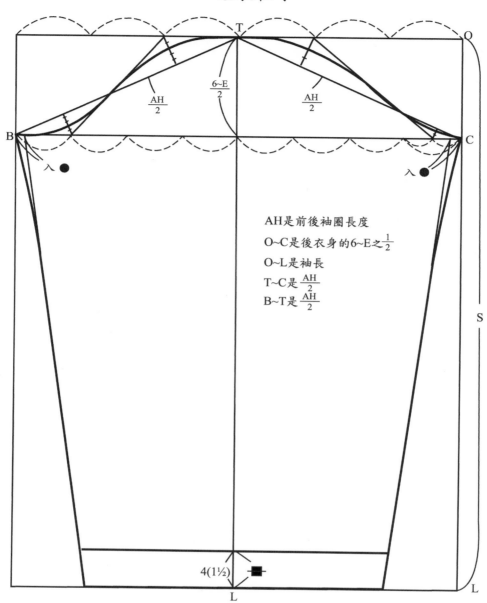

AH是前後袖圈長度

O~C是後衣身的6~E之$\frac{1}{2}$

O~L是袖長

T~C是$\frac{AH}{2}$

B~T是$\frac{AH}{2}$

襯褲適用尺寸

請參閱睡褲的適用尺寸。

襯褲製圖說明

1　　為基點

2~1　$\frac{\text{⑩}}{2}$減掉3cm（1¼吋）

R　　2~1的中點，R上下畫垂直線為前後
　　　片的脇邊線

W~R　　BR加上2.5cm（1吋）

H~R　　$\frac{\text{⑩}}{16}$

L~R　　股下尺寸減掉5cm（2吋），W~L為襯
　　　　褲長度

L'~L　　羅紋寬度10cm（4吋），W、H、R、
　　　　L'、L各向左右畫直角水平線

3　　　1直上跟W橫線之交點

4　　　2直上跟W橫線之交點

5~4　　$\frac{\text{⑩}}{20}$，5~2連結畫直線

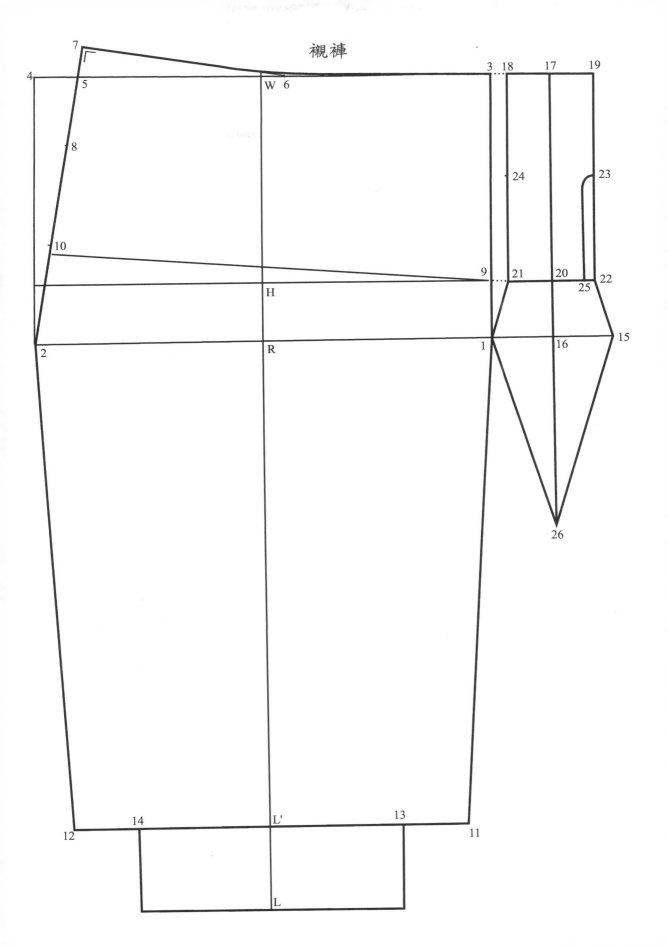

襯褲

6	5~3的中點
7	5~2延長線跟6畫直角而求，然後7~6~3畫自然柔順的彎線為腰圍線
8~7	7~2的$\frac{1}{3}$
9	3~1直線跟H橫線之交點
10~7	跟3~9同尺寸，10~9加上21~20是Ⓗ/2
11~L'	SB的$\frac{1}{2}$，1~11連結畫直線
12~L'	SB的$\frac{1}{2}$，2~12連結畫直線
13~11	L'~11的$\frac{1}{3}$
14~12	12~L'的$\frac{1}{3}$，14~13為羅紋(Knit——伸縮料)尺寸的長度
15~1	Ⓗ/8
16	1~15的中點
17	16直上跟W橫線之交點
18~17	Ⓗ/8減掉2cm($\frac{3}{4}$吋)
19~17	Ⓗ/8減掉2cm($\frac{3}{4}$吋)
20	16直上跟H橫線之交點
21~20	跟18~17同尺寸
22~20	跟17~19同尺寸
23	19~22的中點
24	18~21的中點，24~21是前下片的開口處，18~19~22~21為前下片
25~22	1.25cm($\frac{1}{2}$吋)，23~25是前上片的開口處，18~19~23~25~21為前上片
26~1	跟8~2同尺寸，26~15也是同尺寸，21~22~15~26~1~21為後褲襠布

長袍適用尺寸

總長（F L）147cm(58吋)
衣長（ L ）120.75cm($47\frac{9}{16}$吋)
背長（W L）42cm($16\frac{1}{2}$吋)
胸圍（ B ）94cm(37吋)
肩寬（S W）44.5cm($17\frac{1}{2}$吋)
背寬（B W）37cm($14\frac{1}{2}$吋)
胸寬（F W）37cm($14\frac{1}{2}$吋)
頸入（N C）5cm(2吋)
肩斜（S S）7cm($2\frac{3}{4}$吋)
袖長（ S ）59.75cm(23吋)
袖口（C W）30.5cm(12吋)

製圖基度

Ⓑ=B+15cm(6吋)=109cm(43吋)

長袍製圖說明

O	為基點，並畫直角線
L~O	衣長
B~O	Ⓑ/8加上10.75cm($4\frac{1}{4}$吋)，即為鎌深案內線(引導線)
W~O	FL的$\frac{2}{7}$
H~W	FL的$\frac{1}{7}$或O~H是FL的$\frac{3}{7}$
1~O	Ⓑ/16加上1cm($\frac{3}{8}$吋)
M~1	1~O的$\frac{1}{3}$減掉0.75cm($\frac{5}{16}$吋)
2~O	肩寬尺寸的$\frac{1}{2}$
S~2	2.5cm(1吋)，即O橫線下的肩垂量，求取S~2的尺寸時，先把SS的尺寸7cm($2\frac{3}{4}$吋)分成一半後，再減掉1cm($\frac{3}{8}$吋)
3~S	背寬與胸寬同尺寸時，用固定1cm($\frac{3}{8}$吋)，背寬與胸寬不同尺寸時，3~S的尺寸會有變化
E'	3直下跟B橫線之交點
4	3直上跟M橫線之交點
J	從固定尺寸2.5cm(1吋)減掉NC的$\frac{1}{2}$，因肩膀斜度(即4~3)與NC及SS尺寸的不同之故，J點不一定在O或M的橫線之交點，本圖剛好跟2~O橫線之交點
5~J	跟4~3同尺寸
6	3~5的中點
E~6	肩高尺寸，即Ⓑ/8加上7.25cm($2\frac{7}{8}$吋)，因4~3與NC及SS的尺寸不同之故，E點不一定跟E'同點，本圖剛好同點
D~E	Ⓑ/4減掉13.5cm($5\frac{1}{8}$吋)
F~D	Ⓑ/8加上5.75cm($2\frac{13}{16}$吋)
V~E	O~B的$\frac{1}{2}$
7~3	3~E的$\frac{1}{3}$

8	D~E的中點
9	7~8的中點
10	9~E的中點，S~V~10~8連結畫自然柔順的彎線為後袖圈線
11	F直上跟J橫線之交點
12	D直上跟11~J橫線之交點
N~11	跟1~O同尺寸
13~12	跟J~5與4~3同尺寸，13在12直下跟5橫線之交點
T~N	S~M尺寸減掉0.5cm（³⁄₁₆吋），或T~13是 $\frac{\text{W}}{32}$ 減掉1cm（³⁄₈吋）
14~D	V~E的 $\frac{1}{2}$
U	14~D的中點
15	14~8的中點
16	D~15的中點，T~14~16~8連結畫自然柔順的彎線為前袖圈線
17	F直下跟W橫線之交點
18	11~17的中點
19	18橫線跟12~D直線之交點
20~18	18~19的 $\frac{1}{4}$ 加上1cm（³⁄₈吋）
21~20	18~19的 $\frac{1}{2}$ 加上1.5cm（⁵⁄₈吋）
22~20	1cm（³⁄₈吋），22~21為胸口袋寬
23~22	22~21加上1.25cm（½吋）
24~21	跟22~23同尺寸，24在22~21直角線上
25	22~21的中點
26	23~24的中點
27~22	3.25cm（1¼吋）
28~21	3.25cm（1¼吋）
29~25	4.75cm（1⅞吋）
30	8~E的中點
31	30直下跟W橫線之交點
32	30直下跟L橫線之交點
33~31	1cm（³⁄₈吋）
34	1cm（³⁄₈吋）
35	30~33延長線跟L橫線之交點
36	30~34延長線跟L橫線之交點
37~31	跟W~L同尺寸
38~31	跟W~L同尺寸
39~17	W~H的 $\frac{1}{2}$
40~39	1.5cm（⅝吋）
41~31	跟17~40同尺寸，39~41連結畫直線
42~39	$\frac{\text{W}}{8}$ 減掉2.5cm（1吋）
43~42	腰口袋寬16.5cm（6½吋）
44~42	42~43加上2.5cm（1吋）
45~43	跟42~44同尺寸，45在42~43直角線上
46	42~43的中點
47	44~45的中點
48~42	4cm（1½吋）
49~43	4cm（1½吋）
50~46	6cm（2¼吋）
51	F直下跟L橫線之交點
52	前垂份1.5cm（⅝吋）
53~17	相疊份7.5cm（3吋）
54	53直下跟52橫線之交點
55~53	2.5cm（1吋）
56~55	1.5cm（⅝吋）
R~N	1cm（⅜吋），R~56連結畫直線
57~R	O~W的 $\frac{1}{6}$，或FL的 $\frac{1}{21}$
58~57	拉佩爾（Lapel——下片領）寬度尺寸9cm（3½吋）。視流行或嗜好而增減。58在56~57之直角線上
G~57	2.5cm（1吋），G~N畫直線，N~G~58為前領圈線
59~R	2.5cm（1吋），G~59畫直線
60~59	跟M~O同尺寸，60~59為半徑畫圓規線
61~60	8cm（3⅛吋），61在59~60之直角線上，即61~60~59為直角
62~60	9cm（3½吋），62~60~59~G~58為絲瓜領之領底（裏領）
63~60	2.75cm（1⅛吋）

長袍袖子製圖說明

請參閱「夾克的袖子之第4圖二片袖製圖說明」。

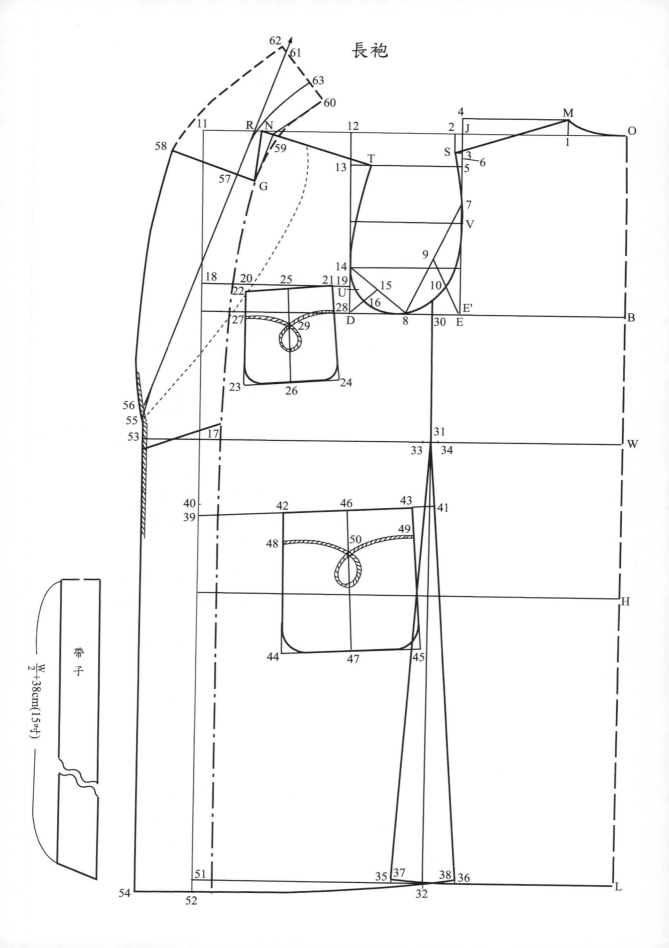

長袍

襯衫的基本

襯衫(White shirt)，通常與領帶共用在西裝之下面穿用的服裝，原有麻紗、羊毛、綢絹等，最近也有耐綸(Nylon——尼龍)、聚酯(Polyester)等，分為沒有花紋的白色布、沒有花紋的顏色布與條紋布等，卡芙斯(Coffs——袖口布)或領子依流行而有很多種類的型狀，領子有標準型(Regular——正規的)為始，前開襟鈕釦領(Button down collar)、護耳領(Tab collar)等，領尖也有長短之別。又，對普通的襯衫，在胸部有裝飾或剪接等，依流行多少有變化。

翻領襯衫

如果翻領襯衫(Cutter shirt)穿上西裝時結領帶就成為襯衫，解領帶時成為男用運動衫(Sport shirt)的半袖襯衫，由香港的商人暗示避暑時穿用而製作的，因此，有人稱為香港衫，另稱半袖襯衫(Semi sleeve shirt)、或半襯衫(Semi shirt)，袖長大約在20~23cm(8~9吋)，袖口是17~20cm(7~8吋)程度，開叉(Slit——開縫、門口)或翻折邊，口袋是變形口袋。布料是綿紗、麻紗、蒂特綸(Tetoron——特多龍、聚酯纖維)、人造絲(Rayon——人造纖維)等化纖或使用這些的混紡。

如果使用華麗色彩而大膽染出來的花紋等布料縫製，且寬敞的感覺之男用襯衫，就成為夏威夷衫(Aloha shirts)，主要在避暑地能穿的。夏威夷是表示愛情、再會的夏威夷語，雖然跟夏威夷沒有直接關係。但是，最早在夏威夷穿用而流行而得此名。又經夏威夷的宣教師構思的夏威夷婦女民族服裝(Muumuu)與特別為夏威夷觀光宣傳而共同出名。一般的襯衫之下襬是穿在褲裡，相反的要穿在褲外為正式，縫製也要舒適，並且通風好又涼快的為特徵，在夏威夷如果穿上夏威夷衫，到處都可以出入，無論辦公、工作都不會被認為是沒有禮貌，但是在他國均為一般的遊閒裝而已。

適用尺寸

香港衫的適用尺寸，除短袖23cm(9吋)與袖口39.25cm(15½吋)之外，其他適用尺寸與製圖說明，自O~26各點與領子製圖法，跟「睡衣製圖法」相同，為了篇幅而省略其說明。在這裡僅將不同處說明於後：

27~26	26~25加上1.25cm(½吋)
28~25	跟26~27同尺寸，28在26~25直角線上
29~11	1~O加上1cm(⅜吋)
30	N直下跟29橫線之交點
31	N~30的中點，29~31連結畫直線
32	F直下跟L橫線之交點
33~32	前垂份1cm(⅜吋)
34~22	相疊份2cm(¾吋)
35	34直下跟33橫線之交點
36	34直上跟29~30橫線之交點
R~N	1cm(⅜吋)，R~34連結畫直線
37	R~34直線跟29~31直線之交點
G	29~37~31之直線上，G離開R~37~34直線2cm(¾吋)，G~N連結畫直線為前領圈線
38~O	5.75cm(2¼吋)
39	後袖圈線跟38橫線之交點，39~38是後肩褶剪接線
40~N	2.5cm(1吋)
41~T	2.5cm(1吋)，40~41是前肩褶剪接線，將S~M~O~38~39與N~T~41~40剪下後，將N~T與S~M併合就成為39~38~O~M(N)~40~41~T(S)的肩褶

肩襠直接製圖說明

O	為基點
1~O	5.75cm（2¼吋），即跟後衣身O~38同尺寸
2~1	肩寬尺寸的½減掉0.25cm（⅛吋），即跟後衣身39~38同尺寸
3~O	胸圍/8加上2.5cm（1吋），即跟後衣身1~O同尺寸
M~3	3~O的⅓減掉0.75cm（⁵⁄₁₆吋），即跟後衣身M~1同尺寸
4~M	2.5cm（1吋），即跟前衣身N~40同尺寸
5~4	1cm（⅜吋），5~M為2.5cm（1吋）
6	2直上跟3~O橫線之交點
S~6	2.5cm（1吋），即跟後衣身2~S同尺寸
7~S	2.5cm（1吋），7~6約1cm（⅜吋），7~5連結畫直線

肩襠直接製圖

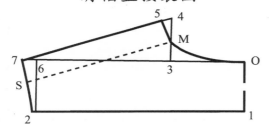

香港衫短袖製圖說明

O	為基點，並畫直角線
L~O	短袖長尺寸
1~O	後衣身6~E的½
T~1	袖圈尺寸的½
2~T	袖圈尺寸的½，2~1為袖寬
3	T直下跟2~1橫線之交點
4~T	T~O的⅓
5~T	T~4同尺寸
6~1	3~1的⅛，4~6畫直線
7~2	3~1的¼，5~7畫直線
8	以T~1直線向4畫直角而求
9~4	4~8的⅓
10	以T~1直線向6畫直角而求
11~10	10~6的⅓
12	以2~T直線向5畫直角而求
13~5	5~10的⅖
14	以2~T直線向7畫直角而求
15~7	14~7的⅖
16	T直下跟L橫線之交點
17	2直下跟L橫線之交點
18~16	袖口的½，或18~L是1~L的¼
19~16	跟16~18同尺寸，或17~19跟18~L同尺寸

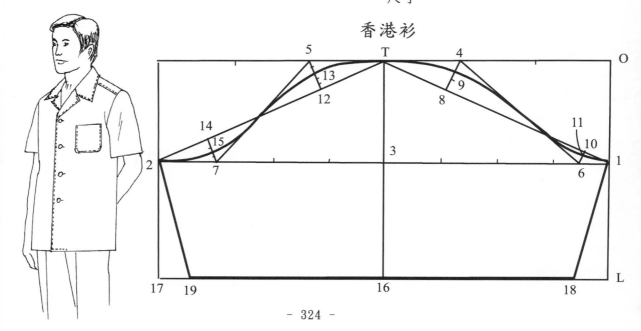

香港衫

香港衫

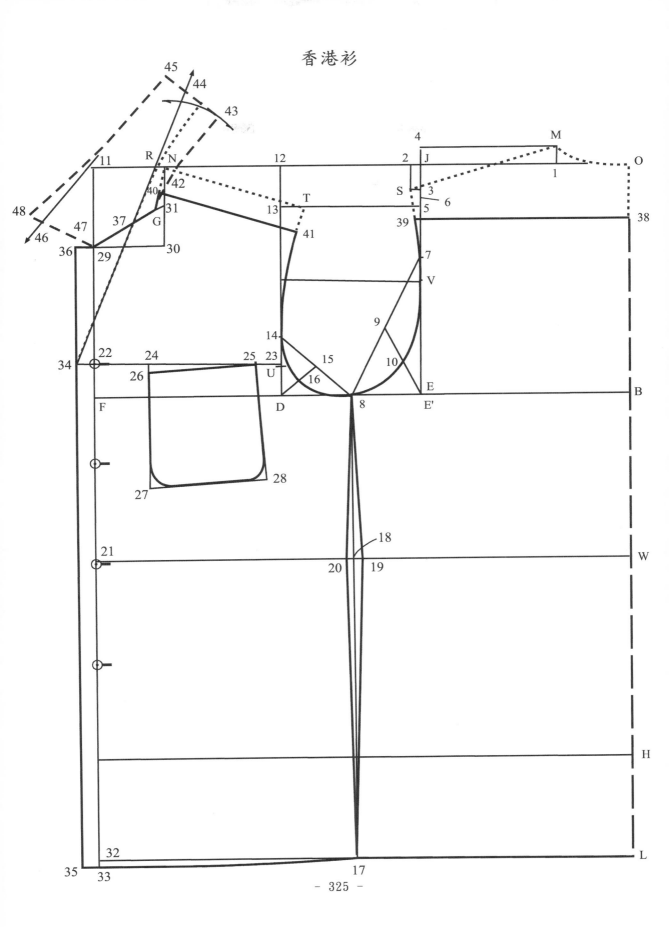

運動用襯衫

運動用襯衫的適用尺寸，除長度是O~H加上折邊3.25cm（1¼吋）而裝飾縫，外觀上在臀部部分似有帶子如穿夾克以外，臀圍製圖基度是Ⓗ=H+2.5cm（1吋）=98.5cm（39吋），其他適用尺寸與製圖說明，請參閱「睡衣製圖法」或「香港衫製圖法」，在這裡僅將不同處說明於後：

17	8直下跟H橫線之交點
19~H	$\frac{Ⓗ}{2}$
20	F直下跟H橫線之交點
29~17	20~19的$\frac{1}{2}$
30~17	20~19的$\frac{1}{2}$
31	29直下跟L橫線之交點
32	30直下跟L橫線之交點
33~29	5cm（2吋）
34~33	4cm（1½吋）
35	F直下跟L 橫線之交點
36	20~35的中點，即最下面鈕子的位置
37~22	相疊份2cm（¾吋）
42	37直下跟35與L橫線之交點
R~N	1cm（⅜吋），R~37連結畫直線
43~11	W~H的$\frac{1}{3}$，或 FL的$\frac{1}{21}$
G~N	11~43的$\frac{2}{3}$，G離開R~37線2cm（¾吋）
44	R~37直線與43~G直線之交點
45	37直上跟43~G直線之交點
46~R	2cm（¾吋），46~G直線跟R~44~37直線平行
47~46	跟M~O同尺寸，47~46為半徑畫圓規線
48~17	4.5cm（1¾吋），48在R~44~37直線上，48~47~46為直角
49~47	7cm（2¾吋）
50	50~49~47為直角，即50~49線跟47~46線平行
51	以R~37直線向45畫直角而求
52	45~51的延長線

53~52	1.25cm（½吋），53~45是7cm（2¾吋），以上45~43~44~G~46~47~48~49~53~45為領座（裏領），但是此型的領面沒有45~43~44~G相接線

運動用襯衫之領子

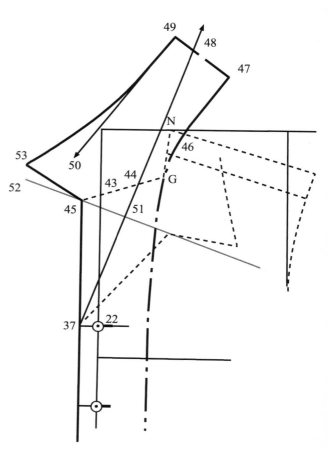

運動用襯衫

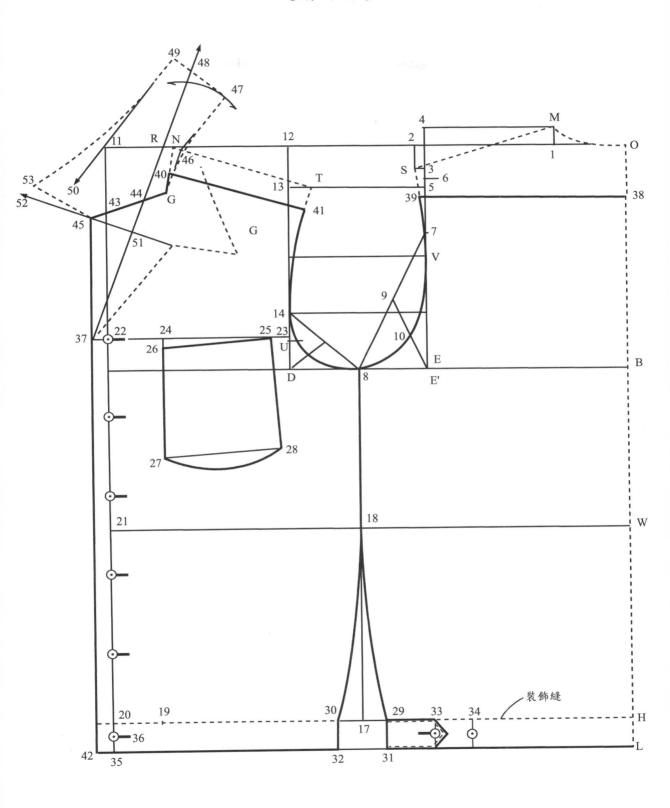

裝飾縫

圓下襬襯衫

平下襬襯衫

　　襯衫的適用尺寸，除袖長59.75cm（23½
吋），單袖口24cm（9½吋）、雙袖口25.5cm（10
吋）之外，其他適用尺寸與製圖說明，大部分
跟「睡衣製圖法」或「香港衫製圖法」相同，
為了篇幅而省略其說明，在這裡僅將不同處說
明於後：

1~O 　　 $\frac{N}{8}$ 加上2.25cm（⅞吋）

N~11 　 $\frac{N}{8}$ 加上1.75cm（¹¹⁄₁₆吋）

32~11 　 $\frac{N}{8}$ 加上3.5cm（1⅜吋）

33 　　　 N直下跟32橫線之交點

34~11 　 11~N加上11~32後的½

35 　　　 11~32的中點

36 　　　 F直下跟L橫線之交點

37~36 　 前垂下份1cm（⅜吋）

38~32 　 相疊份2cm（¾吋）

39 　　　 38直下跟37橫線之交點

40~35 　 35~37的½，40為最上面鈕子的位
　　　　 置，35~37分七等分，分別作為各鈕
　　　　 子的位置

平下襬襯衫

平下襬襯衫

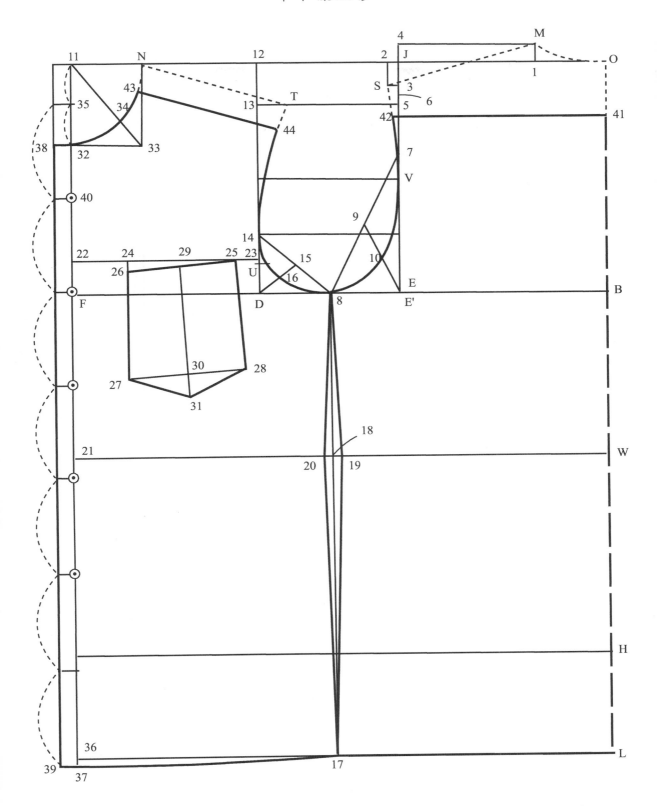

圓下襬襯衫

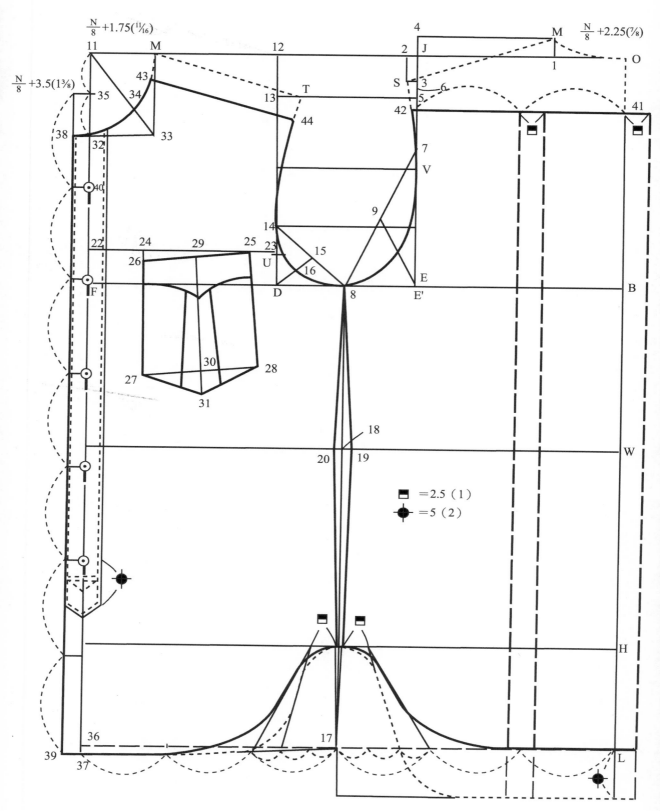

變型襯衫

襯衫單袖口

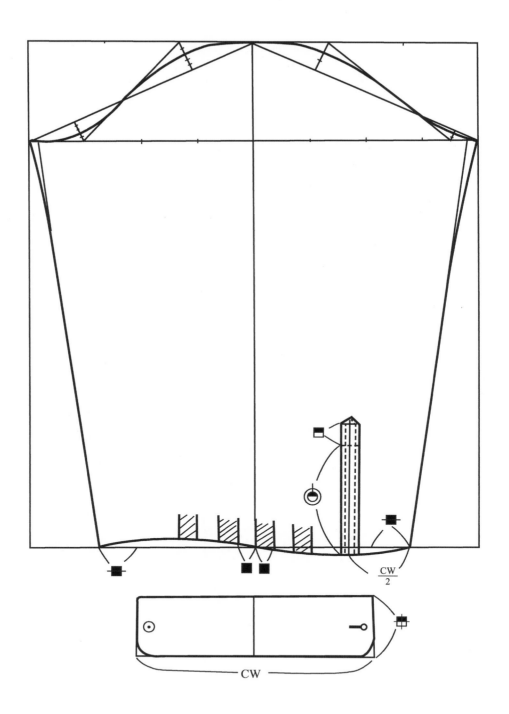

$\dfrac{CW}{2}$

CW

襯衫雙袖口

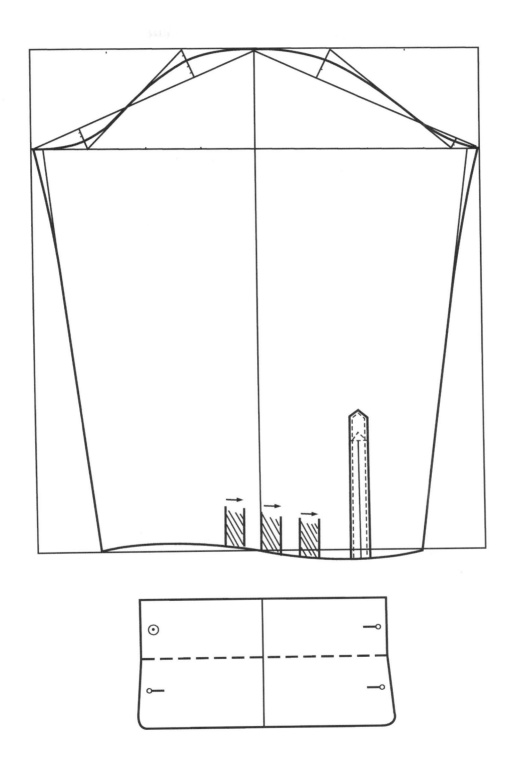

襯衫領子

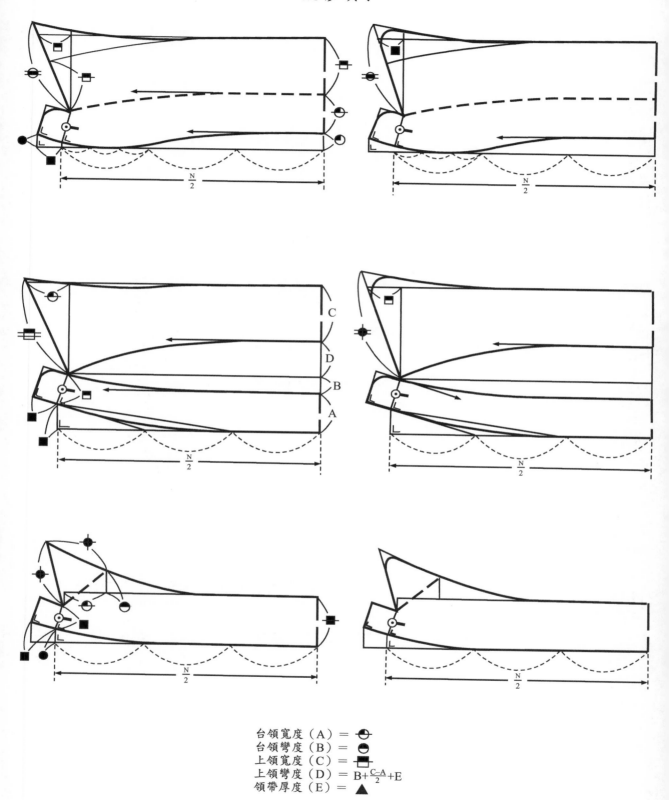

台領寬度（A）＝
台領彎度（B）＝
上領寬度（C）＝
上領彎度（D）＝ $B + \frac{C-A}{2} + E$
領帶厚度（E）＝ ▲

青年裝的基本

想起青年裝（Blazer coat——運動上衣），於1970年代最流行。因為，當時的行政院蔣經國院長曾宣佈過，公教人員無論開會或上班都不必穿西裝，夏天穿青年裝、冬天穿夾克即可。因此，當時的西裝業界是景氣最低落的時代，到處都可以看到在政府機關或學校上班的人，上上下下都只穿著青年裝上班。

有些青年裝的形態做得很不錯，但是，有一部分的青年裝，不但形態不好看，甚至看起來不好穿的樣子。青年裝的特徵是前身片大部分都是貼口袋（俗稱中山袋），後身片的腰部剪接並有帶子，而上半身如諾福克夾克（Norfolk jacket）剪接而有襞褶的居多。

為了讓業者瞭解我的裁剪法跟別人不一樣的地方。同樣的頸入（NC）而肩斜（SS）不同，變化就不同，或NC改變尺寸後，又是另外一種的變化。首先，A型是NC5cm（2吋），而SS是5cm（2吋），B型的NC也是5cm（2吋），但是SS是7cm（2¾吋）。其次，C型的NC是7cm（2¾吋），而SS是7cm（2¾吋），D型的NC也是7cm（2¾吋），但是SS是9cm（3½吋）。請詳細觀察與研究並比較，這四種的肩斜、肩高、鎌深，或T與S、E與E'以及N與M的高矮之變化。雖然前後身有些不同，但是，袖子的畫法不變，因為胸圍尺寸相同。雖然A、B型跟C、D型的袖圈（AH）之前後不同，即20~D與8~E的尺寸不同，但是肩高（11~E）都是相同的尺寸，而且前後身片的袖圈總數是一樣，袖子的袖山與大小也是一樣，僅C、D型的袖子之T點（對合肩端記號）會向前移動而已。無論任何服裝，當然如上述之外，最好還要配合前長與後長的尺寸而變化（調整）。

適用尺寸

總長 （FL）147cm（58吋）
衣長 （L ）73.5cm（29吋）
背長 （WL）42cm（16½吋）
臀長 （HL）63cm（24¾吋）
胸圍 （B ）94cm（37吋）
腰圍 （W ）82cm（32½吋）
臀圍 （H ）96cm（38吋）
肩寬 （SW）44.5cm（17½吋）
背寬 （BW）37cm（14½吋）
胸寬 （FW）37cm（14½吋）
領長 （N ）39.5cm（15½吋）
頸入 （NC）A、B型5cm（2吋）
　　　　　　C、D型7cm（2¾吋）
肩斜 （SS）A型5cm（2吋）、B、C型
　　　　　　7cm（2¾吋）、D型9cm（3
　　　　　　½吋）
袖長 （S ）23cm（9吋）
袖口 （CW）32.5cm（12¾吋）

製圖基度

Ⓑ=B+11.5cm（4½吋）=105.5cm（41½吋）
Ⓦ=W+9cm（3½吋）=91cm（36吋）
Ⓗ=H+6.5cm（2½吋）=102.5cm（40½吋）
Ⓝ=N+1.25cm（½吋）=40.75cm（16吋）

A型製圖說明

O　　　　為基點，並畫直角線
L~O　　　衣長
B~O　　　$\frac{Ⓑ}{8}$加上9.5cm（3¾吋），即為鎌深案內線（引導線）
W~O　　　FL的$\frac{2}{7}$

H~W	FL的$\frac{1}{2}$，或H~O為FL的$\frac{3}{7}$
C	O~B的中點
1~C	O~C同尺寸
2~C	NC的$\frac{1}{4}$
3	1~2直角之背縫線，跟W橫線之交點
A	2~3直線跟B橫線之交點
4	3直下跟L橫線之交點
5	3~4直線跟H橫線之交點
6~O	後領徑寬尺寸，即$\frac{B}{16}$加上1.5cm($\frac{5}{8}$吋)，襯衫領時，$\frac{B}{8}$加上2.25cm($\frac{7}{8}$吋)
M~O	後領徑高尺寸，即6~O的$\frac{1}{3}$減掉0.75cm($\frac{5}{16}$吋)
7~O	肩寬尺寸的$\frac{1}{2}$
S~7	1.5cm($\frac{5}{8}$吋)，即O橫線下的後肩垂量，求取S~7的尺寸時，先把SS的尺寸5cm(2吋)分成一半後，再減掉1cm($\frac{3}{8}$吋)
8~S	背寬與胸寬同尺寸時，用固定1cm，背寬與胸寬不同尺寸時，8~S的尺寸會有變化
E'	8直下跟B橫線之交點
9	8直上跟M橫線之交點
J	從固定尺寸2.5cm(1吋)減掉NC的$\frac{1}{2}$後，如果是正數時，J是在7~O橫線上面，如果是負數時的話，即在7~O橫線下面，本圖為0，即剛好跟7~O橫線同點
10~J	9~8同尺寸
11	8~10的中點
E~11	肩高尺寸，即$\frac{B}{8}$加上6cm($2\frac{3}{8}$吋)，因9~8或J~10與NC及SS的尺寸不同之故，E點不一定跟E'同點，E~A的尺寸，最少有$\frac{B}{8}$加上7cm($2\frac{11}{16}$吋)
D~E	$\frac{B}{4}$減掉12.75cm($4\frac{7}{8}$吋)
F~D	$\frac{B}{8}$加上5.75cm($2\frac{3}{16}$吋)
V~E	O~B的一半
12	V~E的中點
X~12	0.75cm($\frac{5}{16}$吋)

13	E直下跟W橫線之交點
14~8	8~E的$\frac{1}{3}$
15	D~E的中點
16	14~15的中點
17	16~E的中點
18	F直上跟J橫線之交點
19	D直上跟J橫線之交點
20~19	跟J~10與9~8同尺寸，20在19直下跟10橫線之交點
21	20直下跟V橫線之交點
22	21~D的中點跟12橫線之交點
U	22~D的中點，即袖子的對合記號
T~20	胸寬與背寬同尺寸時，以$\frac{B}{32}$減掉0.5cm($\frac{3}{16}$吋)，或11~V的$\frac{1}{2}$減掉1cm($\frac{3}{8}$吋)，或$\frac{B}{40}$，胸寬與背寬不同尺寸時，T~20尺寸會有變化
N~T	S~M尺寸減掉0.5cm($\frac{3}{16}$吋)，N點在19~J橫線上
23	T~22直線跟21~橫線之交點
K~23	21~23的$\frac{2}{5}$
24	22~15的中點
25	24~D的中點，將S~V~X~17~15~25~22~K~T等各點連結畫自然柔順的弧線為袖圈線
26	22~25袖圈線跟U橫線之交點，26上下畫垂直線為袖子的縱基本線
27	26直上跟22~12橫線之交點
28	26直下跟D~E橫線之交點
29	26直下跟W橫線之交點
30	F直下跟W橫線之交點
31	18~30之中點
32	D直上跟31橫線之交點
33~31	31~32的$\frac{1}{4}$加上1cm($\frac{3}{8}$吋)
34~33	31~32的$\frac{1}{2}$加上2cm($\frac{3}{4}$吋)
35~33	1cm($\frac{3}{8}$吋)，35~34為胸口袋
36~35	35~34加上1.5cm($\frac{5}{8}$吋)，36是33直下
37~34	跟35~36同尺寸，37從35~34畫直角
38	35~34的中點

39	36~37的中點，38~39連結畫直線至腰口袋下面
40~35	4.5cm（1¾吋）
41~34	4.5cm（1¾吋）
42~38	4.5cm（1¾吋）
43~3	Ⓦ的½
44~43	胸褶份與脇褶份共2cm（¾吋）
45~13	30~44的½
46~4	45~3的尺寸加上2cm（¾吋）
47	45~46脇邊線跟H橫線之交點
48~13	30~44的½
49	30直下跟H橫線之交點
50~49	Ⓗ的½減掉47~5的尺寸
51	48~50的脇邊延長線跟L橫線之交點
52	30直下跟L橫線之交點
53~52	前垂份1.25cm（½吋）
54~48	48~51的¼
55~53	跟54~51同尺寸
56~55	F~65的½
57~56	腰口袋尺寸15.5cm（6吋）
58~56	56~57加上3.25cm（1¼吋），58是56直下
59~57	跟56~58同尺寸，59從56~57畫直角
60	56~57的中點
61	58~59的中點，60~61連結畫直線
62~56	5.75cm（2¼吋）
63~57	5.75cm（2¼吋）
64~60	5.75cm（2¼吋）
65~28	2.5cm（1吋）
66~29	跟28~65同尺寸，即2.5cm（1吋）
67~66	脇褶份1cm（⅜吋），即44~43的½
68	67~66的中點，65~38連結畫直線至L橫線
69	38~39之延長線跟W橫線之交點
70	38~39~69之延長線，69~70是W~H的½
71~38	38~69的⅓，將44~43的½，即1cm（⅜吋）在69左右各分一半為胸褶份
72~31	相疊份2cm（¾吋）
73	72直下跟53橫線之交點
74~31	31~55的⅓
75	74~55的中點
76~18	6~O加上0.75cm（5⁄16吋），襯衫領時6~O加上1.25cm（½吋）
77	N直下跟76橫線之交點
78	N~77的中點，76~78連結畫直線
R~N	1cm（⅜吋），R~72連結畫直線
79	R~72直線跟76~78直線之交點
80~76	3cm（1⅛吋），視流行或嗜好而增減，80~72連結畫直線
81~R	2cm（¾吋）
G	G~81直線跟R~72直線平行，G~N連結畫直線為前領圈線
82~81	跟6~O同尺寸，以82~81為半徑畫圓規線
83~82	7.5cm（3吋），83在R~79~72直線上，83~82~81為直角
84	84~83~82為直角，即84~83線跟81~82線平行
85~80	2cm（¾吋），視流行或嗜好而增減
86~76	8cm（3⅛吋），視流行或嗜好而定

大部分的青年裝後身片腰部上身中心線均為雙幅線，或設計有襞褶，而腰部下半身有開叉，因此，後腰部（45~W）有剪接，縫製時將相接線的縫份向外機縫後燙開，然後貼上腰帶蓋住，在外觀上看不到腰部有剪接，腰帶的寬度4cm（1½吋）在腰部上下各分一半。此件是後身片上半身是平面，即O~W的中心線為雙幅線，因此，後身腰部有打褶，在圖面上要如下調整：

a	45~W的中點，上下畫垂直線
b~a	O~W的½減掉2cm（¾吋）
c~a	W~H的⅞，即從47~H橫線上至C點是W~H的⅛
d~a	3~W的½
e~a	3~W的½

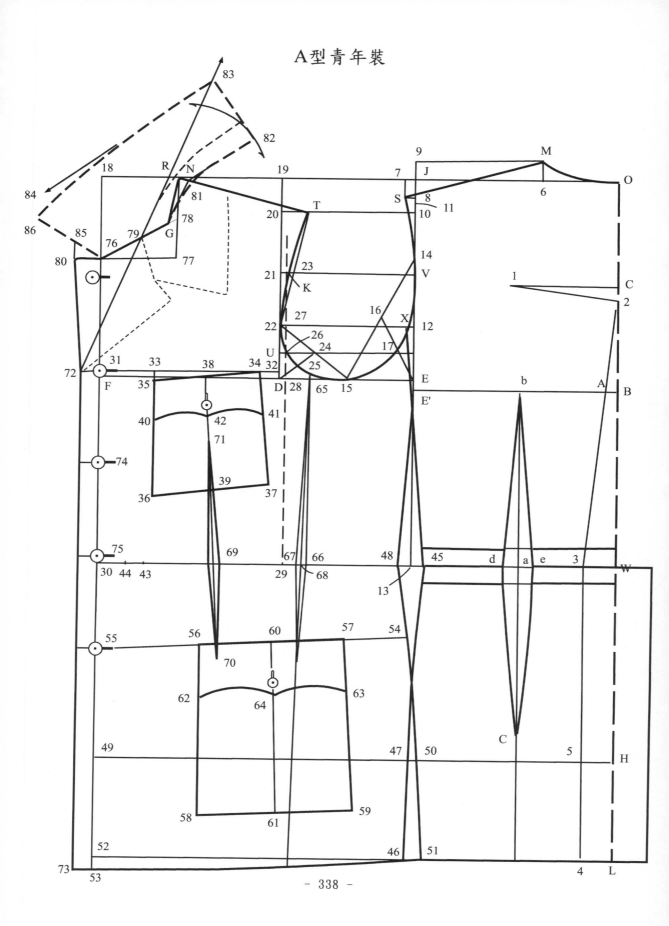

A型青年裝

A型青年裝

一片袖製圖說明（P.338）

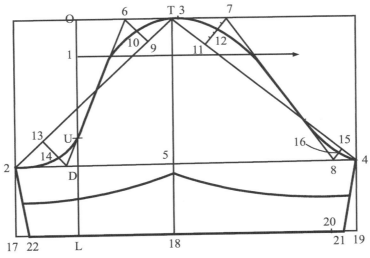

一片袖製圖說明

U	直接在上衣袖圈畫袖子時，在前身片的26上下畫垂直線為袖子縱向基本線。袖子的U點，即跟前身片的26同點
D	跟前身片的28同點
1~D	跟前身片的21~D間同尺寸
O~D	後身片的11~E肩高尺寸之$\frac{4}{5}$，即為袖山O~D的尺寸。或以肩高尺寸的$\frac{3}{4}$加上1cm($\frac{3}{8}$吋)，或O~1是後身片的11~V之$\frac{1}{2}$亦可以
L~O	短袖長的尺寸
2~D	跟前身片的28~15同尺寸
3~2	跟前身片的T~K~22~26~25~15的前袖圈同尺寸
4~3	跟後身片的S~V~X~17~15的後袖圈同尺寸
T~3	後身片的8~10之一半，即跟後身片的8~11與11~10同尺寸，T是袖子的對合記號
5	T直下跟2~D~4橫線之交點
6	O~T的中點，6~U連結畫直線
7~T	跟6~T加上0.5cm($\frac{3}{16}$吋)
8~4	後身片的15~E間之$\frac{1}{3}$
9	以2~T直線向6畫直角而求
10	6~9的中點
11	以T~4直線向7畫直角而求
12~7	11~7的$\frac{2}{5}$
13	以2~T直線向D畫直角而求
14~D	13~D的$\frac{1}{3}$
15	以T~4直線向8畫直角而求
16~15	15~8的$\frac{1}{3}$
17	2直下跟L橫線之交點
18	T直下跟L橫線之交點
19	4直下跟L橫線之交點
20~17	袖口尺寸
21	20~19的中點，21~4連結畫直線

22~17	跟21~19同尺寸，22~2連結畫直線，即22~21為袖口尺寸

以上是一片袖的畫法，二片袖如下調整：

二片袖製圖說明

23~D	跟前身片的28~65同尺寸，即2.5cm(1吋)
24	23直下跟L橫線之交點
25~4	跟2~23同尺寸
26	25直下跟L橫線之交點
27	23直上跟2~U袖山之交點
28~25	跟27~23同尺寸
29	1橫線跟袖山之交點，29跟後身片的V點是對齊記號
30	29直下跟L橫線之交點
31~24	袖口尺寸
32~24	31~26的$\frac{1}{4}$
33~26	31~26的$\frac{1}{4}$
34~30	31~26的$\frac{1}{4}$，34降下0.75cm($\frac{5}{16}$吋)畫小曲線為袖口線
35~30	31~26的$\frac{1}{4}$，35降下0.75cm($\frac{5}{16}$吋)畫小曲線為袖口線

二片袖製圖說明

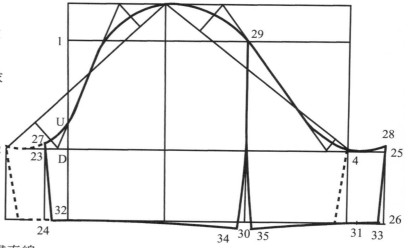

B型製圖說明

　　以下之B、C、D型的適用尺寸與製圖說
明，請參閱A型適用尺寸與製圖說明，在這裡
僅將不同處說明於後：

80　　　R~72直線跟76~77橫線之交點

83~82　6.5cm（2½吋）

84~82　7.5cm（3吋）

85　　　85~84~82為直角，即85~84線跟
　　　　81~82線平行

86~80　12.5cm（5吋），視流行或嗜好而增
　　　　減，86以R~72直線向80畫直角而求

87　　　O直下跟V橫線之交點

88~87　1.25cm（½吋），V~88連結畫小曲線為
　　　　肩褶剪接線，V~45連結畫直線，如
　　　　圖1、2展開為疊褶份，88~3為雙幅線

B型青年裝

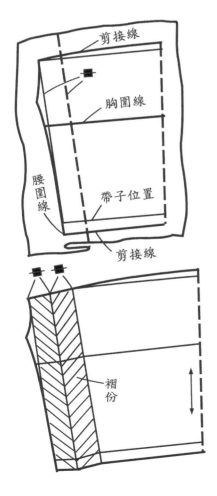

剪接線

胸圍線

腰圍線

帶子位置

剪接線

褶份

B型青年裝

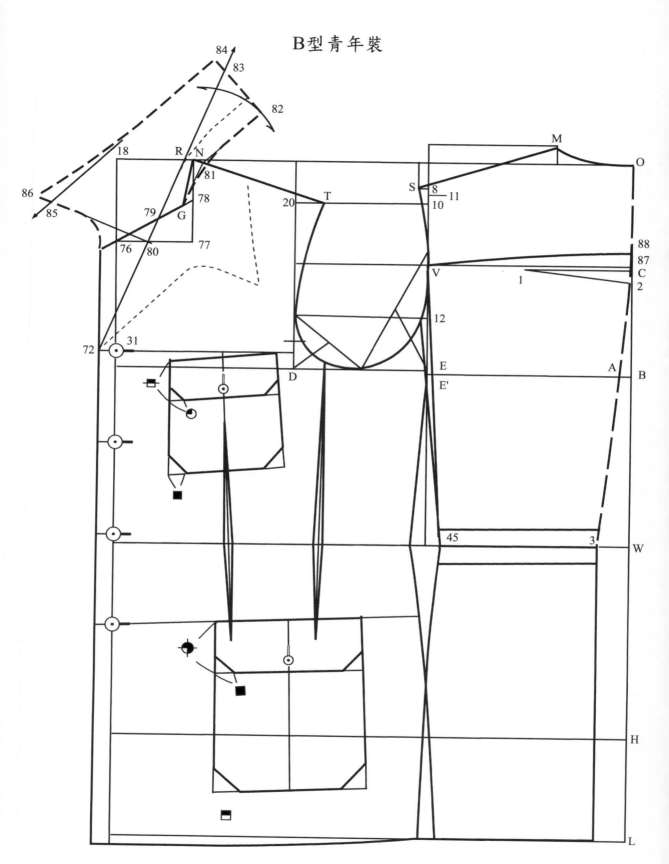

C型製圖說明

80	以R~72直線向79畫直角而求，R~79為上片領的領折線
G~79	2cm（¾吋），G在80~79之延長線上，G~72為下片領的領折線
83~82	5cm（2吋）
84~82	7.5cm（3吋）
85	85~84~82為直角，即85~84線跟81~82線平行
86~79	11.5cm（4½吋），86~80是1cm（⅜吋）
87'~86'	2.5cm（1吋），87~G跟G~87'同尺寸，87~72跟72~87'同尺寸
88	O直下跟V橫線之交點
89~88	2cm（¾吋），V~89連結畫小曲線為肩襠剪接線，89~3直線展開為合褶份

D型製圖說明

78~18	18~N加上18~76後的一半
79	18~76的中點
80	79~55的中點
81	79~80的中點
82	80~55的中點
83	O直下跟V橫線之交點
84~83	1.25cm（½吋），0~84與84~3為雙幅線
85	V~84的中點
86	45~3的中點，85~86連結畫直線
87~85	2.5cm（1吋），87~86展開為合褶份，V~87與87~84連結畫小曲線為肩襠剪接線

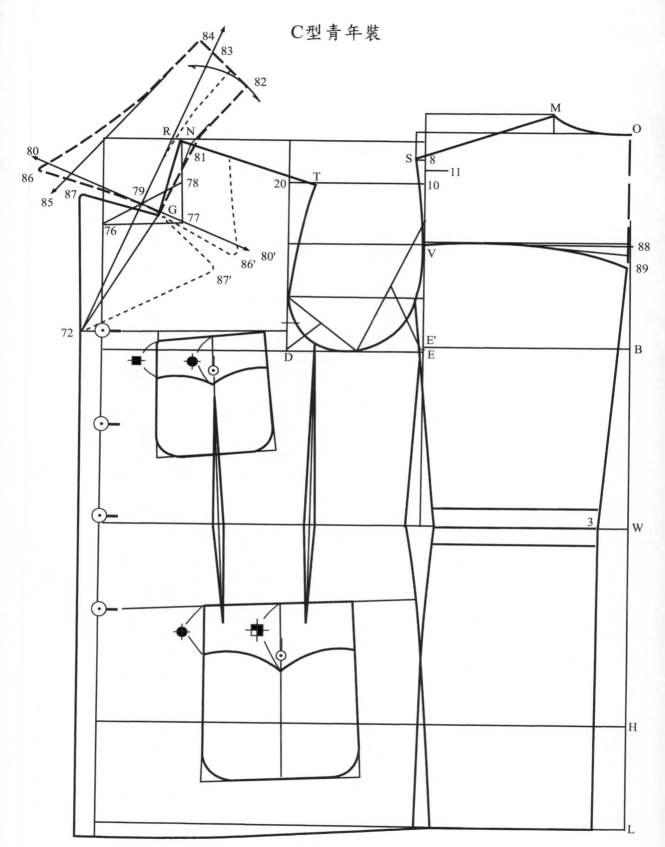

C型青年裝

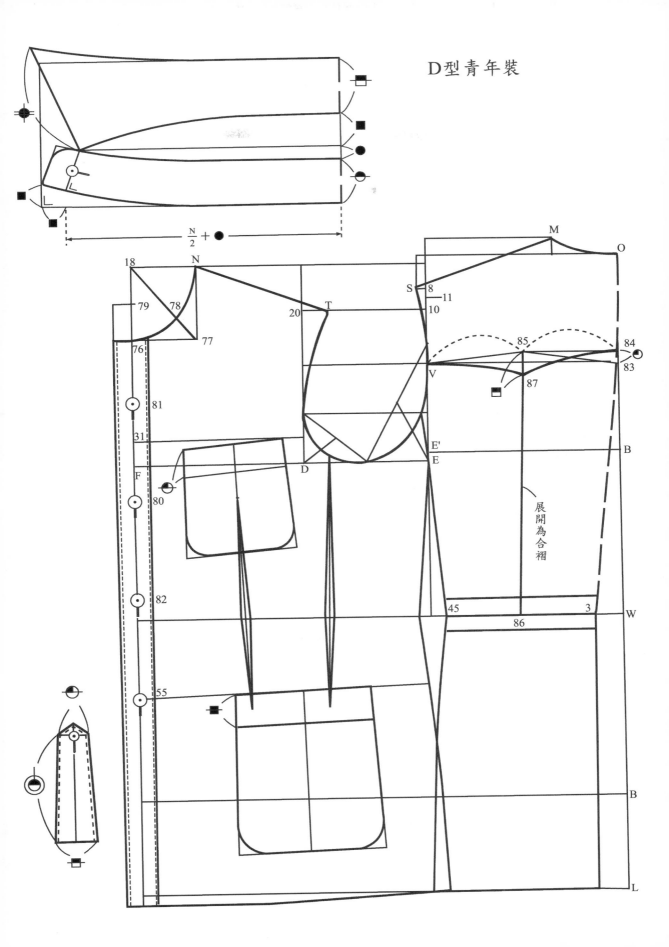

D型青年裝

夾克的基本

夾克（Jumper）是指活動服裝而言，無論男女、孩童均可穿用的工作服、罩衫之意。法語為夾克衫（Blooson——拉鏈夾克衫）。原為粗綿、麻紗等縫製，乃行船人、起卸貨工人、司機等之工作服，是指富於運動量而輕快、舒適、寬敞的茄克（Jacket）。常見在下襬或袖口附帶子或鈕子，使其緊緊貼身而用伸縮帶（Knit——羅紋），或同布的帶子等，前開用鈕子扣住，或附拉鏈或套裝型（Poll over）等，長度自腰部至腹部，也有至臀部的種類，一般稱其為夾克。

從前只有翻領型的平凡之款式，可是近年來越發進步，在設計方面也力求美觀、舒適等，做到自由設計，可是其本來的目的是工作服，應該把重點置於容易活動穿用。近年來，為了摩托車騎士之防寒用，或渡假用，夾克已經是大為流行。

夾克袖子的運動量

雖然簡單一句就說夾克，但是其使用目的與布料就有不同，在用途方面依設計也有差異。因此，理想的袖圈也不能一概而論，首先，得整理夾克的概念後，依用途別設計數種為參考，請按照目的而利用袖型。雖然這次僅以普通袖子說明，但是，拉克蘭袖（Raglan sleeve——連肩袖、斜肩袖、牛角袖）、德爾曼袖（Dolman sleeve——披肩袖）、和服袖（Kimono sleeve）等的設計之變化也很有樂趣。

依服飾辭典，夾克（Blovson）是法語，英語為工作茄克（Jumper——運動茄克、水手茄克）。直截了當地表現而穿上作業服裝之意。

這是從1925年左右，狩獵服、釣魚裝、運動家（Sports man）、遠足者（Hiker——徒步旅行者）等必須穿用的服裝，其後也成為軍服來使用，長度大約在腰部至臀部之間，下襬是用皮帶，或鬆緊帶，羅紋繫緊的短上衣。

最近，在年輕人的衣生活意識中，夾克是容易的（Easy——輕快的、輕便的），並且普遍認為穿著起來充分有寬裕而輕鬆、輕快。就在不受拘束的生活這一點上，取回讓自己的裝束隨便化之現象

因夾克也是能表現這些的穿著。縫製的重點，首先要有寬鬆，而且肩線要向下墜下。

以粗斜紋棉布（Jeans——三頁細斜紋布）或毛織布、皮革等打扮成套裝而穿用後，將夾克的形象轉變為瀟灑的（Smart——漂亮的、時髦的、俏的）印象。

如以用途而大致區分為

①以粗棉或麻布縫製，適合造船夫、起卸貨工人、汽車司機等工作者，且穿著有耐久性、方便勞動為放置重點。

②適合運動家穿著之富運動量的輕便服裝，穿用時以重視機能性為主。

③作為漂亮而重點在裝飾審美性時，各種各樣的設計就不同。

前面所說的①是使用第1圖，袖山尺寸是後身片的6~E肩高尺寸的$\frac{4}{7}$，②是使用第2圖，袖山尺寸是後身片的6~E肩高尺寸的$\frac{4}{7}$，③是使用第3圖與第4圖，袖山尺寸是後身片的6~E肩高尺寸的$\frac{4}{7}$。又肩幅放寬一點為垂肩（Drop shoulder）的場合，在其垂下的部分將袖山改低，也能享受把背幅放大為寬敞的懸垂狀態（Drape——自然縐、褶皺襉）之美觀而顯得美麗。

適用尺寸

總長 （FL）147cm(58吋)
衣長 （ L ）61cm(24吋)
背長 （WL）42cm(16½吋)
臀長 （HL）63cm(24¾吋)
胸圍 （ B ）94cm(37吋)
腰圍 （ W ）82cm(32½吋)
臀圍 （ H ）96cm(38吋)
肩寬 （SW）44.5cm(17½吋)
背寬 （BW）37cm(14½吋)
胸寬 （FW）37cm(14½吋)
頸入 （NC）5cm(2吋)
肩斜 （SS）7cm(2¾吋)
袖長 （ S ）59.75cm(23½吋)
袖口 （CW）29cm(11½吋)

製圖基度

Ⓑ＝B＋19cm（7½吋）＝113cm（44½吋）

製圖說明

O	為基點，並畫直角線
B~O	$\frac{Ⓑ}{8}$加上10.75cm（4¼吋），即為鎌深案內線（引導線）
C	O~B的中點
W~O	FL的$\frac{2}{7}$
H~W	FL的$\frac{1}{7}$，或H~O為FL的$\frac{3}{7}$
L~W	W~H的$\frac{2}{3}$，或L~O為FL的$\frac{8}{21}$，O~L為雙幅線
1~O	$\frac{Ⓑ}{16}$加上1.5cm（⅝吋）
M~1	1~O的$\frac{1}{3}$減掉0.75cm（5/16吋）
2~O	肩寬尺寸的$\frac{1}{2}$
S~2	2.5cm（1吋），即O橫線下的後肩垂量，求取S~2的尺寸時，先把肩垂量（SS）的尺寸7cm（2¾吋）分成一半後，再減掉1cm（⅜吋）
3~S	背寬與胸寬同尺寸時，用固定1cm(⅜

吋），背寬與胸寬不同尺寸時，3~2的尺寸會有變化

E'	3直下跟B橫線之交點
4	3直上跟M橫線之交點
J	從固定尺寸2.5cm（1吋）減掉NC的$\frac{1}{2}$後，如果是正數時J是在2~O橫線上面，如果是負數的話，即在2~O橫線下面，本圖為0即剛好跟2~O橫線同點，即4~3與NC及SS尺寸的不同之故J點不一定在O或M橫線之交點，J為前身片的橫向基本線
5~J	跟4~3同尺寸
6	3~5的中點
E~6	肩高尺寸，即$\frac{Ⓑ}{8}$加上7cm（2¾吋），因4~3與NC及SS尺寸的不同之故，E點不一定跟E'同點，本圖剛好同點
D~E	$\frac{Ⓑ}{4}$減掉12.75cm（4⅞吋）
F~D	$\frac{Ⓑ}{8}$加上5.75cm（2 3/16吋）
V~E	O~B的一半
7	V~E的中點
X~7	0.75cm（5/16吋）
8~3	3~E的$\frac{1}{3}$
9	D~E的中點
10	8~9的中點
11	10~E的中點
12	9直下跟L橫線之交點
13	D直上跟J橫線之交點
14~13	跟J~5與4~3同尺寸，14在13直下跟5橫線之交點
15	14直下跟V橫線之交點
16	15~D的中點跟7橫線之交點
U	16~D的中點，即為袖子的對合記號
T~14	胸寬與背寬同尺寸時，以$\frac{Ⓑ}{32}$減掉0.5cm（3/16吋），或6~V的$\frac{1}{2}$減掉1cm（⅜吋），或$\frac{Ⓑ}{37}$，胸寬與背寬不同尺寸時，T~14尺寸會有變化
N~T	S~M尺寸減掉0.5cm（3/16吋），N點在13~J橫線上

A型夾克

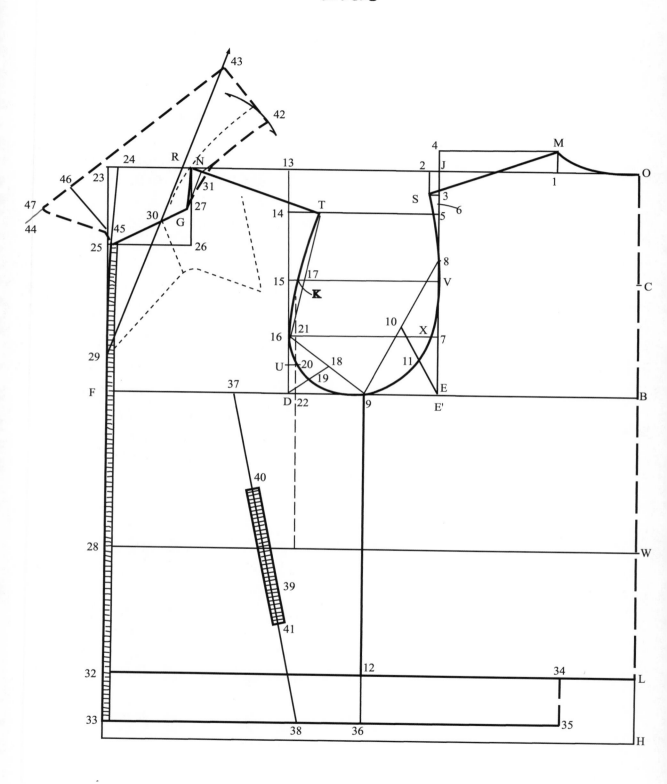

17	T~16直線跟15~V橫線之交點
K~17	15~17的$\frac{2}{5}$
18	16~9的中點
19	18~D的中點，將S~V~X~11~9~19~16~K~T等各點連結畫自然柔順的弧線為袖圈線
20	16~19袖圈線跟U橫線之交點，20上下畫垂直線為袖子的縱向基本線
21	20直上跟16~7橫線之交點
22	20直下跟D~E橫線之交點
23	F直上跟N~13~J橫線之交點
24~23	1cm（$\frac{3}{8}$吋），24~F連結畫小彎線
25~23	跟1~O同尺寸，25在24~F的小彎線上
26	N直下跟25橫線之交點
27	N~26的中點，25~27連結畫直線
28	F直下跟W橫線之交點
29	23~28的中點
R~N	1cm（$\frac{3}{8}$吋），R~29連結畫直線
30	R~29直線跟25~27直線之交點
31~R	2cm（$\frac{3}{4}$吋），31在N~T之肩線上
G	G~31直線跟R~29直線平行，G~N連結畫直線為前領圈線
32	F直下跟L橫線之交點，夾克下襬有腰帶或羅紋之故，穿上時，腰帶或羅紋均在臀部之上，因此不用加上前垂份
33~32	腰帶寬度5cm（2吋）
34~32	腰帶長度，通常以臀圍實寸之$\frac{1}{2}$或小一點，34~L的尺寸在12為中心左右各分一半為褶份
35~34	32~33同尺寸，34~35為雙幅線
36	9~12直下跟33~35橫線之交點
37	F~9的中點
38~36	37~9的$\frac{1}{2}$
39~38	口袋尺寸15.5cm（6吋）
40	37~39的中點
41~40	口袋尺寸，即跟39~38同尺寸

此件的前中心與口袋均用拉鏈縫製

領子製圖說明

42~31	跟後身片的M~O同尺寸，以42~31為半徑畫圓規線
43~42	7.5cm（3吋），43在R~30~29直線上，43~42~31為直角
44	44~43~42為直角，即44~43線跟42~31線平行
45~25	1cm（$\frac{3}{8}$吋），45在25~F的小彎線
46	以44~43直線向45畫直角而求
47~46	4cm（1$\frac{1}{2}$吋），47~45連結畫直線，47~46與47~45視流行或嗜好而增減

第1圖袖子製圖說明

O	為基點，並畫直角線
1~O	後身片的6~E肩高尺寸的$\frac{2}{3}$
2~1	前後袖圈（AH）的$\frac{1}{2}$
3~2	跟1~2同尺寸，即AH的$\frac{1}{2}$
T~2	0.5cm（$\frac{3}{16}$吋），T點是跟肩線對合記號
4	2直下跟1~3橫線之交點
5~2	O~2的$\frac{1}{3}$
6~2	5~2同尺寸
7~1	1~4的$\frac{1}{4}$
8~3	1~7的$\frac{1}{2}$
9	以1~2直線向5畫直角而求
10	5~9的中點
11	以2~3直線向6畫直角而求
12~6	11~6的$\frac{1}{3}$
13	以1~2直線向7畫直角而求
14~7	13~7的$\frac{2}{5}$
15	以2~3直線向8畫直角而求
16~15	15~8的$\frac{1}{3}$
17~O	袖長減掉袖口寬，即減掉5cm（2吋）
18	2直下跟17橫線之交點
19	3直下跟17橫線之交點
20~17	17~18的$\frac{1}{4}$，即跟1~7同尺寸
21~19	跟17~20同尺寸
22~1	1cm（$\frac{3}{8}$吋），22~20連結畫直線後，從1向22~20畫柔順的小彎線
23~3	1cm（$\frac{3}{8}$吋），23~21連結畫直線後，從3向23~21畫柔順的小彎線
24~21	袖口的$\frac{1}{4}$
25~24	10cm（4吋）

袖口製圖說明

26	為基點
27~26	袖口尺寸，本圖是23cm（9吋）
28~27	相疊份2.5cm（1吋）
29~26	袖口寬5cm（2吋）
30	28直下跟29橫線之交點

第2圖袖子製圖說明

　　製圖說明跟第1圖一樣，僅袖山的尺寸，即1~O的尺寸是後身片的6~E肩高尺寸的$\frac{3}{4}$，袖口是用羅紋（Knit——編織伸縮布料），長度大部分是袖寬的$\frac{1}{2}$為居多。

第3圖一片袖製圖說明

U　　　直接在上衣袖圈畫袖子時，在前身片的20上下畫垂直線為袖子縱向基本線，袖子的U點，即跟前身片的20同點

D　　　跟前身片的22同點

1~D　　跟前身片的15~D同尺寸

O~D　　後身片的6~E肩高尺寸之$\frac{4}{5}$，即為袖山O~D的尺寸。或以肩高尺寸的$\frac{3}{4}$加上1cm（$\frac{3}{8}$吋），或O~1是後身片的6~V之$\frac{1}{2}$亦可以

第2圖袖子

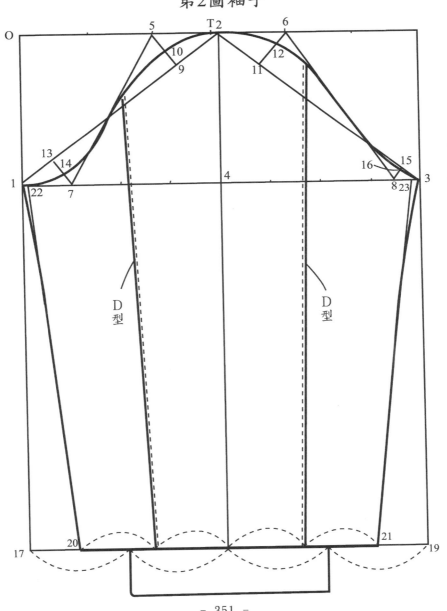

L~O	袖長尺寸
2~D	跟前身片的22~9同尺寸
3~2	跟前身片的T~K~16~20~19~9的袖圈同尺寸
4~3	跟後身片的S~V~X~11~9的袖圈同尺寸
T~3	後身片的3~5之一半，即跟後身片的3~6與6~5同尺寸，T是袖子對合記號
5	O~T的中點，5~U連結畫直線
6~T	跟5~T加上0.5cm(³⁄₁₆吋)
7~4	後身片的9~E間之⅓
V	1橫線跟袖山之交點，V跟後身片的V點是對齊記號
8	以2~T直線向5畫直角而求
9	5~8的中點
10	以T~4直線向6畫直角而求
11~6	10~6的⅓
12	5~U直線跟D橫線之交點
13	以T~2直線向12畫直角而求
14~12	13~12的⅖
15	以T~4直線向7畫直角而求
16~15	15~7的⅓
17	2直下跟L橫線之交點
18~2	跟前身片的F~28同尺寸
19	4直下跟L橫線之交點
20	4直下跟18橫線之交點
21~17	袖口尺寸

22~17	21~19的⅛，2~22連結畫直線
23~19	21~19的⅓，4~23連結畫直線
24~22	袖口尺寸，24在17~19橫線降下17~22的尺寸
25~20	2~4的⅜
26	以4~23直線向25畫直角而求
27~25	2~4的⅛
28~24	跟26~23同尺寸，28~27跟27~26同尺寸並連結畫直線

第3圖袖子

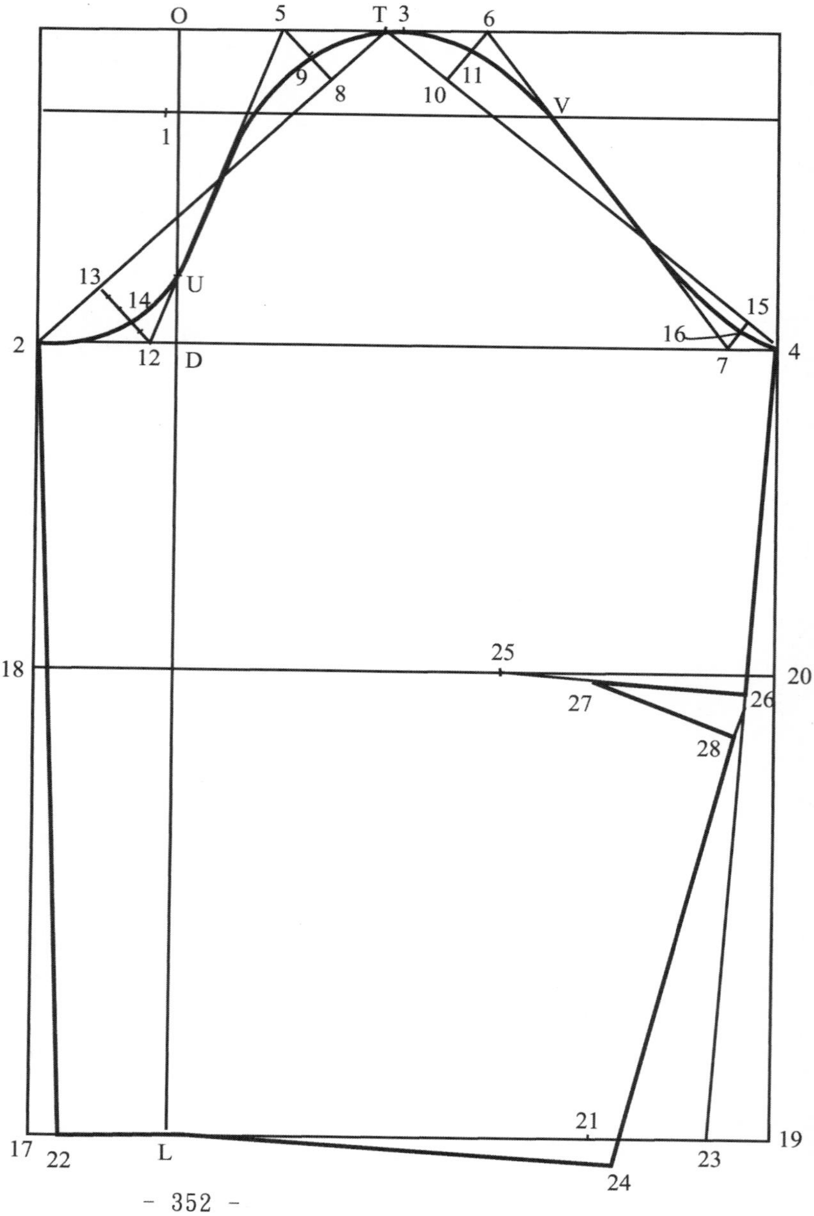

第4圖二片袖製圖說明

29~D	跟2~D同尺寸
30~D	2.5cm（1吋）
31	30直上跟2~14~U的 袖山線之交點
32~D	2.5cm（1吋）
33~32	跟31~30同尺寸
34~29	跟7~4同尺寸，34~V 連結畫直線後，29 提高0.5cm（³⁄₁₆吋）而 畫袖子谷底彎線
35~U	跟前身片的T~20同 尺寸
36~L	袖子座姿尺寸，視 體型而定，本圖是 1cm（³⁄₈吋）
37~36	2.5cm（1吋），即跟 30~D同尺寸
38	30~37直線跟18橫線 之交點
39~38	1.25cm（½吋）
40~39	5cm（2吋）
41~37	跟30~32與39~40同 尺寸
42~36	袖口尺寸的½，以 35~36直角畫袖口線 後，V~42連結畫直 線
43	V~42直線跟18橫線 之交點
44~43	2.5cm（1吋）

第4圖袖子

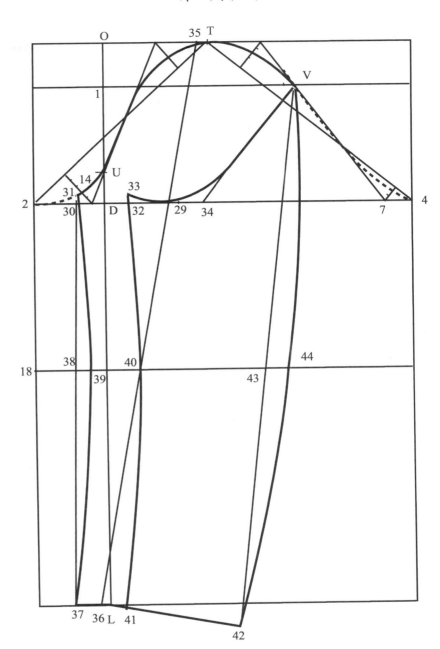

B型夾克

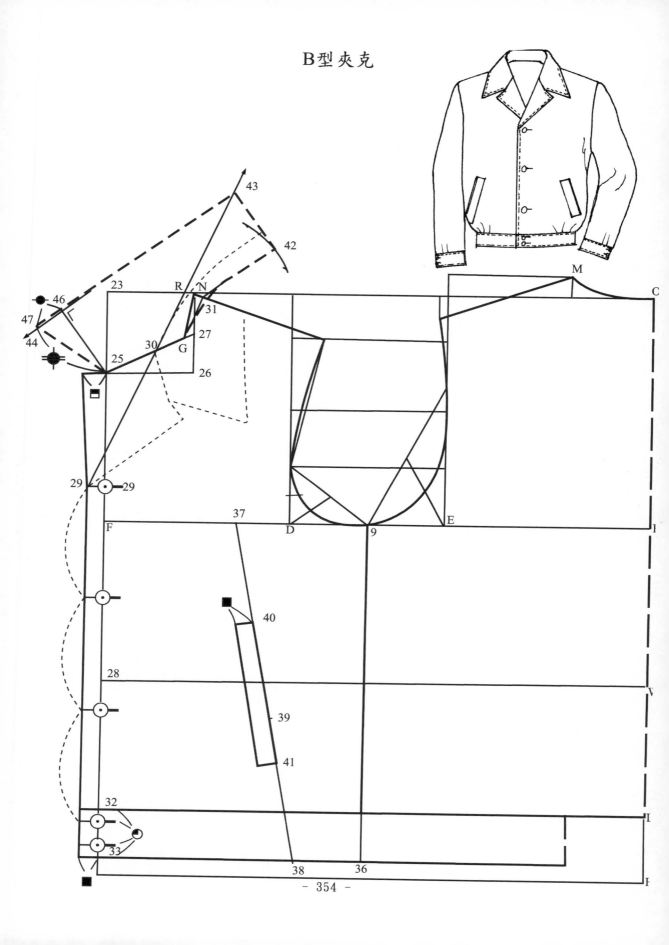

C型夾克

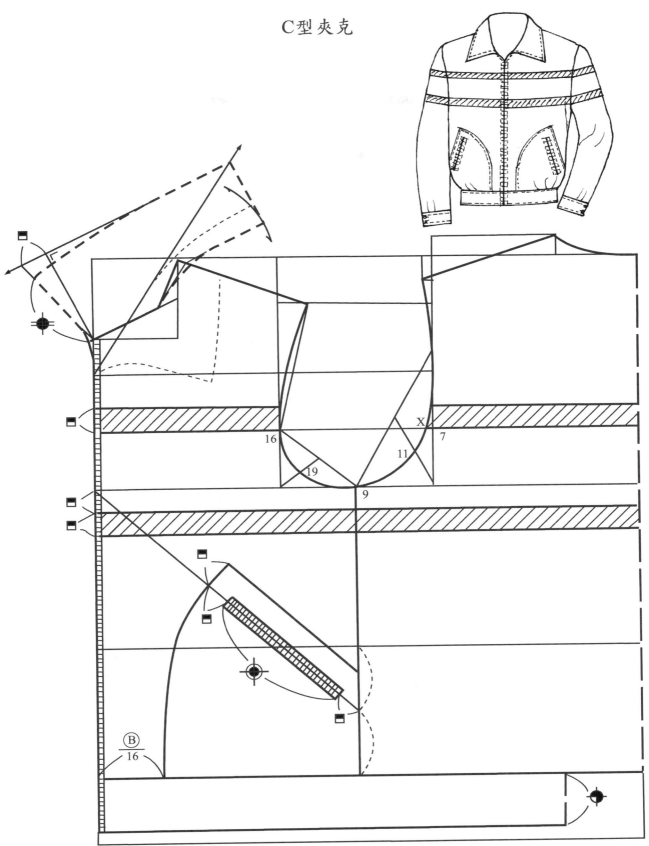

16 X 7

19 11

9

$\frac{\text{Ⓑ}}{16}$

D型夾克

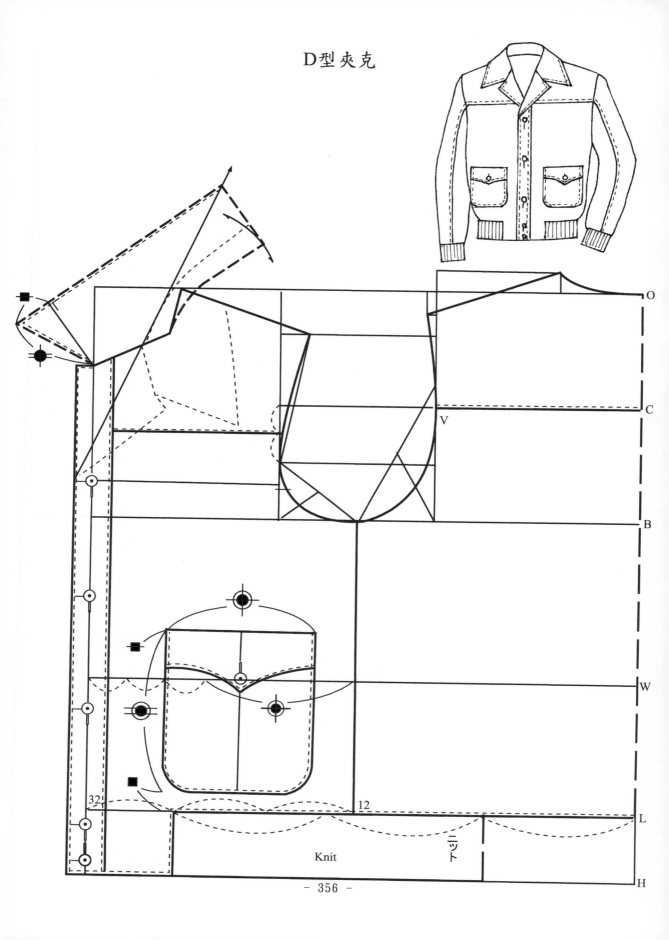

O

C

V

B

W

32   12

Knit   ニット

L

H

E型夾克

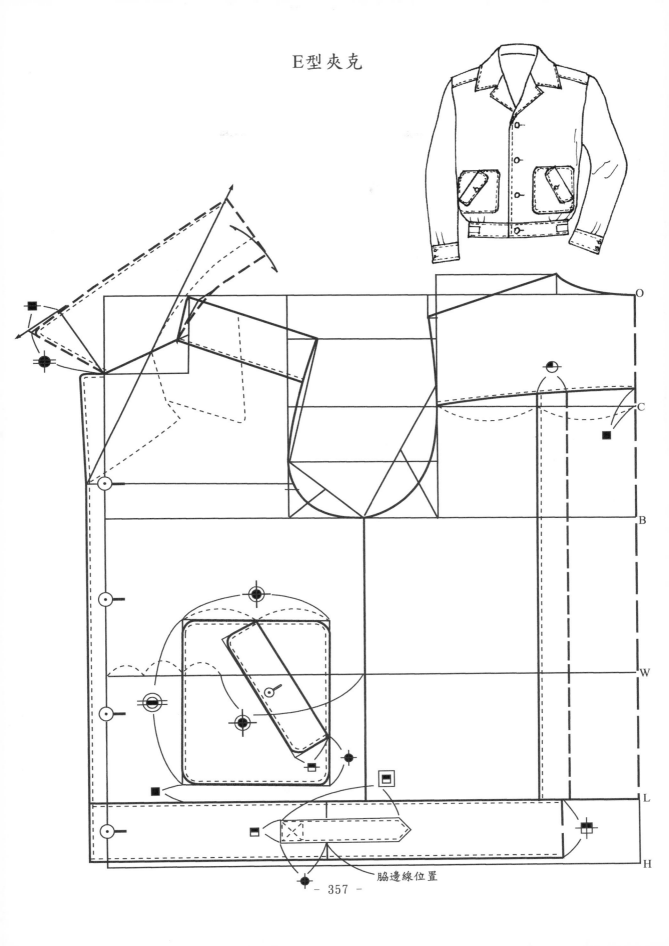

脇邊線位置

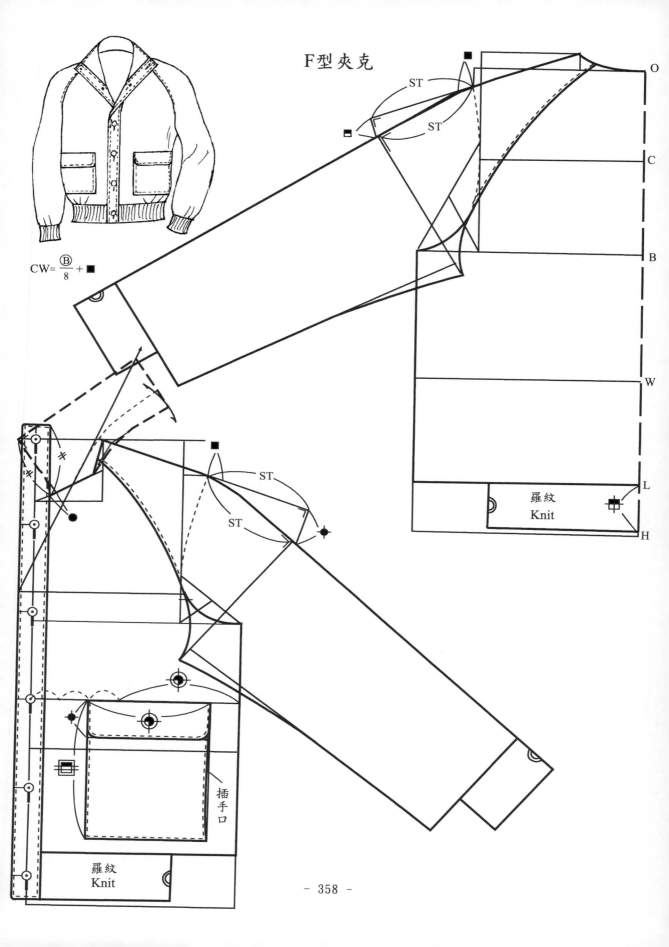

F型夾克

ST

ST

O

C

B

W

ST

ST

L

H

羅紋
Knit

$CW= \dfrac{\textcircled{B}}{8} +■$

插手口

羅紋
Knit

G型夾克

$$CW = \frac{\text{B}}{8} + \blacksquare$$

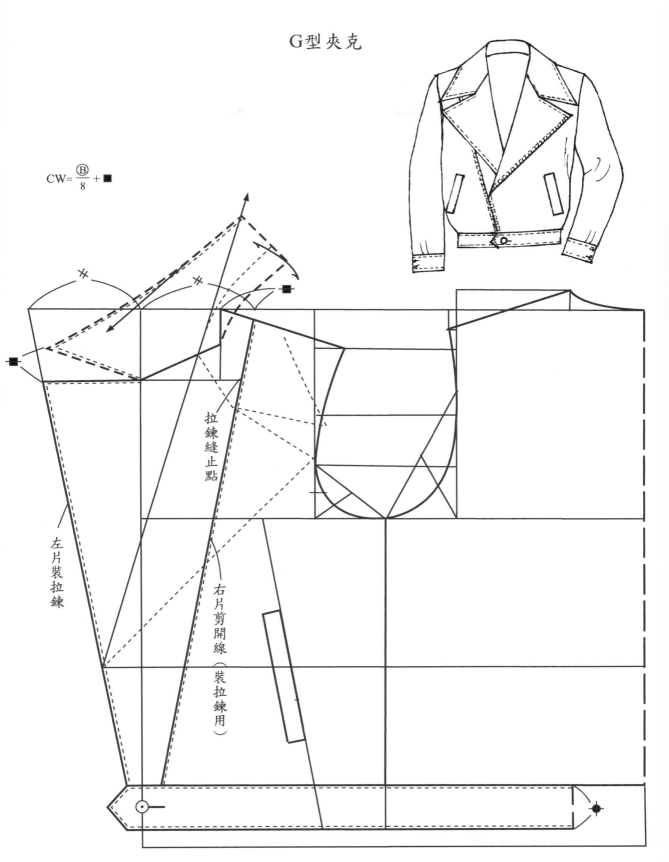

拉鍊縫止點

左片裝拉鍊

右片剪開線（裝拉鍊用）

H型夾克

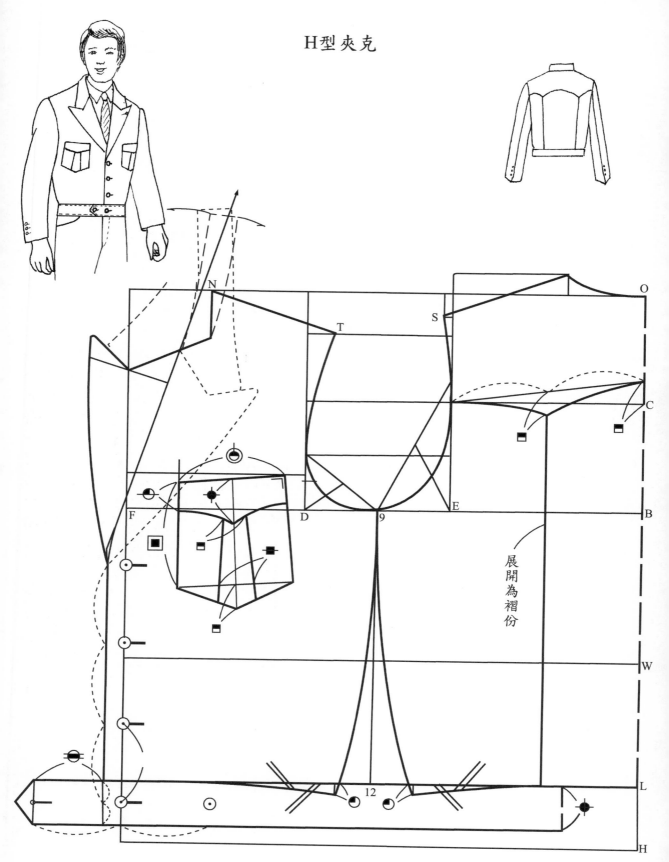

展開為褶份

附 錄

本書作者呂寶霖先生榮獲台北市政府李登輝市長頒贈辦理補習教育績效良好獎狀。

寶霖服裝雜記

別看輕自己的行業

我們服裝業是一門高深的學問，卻也是讓人瞧不起的行業。很久以前，時常聽到稱呼我們為裁縫仔或做衫仔；甚至有人比喻說「做土水如做土匪，做裁縫如做賊王（閩南語發音）」。所以很多業者抱著自卑的心態，時常怨嘆本業為低級且沒有地位的行業。其實我們的行業，如剛才說過是一個高深的學問，是一種高級的行業。因為，深入研究過服裝學的人，除了懂得縫製服裝的技術與技巧之外，還要懂得如何設計、裁剪以及數學、幾何、代數、鈑金、美術、藝術、美學、審美、色彩等與服裝有關的科學領域，進而瞭解服裝的就業市場，有縫製師、裁剪師、設計師、管理人員等可以造就服裝專家就業機會。雖然在國內沒有服裝科的學位（如服裝博士）制度，且不受重視，在排行榜裡面醫生排在前面，我們的行業被排在後面；但是，大家要知道，服裝業在外國的地位，尤其在法國是排在前面，在法國的服裝設計師是很吃香的，我們稱呼醫生為醫師，我們是不是也可以自稱為衣師呢！大家都知道，神是創造宇宙萬物的第一造物者，如果是這樣，我們從事服裝業的人是不是也可以以第二造物者來自居。我們有這種本事與能耐嗎？您如果不相信，可以到溫泉鄉或三溫暖，裡面的人群假定相互不認識，大家都沒有穿衣服在洗澡時，裡面的人看起來都是一樣，您能知道對方的身分嗎？可能上自總統，下至乞丐等各階層的人都有，沒有穿衣服時，您是認不出他是何等的人物。但是，大家穿服裝出來時，您可以判斷對方的年齡、性別、族群、社會地位和角色。或者在路上，我們能分辨他是學生、警察、阿兵哥、郵差、消防人員、空中小姐，或醫生、護士、上班族、勞動界的人等等。或許看歌仔戲的時候，我們一眼就知道他扮演的是皇帝、文武官員、或忠臣、奸臣、或助民除奸的大俠，或勞僕、查某団、乞丐、流氓等等。雖然他們所穿著的服裝，不是您我親手所縫製的，但是，我們一定知道，是我們同行的業者之傑作。因此，我們不要輕視自己的行業，要重視我們所擁有的手工藝之技術與技巧，並且記住：我們是「雖非尖端技藝，卻是頂上工夫」的一份子而抱有自信呢！「不要小看自己，因為人有無限的可能」，或「不要小看螺絲釘，組合功能也不輕」這些名言，我們在社會上也是不可或缺的重要角色，請繼續創造大家所盼望的幸服（福）吧！

手的讚美

以自己的手能做出東西，當初想都沒想過能享受這樣的愉快。

品嚐這種喜悅是成為技術者的毛病嗎？

潛意識裡不知不覺地運用自己的手，雖然是自己的手，但是真奇怪，認為值得感謝。這不僅是講指尖的靈巧而已，還是多年來累積很多修練的結果。

不依靠任何事，不經過時間的累積是無法有什麼成就。

多少英雄偉人不管如何的偉大，很多人其實連一條褲子也不會縫製。

不只是工人擁有這個喜悅並且知道享受，儘管可能是細小如珍珠般的喜悅。

靜與動

掛在人體模型上的服裝與折疊後收拾在衣櫥裡的服裝其實是一樣。折疊過的服裝不過是一個靜物而已，但是，只要人將手穿過服裝的時候，嘩拉地衣服就變成有生命力的東西。服裝是因為穿法而展現出生氣。

西裝跟日本和服不同，不折疊收拾起來，掛在人體模型的期間，還是一個靜物。將其取下穿在人的身上後狀態就變了。人體模型是靜止的，沒有擺動的手腳，所以當脖子與手腳穿入服裝裡面而擺動時，服裝也跟人的命運一樣表情就產生變化。服裝會發生合適或不合適的現象大概是這樣吧！

訂做服裝也好，成衣也好，最近常常舉辦競賽會，但是，並不是跟一般婦人服的發表會形式相同，仍舊把衣服穿在人體模型上進而鑑賞而已，我也曾被聘為審查員。即所謂的靜物審查，只能憑想像服裝穿在人身上時做動作的姿勢而已。儘管如此，縫製工作的技巧，或領子、袖子等，關鍵的部分隨手都懂。

被審查的服裝到底是一件適合穿的服裝，或是適合欣賞的服裝，常常成為問題，使審查員痛苦。但是很多參賽者一定隨便說大話：「自己要穿的服裝，且讓別人欣賞的服裝」。

殘而不廢、自立自強
　皇天不負苦心人
　　—— 劉金生成功的例子

【麗新服裝雜誌編輯委員呂建勳1985、7、1特稿】人一生下來，就不一定平等，儘管如此，只要有決心，有毅力，不畏艱難，肯吃得一時的苦，誰敢說成功不是屬於您，誰又敢說您是一個天生的失敗者？雖然，成功的路途坎坷，但是，只要相信「皇天不負苦心人」這句話，無論路途多艱鉅，相信要擺平它絕非難事。

誠如劉金生的例子，他只是一個道道地地的凡人，一個平凡的人，但是憑藉著他不屈不饒的意志力，卻創造出許多不平凡的事蹟，這不是天方夜譚，更非聊齋誌異，在眾目睽睽之下，他完全成功的作出了一件衣服，從畫圖、剪布、穿針、縫製等工作，他一絲不苟的做著，雖然這些是極其平常的小事，但是，值得一提的是，他是一名殘障者，且失去了他最重要的十隻指頭，利用斷胛，做出服裝縫製的工作，其成果令人有種不可思異的感覺，也實更令人欽佩。

社會上有著許多的殘障者，其中也有很多像劉金生一樣殘而不廢的例子。現在失業者多的無可計數，但是，出生在花蓮縣鳳林鎮山突里一鄰四號的劉金生（現年20歲），在東區職訓中心，經過了老師的指導，及比他人多付出數倍的時間與努力，終於通過男裝丙級技能檢定，現服務於桃園的某製衣工廠，月薪一萬元左右，自給尚足。

由上列的例子看來，殘障者固然需要愛護，但是，由此卻無形中激發了我們身體健全者的信心，他們能，為何我們不能，這是一個值得令人深入檢討的問題，不過，深入一想，答案卻又呼之欲出，因為我們跑了一公里的時間，他們卻跑不到一公里，為此，他們所花的時間，相對之下便比我們多。俗話說：「勤能補拙」，就此一個簡單的原因，使他們和我們能並駕齊驅，甚至能超越我們，因此，我們須向劉金生及其他有成就的「殘而不廢」者看齊，並非學習他們的成果，而是學習他們努力的過程中，所流下的汗水。（照片是宜蘭縣縫紉職業工會理事長顏豐泰先生所提供）

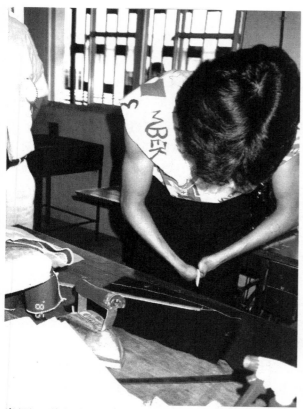

畫圖：將尺放在布上，拿熨斗壓在尺上，雙手拿粉餅畫出所需要的線條。

穿針：將針插在工作檯上，雙手握著線慢慢的將線穿進針孔內。

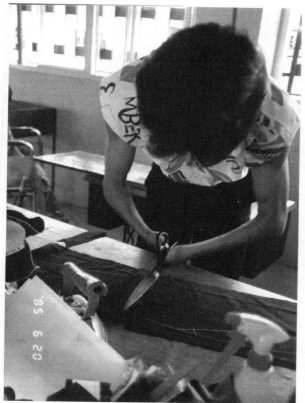

剪布：拿起剪刀，左右手各伸進剪刀的二個洞裡，一上一下的操作剪刀。

縫製：使用縫紉機的情形。

學歷無用

我以前常常在學生面前說，人生在世有二項重要的基本條件：一項是學歷，另一項是生活技能的實力，這二項之中，又以生活技能的實力為最重要。但是，人一出世後要先顧全學歷，因為學歷須在幼小時開始學習，不然年老時就很難學習到高的學歷。學歷部分學習一個階段後，就要開始全心研究實力，因為實力比學歷重要，在日本SONY的盛田昭夫曾提出學歷無用論，引起了整個社會的轟動……請看古今中外的大富豪、大事業家，像美國的卡內基（Andrew Caregie —— 1835~1919）、洛基菲洛（John Davison Rockefeller —— 1839~1937）、福特（Henry Ford—— 1863~1947）、歐那西斯（Aristoteles Sokrates Onassis —— 1906~1975），日本的松下幸之助、本田宗一郎，台灣的王永慶、吳火獅、黃烈火、蔡萬春、何傳、侯雨利、王清宗、陳查某……等都沒有什麼高的學歷，他們成功就是靠實力，即使林挺生、辜振甫、嚴慶齡等幸運的有好學歷者，但他們的事業也並非來自一張文憑，而是靠實力。在事業界確是學歷無用要有實力。雖然實力須靠自己磨練與研究，但是，亦需要有人指點，例如從事服裝業的我們要研究剪裁，如果沒有好的老師或師傅之指導，全靠自己或找到不理想的老師或師傅，一定會浪費很多的時間與努力才能達到理想，比如在台北市的重慶北路與民權西路向東走到中山北路，再順著中山北路向南走到南京西路，又順著南京西路向西走到重慶北路口之圓環，雖然能到達圓環，但是，已經浪費很多的時間與體力才到圓環，這樣雖然一樣可以到達目的地，但是，如果能碰到一個有經驗，又好心的人之指點，從台北橋下直接走重慶北路向南到南京西路口的圓環，不但省時又省力，又有好的結果。這說明實力跟學歷一樣，一定須有一位好的老師或師傅之指導，才能完成目的。

您想具有西服技術的裁剪實力嗎？請訂閱「訂做西服技術書」就是增強實力的捷徑，協助您提高西服技術之裁剪。「訂做西服技術書」是國內獨一無二的服裝技術書，是針對就業、晉升、投資、創業、產銷、經營及成功致富的實際裁剪問題，是任何服裝書所沒有的珍貴資料，受高等教育者不可不看，未進大學者更不能不看。「訂做西服技術書」是實力者的文憑，事業家的身分證。不看此書虛度此生，請現在就訂閱，國內唯一權威的西服技術書。

人材與專業講師

我參加過國內外無數次的各種服裝專題講習會或演講會與研習會，因此，使我有一種感覺與體會。我感覺在這個社會上有三種人材或專業講師之別。第一種是「只會說而不懂」，第二種是「只懂而不會說」，第三種是「不僅懂又會說」等基本型的三種。

我們服裝界也是有這三種的人材與專業講師。第一種是很會說，但是沒有專業的基本常識，技術內涵不怎麼好，一如台語說是「半桶師」，即僅會亂吹亂蓋，好像聽眾全是一無所知的業者，他自己所說的好像很有道理，但是不自覺自己所說的問題到底對聽眾有沒有幫助或是否有誤人之處。有一次我參加服裝研究會時，來參加的同業曾向一位專家請教：褲子的褲管下襬，如果要設計為「馬蹄口」時要如何處理？這位專家滿有自信且裝出一副了不起的樣子，隨手拿起桌上的杯子而隨口答覆說：「這個問題很簡單，窄褲管時，將前後片的褲腳管併合起來，依後身片的褲口線延長，而將前身片的褲口線剪掉為前後一直線即可。如果是寬褲管時，將前後片的褲腳管併合起來，依前身片的褲口線延長，而將後身片的褲口線放出來成為一直線就可以了。這樣的處理法，雖然褲口的前後片看起來有高低之別，但是穿起

來會有「馬蹄口」的效果嗎？雖然窄褲管時將前身片的褲口向上剪掉，原則上前身片的褲口有改變而提高，但是後身片的褲口跟平時的褲口一樣沒有降低，穿起來後身片的褲口也是沒有蓋住後腳跟。至於寬幅如喇叭褲的褲管時，雖然將後身片的褲口向下放出，原則上後身片的褲口有改變而降低，並蓋住後腳跟，但是，前身片的褲口跟平時的褲口一樣沒有提高，穿起來前身片的褲口也是堵住前面的腳盤。如果按照前者所說來處理的話，直筒褲管就不能設計為「馬蹄口」的褲管了。所謂「馬蹄口」的褲管，是前高後低，不是單方面的高或低而已，因此，直筒褲管當然亦可以設計為「馬蹄口」的褲管。這是屬於第一種「只會說而不懂」型的人。

第二種是他本身的技術很好，大家都肯定他的技術是沒有問題。但是，如果要請教他問題時，他會盡所知的告訴您，但是，總是讓人聽不懂他在說甚麼？我以前初到台北時，當時還不會做旗袍，有一次跟鄰居的旗袍店裡的一位學徒聊天時，他說：他的師傅做旗袍的工夫很好，因此生意特別好，但是，跟他學習旗袍的技術時，如果請教他問題，總是讓人聽不懂他在說甚麼。後來他的師傅很厭煩乾脆就說：「你只要默默看我怎樣裁、怎麼做、怎樣操作。」因為他的師傅不善表達給人家聽懂的方法，是屬於「只懂而不會說」型的人。

第三種是不但技術好，也會表達讓人家聽得懂，而且所說得話頭頭是道，不會強詞奪理，又不會誇口他本身很賢（棒），所以這種人是屬於「不僅懂又會說」型的人。

名醫師與名衣師（服裝師）

那位大夫是名醫，那家服裝店做的是好服裝等，時常聽到這些話。而且，也可以看到醫生與服裝師類似的地方。聽診器與布尺採寸、診療卡與尺寸簿、檢查與假縫試穿、手術與裁剪縫製、藥方與修正、新藥與流行、病癒與做好等……。說來也許太牽強，可是上述的事，醫生與服裝店都是一定要做到。可是要人家說那家服裝店的服裝很好（名醫），那就必須每一項都做得很完善始可。

假如甲服裝店與乙服裝店是同樣的技術水準時，那就要看其他的條件了，人緣之好壞亦出自於此。醫生亦同。業務鼎盛的醫師一定是宣傳做得很徹底，有的人是擇善固執而受到病患的信用，時常與病患聊天；也有些醫生是整天面帶笑容。有些醫生對研究很熱心，也有些是設備（店舖）好而受到信賴。同樣的，服裝店也看當事人所持的態度，也很可能成為被稱為名醫的服裝店。

最後，我要強調的是，訂做服裝非在訂做服裝店是作不出來的。可是您若非名醫等級的服裝店，也許您的顧客將會改方向去買成衣。就像假若該地區沒有名醫，病患也許會到藥房買成藥去。

但願我能好好的努力，以免被冠上密醫的頭銜。

可否直接裁剪

常常有人問製作紙型較好，或畫在布料直接裁剪比較好？感覺上似乎大多數的人都很想一次就好，而直接裁剪。製作紙型不如直接裁剪，能把製作紙型的費事功夫省掉比較有效率，這樣總也覺得自己很出色吧！

如果讓我說：直接裁剪絕不是有效率。如果僅做一套，而且是小小的尺寸，布料能充分使用，說不定會比較快。但是如果尺寸較大，布料又有限制時，置放裁片要用心時，直接裁剪就不起作用。如果其中有一個小小的裁片放不進去時，有時候會陷於全部非重新畫圖不可的地步。

每天縫製三套、五套、連續裁剪時，我認為製作紙型後裁剪比較快。而且，可以將顧客的型狀老早就補正好，並且保存著，這可以說是訂做西服（Custom Tailor）的任務。

如果被顧客要求：「前幾天的褲子很好，請按照那個再給我做一件」時，只要有紙型即可，且不用試穿就可以解決。

好不容易抓住顧客而撒開手，會影響著訂做西服的名譽。

不是強迫否定直接裁剪，但是，也不是要稱讚。製圖若能充分放入肚裡，就不是困難的事。但是，如果在布料上跟畫在紙上同樣的製圖，是沒有資格直接裁剪。盡量以簡單的線條，非自由自在能畫出輪廓的話⋯⋯。

補正筆記（記錄、備忘錄）

1. 染上感冒後才治療，不如想辦法如何預防不患感冒才是高明。
2. 跟NP最有密切關係的是重疊份的地方。
3. 雖然可以說大能改小，但是，穴或洞、圈絕對不能變小。寬鬆的服裝不能改緊身的服裝，是因為袖圈的形狀已經不完整。
4. 如果將褲子的前面提升，折紋線會向內，提升後面，折紋線就會向外避開（移開）。
5. 領圈與袖圈，的確不是數量的問題，而是形狀的問題。
6. 後身片的領徑寬是固定，為何僅前面的NP會移動，個人認為這樣是可笑而奇怪的人⋯⋯，但是，在那裡有變化。
7. 5 － 2 ＝ 3，如果是這樣，補正就很簡單，但是，從平面的紙型移至立體的布料上時，想不通的事情會很多。這是道理（理論）與實際不是不一致，而是會變成那樣的理由。
8. 前面的釦子盡量要扣上，是預防走樣的方法，因為好好的釦洞，期望能更加活用。
9. 肩寬較寬的袖山會較低，是常會無意中忘記的事。
10. 肥滿體的構成，應把重點放在腹部最突出的地方。
11. 較複雜困難的是，瘠瘦的人之上衣，肥胖的人之褲子。
12. 袖圈愈小的袖子愈要裁大一點，使縮縫量多一點。如果袖圈愈大的袖子之縮縫量可以少一點。

衣身片的袖圈愈深，袖山必須改低一點，如果不這樣，手舉不起來。日本的和服是筆直的形狀，因此完全沒有袖圈。

13. 補正時，與其直接用粉土畫在布料，不如先在紙版補正（使用漿糊與剪刀）後，再在布上恢復原狀才會準確。這樣做，會發現本來以為是大變化的，反而出乎意料之外（想不到）能以小變化來解決。幸好沒有在一處轉圈圈挑毛病而被團團轉地玩弄。

裁剪寸言集

1 褲子的跨幅（臀部厚度）不是從圓周率比例計算的。
2 褲子的臀圍需正確測量，鬆份是在製圖時加上的。
3 褲子的股下尺寸：應弄清楚褲口寬與鞋跟的關係。
4 褲子的股上尺寸之深度：非從上衣種類而調整不可。
5 鎌深（腋深）尺寸：應先決定肩端S點與T點後求取的。
6 頸入尺寸愈多，N點愈要降低。頸入尺寸愈少，即相反。
7 背寬、胸寬尺寸：不能從胸圍（圓周率）比例計算的。
8 翹屁股體型：從腰圍以下為反身體，平屁股是屈身體。
9 腹寬量：不能從圓周率計算出來的。

1.採用的新款式應該是具備機能的

採用新款式時，穿著起來應該是舒適的才對。如太固執於型態，則在機能上容易產生缺點。

2.總長可決定穿長、背長等一切

採寸時，無論任何場合都應該記量總長才是正確的作法。流行的穿長，無論是西裝、大衣、禮服、襯衫、夾克等均由總長算出。而背長、劍長（領長）也是一樣。

3.計算時直向是縱寸，橫向是橫寸

計算裁剪製圖比例時，直向的尺寸決定方向是以縱向的尺寸做基礎而求得比例尺寸，橫向時則由橫向的尺寸決定應有的尺寸才是合理而正確。

4.胯股皺紋前身過寬

豎起過多 捲入過彎

褲子的胯股總是較易起皺。其因雖多，但在裁剪時前身過寬與挖入過彎，後身中心線豎起過多等為主因，在縫製時則係由墊布皺褶與縫合線的不勻所致。

5.偏向外側需觀察腰骨、腰肚、膝開

構成長褲折紋外向的原因有三種：（1）腰骨太高、（2）腿肚擴張、（3）腿彎曲著。這三種主因在觀察體型時是非常重要的。

6.褲口寬應考慮年齡、股下、臀圍

褲寬常因流行而變化。但是，對於流行應考慮到顧客的年齡、臀圍的大小、股下的長短及嗜好而加以決定尺寸。

7.脇線應畫線以利縫製

任何裁剪線都應該柔順且漂亮才行。脇線與褶子的線條也相同。要有漂亮且自然的線條，不僅外型優美，也更容易縫製。

8.O點的移動應看準肩胛骨的高度

依肩胛骨的高度與膨脹的地方，使O點移動，且後領徑的形狀也因而變化。假如不適當時，則領子將變得太高或太低，或產生後領圈處的橫皺紋，使穿著者覺得很不舒服。

9.把直線縫製成曲線的肩部縫製

雖然把肩線裁剪為直線，但在縫製時不能用直線。從中央到肩膀依縫製，使前肩有鬆份。

10.注意右垂肩的扭動

垂肩是肩胛骨太高而使前骨突出，因而變成扭動肩，尤其是右垂肩的人較有此種情況。此時應在領口處縮短前長，與豎起頸側點使肩頭變得較鬆弛些。

11. 垂肩時應注意領口的小皺紋

垂肩的肩胛骨變得愈高，前肩也愈突出，這種體型在領口最容易產生皺紋。尤其是右垂肩的人更容易產生小皺紋，這是應該注意的。

12.如提高腰圍需加強曲線

最近幾年來大陸風格型的流行，是為了提高腰圍而緊貼於身體，以加強曲線。國人不用說，世界各國的情形也都是一樣的。

13. 在輪廓的巧妙處理一顯身手

利用熨斗的操作，是可以造成極優美的輪廓的。但在紙型製作上巧妙處理（操作），不但可以幫助縫製，且能造成更加漂亮的輪廓。

14.依流行改變胸寬、肩寬、背寬

流行的輪廓將改變胸寬、肩寬、背寬，不過應充分考慮到臉型、體型、年齡等，注意勿變得不均衡才行。

15.領長應計算拉長與縮縫量

領型的裁剪，在縫製時要拉長領腰而縮縫領折線，在裝領時也要稍微放鬆，再決定領長為要。

16.合適的西裝是來自
仔細的觀察體型與優異的裁剪

所謂合適的西裝，是把剪裁在縫製上活用，製成漂亮款式的西裝。

17.用體型改變毛襯與身片的整形

製作毛襯時應配合體型而加上燙拔整形，與前身片能立體化的燙拔整形而相配合。前肩、胸部豐滿感、腰圍線等應特別加以考慮，對於增襯的方法，剪入等亦予注意。

18.假縫時別針要自然而不牽強

假縫時的試穿是期其自然的合身為原則，如拉緊不是的前身，或放開過多的重疊而釘上別針，就無法配合實際了。應該不牽強的釘上別針，來證實補正的狀態。

19. 假縫時的試穿應先確定體型

不先確定體型而試穿時，有時難免會看錯左右的不同或特殊的變體。在試穿前先從襯衫上觀察體型，如有異狀時則以手摸摸研究後，再開始試穿。

20.袖型應配合袖圈形狀

無論上袖與下袖的袖山高度與袖子寬度及形狀，應測定衣身袖圈形狀，並考慮到肩線與裝袖的輪廓，再注意美觀與機能，然後加以決定為要。

21.袖子的縮縫愈斜則愈多

袖子的縮縫量，雖然普通體有基本量，但，因輪廓與機能而產生變化。袖山愈豎起，則縮縫量就減少，反之，愈傾倒也就愈增加。

22.下袖寬度是由衣長筋寬算出

下袖寬度是從袖長的中間，即肘部至袖口止，與袖山形狀配合，但，到裝袖處為止的袖寬，需從衣身的脇寬尺寸而算出較適當。

23.舒適的袖子應加寬背寬而縮小前身

舒適的袖子是上衣的第一要件。但，需考慮到美觀才行。降低袖山是有限度的。縮小前身並加寬背寬而縮縫，則可以抱持機能與美觀。

24.改變隱型門襟與明釦洞

長大衣的重疊，明釦眠要較淺且把釦子釘在靠中間處，隱型門襟時，因與釦子無關，通常要釘得較深。但應考慮年紀的大小，與顧客的喜愛等而定。

25.拉克蘭袖應注意露頸領與重疊

在拉克蘭袖的裁剪時，補正最多的是露頸領與重疊的過多。故一開始就應該注意不要發生這種毛病，應仔細地觀察體型再去裁剪。

26.拉克蘭袖的肩端依體型、布料而改變

拉克蘭袖的肩頭形狀應依反身、屈身及挺肩、垂肩而加以改變，而因布料的厚度，無法融通的布料等也要加以改善。

27.減少裝燕尾部的縮縫量，褶子要兩條

裝大禮服的燕尾部，因增加縮縫而產生美觀。但，縫合線應該要平整。將一條褶子增加為兩條，可以造成平整而漂亮的線條。

28.大禮服的脇下容易出現的斜向皺紋

大禮服經常容易由前袖圈往後方斜向出現皺紋。防止這種皺紋是縫製大禮服的要領。開始就應該顧及，繼而為計算後再去裁剪為要。

29.肥胖體型應提高頸領點而降低下襬線

肥胖體型也是形形色色的，通常NP較普通體型的人高。又，下襬線也要比普通體型的人低。因此前身也將變長。此為肥胖體型的特色。

30.宣傳應以技術為保證

服裝業的繁榮，自古以來就有「合理的經營與優異的技術」的說法。今天在經營與技術已達到世界的一流境界之餘，情形也是完全相同的。而在高級服飾、簡易訂做，以及成衣方面也都一樣。

最近，時常出現的直接郵寄廣告，與其他方面的宣傳廣告，但，如無技術的保證，也就無法獲得信用與繁榮。

最後希望各位讀者，切勿忘了永久的繁榮是在於「縫製良好的服裝」，請多多努力奮鬥是禱。

為「每次縫製完成時，都會令人有成就感」刊完的落幕贈言。

- 371 -

限度

就是不可不自量力，寫超過自己知識能力範圍的事。作者必須有經驗，且加強理解力，並必須時時刻刻努力。再者，絕對不要寫自己沒有經驗或不甚瞭解的事。

三原則

1 以親自裁剪之心而量身。
2 以親自縫製之心而裁剪。
3 以親自交件之心而縫製。

男士的幸福（服）
以「幸福」爲名的西服——第一印象決定於西服

1.西服是男士幸福的開始

男士的幸福是什麼？是金錢？是地位？或者是名譽？……這些都可能是幸福的一種條件，但並不是絕對的。最近則有越來越多的人認為健康比什麼都幸福。

尼采（Friedrich Wilhelm Nietzsche——1844~1900，德國哲學家）說：「所謂幸福就是追求生為人類的快樂及生存的價值」……。人類不同於動物的地方，據說是人類有思想，穿衣服，人人都有任務——工作。

穿西服是思想的表現，衣服也是使工作成功的重要因素。決定一位男士的第一印象的也是西服。最近，苦幹出頭的說法，據說已經不流行了，年輕人已經不接受，只要認真工作，地位便會由組長而股長，股長而課長的升高……那種老掉牙的埋頭苦幹出人頭地的說法。然而，即使是這樣的年輕人，對自己目前的工作，還是想做得完善、成功。美國有一位叫約翰‧T‧莫瑞的人，針對希望在工作上獲得成就的人，寫了一本叫做「引導您成功的服裝學」的書，且銷售了百萬冊以上。這就表示，關心服裝的商人多得令寫這本書的人大吃一驚。

對男士來說，工作的成功是比什麼都能陶醉於幸福感的時刻。我寫這本書的理由，就是要請大家重新認識西服對事業成功具有重大的關係。

穿著好的西服第一印象便會好起來，事業便會順利，精神便會充沛，舉止便會端莊，姿勢便會優美，健康便會良好……「幸服」將帶給您「幸福」。

獲得一套好的西服也是一種機緣。現成西服的品質已改良許多，穿的人也增加了不少，但是，顧名思義，現成西服是根據男性的平均形象所產生的，穿時不得不把本身的個性包裹在其中。相反的，訂做西服無論是顏色、花樣、尺碼、輪廓、樣式……一切都可以顯示出自己的風格，當您到了某種年齡，居某種地位，某種立場時，無論如何總需要融入自我主張之西服。能遇到一位好的西服匠應該可以說是找到通往「幸福」之門。

2. 您的90%

敝衣破帽——破爛的衣帽，是曾經流行在舊制高等學校的服裝。舊制高等學校當然是英才教育機構，由於頭腦好，而被大家公認是前途充滿光明的人物，這些人喜歡採用這種打扮，因此便釀成一種世論。一種認為男性的真

正價值在於頭腦與內在的精神，男子漢不應該講求服裝打扮的觀念。目前位居大企業的董事長，以及機關首長級人物當中，似乎仍遺留有敝衣破帽思想，只是程度不同而已。這個思想和「男子不入廚房」這句話，直到最近還根深蒂固蔓延在男性的腦中。有人認為，亞洲人曾經是農耕民族的歷史背景，對造成這種風氣不無影響。因為對農耕民族來說，做一個「向鄰居看齊」的農夫是最安全的辦法。與歐洲的狩獵民族相反的，農耕民族是定居在沿河流的土地，從事耕作，在那裏種植稻米等植物來營生。在這種社會裏，最好的辦法是鄰居插秧自己也跟著插，鄰居收割時自己也跟著收割。自己一個人把插秧、播種的時期延後便難期待收穫，而且這麼做馬上會引起全村人的反感。由於幾千年來過著這種生活，在不知不覺中，連服裝也染上了「向鄰居看齊」的習慣。村長穿什麼樣式的衣服，自己就穿什麼樣式且質料稍差的衣服，職員的衣服不超出董事長穿著的範圍……，萬事都是如此。

在國外旅行時，常遇到日本人的旅行團，經常是從老遠就看得出是日本人，除了服裝看起來清一色，愛玩照相機的人，每到一地就忙按快門，還有戴眼鏡的人特別多。

曾經被諷刺為溝鼠裝的薪水階級的服裝，想來必是農耕社會裏不許個人出風頭的獨特限制綿延至今仍在發揮效力的關係吧！

反之，歐洲人應該可以說是狩獵或遊牧民族，如果像亞洲人長久住在一定的地方，便會面臨無獵物，或無牧草而不能生活。因此不得不移動，A往右走，B就得往左轉，行動非要與別人不同才行。想法因此個性化，服裝當然也不例外，人家是人家，自己是自己，各自主張不同的顏色和花樣。

談論服裝，尤其是有關打扮的話題，對台灣的男性來說，似乎有一種「不自在」的感覺，不但是台灣的男性如此，據美國男性時裝協會（MFA）常務理事諾曼·卡先生說，美國的男性也是如此。許多美國男性，似乎也有男人的價值決定於「內在」，穿著並不重要的觀念，所以即使是關心流行，也不願意讓外人知道。縱然如此，若有漂亮女性誇他一句「您這套衣服好棒！」就會為之心動。

男女對服裝的看法也是站在完全相反的立場。女性在出席派對等公開場合時，是不會把同一套服裝穿第二次的，而且，萬一在派對席上遇見相同的服裝，心情立刻就消沉起來，然後競先展示與人不同的樣式、顏色、花樣，以及穿著等等。

顯示穿著的方法也不同。男性可以說是名符其實的縮頭縮尾，穿著領子高得幾可包裹脖頸的襯衫，穿上背心、毛衣、西褲，好像要儘量掩蓋皮膚似的。女性則盡袒胸露背之能事，而且肌膚露出越多越是正式的服裝。

男性若在一身正式服裝打扮的紳士群中，單獨以普通西裝出現，便會意氣消沉得可憐。相反的，自己得意洋洋穿著半正式晚禮服出席，別人確穿著簡式禮服，或普通禮服，就會懊悔不已。

男性在群眾當中穿著相同的服裝就會得到安心感，而女性則在穿與眾不同的服裝時，才能陶醉於優越感。

根據朝日新聞廣告部的調查顯示，女性比男性在心理上擁有一個多餘錢包，叫做「時髦錢包」，所以容易受業者的流行如何如何，時髦如何如何，新的顏色是……，新的花樣是……之類的宣傳廣告感染；男人卻除了特殊的人，大部分的都不容易被宣傳的甜言蜜語說動。

美國男性時裝協會諾曼·卡說：「若想讓男性理解流行，就得利用各種機會，讓他們多看新的東西，由於眼睛拒絕，身體也會拒絕，所以男裝和女裝不同，不能追求激烈的變化」。

該美國男性時裝協會成立的過程非常有趣。美國在1929年發生過金融恐慌。1955年紳士服業界呈現了1929年以來的不景氣，男性完全停止購買西服，該協會就是想設法使男性的關心轉向西服而成立的，該協會成立後的第一項宣傳活動打出的口號就是「您的90%」。

當一位男士看在別人的眼裡時，露出在外面的，只有手部和臉部，其餘的都被衣服包裹著。這表示，「您的90%是西服，而西服將決定第一印象，給人的第一印象，是難以改變的。為了事業的成功，務請穿著好的西服……」，這樣大力宣傳，在商務為中心的美國，這個口號獲得了普遍的迴響，於是紳士服的需求便迅速地回復盛況了。

3. 人為甚麼要穿西服

人為什麼要穿服裝？經濟人類學家明治大學的栗本慎一郎，在「穿著內褲的猴子」一書中說明：人之所以穿內褲，是為了在日常生活中一味隱藏性，然後在特定的非日常性空間和時間裏脫掉，以便把陶醉、興奮一口氣發洩出來，因為隱藏在內褲裏，才會想看、想做，因為經由脫或被脫，而出現在眼前，所以人才會興奮。動物都有一定的發情期，人卻是隨時都可能，因此要穿內褲、守秩序、努力工作，遠離性，以便享受更大的陶醉。

這是說期待脫的效果，所以才要穿的獨特說法。

通常人類穿衣服的理由可以舉出三點。第一是在自然中保護身體，這是保護身體不受熱、冷、風、雨侵襲的原始任務。第二是滿足人類追求比別人好看的慾望。第三是意識到別人的觀感而穿衣服。

若以往後的西服的立場想，最重要的當然是第三點看在別人眼裏的觀感。

有一次，有位服飾評論家提出了一個單純的問題：「男士為什麼要打領帶？」於是出現了各種意見，有的像登山家，說是因為那裏有領帶所以要打，有的說可能是代替頸環以免行動越軌。也有說沒有領帶，胸前好像缺少了什麼的，說是習慣使然的，亦有說大家都打所以……的。那位評論家答說：「打領帶是向對方表示敬意的表現。」

的確如此，一個人在到無關重要的地方，或外出消遣時，是不會去打領帶的；反之，如果是要去會見重要客戶，或談筆大生意，以及參加婚葬喜慶時，便會考慮場面而慎重選擇領帶了。

搖搖晃晃，礙手礙腳的領帶之所以能經過好幾次的無用論，而繼續健在的理由，就是因為它負著那種社會功能的緣故吧！自己雖然覺得拘束，很想解掉，對方的眼睛卻不允許。暢銷書「引導您成功的服裝學」的作者，美國的約翰‧T‧莫瑞在該書裏介紹了一則有趣的故事。莫瑞有一次去警察局，辨認了上百張的盜賊照片，發現沒有一個是打領帶的，由於好奇心的驅使，他問警官有沒有捉到過打領帶的罪犯。警官的回答是「幾乎沒有。」若說領帶象徵著一個人的社會地位，及向對方表示敬意的表現，在盜賊來說當然是不必要的了。

區區一條領帶就已如此，西服當然會左右一個人的第一印象，並且適度約束一個人的行動。

當一個人穿著牛仔褲等便裝時，累了便會攤開雙腳坐在路邊的石頭上，如果是穿著大禮服時，就不可能那麼隨便了。

走在街上的老人，如果是彎著腰行走，他的服裝一定是皺皺巴巴的，反之，走起路來抬頭挺胸的人，其服裝也是很像樣的。

姿勢好，是健康的最有力證明。一個人在幸福的時候會想出好的主意，建立好的成果，心情愉快而且健康。不懂如此，還可以看得清楚，充分辨別出味道和香味，耳朵也聽得

清楚，觸覺也靈敏，可以分出微妙的差異。還有，增進記憶，心情輕鬆，提高胃、腎臟、心臟等器官的機能。穿好的西服在身上，比服用平凡的藥，可以說效果要來得大，能產生這種作用的西服，即通往幸福的西服，因此，應該稱之為「幸服」。

4.人相、手相、還有「服相」

人有人相、手相，家有家相，同樣的服裝也有「服相」，穿著有「福相」西服的人和穿著「貧相」西服的人比較起來，兩者的人生將有很大的差別，例如，下雨天出門時想，反正會淋濕，就隨便穿一套不甚喜歡的西服上班，偏巧有重要的客戶打電話來，約您到一流飯店的大廳相見，明知是難得的機會，卻因為服裝有失體面而不敢接受邀約，假如這種情況常常發生，損失就可觀了。

那麼，怎樣才能獲得「幸服」呢？最重要的一點，就是要擁有一位對您的職業和地位、生活有充份理解的熟悉西服匠。

在美國發達起來的現成西服引進到台灣，而經過大量產銷的時代後，已經滲透到每一個人的身邊了。一度被諷刺為"上吊服"的現成西服，如今無論品質、樣式或縫製，都改善了許多。然而，現成西服究竟是根據大多數消費者的最大公約數來決定樣式和尺碼的，並不是設想每一個人的生活和職業來製成的，它只不過是具有以流行為名的世界性共通分母的集團個性而已。

有一種叫「像樣服」的說法。

根據引導您成功的服裝學的說明，做醫師的人最忌穿著像頂尖商人般的服裝，應該穿有威嚴，又對病患有親切感的服裝才好。當律師的人，與其穿走在流行尖端的服裝，不如在樸實中襯托出自然而然的現代感，並給人已經過千錘百鍊的印象較佳。藝術家的服裝不能像證券營業員，證券營業員則應避免像會計師的服裝。

即使是同業，企業經營者也各有不同的臉型，同樣的，西服的顏色和花樣，甚至裁剪的方法，以至於樣式等都應該有微妙的差別。

例如，某中小企業的董事長訂做了一套西服，這家公司常常招待客戶在日式旅館舉行研修會，每次，董事長都得親自前往致辭。通常西褲的長度都是稍稍覆蓋皮鞋而稍微觸及鞋面的設計，但是在塌塌米上的長度，穿上皮鞋時襪子便會因露出來而顯得不雅觀，因此，就用同樣的料子做了長、短兩條西褲，董事長可視場所需要選擇其中一條，以便維持像個董事長模樣的體面，而給予與會人士好的印象。像這種應對，現成西服是絕對辦不到的。

5.倫敦的西服店備置馬鞍的理由

倫敦執政街的西鄰有一條街叫做沙維爾街。世界著名的訂做西服店都集中在這條街上，其中的一流店都備置有木製的馬鞍。英國的上流階級多喜歡騎馬。據說，穿著騎馬褲時的站姿固然重要，尤其騎坐在馬背上時的坐姿比什麼都重要。馬鞍便是為了要在試穿時確認坐姿的美觀而備置的，這就和前面的故事有一脈相通的地方了。

站的時候多的人，以坐在椅子上工作為主的人，經常開車的人……等，即使是同樣的西服，在樣式上也應該有少許的差別才對。還有加上個人的喜愛，喜愛尺碼寬鬆的人，非要緊緊合身就不能滿足的人，做西服時，除非連體型、臉型都考慮周到，否則做不出滿分一百分的「幸服」。

流行是全世界共通的，雖然地域性的偏差已經不大了，但是，每個地方還是有傳統的特長，重要的是要尋找，既能滿足顧客的個別要求，又精通地域特性，並確保有手藝踏實的技術的西服店。

6. 為對方而穿的西服……禮服

　　以愉快渡過休閒時間為目的之服裝——便裝、運動裝等都可以充份採用自己的愛好去做，但是，商務裝、正式裝就不同了，此時是為別人而穿西服的要素，比為自己的樂趣而穿西服要濃厚得多，自然要受較多限制。

　　最近，在年輕人的集會，或只有親友相聚的派對裏，便有穿著色彩怡人的簡式禮服的情形，但是一般而言，正式裝是有嚴格限制的。在歐洲和美國方面，如果請帖上註明黑領帶，就是表示要穿簡式禮服，格調更高的，也有指定白領帶的，這就是向應邀的人要求穿著燕尾服。

　　在日本，差不多只有皇宮裏的活動才穿燕尾服，使得晨禮服確保第一禮裝的地位，但是晨禮服應該是在上午舉辦的活動中穿著的，在下午、傍晚時分舉辦的集會中穿著是不對的。又，近來由於代表日本之良識的大臣級政治家，常有穿著晨禮服出席下午舉行的結婚典禮，甚至因組閣費時而延後至夜間舉行的認證式等情形，因此晨禮服便漸漸被承認為24小時通用的禮裝。

　　簡式禮服原本是位於紐約塔克西都（tuxedo）公園內的夜總會制服，也是夜間的準禮服，目前亦有覬覦第一禮服地位之勢。

　　西服是一種奇怪的東西，第一禮服時間一久就要進入博物館。曾經在1800年代至1900年代初期為正式禮服的午禮服，已進入博物館，而由第二號的晨禮服升級為第一號。燕尾服在不久後將被送進博物館，而由簡式禮服取代正禮服地位，然後向來有略禮服之稱的黑色及深藍色雙排鈕釦西服將成為準禮服，依次商務裝的深色西服成為略禮服；上街裝成為商務裝；運動裝成為上街裝……各進升一級，然後將有便於活動的服裝以新服裝的姿態出現。服裝評論家稱這種現象為服裝降級，簡單的說，就是西服將一天比一天的便裝化的意思。

7. 古時候的運動裝變成現今的禮服

　　這裡有一幅據說是距今大約150年前，在英國畫的玩高爾夫球與獵狐的銅版畫。當時的高爾夫球應屬貴族階級的遊戲，玩的人都身穿晨禮服（Morning coat），頭戴絲綢大禮帽（Silk Hat）。現今的晨禮服在150年前，竟然是運動裝。晨禮服的上衣後背有一處叫開叉（Vent）的缺口，又名「騎馬」，是為了方便騎馬而設計的。

　　玩獵狐的人則穿著紅色獵裝（Hunting coat），樣式酷似現今的午禮服（Frock coat）。

　　午禮服的目的應該是對主事人的一種禮貌。必須做到喜悅或悲哀之情，只要看服裝即可意會，而不必用語言來表達。從而，禮服的規則傾向嚴格，而使自由大受限制。由於禮服不為自己，而是為對方而穿，所以應該重視對方看在眼裡的印象。於是自然形成了種種規則。從襯衫、手套、襪子、鞋子、手帕、背心到吊帶（Suspenders）都有。想改變它不知要花多少年，絕非憑個人趣味、想法，或少數設計師（Designer）隨便出個主意就能左右的。

　　事務裝（Business Wear）雖然沒有像禮服那麼麻煩的規則，但是，若想工作進行順利，至少得給人「順眼的印象」才行。

　　「男人要講究內涵，衣服可以隨便」，這種敝衣破帽派的觀念，現在已經行不通了。同樣要把一件工作交給別人辦，當然是交給衣著清潔端正的人，總比交給蓬頭垢面、衣衫不整的人來得有安全感。

　　一個人的「內涵」，除非經常見面的人才可能理解，而事實上，大多數的人不是陌生人就是第一次見面。此時，人們首先會試著從「相貌」來判斷，對方的性格、生活環境、職

業。其次就是看服裝，因為一個人的全身，只有臉和手暴露在外面，看手只能得到如：「曬得很黑」、「指甲很長」等片段的資料。但是，從臉上的表情，的確可以看出種種事情，難怪有人說；相貌是一個人的履歷表。看「面相」也是根據這一類統計資料下判斷的，並不是一無可取的胡說八道。有句話說：人生到了40就得對自己的相貌負責。這就是說，一個人總是把自己的教養、經歷、生活態度等刻畫在父母所賜的臉上，完成自己的相貌，大公司的高層人物都擁有那種味道的相貌，而有個性的中小企業老闆，也有按其成就而形成的共通的臉型。生活潦倒的人不可能有從容的相貌，反之，精神的充實必會顯現在臉上。

8. 何種服裝能博得別人信任

所謂「服裝是精神的明証」，服裝和相貌一樣，也會反映一個人的觀念。尤其面積達「整個人的百分之九十」之大，印象極為深刻。

看戲時，只要劇中人物服裝像樣，不必說半句台詞，觀眾都可以分出「君」、「臣」、「僕人」之別。據演劇圈的人說，演員只要穿上符合角色的服裝，一舉一動都會很自然地變成劇中人的模樣。

服裝對周圍的人究竟有多大影響力？關於這一點，約翰·莫瑞在美國做了各種實驗。

在美國，絕大部分的防雨大衣（Raincoat），不是黑色便是明朗的灰褐（Beige）色，其中中上階層的人多購買明朗的灰褐色，其中中下階層的人則多購買黑色。約翰·T·莫瑞注意到這一點，而用做實驗材料。他出示穿著明朗的灰褐色者較威嚴。

當他穿著黑色防雨大衣時，服務台的人或秘書都不肯讓他直接見他想見的人，因此為了見廿五個人了就花了一天半的時間。但是，若穿著明朗的灰褐色防雨大衣時，只需半天時間即可。

同樣，在分別穿著代表上層階級的服裝及下層階級喜歡穿的服裝做實驗的結果，走在路上時對方自動讓路，及購物時說忘記帶錢而讓對方相信的機會，上層階級的服裝是下層階級服裝的兩倍。

又，約翰·T·莫瑞當時在擔任時裝顧問（Fashion Adviser）之前，據說當過學校教員。他說，學生在老師穿著輕鬆隨便時，不如老師穿著較黑而樸實的西服、結不起眼的領帶時，上課要認真的多。

當然，美國和東方各有不同的國情，對色彩和服裝的看法也不一樣，但是，服裝對一個人的評價有極大的影響，倒是千真萬確的事。

最近，中小學的校園暴力已造成了種種問題，但是放眼看看老師的服裝，實在是隨便到了極點，甚至有的老師竟然穿著運動衫（Training Shirt）、慢跑裝（Jogging Wear）、毛線衫（Sweater）、加澎鬆（Blouson）一類的服裝站在教壇上。或許，這種老師的服裝過份隨便的傾向，有可能是造成校園暴力的遠因。

廿世紀初期，學校老師是服裝最端正的人，也是午禮服、晨禮服的最佳顧客。如今回想起來確實有隔世之感。

創業的經過

—— 雖然我的職業是微不足道的裁縫師

我為什麼會走入服裝這條路作為終身的職業？並會裁會做男裝、女裝、旗袍的經過機緣！

一、由學校踏入社會後過著鐘錶學徒的生活

自從1945.8.15第二次世界大戰結束不久，離開學校後，當時的世局尚未安定，首先在故鄉白河鄉下當過沿街叫賣的小販一段時間後，於1947.9.7～1949.9.11在白河昭文堂（專營鐘錶、刻印、收音機、電器類等）浪費了兩年零4天的鐘錶學徒生活。因這家鐘錶店，在白河可以算是數一數二的鐘錶店，不希望有人跟他們競爭生意，因此所傳授的學徒中，沒有一人能學到出師。這家店舖有五位兄弟在共同經營。據說這家所有的技術是由老大（張顯庭跟家父是結拜同年會）在日政時代，由中國大陸傳回來給下面的四位弟弟；老二（張錫麟）是擅長鐘錶與收音機，老三（張宗興）負責刻印，老四（張宗隆）幫忙鐘錶，老五（張文雅）負責電器類買賣外，有空幫忙刻印的工作。老大、老三、老四及另一位妹妹（張淑美）是長老教會基督徒，性情較溫和，又因為老大第二次大戰後退居至白河木屐寮，跟大陸廣東帶回來的太太經營山地，禮拜天到仙草埔的天主教堂傳道，所以這家店舖完全由老二在發落一切。我每日固定早晨開店後，當時還沒有自來水，因此要挑井水至廚房使用，或到碾米廠挑粗糠回來到廚房作為燃料用，傍晚還要燒風呂桶的水給老闆們洗澡用，有時候還要到木屐寮幫忙山中的工作，回來時還要擔柴走路回來。我學到滿兩年時，僅能學到掛鐘與鬧鐘的部分而已。另外所得著的好處，就是1956年

我與太太訂婚時，當時在台北市建美服裝號擔任裁剪師時，從隔壁的珍記鐘錶行購買訂婚用手錶，TITONI梅花牌，當時算是高級自動手錶，一只要價1200元，到現在已使用52年多還掛在手腕上，如果是別人的話，這樣長久不知已經換了幾個手錶，我只有換幾條的錶帶而已。因為我懂得如何保養鐘錶的常識，與擁有如何珍惜使用的習慣。因為家父看我在昭文堂經過兩年後，還是做雜差事而沒有學到甚麼技術，這樣待下去沒有甚麼前途可言。後來他老人家向結拜的同年老大提議讓我回來，因為昔時的學徒要師傅的同意，否則需經過3年4個月後才能以自由身離開店，我會進入昭文堂，也是家父跟他結拜的同年商量同意的。

二、為何走入服裝這條路為終身職業

所以我就離開這家店舖回到家裡，幫忙家父永安藥舖的中藥房之工作，約有10個月的時間。因對中藥沒有興趣於1950.6.25而到新營投靠家兄，希望家兄在新營能幫忙找到鐘錶店的工作，使我能繼續學習未完的鐘錶技術。經家兄的服裝朋友沈水木的介紹至新營坤潘鐘錶店之前日，這位朋友說：這家鐘錶店的老闆是福州人開的，在新營是最大間的鐘錶店，在他們那裡當學徒，很多較為嚴格的規定要遵守，所以一切要有耐心學習。我聽到之後就害怕而不敢去學習。不然現在的我可能不是服裝師而是鐘錶師。我現在想起來學習服裝的技藝至今沒有後悔過，因為在我的感覺服裝業也是一種很深的學問，也很適合我的個性與興趣，才有今日在服裝界的成就。為著將來的生活，「只要有任何一技在身，縱然沒有金錢、財產，在

有生之年，都能據以糊口。（身についた芸があれば、金や財産がなくても、身についた芸は命のある限り、ついてまわり、そのお蔭で食べていける）。一百英里的旅途，總是從一步開始的（百里の旅行も一步より始まる ── The journey of 100 miles begins with one step）」。因此不得已才選定跟家兄學習縫製西裝的技術。也是我一生中最大的轉捩點，開始踏入爾後一生在服裝界工作的起始點。由於認真勤奮苦學，且經家兄毫無保留而悉心的教導，一般的學徒最快需經過2年半後，才能學到縫製西裝，但是我學習經過半年就已經會做西裝。有一天家兄的朋友林連代來找家兄聊天時，看我在半年就會做西裝，於是建議我去他的店幫忙與深造。經家兄跟他約定要在一年內教導我所有服裝的技術，而且讓我正式出師。依據服裝業的行規，無論先學習男裝，或女裝或旗袍都是要3年4個月才能出師，再學習其他另外的女裝或旗袍或男裝，而且3年4個月出師後，才能學到裁剪製圖，因為怕學徒學到一半時就半途而廢（落跑）之故。經家兄的朋友林連代同意後，從此我在他開的連成西裝社當半桶師的工作而深造一年的時間。由於這家西裝社的老闆林連代平常嗜好釣魚，常常跟朋友一起到遠地去釣魚而不在店裡顧店。所以我就要求他有空時，教我服裝裁剪製圖。所以從那時開始，只要他不在店裡時，我便將客人的服裝裁剪好給店裡的縫製師或學徒們縫製。因此，我在這種環境下，學習到男裝縫製與裁剪的技術，從家兄那裡算起，前後約有一年半的時間我就能裁能做男裝。出師後因逢淡月而在新營各西裝店打游擊（沒有固定雇主），且受經濟的衝擊，自覺在新營難有出頭天的機會，自信有一技在身，不怕填不飽肚子，而以一支剪刀走遍天下，終於在1952.9.13，隻身來到台北奮鬥，當時身上只有帶著80元新台幣（其中40元是向張清波與駱換宗二位親友借的）而已。

而且要乘坐11個鐘頭的普通火車來到台北打拼。當時的火車票全票35元，便當5元，剩餘40元，實際上到台北時身上只有40元而已。想起離開故鄉時，曾有一句名言鼓勵我：「男兒立志出鄉關，學若不成死不還，埋骨豈無墳墓地，人間到處有青山 ── 男子志を立てて鄉関を出ず、学もし成らずんば死すとも還らず。骨を埋むる豈唯墳墓の地のみならんや、人間到る処青山あり」。又有一位美國的教育家 William Smith Clark(1847~1931)說：「Boys, be ambitious! ── 少年よ、大志を抱け ── 少年人應懷大志（年輕人要有野心）」。

三、以一個半月的時間又學習到女裝的做法

初到陌生的台北時，若不經人介紹的話，要找一處能溫飽的服裝店工作談何容易，實在真困難，幸好暫時住在姐夫的工寮，當時姐夫是包建築工程，在萬華和平西路二段植物園對面日政時代的塵（畚撈）會社（垃圾焚化爐 ── 現在已經拆除）南側的稻田中，蓋有臨時工寮給員工住宿，因此，暫時不必擔心住的問題，但是每天出去找工作時，往往中餐的一碗1.5元的陽春麵都捨不得買來吃，而且連0.8元的公車票也捨不得買而用走路回到工寮，因為來台北時身上只有帶40元的現金而已。後來經過一週姐夫看我找不到工作而焦急，他就介紹我到他同鄉（福州人）的朋友家，在赤峰街33巷11號當時是日本宿舍（現在已經改建）開新松華號女裝店（老闆蕭芝卿）。這家店是專門做女裝，因為我是男裝師，雖然我在新營林連代處曾為熟人做過幾件女裝，但是現在想起來當時所做的方法完全是男裝的方法，所以可以說我在這裡是再學習研究女裝的縫製技巧。而且老闆看我是從下港（南部）來的憨直之鄉巴佬，言明住宿與吃飯均為免費，做到農曆過年有5個月久的工資700元。因為當時隻

身初到陌生的台北市開創人生是一件辛苦事，為了三餐的溫飽是非常不容易，所以我就答應留下來。大約在新松華待半個月後，老闆問我會不會騎鐵馬？意思是說我會不會騎腳踏車？因為我在鄉下幼年時就會騎腳踏車，所以我就說：我會騎。原來翌日的1952.10.3適逢農曆的8.15中秋節，新松華大小全家就騎腳踏車自赤峰街騎到木柵指南宮的山下，再登上石階至指南宮，我寫到這裡時，拿台北市區的地圖出來看，使我嚇一大跳，當時沿街路面還沒有舖好的柏油路，又記不得走那一條路能到指南宮，加上當時的交通是較不方便，所以才騎腳踏車去指南宮，大家也玩得很開心很快樂，這就是當時未開發至現在交通方便的台北市民之生活習慣。初到這裏他們視我如半桶師，但是沒有其他學徒可以做最基本的工作，所以我就兼做學徒們所做的工作。雖然女裝跟男裝的做法不一樣，但是我經他們所交待的工作及方法不會使他們失望，而且成品工作做得還不錯。雖然我初到這裡還沒有做到外套類的服裝，但是我一面做我該做的工作，一方面看其他師傅們做服裝或外套之方法，自己認為有自信也會做得很好。我做到一個半月時，家兄從新營寫信來要我回去徵兵的身家調查，利用這次回新營之便，去拜訪林連代的店，那天受林連代的招待時，問起我在台北工作之情形。我據實相告找工作後之情形，他聽後叫我回來在他的店服務，每個月要給我300元的工資。我聽後回去台北時，就利用這個機會辭去新松華號女裝店的工作，後來再找工作，經過數天後，才在中山堂附近的桃源街上，有一間服裝店的師傅介紹我到台北縣南港鎮南港路106號（當時南港尚未歸入台北市管轄）新華號男裝店（老闆王新園）。初入此店時言明為男裝的縫製師，但是經過數日後，我見到櫥窗裡有幾件未縫製完成的女外套，我就問店裡的同事說：這些女外套為甚麼排在這裡那麼久還未縫製。他們

說：到現在還找不到女裝的裁縫師之故。雖然我曾在新松華號女裝店做過一個半月，但是我還不曾做過女外套，僅在旁邊看女裝師傅做而已。後來我向負責人說：如果女裝沒人做時，我來兼做女裝的裁縫師。負責人說：你年紀輕輕的也會做女裝？為什麼不早說呢？負責人的意思是我的年紀輕輕會做男裝也會做女裝，開始時他是不相信的。但是經我先做一件給他看，並讓客人來穿看看後，他才相信我也會做女裝，從此我在這家店兼做女裝的裁縫師，當時做一件西裝工資是85元，但是要經過三天才能完成一件西裝，而女外套的工資是30元，當時我每天最少可以做一件，一個月將近有一千元的收入。較那些專門做男裝的裁縫師多，他們紛紛以不滿的表情說：以後有機會亦要學做女裝。我在南港做到新曆過年休假時，因當時的公車班次不多，又捨不得花錢，而用走路到台北松山，找到同鄉住在鹽水的朋友，他叫做張福來，後來他在鹽水鎮中正路82號的自宅開大新西服專家，不久又發展而開大新製衣公司。舊年的1月15日因事回去新營，順便去鹽水訪問他時，據說他的襯衫成衣也有外銷到日本等地。我在松山饒河街跟他晤談後他介紹我到台北市寧夏路91巷5弄之1號（今改建為錦西街85號，靠近寧夏路口大同分局對面）方木新裝社（老闆蘇老枋）當男裝裁縫師。因為台北市比南港有較好的工資，而且較有前途，於是我就轉來方木新裝社。做到來台北後第一年的農曆新年，第一次穿著自製的西裝及新皮鞋返鄉時，心裏的喜悅不知如何表達。想起初來台北市身穿短袖的香港杉及前有破小洞的布鞋，手提二包用包袱巾包（一包衫，一包書）的行旅，真有衣錦返鄉的感覺。

四、學做旗袍是靜靜看別人做而用偷學的

　　農曆年後不久，這家店遷來城中區（今為

中正區）武昌街1段22巷15號（城中市場內，房東賴李鑾），店號改為美元新裝社。因這家店初來這裡不久，顧客不多致使生意不好，因此不久遷往花蓮。所以我就換到斜對面的美美服裝社（老闆林朝元）工作，在美美服裝社服務期間，遇到1953.6.25是我從事服裝業滿3週年的紀念日，我就去相館拍照留念。同事們看到照片有題詩，其內容是寫「男人立志出鄉關，功若不成死不還，埋骨豈無墳墓地，人間到處有青山，1953.6.25，洋裁經歷三週年，於台北留念」。因內文有寫洋裁經歷三週年就問其原因，我就說謊言：這是我出師後滿三週年紀念日，其實是我從事服裝業才滿三週年，因為我做女裝的工作自認不輸任何人，所以他們也不會懷疑，而且女裝的同事們很少知道我也會做男裝。這一年因為有很多外省人從中國大陸來台北市不久，使得當時非常流行著前後身片沒有打腰褶，僅在前身片打胸褶的旗袍。這種旗袍的縫製法，要靠熟練的燙拔後，在縫製的部位貼上牽條的技術而縫製。而且，一般畫在布上的服裝圖樣都是使用粉片（粉餅）畫，因旗袍料大部分都是較薄的布料或綢緞的較多，布料容易滑動，致使不容易畫得順畫得準，所以當時的旗袍師傅都使用「粉線」畫就不會有此現象。因此這些旗袍師傅跟著水漲船高而很吃香，因為僅有大陸來的旗袍師傅，及少數的福州人的師傅會做這種旗袍而已。店裡有一位來自上海的旗袍師宋師傅，老闆為討好他而特別安排一張布床的工作台，給他個人單獨使用。因為大部分的旗袍師傅都很大牌、心眼多又孤僻，別人不敢使用他的布床。我跟他打交道培養交情不錯後，就找機會搬到他的布床去和他面對面一起工作。我在這家服裝店專門做女裝，他是做旗袍，我過去不曾學過旗袍的做法，我只有默默看他如何裁剪旗袍與縫製法，而不敢向他討教，因為怕他翻臉不認人而碰壁。但是經過這段短短時間，在不知不覺

中，我已經學會了做旗袍。同年的農曆新年，回去拜訪家兄的輝美西裝店時，適逢他的店來了一位酒家女要做旗袍，因為家兄不會做女裝與旗袍，所以不敢承接這項工作，我看到後就叫大哥接下來讓我來做。我就向那位酒家女量身後，約他交件的時間，經我做好讓他穿穿看時，因為鄉下旗袍師傅之做法，沒有如前述所說的燙拔與縫製法，所以她讚不絕口說：在南部沒有旗袍師傅會做這樣合身好看又好穿的旗袍，她說明天還要拿幾件來做，並且要介紹幾位同事來做旗袍。我說，我明天就要回台北了，以後如有機會再來為你們服務，她聽完後很失望的樣子。從此，我深信自己不但會做男裝，也會做女裝與旗袍。

五、擔任服裝裁剪師後，生活才安定下來

在美美店裏工作一段期間後，跟店裏的同事涂孝康（福州人）、白金蘭（台南市人）、黃小姐（鹿港人）等共四人合夥籌組，在美元新裝社店底開設勝美時裝社不久，在美美店裏有一位傅聰明女裝師，他做到翌年（1954年）9月，延平北路2段162號建美服裝號（老闆張依堅，福州人）新開幕時轉去建美工作，於10月也介紹我去建美服裝號工作，因此，我將勝美的店務交給她們三位的同事去經營然後去建美工作。我在建美做到翌年7月左右，因店裏的裁剪師被徵召當兵，對於登報找的裁剪師或經人介紹的裁剪師老闆都不滿意他們的裁剪技術。老闆早知道我會裁剪，因當時我每天可以做3件的女外套，算是一位重要的裁縫師，所以老闆起初捨不得而不願叫我裁剪，後來不得已將我升為裁剪師。言明擔任裁剪師住宿及伙食，夜間的加班點心均為免費外，農曆1~8月間是服裝界的淡月之薪資每月1200元，9~12月間是旺月為2400元，另外還有年終獎金，第一年做到年底約有半年久的年終獎金給我8000

元。農曆過年休假回去新營碰到一位知已的朋友周溫泉，問我在台北工作情形時，我就告訴他最近的情形，他不相信我每月的薪資及年終獎金會有那麼多，他說他在新營紙廠服務10多年，每月的本俸僅200多元而已。後來我將年終獎金的支票與薪資袋給他看時，他才咋舌相信。我從擔任裁剪師後，因有固定的收入，就將薪資1200元參加合會（中小企銀的前身）舉辦的600元會仔二會，將其紅利為平常的零用錢，我是這樣勤儉累積至結婚所需一切的費用。

在這裏順便介紹訂做業的裁剪師跟成衣業裁剪師完全不一樣的地方。成衣業的裁剪師不會做衣服沒有關係，僅懂得如何操作裁剪刀即可，因經打版師打版後，交給馬克師排版後，按照馬克師所排出來的馬克圖照樣裁剪即可，沒有甚麼服裝的技術性與技術價值可言。訂做業的裁剪師（又稱剪手），俗稱為師傅頭。訂做業的裁剪師最起碼要會做衣服，對顧客會量身，顧客所要求的服裝樣式（款式）都會製圖裁剪，經縫製師縫製完成後的衣服，穿在身上一定要合身、好看、好穿為主要條件。萬一穿在身上後出現毛病時，要懂得如何修整處理，會做衣服的師傅，大部分多多少少都會製圖裁剪，但是訂做業的裁剪師，不是任何人都能輕易勝任的。如果沒有兩把刷子是不能當訂做店的裁剪師的。

六、服裝是一門高深的學問

一般會做男裝的師傅或老闆，如有人問他們會不會做女裝或旗袍時，他們為了面子都會說：「會做」。但是，如果有客人要委託他們做女裝或旗袍時，他們都會藉故推東推西不敢隨便承接工作，因為他們沒有十分的把握，又沒有自信會做得讓客人滿意。相反的，會做女裝或旗袍的師傅或老闆，也是一樣不敢隨便承接對方的服裝。服裝不是僅會踏針車就可以大聲說，任何服裝都會做。因為穿男裝與女裝或旗袍的對象是不同體型的人，男裝的對象是男人，女裝或旗袍的對象是女人，男人有男人的骨骼、筋肉之體格，女人有女人的骨骼、筋肉之體型。男人的體型特徵與女人的體型比較時，會發現胸部的厚度，男人較厚，但女人是因其乳房而高，胸圍、腰圍、臀圍之差是女人的較多，男人的較少而成直筒型。臀部在女人是皮下脂肪多而圓，但男人是寬於橫方向，肩寬是男人較寬而挺著，女人的肩膀圓而下垂。甚至童裝的體格也是不一樣，兒童的體型是依年齡的成長而逐漸變化而與大人不同。雖然我已經會做男裝、女裝、旗袍，但是，我於1962年9月申請設立麗新男女服裝補習班後，為了提高教學更趨於完善完美，而開始研究童裝與成衣，才知道童裝與成衣，也是服裝類的另外一種技術，所以服裝如要分類，可以分為男裝、女裝、旗袍（唐裝）、童裝、成衣等五大種類。因為服裝的種類不同，製圖法與裁剪法，或縫製法就不同。雖然有些道理與實務相同，但是深入研究後，自然會發現還是不同的地方很多。所以男裝師傅不能用男裝的方法製圖裁剪女裝的服裝，不然，會令人覺得這種女裝有些男裝的味道。或女裝師傅不能用女裝的方法製圖裁剪男裝的服裝，否則，也是會令人覺得這種男裝有些女裝的味道。一般的行規，如果要學習男裝、女裝、旗袍等各得學習3年4個月，但是如果要全部學習這三種的話，是不用花10年的時間，雖然剛開始要學習那一種都得花3年4個月後，再學習其他類型的服裝，但是以我的經驗也是需要先學習男裝後，再學習其他的服裝比較容易且快。如果先學習女裝或旗袍後再學習男裝的話，得花較多的時間與精神才能學習到一切所有服裝的種類。所以說服裝是一門高深的學問也不為過，是高級的行業，而不要少看服裝的行業，更不要看輕自己的行業是服裝業。

七、誠於待人，能得善友

我在1955.8.16起（時僅24歲多）就擔任當時算是一流服裝店之裁剪師，在當時算是一位很年輕而罕有的裁剪師，因為當時的裁剪師，都是中年以後較有經驗才能勝任的工作，所以當時不知羨煞了多少的業者。有一次休假獨自在公車停靠站等公車時，有一位不認識的人主動跟我打招呼，我也假裝認識而跟他打招呼，在言談中才知道他是別家服裝店的師傅，由此才知道我在同業界已經有些名氣，很多業者認識我，而我不認識他們，不但如此，還有業者想能進入建美服裝號為師傅而自豪的很多。例如建美裡面有一位師傅，當時他在老闆眼裏是不受重視的一位師傅，因為他的工作比較差，老闆是不會直接辭退他，只有用工作量減少或較難做的工作給他，使他自己知難而退。但是他為人和藹不會跟人計較且是勤儉的人，但是有些福州師傅看不起他，並在後面批評他並看輕他就說：他的工作少而賺錢少，因此晚上加班時，大家會出去吃點心或叫一碗麵回來當宵夜，只有他僅在店裏喝幾口的開水而已。後來經我向他建議晚上加班後一定要出去走一走，這樣無論有吃點心或沒有吃宵夜是不會有人知道，以後就不會有人批評他，他說他會照我的意思做，並對我說，他雖然在建美沒有甚麼地位，但是休假出去碰到熟人時他都說在建美服務，這樣在外面的朋友就不會看輕他。經過這件事情後，他對我很尊重很尊敬，至今我倆的友誼還保持很好，他現在雖然住在南部，如果有來台北時一定會來寒舍聊天，或每一年的新年都會打電話來問安問好。……

（本文節錄自『呂寶霖回憶錄』）

李登輝總統與全國模範勞工得獎人於總統府合影留念（四排左二為本書作者呂寶霖先生）

教育部朱匯森部長親自頒贈獎牌與本書作者呂寶霖先生

從歷屆全國及世界比賽看本書作者呂寶霖先生榮獲各種獎牌。

專任教師：呂寶霖先生

班址：103-59台北市大同區重慶北路二段235-1號3·4樓
電話：（02）2557-0007　　　2557-0507　　手機：0939-652265
本籍：台灣、台南縣、白河鎮　　生於1931年
現址：台灣、台北市大同區重慶北路二段235-1號3、4樓
電話：（02）2557-0007、2557-0507　　手機：0939-652265
著作：麗新設計裁剪全書、日本洋服技術書、訂做西服技術書

學歷：　台南縣立白河國民學校小學部畢業　　　　　　　　　　　鹽塚校長鹿之助
　　　　台南縣立白河國民學校高等科畢業　　　　　　　　　　　沈校長主鏞
　　　　國語日報附設函授學校高級中學科畢業　　　　　　　　　洪校長炎秋
　　　　台北市私立志仁高中補習學校高級部普通科畢業　　　　　王校長永高
　　　　全國技術士技能檢定委員會女裝職類評分研習學會結業　　邱部長創煥
　　　　全國技術士技能檢定委員會男裝職類評分研習學會結業　　邱部長創煥
　　　　台北市政府教育局高級部普通科資格考試及格　　　　　　毛局長連塭
　　　　財政部台北市國稅局國稅法規研習班結業　　　　　　　　侯局長伯烈
　　　　行政院勞委會、東吳大學、台灣省總工會等合辦 ⎫　⎧趙主委守博、章校長
　　　　勞工教育企業管理系初級、高級、研究等班結業 ⎭　⎩孝慈、李理事長正宗
　　　　台灣基督長老教會松年大學雙連分校大學部畢業　　　　　彭校長德貴
　　　　國立空中大學全修生修學中　　　　　　　　　　　　　　黃校長深勳

經歷：　韓國大韓服裝技術協會國際服裝技術委員
　　　　韓國大韓服裝學院名譽講師、顧問
　　　　日本小林服裝研究所名譽講師
　　　　與新加坡雅式裁剪學院簽訂姐妹校實施建教合作
　　　　中華民國服裝研究學會理事長
　　　　亞洲西服業者聯盟中華民國總會技術顧問
　　　　台北市縫紉商業同業公會常務理事、榮譽顧問
　　　　台南縣縫紉商業同業公會服裝設計常年顧問
　　　　台北市中國國服（旗袍）研究會理事
　　　　台北市縫紉業職業工會監事、理事
　　　　台北市補習教育協會理事
　　　　台北市大同區民權社區發展協會常務監事

台北市彩虹心協會理事

麗新服裝技術雜誌社創辦人兼社長

世界呂氏宗親總會監事

中華民國呂姓宗親會總會監事

台北市呂姓宗親會監事

台北市政府勞工局勞資爭議諮詢志工

公職歷：國際技能競賽中華民國全國技能競賽大會女裝工裁判

　　　　獲全國金牌後參加國際技能競賽女裝工選手訓練指導教練

　　　　中華民國技術士技能檢定委員會女裝職類技術士技能檢定監評委員

　　　　中華民國技術士技能檢定委員會男裝職類技術士技能檢定監評委員

　　　　全國服裝工技術士技能檢定東區代檢處術科監評委員

　　　　台灣彰化少年輔育院附設職業訓練班技術士技能檢定術科監評委員

　　　　台北市政府勞工局職訓中心男裝職類技術士技能檢定術科監評委員

　　　　台灣高雄監獄技能訓練中心男裝職類技術士技能檢定術科監評委員

　　　　台灣泰源監獄技能訓練中心男裝職類技術士技能檢定術科監評委員

　　　　台灣岩灣技能訓練所西服班男裝職類技術士技能檢定術科監評委員

教師歷

1957.2~1958.6	桃園縣私立志誠縫紉補習班服裝科指導老師	莊溫桃主任
1959.8~1960.4	台北縣私立台都縫紉補習班服裝科指導老師	李乾生主任
1961.6~1961.10	台灣糖業公司農業工程處勞工教育縫紉班老師	處長
1962.9~1970.8	台南縣私立麗新縫紉車繡補習班主任兼老師	呂寶霖主任
1970.9~迄今	台北市私立麗新男女服裝補習班主任兼老師	呂寶霖主任
1978.8.1~1983.7.31	台北莊敬高級中學男裝女裝旗袍等服裝科專任教師	冷燦東校長
1980.8.1~1982.7.31	高雄市樹德女子高級家商職業學校女裝科專任教師	張佩玉校長
1981.3.11~1981.6.10	台灣區製衣工業同業工會職業訓練中心教師	張福源主任
1990.7.7~1990.11.30	宜蘭縣婦女會技藝訓練班服裝設計打版科教師	李曼珠理事長
1991.9.7~1991.12.31	宜蘭縣縫紉工會勞工技能訓練班服裝打版科教師	王啟明理事長
2002.10.17~2003.2.20	台北市縫紉業職業工會服裝裁剪成衣打版班教師	鄭天涼理事長

講師歷

1975.11.1	應韓國大韓服裝學院聘請擔任中韓服裝技術交流研究會專題講師
1975.11.5	應日本小林服裝研究所聘請擔任中日服裝技術交流研究會專題講師
1974.9.26	應中華民國服裝設計學會聘請擔任女裝技術講習會專題講師
1979.9.25	應宜蘭縣縫紉業職業工會聘請擔任女裝技術講習會專題講師
1980.6.17~18	應高雄市樹德女子家商職校聘請擔任服裝裁剪製作示範講習會講師
1981.10.18	應高雄市縫紉商業同業公會聘請擔任服裝技術研究會專題講師
1981.11.23~24	應台灣省縫紉工會聯合會聘請擔任勞工教育幹部研習會專題講師
1982.2.24	應中華民國服裝研究學會聘請擔任服裝技術講習會專題講師
1982.10.24	應花蓮縣縫紉業職業工會聘請擔任服裝技術講習會專題講師
1985.6.29~30	應高雄市國民就業訓練所聘請擔任教師進修研習會服裝技術專題講師

1991.9.15	應台南縣西服業職業工會聘請擔任勞工教育專業知識講習會專題講師
1991.11.25	應宜蘭縣縫紉業職業工會聘請擔任女裝技術講習會專題講師
1992.12.13	應彰化縣服飾設計職業工會聘請擔任服裝技術講習會專題講師
1997.11.16	應台南縣西服業職業工會聘請擔任男裝技術講習會專題講師
1999.11.26	應新竹縣縫紉職業工會聘請擔任服裝技術研習會專題講師
2001.10.24	應新竹縣縫紉工會聘請擔任女裝當場量身裁剪縫製等技巧講習會講師

國際翻譯講師歷

1975.4.14	台灣省縫紉工會聯合會於台北主辦聘請日本岸本重郎講師之翻譯講師
1975.5.8	台北市麗新男女服裝補習班主辦聘請日本石川友久講師之翻譯講師
1975.8.8	台北市麗新男女服裝補習班主辦聘請日本小林守治講師之翻譯講師
1981.4.1~3	高雄市樹德女子家商職校主辦聘請日本宮本德夫講師之翻譯講師
1981.8.12	台灣省縫紉工會聯合會於花蓮主辦聘請日本稻葉宏講師之翻譯講師
1981.8.13	台灣省縫紉工會聯合會於板橋主辦聘請日本稻葉宏講師之翻譯講師
1981.9.17	亞洲洋服業者聯盟總會於宜蘭主辦聘請日本今津辰男講師之翻譯講師
1981.9.18	亞洲洋服業者聯盟總會於新莊主辦聘請日本今津辰男講師之翻譯講師
1981.9.19	亞洲洋服業者聯盟總會於桃園主辦聘請日本今津辰男講師之翻譯講師
1981.9.20	亞洲洋服業者聯盟總會於新竹主辦聘請日本今津辰男講師之翻譯講師
1981.9.25	亞洲洋服業者聯盟總會於鳳山主辦聘請日本今津辰男講師之翻譯講師
1984.3.11~12	中華民國服裝研究學會於台北主辦聘請韓國韓珍珠講師之翻譯講師
1984.3.15~16	中華民國服裝研究學會於高雄主辦聘請韓國韓珍珠講師之翻譯講師
1984.6.10~11	中華民國服裝研究學會於新營主辦聘請日本岸本重郎講師之翻譯講師
1984.3.13~14	中華民國服裝研究學會於高雄主辦聘請日本岸本重郎講師之翻譯講師
1984.6.16~17	中華民國服裝研究學會於台北主辦聘請日本岸本重郎講師之翻譯講師
1984.6.18~19	中華民國服裝研究學會於宜蘭主辦聘請日本岸本重郎講師之翻譯講師

國際受獎狀況

1975 獲日本小林服裝研究所小林守治所長頒日中服裝技術主講卓越成果感謝狀

1975 獲韓國大韓服裝技術協會牟宣基理事長頒紳士服技術優秀金牌獎

1975 獲韓國大韓服裝學院徐商國院長頒30吋高紳士服最優秀金牌講座

1975 獲韓國大韓服裝學院徐商國院長頒韓中服裝技術專題主講卓越成果感謝狀

1975 獲日本洋服專門學校蛭川鐵之助校長頒裁剪製圖技術優秀獎狀

1977 獲亞洲洋服業聯盟第七屆大會香港主辦陳志民主席頒國際紳士服優秀感謝狀

1981 獲日本洋服專門校長蛭川鐵之助校長頒紳士服裝技術講習會翻譯講師感謝狀

1981 獲亞洲洋服業聯盟第九屆大會台灣主辦李炳煌主席頒國際交流貢獻卓越感謝狀

1981 獲亞洲洋服業聯盟第九屆大會日本鈴木養之助會長頒服裝技術優秀金牌獎

1982 獲韓國大韓服裝技術協會文炳智理事長頒鼎力支持愛國睦邦義行感謝狀

1983 獲全日本紳士服技術比賽第25屆大會宮川富士男會長頒最優秀技術大賞

1983 獲全日本紳士服技術比賽第25屆大會宮川富士男會長頒洋服比賽理事長獎

1983 獲全日本紳士服技術比賽第25屆大會宮川富士男會長頒洋服技術比賽金牌

1985 獲韓國大韓服裝技術協會文炳智理事長頒全韓國紳士服技術比賽金牌獎

1998 獲亞洲洋服聯盟第17屆大會馬來西亞主辦湯裕松主席頒國際洋服優秀感謝狀

2000 獲亞洲洋服聯盟第18屆大會台灣主辦利文雄主席頒傑出國際外交獎

2001 獲日本ペンギン俱樂部聯合會佐藤五郎會長頒紳士服最高技術優秀賞

2002 獲第19屆亞細亞洋服聯盟首爾總會高慶昊會長頒國際洋服優秀感謝狀

政府受獎狀況

1966獲台南縣政府劉博文縣長頒第一屆教育展覽社會組甲等獎狀

1976獲台北市政府社會局郝成璞局長頒「嘉惠同業」獎牌

1976獲內政部張豐緒部長頒第七屆全國技能競賽獲銀牌選手提名獎狀

1977獲內政部張豐緒部長頒第八屆全國技能競賽獲金牌選手提名獎牌

1978獲內政部邱創煥部長頒第九屆全國技能競賽獲銀牌選手提名獎牌

1980獲台北市政府教育局黃昆輝局長頒社教成果展覽「弘揚社教」獎牌

1980獲台北市政府李登輝市長頒辦理補習教育績效良好之獎狀

1980獲教育部朱匯森部長頒第十一屆全國技能競賽獲金牌選手提名獎牌

1981獲內政部邱創煥部長頒訓練國家選手出國比賽獲獎教練功勞獎牌

1984獲台北市政府楊金欉市長頒辦理社會教育功能成績優良獎狀

1992榮膺全國模範勞工榮蒙李登輝總統召見嘉勉並賜贈鍍金文鎮

1992獲行政院勞工委員會趙守博主委頒全國模範勞工獎狀

2003獲台北市大同區衛生所所長頒食品及菸害防治志工服務感謝狀

2005獲台北市政府馬英九市長頒績優勞工志願服務獎狀

其他尚有服裝相關團體理事長頒贈金牌、獎牌、獎狀、感謝狀等100多件

參考資料（參考文獻）

著作者	書名	出版地點	發行所	出版時間
見島正高著	圖解裁斷裁縫の要點	日本東京	洋裝社發行	1966.8
磯島定二著	紳士服裁斷の基本	日本東京	洋裝社發行	1968.9
日本洋服專門學校編著	紳士服ズボン．チョッキ教本	日本東京	洋裝社發行	1968.12
杉山靜枝著	紳士服裁斷．補正全書	日本東京	洋裝社發行	1970.5
蛭川鐵之助主編	洋裝（月刊誌）	日本東京	洋裝社發行	1970.5~1998.7
後藤祥夫著	紳士服圖解背広三揃の裁斷裁縫	日本東京	洋裝社發行	1970.7
磯島定二主講	職業訓練講座、裁斷の基本	日本東京	洋裝社發行	1972.1~1976.12
呂寶霖主編	麗新服裝雜誌（月刊）	台灣台北	麗新服裝雜誌社	1974.12~1993.12
高榮基著	洋服裁斷原書	韓國首爾	現代文化社	1976.10
稻葉宏著　呂寶霖譯	日本洋服技術書	台灣台北	麗新裁縫補習班發行	1978.6（原書1965.12）
日本文化服裝學院編著	文化服裝講座男子服編	日本東京	文化出版局	1981.1
松田義明、松田法明 佐藤五郎、真鍋惠勇　共編	禮服全書	日本東京	洋裝社	1981.11
李成雨著	洋服裁斷原書	韓國首爾		1982.9
石川榮治著	設計與剪裁	日本東京	洋裝社	1982.10
津坂友次郎著	依紙型操作之補正法	日本東京	洋裝社	1983.8
朴宗奎著	紳士服裁斷裁縫技術選集	韓國首爾	大成企劃社	1985.6
伊丹一之等28名編著	注文紳士服技術全書	日本東京	東京洋服商工協同組合	1992.3

國家圖書館出版品預行編目資料

訂做西服技術書＝Ordered tailor arts book
/ 呂寶霖編著．--初版．-- 臺北市：文史哲，
民 98.01
　　頁：　公分
　　參考書目：頁
　　ISBN 978-957-549-672-2 (平裝)

1. 男裝　2. 服裝設計

423.35　　　　　　　　　　　　　98001119

訂做西服技術書

著　作　者：呂　　　寶　　　霖
編　纂　者：陳　　　秀　　　月
策　劃　者：呂　　　佳　　　珍
設　計　者：呂佳玲、呂建勳（兼量身模特兒）
校　對　者：呂佳桂、鄭尤眞、劉錦漂、劉金山
　　　　　　E-mail：ck524901@yahoo.com.tw
　　　　地　址：臺北市重慶北路二段 235-1 號 3-4F
　　　　電　話：(02)2557-0007 手機：0939-652265
　　　　郵政劃撥儲金帳號：第 0101291-8 號 呂寶霖
出　版　者：文　史　哲　出　版　社
登記證字號：行政院新聞局版臺業字五三三七號
發　行　人：彭　　　正　　　雄
發　行　所：文　史　哲　出　版　社
印　刷　者：文　史　哲　出　版　社
　　　　臺北市羅斯福路一段七十二巷四號
　　　　電話886-2-23511028 · 傳真886-2-23965656

實價新臺幣一六〇〇元

中華民國九十八年（2009）元月初版
中華民國一〇二年（2013）十月再版